LANGENSCHEIDTS
PRAKTISCHE LEHRBÜCHER

LANGENSCHEIDTS
PRAKTISCHES LEHRBUCH
ARABISCH

VON

HARALD FUNK

LANGENSCHEIDT

BERLIN · MÜNCHEN · WIEN · ZÜRICH · NEW YORK

Gesondert lieferbar:
- ein Schlüssel zu den Übungen dieses Lehrbuchs (Bestell-Nr. 26 065)
- zwei Begleitcassetten mit den Übungen zur Lautlehre sowie sämtlichen
  Lesetexten und Dialogen der Lektionen 1–10 (Bestell-Nr. 80 406)

Titelfoto: interfoto

Moschee von Sada, Nordjemen

Auflage:	*8.*	*7.*	*6.*	*5.*	*4.*		*Letzte Zahlen*
Jahr:	*1994*	*93*	*92*	*91*	*90*		*maßgeblich*

© *1985 by Langenscheidt KG, Berlin und München*

Druck: Druckhaus Langenscheidt, Berlin-Schöneberg

Printed in Germany

ISBN 3-468-26060-1

Einleitung

Gegenwärtige sprachliche Situation

Arabisch ist zu einer der am meisten gelernten außereuropäischen Sprachen in der Bundesrepublik Deutschland geworden. Das Interesse daran ist auch im außerakademischen Bereich seit Beginn der siebziger Jahre wesentlich stärker gewachsen als früher. Die Gründe hierfür liegen auf der Hand. Die wirtschaftlichen, politischen und touristischen Verbindungen zu vielen arabischen Ländern haben sich seitdem gefestigt. Es genügt aber auch nicht mehr, mit den Menschen eines Gebiets von der Größe Gesamteuropas nur in den traditionellen Mittlersprachen der Kolonial- und Mandatszeit, Englisch oder Französisch, zu kommunizieren.

Das heutige Arabisch entwickelt sich auf zwei wesentlich verschiedenen Ebenen. Gesprochen wird es hauptsächlich in Form zahlreicher Dialekte, deren wichtigster der ägyptische ist. Neben den regionalen Varianten des im mündlichen Alltagsverkehr verwendeten Arabisch (etwa Algerisch, Syrisch, Irakisch) gibt es nun die allen Ländern der arabischen Welt gemeinsame Schriftsprache. Wo auch immer dort verwendet, ist sie in ihrem grammatischen Aufbau und im Wortschatz sehr weitgehend einheitlich. Rundfunk, Fernsehen, Presse und Verlagswesen bedienen sich dieser Sprachform fast ausschließlich. Briefe, zumal von Behörden und Firmen, werden durchweg in Hocharabisch abgefaßt, ebenso Aufschriften auf Hinweisschildern u. ä. Also sind Kenntnisse des Hocharabischen zum Verstehen der mannigfaltigsten schriftlichen Äußerungen unumgänglich. Im Bereich der mündlichen Alltagsverständigung wird das Hocharabische indessen die verschiedenen Dialekte auch auf weite Sicht schwerlich verdrängen. Es findet über den schriftlichen Gebrauch hinaus nur beschränkt im täglichen Leben Verwendung. Ist ein bestimmter offizieller oder feierlicher Rahmen gegeben, z. B. in Versammlungen, Seminaren und Diskussionen, wird das Hocharabische oft mehr oder weniger richtig gesprochen, auch aus dem Stegreif. Normale Dialoge über verschiedene Gebiete des täglichen Lebens wie auch über Wirtschaft, Politik, Religion u. a. führen jedoch auch gebildete Araber meistens in ihrem jeweiligen Landesdialekt. Dennoch können sie – wenn nötig, und manchmal auch mit einiger Mühe – mit Ausländern Hocharabisch sprechen. Das zeigt die langjährige Erfahrung des Autors.

Nicht zuletzt der überregionalen Bedeutung des modernen Hocharabisch wegen hat der Begriff der arabischen Welt für die Länder von Mauretanien bis Oman seine Berechtigung. Der Lernende, der ein praktisches Interesse daran hat, sich das Arabische anzueignen, um sich in **verschiedenen** Ländern dieser Welt verständlich zu machen und über Zeitungslektüre und Rundfunkhören mehr von ihren Problemen zu verstehen, sollte sich als ersten Schritt auf diesem Weg mit einigen wichtigen Grundtatsachen des gewiß nicht leichten modernen Hocharabisch befassen. Der Weg von einem arabischen Dialekt zur Schriftsprache ist sehr schwierig, der umgekehrte Weg indessen durchaus praktikabel.

Zur Bedeutung des Arabischen

Das in diesem Lehrbuch ausschließlich dargestellte moderne Schriftarabisch ist die mit Abstand wichtigste lebende semitische Sprache. Sie hat sich aus der Sprache des Koran (7. Jh.) und der klassischen arabischen Literatur (9.–13. Jh.) entwickelt. Im Prozeß der Verbreitung des Islams und des Korans als seiner grundlegenden Schrift hat das Arabische auch viele andere Sprachen wesentlich beeinflußt (Türkisch, Persisch, Urdu, Malayisch, Suaheli, Haussa), vor allem im Wortgut. Die arabische Schrift ist nach der lateinischen die auch heute noch verbreitetste (ganz Nordafrika, Republik Sudan, z. T. in Erithräa, Dschibuti, Somalia, arabische Halbinsel, Iran, Afghanistan, Pakistan). In einigen Gebieten außerhalb der arabischen Welt wird Arabisch in gewissem Umfang als Zweitsprache verwendet, etwa in Niger, Tschad, Mali, Südosttürkei, Südiran. Es ist die Muttersprache von rund 100 Millionen Menschen.

Mit dem wachsenden wirtschaftlichen und politischen Gewicht der arabischen Welt wird sich auch die Bedeutung des modernen Hocharabisch auf internationaler Ebene weiter erhöhen. Auf vielen internationalen Veranstaltungen ist es eine der offiziell zugelassenen Sprachen, ebenso im Rahmen der Tätigkeit der Vereinten Nationen. Neuerdings bemühen sich zahlreiche deutsche Unternehmen, Messegesellschaften und andere Institutionen auch über das Arabische Verbindungen in die arabische Welt zu festigen bzw. aufzubauen.

Zur Erlernbarkeit des modernen Schriftarabisch

Für Deutsche ist das Arabische nicht leicht zu erlernen. Erste Barriere ist das uns vollkommen fremde Schriftbild. Während die Buchstaben der meisten europäischen Sprachen doch nur Varianten des lateinischen Alphabets sind, gehört die arabische Schrift einem ganz anderen Typ an. Auch dem Lautstand nach ist das Arabische vom Deutschen sehr verschieden; einige Laute, vor allem Kehllaute, kommen weder im Deutschen noch in vielen anderen europäischen Sprachen vor. Darüber hinaus wird der Lernende kaum Wörter finden, in denen er ihm aus seiner Muttersprache oder anderen europäischen Sprachen Vertrautes wiedererkennen kann. Die in fast allen europäischen Sprachen häufigen sogenannten Internationalismen, überwiegend aus dem Griechischen und

Lateinischen stammend, fehlen im modernen Hocharabisch weitgehend. Es ist also eine ihrem Wesen nach „puristische" Sprache, d. h. aus anderen Sprachen und Kulturen eindringende Begriffe werden nicht einfach übernommen, sondern mit den eigenen Mitteln des Arabischen beschreibend übersetzt und somit der Sprachstruktur völlig angepaßt.

Allgemein läßt sich sagen, daß die Grammatik dieser hochentwickelten Kultursprache übersichtlicher und systematischer als die unserer Sprache ist. Neben den vielen schwierigen und ungewohnten Erscheinungen des arabischen Sprachbaus gibt es aber auch Strukturen, Verhältnisse und Tatsachen, die dem deutschen Lernenden aus seiner Sprache her vertraut bzw. einfacher als im Deutschen sind:

1. Es gibt nur zwei grammatische Geschlechter.
2. Es gibt nur einen bestimmten Artikel; der unbestimmte Artikel fehlt praktisch.
3. Es gibt nur drei Fälle: Nominativ, Genitiv und Akkusativ.
4. Zwischen Substantiv und Adjektiv besteht grundsätzlich kein Unterschied.
5. In der Schrift werden gewöhnlich nur die Konsonanten und Langvokale [aː], [iː] und [uː] wiedergegeben.
6. Eine bestimmte Abfolge von langen und kurzen Vokalen in Wörtern und Wortgruppen entscheidet wie im Deutschen oft über den Sinn.
7. Wie das Deutsche neigt das Arabische zur Betonung der Wortanfänge, die arabische Satzmelodie unterscheidet sich kaum von der deutschen.
8. Einfache Sätze lassen sich im Arabischen oft auch ohne Verwendung von Verben bilden; das Verb ist nicht von Anfang an eine zentrale Wortart im Satz.
9. Abgesehen von der gewöhnlichen Stellung des sogenannten Adjektivs nach dem Substantiv ist die Wortfolge bei einfachen Sätzen der im Deutschen oft recht ähnlich.
10. Für die Satzzeichensetzung gibt es noch keine allgemeinverbindlichen Regeln. Diese Zeichen gehören im Unterschied zum Deutschen nicht unbedingt zum Schriftbild.

Zum Aufbau des Lehrbuchs

Nach reiflicher Überlegung hat sich der Verfasser entschlossen, diesen Grundkurs in 20 Lektionen einzuteilen. Der Lernstoff einiger Lektionen ist umfangreicher als in anderen Lehrbüchern, doch insgesamt dürfte er durchaus zu bewältigen sein, da auch der Schwierigkeitsgrad nicht gleichmäßig zunimmt, sondern nach schweren Lektionen auch leichtere angeordnet sind.

Was sind die wesentlichen, zum Teil neuen Eigenschaften des Buches? Die erste große Hürde, die der Lernende zu nehmen hat, ist das Erfassen der ganz fremden Schrift als Mittel des sprachlichen Ausdrucks. Es wird die Umschrift der Association Phonétique Internationale (API) verwendet, wobei auch Vokalverfärbungen nach bestimmten Lauten (siehe Lautlehre) genau angegeben werden. Dem Anfänger wird also die Schrift ständig in ihrem Zusammenhang mit der Lautung vorgeführt. In den Lektionen 1–5 wird sie durchgehend verwendet, und zwar für

1. die eigentlichen Lektionstexte,
2. das Lektionsvokabelverzeichnis,
3. die Grammatikabschnitte,
4. alle Übersetzungsübungen ins Deutsche.

In den Lektionen 6–10 wird sie verwendet für

1. die eigentlichen Lektionstexte,
2. das Lektionsvokabelverzeichnis,
3. die Grammatikabschnitte,
4. einen Teil der Übersetzungsübungen ins Deutsche.

In den Lektionen 11–15 für

1. die eigentlichen Lektionstexte,
2. das Lektionsvokabelverzeichnis,
3. die Grammatikabschnitte.

In den Lektionen 16–20 für

1. das Lektionsvokabelverzeichnis,
3. die Grammatikabschnitte.

In dem Maß, wie der Lernende allmählich mit der arabischen Schrift vertraut wird, nimmt der Umfang der Umschrift also ab.

Die arabischen Sätze werden sowohl in den eigentlichen Lektionstexten, als auch in den Grammatikabschnitten und den Übungen von Anfang an in ihrer natürlichen und üblichen Form vorgeführt, **ohne** Vokal- und andere Hilfszeichen. Außerdem werden für alle Wörter, wo auch immer sie vorkommen, in der Umschrift die Hauptbetonungszeichen gesetzt, so daß sich der Lernende von Anfang an mit den Eigenschaften des Worttones vertraut machen kann, auch ohne Vorsprechen durch einen Lehrer oder das Abhören von Kassetten. Im fortgeschrittenen Stadium des Lehrwerks werden auch Beispiele für die Wortbindung in Umschrift gegeben (Lektion 15, Text, sowie in den Grammatikabschnitten von dieser Lektion an). Freilich ist sich der Verfasser darüber im klaren, daß die aktive Beherrschung der Feinheiten der Wortbindung im modernen Hocharabisch vom Anfänger nicht erwartet werden kann. Ihm soll vielmehr nur eine Alternativlesung gezeigt werden. Der Anfänger kann sich ja auch mit einem Sprechen bzw. Lesen, das die Wortbindung weitgehend unberücksichtigt läßt – und das ist bei ihm das Normale – durchaus verständlich ausdrücken.

Ab Lektion 15 wird ferner versucht, die Lesepausen zusätzlich zu den Satzzeichen mit senkrechten Strichen zu bezeichnen. Das könnte dem Lernenden das Erfassen und Wiedergeben längerer Sinnabschnitte erleichtern.

Textauswahl

Hier standen sich die gleichermaßen berechtigten Forderungen nach
Authentizität der Lesestoffe und nach deren didaktischer Zweckmäßigkeit
gegenüber. Der Verfasser hat sich für folgenden Kompromiß entschieden:
Bis zur 15. Lektion überwiegen konstruierte Beispielsätze, die neue
grammatische Erscheinungen und Vokabeln vorführen und dabei
überwiegend auf Alltagssituationen Bezug nehmen. In den
Textabschnitten für Gespräche wird die Dialogform der Kommunikation
parallel dazu intensiv behandelt (Lektionen 3–15, 19).
Die Lektionen 15–20 enthalten dann in zunehmendem Maß authentische
Texte (Rundfunknachrichten, Zeitungsmeldungen und -anzeigen usw.),
deren Verstehen erst nach dem Durcharbeiten des Hauptteils der
Formenlehre möglich ist.
Es wurde darauf geachtet, diese Texte möglichst abwechslungsreich zu
präsentieren, um auch dem Anfänger einen kleinen Eindruck von der
Vielfalt der Ausdrucksmöglichkeiten des modernen Schriftarabisch zu
vermitteln und ihn dabei auf einige Eigenheiten des gesellschaftlichen
Lebens in arabischen Ländern aufmerksam zu machen.

Wortschatz

Die Gesamtzahl der Vokabeln des Lehrwerks beträgt etwa 1200, wobei nur
die Grundformen von Verb, Substantiv und Adjektiv gezählt wurden. Der
Lernende hat also je Lektion ungefähr 65 Wörter zu verarbeiten. Die
meisten neuen Wörter sind naturgemäß beim Durcharbeiten der längeren
authentischen Texte der Lektionen 15–20 aufzunehmen. Abgesehen von
diesen Wörtern sind die Vokabeln für die Texte und Übungen streng nach
ihrer Häufigkeit ausgewählt worden. Dabei wurde auch das Buch:
Grundwortschatz Deutsch – Englisch – Arabisch, Stuttgart 1970 (Klett)
verwendet. Es wurde darauf geachtet, diesen Wortschatz in den Texten
und Übungen der Lektionen 1–15 möglichst oft „umzuwälzen", um den
Merkprozeß zu erleichtern. Das alphabetische Gesamtwörterverzeichnis
schließlich erleichtert den Überblick über die gelernten Vokabeln und
deren Wiederholung.

Übungen

Alle Teile des Lehrbuchs sind mit Übungen versehen: Schriftlehre,
Lautlehre und Grammatikabschnitte. Es überwiegen Übersetzungs- und
Transformationsübungen. Übersetzungsübungen aus dem Arabischen
kommen fast nur in den ersten Lektionen vor, denn die Lesestücke sind
nach Ansicht des Verfassers ausführlich genug. Auch Einsetz-,
Nacherzähl- und Kontrollübungen zum Textverständnis sowie
Kontrastleseübungen zum Einprägen schwieriger Formen und von
Lautunterschieden sind in wohl ausreichendem Maß berücksichtigt
worden.

Einteilung des grammatischen Stoffs

1. Stufe (Lektionen 1–3)

Durch den hier gebotenen Stoff (Struktur einfachster Aussage- und Fragesätze, maskuline und feminine Substantive und Adjektive im Singular und Plural, selbständige und angeschlossene Pronomen) wird der Lernende befähigt, auch ohne Verb bereits kurze Sätze zu bilden, mit denen Substantive und Adjektive näher bezeichnet werden können, und mit ihnen einige Lageverhältnisse anzugeben (wo, woher?).

2. Stufe (Lektionen 4–6)

Der Lernende eignet sich die Fähigkeit an, Besitz und Zugehörigkeit sowie das Verhältnis von Gegenständen und Personen zueinander, auch im Plural, auszudrücken und damit neue Begriffe zu bilden (Substantivverbindung, „äußere" und lexikalische Plurale, Kongruenz bei Adjektiven und Personen).

3. Stufe (Lektionen 7–11)

Schwerpunkte in diesen Lektionen sind die Behandlung der einfachen Aktivformen des Verbs sowie der Grund- und Ordnungszahlen. Der Lernende wird so in die Lage versetzt, über Geschehnisse der Vergangenheit und Verhältnisse der Gegenwart zu berichten, sowie zukünftige Handlungen und Ereignisse zu beschreiben. Nicht zuletzt eignet er sich die Fähigkeit an, nach Datum und Uhrzeit zu fragen.

4. Stufe (Lektionen 12–16)

Schwerpunkt dieser Lektionen ist die Behandlung wichtiger komplizierterer verbaler Aussagen (bestimmte Verneinungen, „daß" Sätze, Ausdruck von Wünschen und Befehlen, von Zweck und Ziel, Passiv). Damit ist der wesentliche Teil der Formenlehre abgeschlossen.

5. Stufe (Lektionen 17–20)

Hier werden hauptsächlich wichtige Tatsachen der Satzlehre behandelt (Relativsätze, Besonderheiten der Wortstellung und Möglichkeiten zur näheren Bestimmung von verbalen Aussagen im örtlichen, zeitlichen und modalen Sinn, Bedingungssätze der Wirklichkeit). Dieser Teil wird abgeschlossen durch einige Bemerkungen zur Eigenart der arabischen Wortstruktur und -bildung, gewissermaßen der abstrakte Teil der Ausführungen zur Grammatik.

Nach sorgfältigem Durcharbeiten des gesamten Buches, vor allem durch Wiederholen der Übungen, sollte der Lernende in der Lage sein, sich einem gebildeten Araber verständlich zu machen und mit ihm einfache Gespräche über Alltagssituationen zu führen (z. B. Vorstellen, Frage nach dem Befinden, der Tätigkeit, dem Weg, der Zeit, Vortragen von Wünschen und Aufforderungen). Darüber hinaus wird er vor allem im

Leseverständnis das Rüstzeug für das weitere Beschäftigen, vornehmlich mit Zeitungslektüre in die Hand bekommen. Bei der Auswahl und Abhandlung des grammatischen Lernstoffes ließ sich der Verfasser von der tatsächlichen Häufigkeit der jeweiligen Erscheinungen im modernen Schriftarabisch leiten; freilich, einiges mußte aus Platzgründen unberücksichtigt bleiben. Er verzichtete bewußt u. a. auf die systematische und detaillierte Behandlung der unregelmäßigen Verben, eines Stoffes, der erfahrungsgemäß dem Anfänger die allergrößten Schwierigkeiten bereitet.

Theorie und Abstraktion wurden nach Möglichkeit vermieden. Richtschnur bei der Darstellung des grammatischen Stoffes war das wirklich Geschehende in der Sprache – die übliche Abwandlung häufiger Formen. Auch mit Fremdwörtern wurde bei den grammatischen Erklärungen hausgehalten. Einige Vorgriffe im Text auf noch nicht behandelte grammatische Erscheinungen kommen vor, doch werden diese Erscheinungen später ausführlich und konkret erklärt.

Übersetzungen

Das Lehrbuch enthält die Übersetzungen sämtlicher Lektionstexte, einschließlich der Gespräche. Oft wurde dabei einer wörtlichen Übersetzung der Vorzug vor griffigeren deutschen Formulierungen gegeben, denn nur auf diese Weise kann der Lernende an schwierigeren Stellen etwas von der Eigenart der arabischen Ausdrucksweise erfassen und auch grammatische Strukturen leichter durchschauen.

Schlüssel

Der Schlüssel zum Lehrbuch enthält die Übersetzungen der Übungen (einschließlich einiger Einsetz- und Transformationsübungen). Mit dem Schlüssel erhält der Lernende ein entscheidendes Hilfsmittel auch für den Selbstunterricht: die Möglichkeit zum ständigen Überprüfen seines Lernprozesses.

Begleitcassetten

Zum Lehrbuch sind zwei Begleitcassetten erschienen, auf denen ausgewählte Übungen zur Lautlehre sowie alle Lesetexte und Dialoge der Lektionen 1–10 von arabischen Sprechern dargeboten werden. Besonders für das Selbststudium bieten diese Cassetten eine ausgezeichnete Hilfe beim Erlernen der Aussprache.

Harald Funk

Inhaltsverzeichnis

Anhang

Erklärung grammatischer Fachausdrücke

Abstrakta	Wörter, die keine Gegenstände, sondern Begriffe bezeichnen, z. B. *Lehre, Kapitalismus, Schlaf*
Adjektiv	Eigenschaftswort, z. B. *groß, schön*
Adverb	Umstandswort: er spricht *richtig*
adverbiell	wie ein Umstandswort gebraucht
Aktiv	Tätigkeitsform, z. B. ich *nehme* das Buch
Artikel	Geschlechtswort; im Arabischen nur Bestimmungswort, z. B. *al*-bait *das* Haus
artikulieren	aussprechen
Attribut	Beifügung, Eigenschaft, z. B. der *alte* Mann stürzte
Demonstrativpronomen	hinweisendes Fürwort, z. B. *dieser*
distributiv	verteilend, aufteilend
Dual	Zweizahl, Zweiheit, z. B. *beide*
etymologisch	die Herkunft der Wörter betreffend
feminin	weiblichen Geschlechts
Genus	grammatisches Geschlecht
Imperativ	Befehlsform, z. B. *gib!, lauft!*
Infinitiv	Nennform, Grundform, z. B. *geben, laufen*
Klassifizierung	Einteilung
Kollektivum	Hauptwort, das eine Gruppe gleichartiger Dinge bezeichnet, z. B. *Obst*
Komparativ	1. Steigerungs- oder Vergleichsstufe, z. B. *schöner*
Kongruenz	formale Übereinstimmung sinngemäß zusammengehöriger Satzglieder
Konjugation	Beugung des Zeitworts, z. B. *ich helfe, du hilfst, ich half* usw.
Konjunktion	Bindewort, z. B. ich hoffe, *daß* du kommst
Konjunktiv	Möglichkeitsform des Verbs, im Deutschen z. B. sie *seien* betrübt
Konsonant	Mitlaut, z. B. *d, b*
lexikalisch	wortschatzmäßig (verschieden)
maskulin	männlichen Geschlechts
modal	auf die Art und Weise des Geschehens bezüglich
Modellstruktur	allgemeines Muster, in das beliebige Wörter eingesetzt werden können (mit verschiedenen Wurzelbuchstaben)

Numerus	Zahl (Einzahl, Zweizahl oder Mehrzahl)
Objekt	Satzergänzung, z. B. der Wächter sah *den Dieb*
orthographisch	rechtschreibmäßig
partitiv	zum Ausdruck eines Teils vom Ganzen
Partizip	Mittelwort zwischen Eigenschaftswort und Tätigkeitswort, z. B. *schlafend*
Passiv	Leideform, z. B. der Mann *wird geschlagen*
Personalpronomen	persönliches Fürwort, z. B. *er, sie*
Plural	Mehrzahl
Possessivsuffix	an andere Wörter angehängtes besitzanzeigendes Fürwort
Prädikat	Satzaussage, z. B. das Haus *ist groß*
prädikativ	in Stellung des Satzaussageteils
Präfix	Vorsilbe, z. B. *ab*holen
Präposition	Verhältniswort, z. B. *auf, mit, zu*
Pronomen	Fürwort, Ersatz für ein Hauptwort: *er, sie, es* usw.
puristisch	auf die Sprachreinerhaltung bezogen
qualifizierend	näher beschreibend oder bestimmend
Relativpronomen	bezügliches Fürwort, z. B. der Junge, *der* lachte …
Relativsatz	Satz, der ein bezügliches Fürwort enthält
Subjekt	Satzgegenstand, z. B. *der Junge* spielt
Substantiv	Hauptwort, z. B. der *Kamm*
Transformationsübung	Umsetz- oder Umwandelübung
Verb	Tätigkeitswort, z. B. *lesen*
Vokal	Selbstlaut, z. B. *a, u*

Abkürzungsverzeichnis

Abschn.	Abschnitt	*männl.*	männlich
Adv.	Adverb, adverbiell	*od.*	oder
	gebraucht	*örtl.*	örtlich
ägypt.	ägyptisch	*Part.*	Partizip
Akt.	Aktiv	*Pass.*	Passiv
Anm.	Anmerkung	*Pers.*	Person
arab.	arabisch	*Pers.*	
arch.	archäologisch	*Pron.*	Personalpronomen
bzw.	beziehungsweise	*Plur.*	Plural
d. h.	das heißt	*Präp.*	Präposition
etw.	etwas	*Pron.*	Pronomen
f	feminin (weiblich)	*rel.*	relativisch
fig.	figürlich, mit übertragener	*s.*	siehe
	Bedeutung	*Sing.*	Singular
intr.	intransitiv (kein Objekt	*Su.,*	
	bei sich habend)	*Subst.*	Substantiv
jd.,	jemand, jemandem,	*u.*	und
jmd.	jemanden	*u. ä.*	und ähnliches
koll.	Kollektivum, kollektiv	*usw.*	und so weiter
Komp.	Komparativ,	*vgl.*	vergleiche
	1. Steigerungsform	*wörtl.*	wörtlich
Lekt.	Lektion	*z. B.*	zum Beispiel
m	maskulin (männlich)	*zeitl.*	zeitlich

Schriftlehre

Das arabische Alphabet

Lautwert	Aussprache des arabischen Namens	arabischer Name	Buchstaben-grundform	geschriebene Grundform
ʔ	ˈhamza	hamza	٠	
ʔa, ʔi, ʔu, aː	ˈʔalif	alif	ا	أ
b	baː ʔ	ba	ب	ب
t	taː ʔ	ta	ت	ت
θ	θaː ʔ	tha	ث	ث
dʒ	dʒiːm	djim	ج	ج
ħ	ħaː ʔ	ḥa	ح	ح
x	xaː ʔ	cha	خ	خ
d	daː l	dal	د	د
ð	ðaː l	dhal	ذ	ذ
r	raː ʔ	ra	ر	ر
z	zaː ʔ, zaː j, zain	za	ز	ز
s	siːn	sin	س	س
ʃ	ʃiːn	schin	ش	ش
s	såː d	ṣad	ص	ص
đ	đåː d	ḍad	ض	ض
ŧ	ŧåː ʔ	ṭa	ط	ط
ʐ	ʐåː ʔ	ẓa	ظ	ظ
ʕ	ʕain	ʕain	ع	ع
ɣ	ɣain	ghain	غ	غ

Lautwert	Aussprache des arabischen Namens	arabischer Name	Buchstaben-grundform	geschriebene Grundform
f	fa:ʔ	fa	ف	ڧ
q	qa:f	qaf	ق	ٮ
ḳ	ḳa:f	kaf	ك	ك
l	la:m	lam	ل	ل
m	mi:m	mim	م	م
n	nu:n	nun	ن	ں
h	ha:ʔ	ha	ه	ﻬ
w	wa:w	waw	و	و
j	ja:ʔ	ja	ى	ى
a od. at	ta:ʔ mar'bo:tå	ta marbuta	ة	ة ، ﺔ ، ﺔ

1. Das Arabische hat nur wenig mehr Buchstaben als das Deutsche. Am Wortanfang wird das Konsonantenzeichen *hamza* meistens nicht geschrieben. Das Zeichen *ta marbuta* wird nur am Wortende geschrieben.

2. Aus der Gesamtzahl der Buchstaben des Alphabets lassen sich leicht folgende Gruppen erkennen, die gleiche Grundkörper haben:

   a) ب für [ba:ʔ, ta:ʔ, θa:ʔ]   e) س für [si:n] und [ʃi:n]

   b) ح für [dʒi:m, ħa:ʔ, xa:ʔ]   f) ص für [så:d] und [ɖå:d]

   c) د für [da:l] und [ða:l]   g) ط für [tå:ʔ] und [zå:ʔ]

   d) ر für [ra:ʔ] und [za:ʔ]   h) ع für [ʕain] und [ɣain]

Gleiche Buchstabenkörper werden durch Zusatzpunkte voneinander unterschieden, je nach Buchstaben 1 bis 3. Der Lernende bemühe sich also von Anfang an, die Zahl und Lage der Punkte am jeweiligen Buchstaben genau zu beachten, da beim Lesen erfahrungsgemäß hier die meisten Verwechslungen vorkommen.

3. Im Unterschied zur lateinischen kennt die arabische Schrift keine **grundsätzliche** Verschiedenheit von Druck- und Handschrift, denn die meisten Buchstaben werden sowohl beim Schreiben als auch im Druck miteinander verbunden.

Bei bestimmten Buchstabenkombinationen gibt es jedoch deutlich auffallende Unterschiede zwischen der Druck- oder Maschinenschrift einerseits und der Handschrift andererseits, z. B.

Druckschrift:

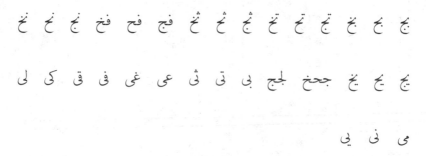

خِ خِ خِ نِج فِخ فِح فِج ثِخ ثِح ثِج تِخ تِح تِج بِج

لِی کِی قِی فِی غِی عِی ثِی تِی بِی لِجِج جِحِخ یِخ یِح یِج

یِی نِی مِی

Schreibschrift:

خِ خِ نِج فِخ فِح فِج ثِخ ثِح ثِج تِخ تِح تِج بِج

یِی نِی مِی کِی لِی قِی فِی غِی عِی ثِی تِی بِی لِجِج مِجِج یِخ یِح یِج

Die Buchstabenformen des Drucksatzes können denen der Schreibschrift recht nahe kommen, vgl. etwa mit Kombinationsformen, die im Lehrbuch gesetzt wurden:

Im Gegensatz zur Druckschrift werden also eine Reihe erster Buchstaben in Kombinationen **über** die zweiten gesetzt.

Die Schreibschrift vereinfacht Buchstaben mit 2 oder 3 Punkten:

ت → ـٮ − ث → ـٮٮ − ق → ـٯ (ـن) − ی → ـٮ

Die Strichvereinfachung gilt für **alle** Kombinationsformen. Ferner sind noch folgende Vereinfachungen und Sonderformen in der Schreibschrift üblich:

س → ـس − ش → ـٮٮ (ـٮٮ) − ض → صـ → س

Die Kombination ل + ‍ا erhält in der Schreibschrift gewöhnlich die Form لا.

4. Da es keine Groß- und Kleinschreibung an den Wortanfängen gibt, wird die Größe der Buchstaben ausschließlich durch ihr Verhältnis zu anderen Buchstaben im Wort bestimmt. Gibt es Anschlußmöglichkeiten, so sind die Buchstabenkörper im allgemeinen kleiner als in ihrer isolierten oder Grundform.

5. Die Schreibrichtung – außer bei Zahlen – verläuft von rechts nach links. Das gilt nicht nur für eine einzelne Seite, sondern für Zeitungen, Zeitschriften und Bücher. Sie werden nach unserem Verständnis von „hinten" nach „vorn" gelesen.

6. Die meisten Buchstabengrundkörper werden abgewandelt, wenn sie im Wortzusammenhang geschrieben werden. Das ergibt sich aus der Notwendigkeit, einen leichteren Anschluß zu den Nachbarbuchstaben herzustellen.

Dabei sind folgende Möglichkeiten zu unterscheiden:

a) **keine** Anschlußmöglichkeit nach links und rechts.

Die Buchstaben ‍ا, د, ذ, ر, ز, و können im Wort nur in ihrer Grundform stehen, wenn *nur* sie dieses Wort bilden, z. B.

دار [da:r] ، زار [za:r] ، ذاد [ða:d] ، وارد [wa:r(i)d] ، رادار [ra:da:r]

Also sind in diesen Fällen die isolierte Form (siehe Aufreihung im Alphabet) und die Form im Wortzusammenhang identisch.

b) Anschlußmöglichkeit **nur** nach **rechts;** der eigentliche Buchstabenkörper bleibt wie bei a) unverändert.

Anschlußform	Grundform	Anschlußform	Grundform
‍ا	‍ا	‍ر	ر
‍د	د	‍ز	ز
‍ذ	ذ	‍و	و
		‍ة	ة

Also können die Buchstaben dieser Gruppe nach rechts nur mit den übrigen Buchstaben des Alphabets verbunden werden, nicht aber unter sich selbst.

c) Anschlußmöglichkeit nach **rechts und links.** Der eigentliche Buchstabenkörper bleibt gleichfalls unverändert.

Anschlußform	Grundform	Anschlußform	Grundform
‍ط‍	ط	‍ظ‍	ظ

d) Anschlußmöglichkeit nach **rechts und links.** Der eigentliche Buchstabenkörper wird dabei **verändert.**

Anschlußform nach rechts (Wortende)	Anschlußform nach rechts und links	Anschlußform nach links	Grundform
ب	‍ب‍	ب‍	ب
ت	‍ت‍	ت‍	ت
ث	‍ث‍	ث‍	ث
ج	‍ج‍	ج‍	ج
ح	‍ح‍	ح‍	ح
خ	‍خ‍	خ‍	خ
س	‍س‍	س‍	س
ش	‍ش‍	ش‍	ش
ص	‍ص‍	ص‍	ص
ض	‍ض‍	ض‍	ض
ع	‍ع‍	ع‍	ع
غ	‍غ‍	غ‍	غ
ف	‍ف‍	ف‍	ف
ق	‍ق‍	ق‍	ق
ك	‍ك‍	ك‍	ك
ل	‍ل‍	ل‍	ل
م	‍م‍	م‍	م
ن	‍ن‍	ن‍	ن
ه	‍ه‍	ه‍	ه
ة			ة
ى	‍ى‍	ى‍	ى

7. Die sogenannten diakritischen – d. h. unterscheidenden – Punkte müssen für alle Kombinationsformen der jeweiligen Buchstaben benutzt werden, nicht nur für die Grundform. Eine Ausnahme bildet das ja: ?.

8. Vergleicht man nun auch die übrigen Formen der Buchstaben miteinander, so fällt auf, daß die Links- sowie die Rechts-Links-
Verbindungsformen im Verhältnis zu den Grundformen stark schrump-
fen. Das ergibt sich aus der Notwendigkeit, einen flüssigen Anschluß
nach links bzw. nach rechts und links zu den nächsten Buchstaben
herzustellen.

9. Erfahrungsgemäß verwechseln Anfänger auch immer wieder ähnliche
Anfangs- und Mittelkombinationen von folgenden Buchstaben beim
Lesen und Schreiben. Sie werden deshalb noch einmal gesondert be-
trachtet:

mit *drei* Punkten:	mit *zwei* Punkten darüber:	mit *einem* Punkt darüber:	Buchstabengerüst bei Verbindungs- möglichkeit nach links (oft am Wortanfang)
[θa:ʔ] ث	[ta:ʔ] ت	[nu:n] ن	ـ
	mit *zwei* Punkten darunter: [ja:ʔ] ي	mit *einem* Punkt darunter: [ba:ʔ] ب	
mit *drei* Punkten:	mit zwei Punkten darüber:	mit *einem* Punkt darüber:	Buchstabengerüst bei Verbindungs- möglichkeit nach rechts und links
[θa:ʔ] ث	[ta:ʔ] ت	[nu:n] ن	ـ
	mit *zwei* Punkton darunter: [ja:ʔ] ي	mit *einem* Punkt darunter: [ba:ʔ] ب	ـ

Auch die folgenden Kombinationen werden gern verwechselt:

[qa:f]	ق	und	[fa:ʔ]	ف
[ɣa:in]	غ	und	[fa:ʔ]	ف
[la:m]	ل	und	['ʔalif]	ا

10. Das arabische Alphabet ist eine Konsonantenschrift. Sie gibt also im
Normalfall (Bücher, Zeitungen, Briefe u. ä.) nur Konsonanten wieder.
a) Folgende Konsonanten können jedoch auch als lange Vokale gelesen werden:
و im Wortinnern und am Wortende = [u:]
ي im Wortinnern und am Wortende = [i:]
b) ا im Wortinnern und am Wortende oft [a:]

c) ا am Wortanfang kann als [ʔa, ʔi] oder [ʔu] gelesen werden (Näheres siehe S. 37). In bestimmten Fällen wird es überhaupt nicht gesprochen, sondern nur geschrieben (vgl. S. 36).

11. In allen Ausgaben des Koran, vielen Werken der Poesie sowie zahlreichen Schul- und Lehrbüchern werden Zusatzzeichen gesetzt, die nicht zum Alphabet gehören. Ihre wichtigsten sind folgende:

    ◌َ = a, ◌ِ = i, ◌ُ = u (kleines [wa:w]!)

    ◌ْ = Zeichen für Vokallosigkeit; über den Konsonanten gesetzt, dem unmittelbar ein anderer folgt.

    ◌ّ = Zeichen für gelängte Konsonantenaussprache (Näheres S. 34).

    Da Lese- und Übungstexte im vorliegenden Lehrbuch in die Lautschrift der API (Internationale Lautschrift) umgesetzt werden, kann auf diese Zusatzzeichen verzichtet werden.

    Muster für Text mit allen Zusatzzeichen:

إِنَّ مَنْ يُلْقِي نَظْرَةً عَلى مُعْظَمِ ٱلكُتُبِ ٱلمُتَداوِلَةِ حَتَّى ٱلآنَ لِتَعْلِيمِ ٱللُّغَةِ
ٱلعَرَبِيّةِ لِلأَجانِبِ يَجِدُ أَنَّها تُرَكِّزُ أَساساً عَلى ٱلتَّوَسُّعِ في شَرْحِ قَواعِدِ
ٱلنَحْوِ ٱلعَرَبِيِّ، مُسْتَعِينَةً في ذٰلِكَ بِعَرْضِ أَمْثِلَةٍ وَجُمَلٍ كَثِيرَةٍ يُقْصَدُ بِها
تَمْكِينَ ٱلطالِبِ مِنْ إِجادَةِ ٱلقاعِدَةِ ٱلنَّحْوِيّةِ.

    Muster für Text ohne Zusatzzeichen:

ان من يلق نظرة على معظم الكتب المتداولة حتى الآن لتعليم اللغة العربية
للأجانب يجد انها تركز اساسا على التوسع فى شرح قواعد النحو العربى،
مستعينة فى ذلك بعرض امثلة وجمل كثيرة يقصد بها تمكين الطالب من اجادة
القاعدة النحوية.

12. Ein Zeichen allerdings kommt auch in vielen Texten vor, die nicht mit Kurzvokalzeichen versehen werden. Es kann nur auf ا gesetzt werden: آ. Dieses Zeichen kann am Wortanfang, in der Wortmitte und am Wortende stehen. Es ist in vielen Fällen [ʔa:] zu lesen.

13. Bestimmte Buchstaben können bei ihrer Verbindung mit anderen
Sonderformen bilden; hier nur einige Beispiele:

$$\text{لا oder لا} = \text{ل} + \text{ا}$$

, oder ﺋ oder ﺋ oder ﺋ oder ﺓ + ﻯ = ﺑ oder ﻗ oder ﺋ oder ﻓ oder ﻕ
d. h. die jeweils ersten Buchstaben werden nicht selten – auch im
Druck – über bzw. unter, nicht rechts von ﻯ gesetzt.

Ob bestimmte Buchstaben, besonders am Wortanfang oder am Wortende übereinander gesetzt werden, ist im wesentlichen eine Frage der
Ästhetik oder der drucktechnischen Möglichkeiten.

14. **Zahlzeichen**

Sie werden entgegengesetzt zur Schreibrichtung des arabischen Alphabets grundsätzlich von links nach rechts geschrieben:

١ = 1	٣ = 3	٥ = 5	٧ = 7	٩ = 9
٢ = 2	٤ = 4	٦ = 6	٨ = 8	١٠ = 10

also ١٩٨١ = 1981

Beim Schreiben von *Daten* allerdings ist die allgemeine Anordnung
der geschlossenen Zahlengruppen von rechts nach links, z. B.:

١٩٨٠/١٢/٢٤ = 24/12/1980

Die **Rechenzeichen** sind im wesentlichen identisch mit den unseren:
+ Additionszeichen, — Subtraktionszeichen, × Multiplikations-
zeichen, : Divisionszeichen

15. **Satzzeichen**

Folgende von ihnen kommen allgemein häufiger vor:

Fragezeichen ؟, Komma ، , Punkt .

Es gibt kein Silbentrennungszeichen. Silben am Zeilenende dürfen
nicht abgetrennt werden.

Übungen zur arabischen Schrift und den arabischen Zahlen

1. Schreiben Sie folgende Buchstaben bis zur Geläufigkeit:

ا، د، ذ، ر، ز، و، ث، خ، ش، ض، ظ، ق، غ، ك، ى

in arabischer Handschrift:

ا، د، ذ، ر، ز، و، ى، غ، ش، ص، ظ، و، غ، ك، ى

2. Kombinieren Sie folgende Buchstaben:

ا ر ا د، ز ا د، ز و ر، د و د، ز ى د، ب ا ب، ك ا د

د ى ك، ج ا د، ج ى ب، ز و ج، ج ى د، ج ا ب

ب ا ب ى، د ى ك ى، ج د ى د، ز ب ى ب، ز ج ا ج

س ج د، ج س د

in arabischer Handschrift:

ا ر ا د، ز ا د، ز و ر، د و د، ز ى د، ب ا ب، ك ا د
د ى ك، ج ا د، ج ى ب، ز و ج، ج ى د، ج ا ب، ب ا ب ى
د ى ك ى، ج د ى د، ز ب ى ب، ز ج ا ج، س ج د، ج س د

3. Setzen Sie folgende Buchstabengruppen in die Internationale Lautschrift um:

كبر، دروس، بريد، سرير، كرسى، كتب، ترك، ذكر، مكتب

مات، جمع، عدد، عيد، نار، نور، نير، بنت، سيارة، جلس، جميل

دخل، شرب، شركة، حوار، حساب، حال، غرفة، طبيب

طويل، مطعم، نظر، عظيم

4. Schreiben Sie die arabischen Buchstaben für folgende Lautzeichen;
achten Sie dabei auf die Anschlußmöglichkeiten:

qri:b, qdi:m, tri:q, sba:ħ, qsɨ:r, sdi:q, sħi:ħ, mri:đ, ʕri:đ, ʔa:sf, mdi:r,
sɣi:r, qlm, su:q, ʕml, mtå:r, mnzl, ki:f, ʔna:, ʔnt, ʔntm, hu:, hi:, mʕ,
θu:b, ʃrq, ɣrb, dʒnu:b, ʃma:l, 'ʔiða:, zhr, xri:f, ɣi:r, ɣni:, mblɣ, xbi:r,
ʔxð, xbr, ʃba:b, mdxl, lbs, lʕb, klb, ʔkl, kθi:r, dʒwa:z, bi:t, mrkz,
msdʒd, ta:dʒr, kðb, ksr, brdʒ, wld, wldi:, wldk, wldh, wldha:, wldna:

5. Schreiben Sie folgende Daten in arabischen Zahlen:

2/6/1378, 3/2/1600, 7/8/1505, 19/11/1979

Lautlehre

1. Erläuterung der Zeichen der internationalen Lautschrift in diesem Lehrbuch (Reihenfolge nach arabischem Alphabet)

[']   Tonzeichen, steht vor betonter Silbe

[:]   Längenzeichen bei Vokalen

[ʔ]   Zeichen für festen Stimmabsatz, der am Wortanfang, im Wortinnern und am Wortende vorkommen kann. Am Wortanfang im Lehrbuch *nicht* geschrieben. Beispiele: ʔaber, verʔeisen (*aber*: verreisen), jaʔ (Affektaussprache).

[b]   Lautung wie im Deutschen: *B*ach, *B*erg, he*b*en, Kor*b*

[t]   Lautung wie im Deutschen: *T*al, ra*t*en, gu*t*

[θ]   stimmloser Reibe- oder Lispellaut, zwischen Zungenspitze und oberen Schneidezähnen gebildet. Wie in englisch *th*ink, *th*rough, *th*under.

[dʒ]   stimmhafte Kombination von deutschem *d* und Reibelaut ʒ, der im Deutschen nur in Fremdwörtern vorkommt, z. B. in *J*ournalist.

[ħ]   stark zischendes *h*, gleichmäßiger nachdrücklicher Hauchlaut; Schlundmuskeln bei Ausstoßen des Luftstroms stark einander genähert. *Kein* Vibrationsgeräusch am Gaumensegel!

[x]   stimmloser Gaumensegelreibelaut. Lautung wie in Ba*ch*, ma*ch*en, jedoch niemals wie in fe*ch*ten, schle*ch*t.

[d]   Lautung wie in *D*ach, Wa*d*e, wil*d*

[ð]   Lautung wie stimmhaftes *th* im Englischen: *th*is, *th*at

[r]   intensiv gerolltes Zungen-*r*. In Deutschland regional gesprochen.

[z]   stimmhaftes *s* wie in *S*onne, Ha*s*e

[s]   stimmloses *s*, im Deutschen oft mit *ss* oder *ß* wiedergegeben, z. B. Ha*ß*, ra*ss*eln.

[ʃ]   Lautung wie in *Sch*ild, wa*sch*en, ra*sch*

[ʂ]   mit Nachdruck ausgesprochener *s*-Laut: Die Lippen werden gespitzt, die Muskeln des Sprechapparats stark angespannt. Bei richtiger Aussprache ändert sich die Klangfarbe von unmittelbar vorausgehenden und folgenden Kurz- und Langvokalen, sie klingen dunkler (dumpfer) als bei *s*.

[đ]   mit Nachdruck ausgesprochener *d*-Laut, die Muskeln des
           Sprechapparats stark angespannt, Vorderzungenrücken kräftig
           gegen den harten Gaumen gedrückt; Luftstrom passiert zwi-
           schen Zungenspitze und oberen Schneidezähnen; Vokalver-
           färbung im Vergleich mit *d* wie bei s.

[t]   mit Nachdruck ausgesprochener *t*-Laut: Die Muskeln des
           Sprechapparats stark angespannt, Vorderzungenrücken kräftig
           gegen den harten Gaumen gedrückt, dabei kein Luftstrom;
           Vokalfärbung im Vergleich mit *t* wie bei s, đ.

[ʐ]   leichtes Strecken der Zunge durch die halbgeöffneten Lippen;
           dabei wird Luftstrom geringer Intensität zwischen Vorder-
           zungenrücken und oberen Schneidezähnen ausgestoßen; Vokal-
           verfärbung wie bei s, đ, t.

[ʕ]   Schlundlaut: Kehlkopf wird in die Höhe gepreßt und bei ver-
           engerter Stimmritze die Luft hindurchgepreßt.

[ɣ]   stimmhafte Abart des *x*, also am hinteren Gaumen mit gleich-
           zeitigem, an den Stimmbändern erzeugtem Ton gebildet;
           deutsches regional verbreitetes *Rachen-r*.

[f]   Lautung wie im Deutschen: *F*eind, Sei*f*e, Ru*f*

[q]   durch Drücken des hinteren Zungenrückens gegen den weichen
           Gaumen erzeugtes dumpfes *k*.

[k]   Lautung wie im Deutschen: *K*irche, Ver*k*auf, Verdec*k*

[l]   Lautung wie im Deutschen: *L*iebe, Si*l*be, Saa*l*

[m]   Lautung wie im Deutschen: *M*ann, Da*m*e, ka*m*

[n]   Lautung wie im Deutschen: *n*ach, wa*n*dern, wa*nn*

[h]   Lautung wie im Deutschen: *H*als, stets konsonantischer Wert

[w]   Lippenlaut: durch stark gerundete und gespitzte Lippen pas-
           siert der Luftstrom. *Nicht* wie deutsches *w*, bei dessen Bildung
           die oberen Schneidezähne die Unterlippe berühren, sondern wie
           englisch: *w*indow, *w*all. Im Wortinnern und am Wortende auch
           als [u:] ausgesprochen.

[j]   Lautung wie im Deutschen: *J*ahr, *j*odeln. Im Wortinnern und
           am Wortende auch als [i:] ausgesprochen.
           Zur Aussprache von *j* als langem Vokal siehe S. 35.

Benutzte Vokalzeichen der internationalen Lautschrift

[a]   kurzes offenes *a* wie in h*a*lten

[å]   kurzes dunkles *a* wie etwa bayerisch: h*a*b' i

[a:]   langes offenes *a* wie in S*a*hne

[å:]   langes dunkles *a* wie etwa bayerisch *o*bi

[i]   kurzes offenes *i* wie in K*i*nd

[ɪ]   kurzes dumpfes *i*, kein *ü*! Im Deutschen nicht vorhanden.

[i:]   langes offenes *i* wie in Ch*i*na

[ɪ:]   langes dumpfes *i*, im Deutschen nicht vorhanden.

[u]   kurzes offenes *u* wie in M*u*tter

[u:]   langes offenes *u* wie in K*u*r

[o]   kurzes, fast geschlossenes *o* wie in K*o*mödie

[ɔ:, o:]   langes, fast geschlossenes *o* wie H*o*f

2. Die Konsonanten – Klassifizierung und Abwandlung

Der Konsonantenbestand des Arabischen läßt sich nach den an der Bildung hauptsächlich beteiligten Teilen des Sprechapparats in
a) Lippenlaute,
b) Zungengaumenlaute,
c) Kehllaute einteilen.

a) Reine **Lippenlaute** sind *b* und *m*. *F* hingegen ist schon ein Lippenzahnlaut, d. h. er wird beim Berühren der oberen Schneidezähne mit der Unterlippe gebildet. Die Aussprache dieser Laute bietet dem Deutschen keinerlei Schwierigkeiten.

b) Der weitaus größte Teil des Lautbestands gehört zu den **Zungengaumenlauten.** Eigentliche Zungenlaute, mit Beteiligung der oberen Schneidezähne bei der Bildung, sind d, t, ð, θ. Hinzu kommen deren mit Nachdruck gesprochene Varianten ḏ, ṭ, ẓ.

Auch n und l können den Zungenlauten zugerechnet werden. Die Zungenspitze berührt bei ihrer Bildung die oberen Schneidezähne.

Keinen Kontakt zu den oberen Schneidezähnen hat die Zunge bei der Bildung der Zischlaute z, s, ṣ und ʃ. Der Luftraum zwischen Zunge und Gaumen ist bei der Bildung dieser Laute jeweils unterschiedlich groß.

Auch beim Aussprechen des vibrierenden Zungenspitzen-r hat die Zunge keine Berührung mit den oberen Schneidezähnen. k und q werden durch Drücken des Zungenrückens gegen den harten Gaumen (k), bzw. gegen den weichen Gaumen (q) gebildet.

Schließlich gehören noch x und γ zur Gruppe der Zungengaumenlaute, denn sie werden beide durch eine Verengung des Luftraums zwischen Zungenrücken und Hintergaumen gebildet. γ wird dabei zusätzlich mit Stimmbandton ausgesprochen, ist also im Gegensatz zum x stimmhaft.

c) Weder die Lippen, noch Zunge und Gaumen sind bei der Bildung der **Kehllaute** ʔ, ḥ und ʕ aktiv beteiligt. Die Aussprache von ʔ und h bereitet Deutschen keine Schwierigkeit, wohl aber von ḥ und ʕ. ḥ ist ein stimmloser Laut, der vom Durchtreten des Luftstroms durch den verengten Rachen erzeugt wird und dem Hecheln oder Fauchen sehr nahe kommt. ʕ ist ein stimmhafter Reibelaut, der ebenso durch eine Verengung des Rachenraumes erzeugt wird. Er klingt wie ein gepreßtes a im Schlund. Diese beiden Laute sind im Arabischen sehr häufig zu hören und machen das eigentliche lautliche Charakteristikum dieser und weiterer mit ihr verwandter semitischer Sprachen aus. Der Anfänger verwechselt in der Aussprache erfahrungsgemäß immer wieder ʔ mit ʕ sowie x mit ħ. Diese Laute sind aber bedeutungsunterscheidend in Wörtern, die ansonsten gleichen Lautstand haben.

d) Das gilt auch für die folgenden Lautpaare der Gruppe:
r ungleich γ, k ungleich q, d ungleich t, d ungleich đ, t ungleich ŧ, z ungleich s, s ungleich ş, x ungleich γ.
Der Lernende sollte also große Sorgfalt und Beharrlichkeit beim Nachsprechen solcher Wörter zeigen.
Von den Konsonantenlauten des Arabischen kann der Deutsche, zumal, wenn er sich schon mit dem Englischen und Italienischen befaßt hat, die meisten ohne Schwierigkeiten nachbilden. Auch die verschiedene Aussprache der Laute w und j als Konsonant, Langvokal oder Zwielaut (Diphthong) dürfte ihm nicht schwerfallen, ebenso die des z. Die Laute ş, đ, ŧ, q, ʕ, ħ und γ allerdings werden erst nach einiger Zeit richtig ausgesprochen werden können.

e) **Konsonantenangleichung (Assimilation)**
Stoßen bestimmte Konsonanten unmittelbar, d. h. ohne trennenden Kurzvokal, aufeinander, so kommt es zu Lautangleichungen, deren wichtigste die folgenden sind:
l wird in *einem* bestimmten Fall (Näheres siehe S. 51) an t, θ, d, ð, r, z, s, ʃ, ş, đ, ŧ, z, n angeglichen. l wird dann nicht mehr gesprochen, statt dessen aber die aufgezählten Laute (meistens Zischlaute) geschärft, d. h. gelängt ausgesprochen, z. B.:

nicht [al-til'miːð] التلميذ, sondern [at-til'miːð] التلميذ *der Schüler*

nicht [al-'θaːliθ] الثالث, sondern [aθ-'θaːliθ] الثالث *der dritte* . . .

nicht [al-dars] الدرس, sondern [ad-dars] الدرس *die Lektion* usw.

Die Schreibung bleibt also bei dieser Angleichung unverändert, ebenso in folgenden anderen Fällen:
n **und** *b* treffen unmittelbar aufeinander. Es wird dann die Lautkombination *mb* gesprochen, z. B.

nicht [dʒanb] جنب, sondern [dʒamb] جنب *Seite*.

n **und** *m* treffen unmittelbar aufeinander. Dann wird gelängtes *m* gesprochen, z. B.

['mimmaː] مما *wovon*

d **und** *t* treffen unmittelbar aufeinander. Dann wird ein gelängtes *t* gesprochen, z. B.

[ʃaː'hattu] شاهدت *ich sah*

Davon unterscheiden sich Angleichungen, die auch im Schriftbild zum Ausdruck kommen. Die Rechtschreibung folgt also hier weitgehend der tatsächlichen Lautung:

ursprünglich z + t, wird zu zd, z. B.

[izˈdarad] ازدرد *er verschluckte*

ursprünglich s + t, wird zu st, z. B.

[isˈtålaħ] اصطلح *er gebrauchte einen Fachausdruck*

ursprünglich đ + t, wird zu đt, z. B.

[iđˈtårab] اضطرب *er war aufgeregt*

ursprünglich t + t, wird zu tt, z. B.

[itˈtårad] اطرد *es floß ununterbrochen*

Zwei ʔ, getrennt durch a, werden zu [a:] vereinfacht, z. B.

[aʔθar] أأثر wird zu [a:θar] آثر *er zog vor.*

3. Der Einfluß der Konsonanten s, đ, t, z auf das Vokalumfeld: Die mit besonderem Nachdruck zu sprechenden Laute s, đ, t und z verändern die Qualität der drei Grundvokale des Arabischen a, i und u bzw. a:, i: und u:.
Vor und nach ihnen erhalten a, a:, i und i: eine dunklere Färbung. U und u: verfärben sich mehr zu o und ɔ:. Diese Veränderung der Vokalqualität findet im arabischen Schriftbild keinen Ausdruck, z. B.:

a + s wird zu ås:

['måsdar] مصدر *Ursprung*

s + a wird zu så:

[såˈba:ħ] صباح *Morgen*

i + s wird zu is:

['misˤad] مصعد *Aufzug*

s + i wird zu si:

[sihr] صهر *Schwager*

u + s wird zu os:

['moståfa:] مصطفى *(Männername)*

s + u wird zu so:

[solħ] صلح *Versöhnung*

a: + s wird zu å:s:

['nå:sir] ناصر *Siegverleihender*

s + a: wird zu så::

['så:diq] صادق *aufrichtig*

i: + s wird zu i:s:

[qaˈmi:s] قميص *Hemd*

s + i: wird zu si::

[qåˈsi:r] قصير *kurz*

u: + s wird zu ɔ:s:

[xɔ:s] خوص *Palmblätter*

s + u: wird zu sɔ::

[sɔ:f] صوف *Wolle*

Die Lautvarianten von ص mit den angeführten Vokalen sollen stellvertretend für die übrigen Vokalveränderungen nach und vor den anderen Konsonanten dieser Gruppe stehen.

4. Das Arabische kennt keine Konsonantenhäufung wie z. B. *Hirschbrunft*. Auch Doppelkonsonanz am Wortanfang wie z. B. *sparen* gibt es

im Arabischen nicht. Doppelkonsonanz bei ursprünglichen Fremdwörtern wird am Wortbeginn durch Hilfsvokale aufgelöst, z. B.

lat. stabulum wurde im Arabischen zu [isˈtâbl] اصطبل *Stall*

griech. stolos wurde im Arabischen zu [usˈtɔːl] اسطول *Flotte*

5. Das Arabische kennt nur drei Vokalqualitäten, die für den Bedeutungswandel von Belang sind: a, i, u. Alle anderen in Abschnitt 4 gezeigten kurzen Vokalvarianten können die Bedeutung eines Wortes
nicht verändern. Hingegen muß der Lernende von Anfang an sorgfältig
zwischen Vokallängen und -kürzen unterscheiden, da sie die Wortbedeutung verändern.

Der Vokalwandel a – i – u ist bei uns in gewisser Hinsicht auch von
unserer Sprache her geläufig. Man vergleiche z. B. barg – birg – Burg.
Im Arabischen spielt er eine außerordentlich wichtige Rolle. Der Konsonantenstruktur nach völlig gleiche Wörter erhalten je nach Vokalstand unterschiedliche Bedeutung, z. B. ist das Konsonantenschriftbild
كتب in den Varianten [ˈkatab], [ˈkutib] und [ˈkutub] lesbar:

> *er schrieb, es wurde geschrieben, Bücher.*

Lange Vokale sind zwar gewöhnlich im Konsonantenschriftbild klar zu
erkennen, sie sollten jedoch auch beim Lesen und umgekehrt bei der
schriftlichen Wiedergabe von etwas Gehörtem sorgfältig beachtet
werden, z. B.

[ˈkatab] كتب *er schrieb* – [ˈkaːtab] كاتب *er schrieb j-n an*

[ˈkaːtib] كاتب *Schriftsteller*

[ˈkutib] كتب *es wurde geschrieben* –

[ˈkuːtib] كوتب *es wurde jmd. angeschrieben*

[ˈdʒaːlis] جالس *ein Sitzender* – [dʒaˈliːs] جليس *ein Gefährte*

6. Viele arabische Wörter haben gleiche Vokalquantität und -qualität,
doch einen unterschiedlichen Konsonantenstand – man vergleiche *barg* –
Sarg, *Werbung* – *Gerbung* usw. Gerade hierin liegen für den Anfänger
die meisten Verwechslungsmöglichkeiten, zumal beim Hören. Er
meint, daß sehr viele Wörter gleich oder sehr ähnlich klingen, z. B.

[ˈadʒal] اجل *Frist* – [ˈʕadʒal] عجل *Eile*

[uˈmuːmiː] امومى *mütterlich* – [ʕuˈmuːmiː] عمومى *öffentlich*

[hiˈlaːl] هلال *Halbmond* – [xiˈlaːl] خلال *Pflock* – [ħiˈlaːl] حلال *Hausrat*

[haːl] هال *Kaffeegewürz* – [xaːl] خال *Onkel* – [ħaːl] حال *Zustand*

[fuˈtuːr] فتور *Schlaffheit* – [foˈtɔːr] فطور *Frühstück*

[ˈnabat] نبت *wuchs* – [ˈnabât] نبط *sprudelte*

[ˈtaraf] ترف *Luxus* – [ˈtâraf] طرف *Seite*

[tiːn] تين *Feigen* – [tɨːn] طين *Lehm*

[darb] درب *Pfad* – [đårb] ضرب *Schlagen*

['naːdir] نادر *selten* – ['nåːđɨr] ناضر *duftend*

[saˈbiː] سبى *Kriegsgefangener* – [såˈbiː] صبى *Knabe*

[suːr] سور *Mauer* – [sɔːr] صور *Horn (Blasinstrument)*

[saif] سيف *Schwert* – [såif] صيف *Sommer*

[kalb] كلب *Hund* – [qalb] قلب *Herz*

[kaːl] كال *er maß* – [qaːl] قال *er sagte*

[ðaˈliːl] ذليل *demütig* – [zåˈliːl] ظليل *schattig*

[faðð] فذ *einzigartig* – [fåzz] فظ *barsch*

[zaːr] زار *er besuchte* – [saːr] سار *er ging*

[ðaːb] ذاب *er schmolz* – [θaːb] ثاب *er kam zurück*

['sabar] سبر *er untersuchte* – ['sabaɣ] سبغ *es war geräumig*

[zaːd] زاد *er nahm zu* – [saːd] ساد *er herrschte* – [ðaːd] ذاد *er verteidigte*

[taːb] تاب *er bereute* – [tåːb] طاب *es war gut*

7. Eine weitere sehr wichtige Möglichkeit im Arabischen, die Wortbedeutung zu verändern, ist die Längung von Konsonanten und Halbkonsonanten. Gelegentlich wird diese Erscheinung im Konsonantenschriftbild durch ٟ gekennzeichnet, meistens jedoch überhaupt nicht. Stehen zwei gleiche Konsonanten im Schriftbild unmittelbar nebeneinander, so kann der erste oder zweite von ihnen auch gelängt ausgesprochen werden, z. B.

['dallal] دلل *er verhätschelte* – ['barrar] برر *er rechtfertigte* – ['såffaf] صفف *er reihte auf* – [saˈnannaː] سننا *wir schrieben vor*

aber: ['sannannaː] سننا *wir wetzten* – [baˈtattum] بتم *ihr entschiedet*.

In solchen Fällen ist stets ein kurzer Vokal zwischen beiden Konsonanten zu sprechen. Unmittelbar nebeneinanderstehende Konsonanten sind aber an sich noch kein sichtbarer Hinweis auf Konsonantenlängung, z. B.:

[baˈrirta] برت *du warst ehrlich*

[baˈtatnaː] بتنا *wir entschieden*

[ʃaˈkakta] شككت *du zweifeltest*

Beachten Sie den Bedeutungswandel in folgenden Beispielen:

['daras] درس *er studierte* – ['darras] درس *er dozierte*

['ðakar] ذكر *er erwähnte* – ['ðakkar] ذكر *er erinnerte*

[da'la:l] دلال *Verzärtelung* – [da'lla:l] دلال *Makler*

[da'bu:r] دبور *Westwind* – [da'bbu:r] دبّور *Hornisse*

[dʒa'ba:n] جبان *feige* – [dʒa'bba:n] جبان *Käsehändler*

8. و und ى als Langvokale

Wie ا im Wortinnern und am Wortende für [a:], können dort auch و
und ى für [u:] und [i:] stehen, z. B.:

[wa'lu:d] ولود *fruchtbar*

[mu'wâzzâfu: 'mâsrif] موظفو مصرف *die Angestellten einer Bank*

[ja'zi:d] يزيد (*Männername*)

[ja: 'sajjidi:] يا سيدى *mein Herr!*

Nicht obligatorisch ist das Setzen von zwei Punkten unter das End-j.
In einigen Drucken werden diese Punkte aber gesetzt, um von weiteren möglichen Lesungen des ى am Wortende zu unterscheiden, nämlich

[a:], z. B. ['buʃra:] بشرى *frohe Botschaft*

und [an], z. B. ['hudan] هدى *rechte Führung*

9. و und ى als Diphthonge

Stehen و und ى am Silbenende und geht ihnen *a* voraus, so entstehen
Diphthonge *au* und *ai*, die einzigen, die das Schriftarabisch kennt, z. B.:

[wa lau] ولو *wenn schon!*, [zaur] زور *Kehle*

letzteres Konsonantenbild ist aber auch lesbar als
[zu:r] *Unrecht* oder ['zawar] *Tücke*.

['faisâl] فيصل (*Männername*), [zait] زيت *Öl*, [bait] بيت *Haus*.

[ʕu'baid] عبيد *kleiner Knecht*, auch lesbar als [ʕa'bi:d] *Knechte*

[qu'sâir] قصير *kleines Schloß*, auch lesbar als [qâ'si:r] *kurz*.

10. Die Silbe

Es gibt drei Silbenarten im Arabischen: kurze, lange und überlange.

a) Die kurze Silbe

Sie beginnt mit **einem** Konsonanten und endet mit einem **kurzen** Vokal, z. B.:

['laki] لك *für dich (f)*, ['biki] بك *durch dich (f)*.

b) Die lange Silbe

Sie beginnt mit **einem** Konsonanten und endet entweder mit einem

langen Vokal oder mit einem **kurzen** Vokal und Konsonanten, z. B.:

['qa:la:] قالا *sie beide sagten,* ['qu:li:] قولى *sprich! (f)*

oder:

[kul] كل *iß! (m),* [qul] قل *sprich! (m),* [xuð] خذ *nimm! (m)*

c) **Die überlange Silbe**

Sie beginnt mit **einem** Konsonanten und endet mit einem **langen** Vokal u n d Konsonanten, z. B.:

[ba:b] باب *Tür,* [dʒi:l] جيل *Generation,* [ɣu:l] غول *Dämon*

d) Silben lassen sich auch nach dem Gesichtspunkt einteilen, ob sie offen oder geschlossen sind.

Offene Silben enden mit einem *kurzen* oder *langen* Vokal, z. B.:

['laki] لك *für dich (f),* ['biki] بك *durch dich (f)*

oder:

['ba:ba:] بابا *Vati,* [la:] لا *nein,* [bi:] بى *durch mich.*

Geschlossene Silben enden mit einem Konsonanten, z. B.:

[ba:b] باب *Tür,* [na:b] ناب *Stoßzahn,* [na:m] نام *er schlief.*

e) Allgemein gilt, daß arabische Silben nicht mit Doppelkonsonanz beginnen und enden können. Die Silbentrennungslinie geht zwischen zwei Konsonanten hindurch, z. B.:

['kur/si:] كرسى *Stuhl.*

Für die Silbeneinteilung ist der Lautbestand der Wörter maßgebend, nicht ihr Konsonantenschriftbild.

11. Die heute übliche Rechtschreibung gibt bei einer Anzahl von Wörtern keine Vokallängen wieder. Dennoch müssen diese Längen gesprochen werden, z. B.:

['ha:ða:] هذا *das ist; dieser,* ['ða:lik] ذلك *jener,* [a'lla:h] الله *Allah.*

Umgekehrt gibt es auch eine Anzahl Wörter, in denen durch die Schreibung angezeigte Vokallängen nicht gesprochen werden, z. B.:

['ana] انا *ich.*

12. Zur Betonung

In diesem Lehrbuch wird nur der **Hauptwortton** durch das Zeichen ['] vor der betonten Silbe angegeben. Bei zweisilbigen Wörtern liegt er im allgemeinen auf der letzten Silbe, z. B.:

[ki'ta:b] كتاب *Buch,* [ru'du:d] ردود *Antworten,* [ba'ri:d] بريد *Post.*

Bei zweisilbigen Wörtern mit kurzen Silben wird gewöhnlich die erste betont, z. B.:

['laki] لك

Bei Wörtern mit drei Silben wird oft die mittlere Silbe betont, z. B. :

[saː'farnaː] سافرنا *wir reisten*, [ka'tabtum] كتبتم *ihr (m) schriebt.*

Bei Wörtern mit mehr als drei Silben wird gewöhnlich die drittletzte
Silbe betont, z. B. :

[muda'rrisukum] مدرسكم *euer Lehrer (m)*,

[mad'rasatiː] مدرستي *meine Schule.*

Einsilbige Wörter, die in der Rechtschreibung mit dem folgenden
Wort verbunden werden, sowie die Buchstabenverbindung ال am
Wortanfang, meistens der bestimmte Artikel, tragen niemals den
Wortton.
Worttonänderungen bewirken praktisch keinen Bedeutungswandel.
Allerdings sollte der Anfänger darauf achten, nicht nur die langen
Silben in Wörtern deutlich auszusprechen, auf die der Wortton fällt,
sondern auch die anderen, z. B. :

[faː'ruːq] فاروق *(Männername)*, ['saːmiː] سامى *(Männername)*

13. Hamza als silbenöffnender Konsonant

Da jede Silbe mit einem Konsonanten beginnen muß, geht auch dem
ʔalif am absoluten Wortanfang stets ein Konsonant voraus, der allerdings selten im Schriftbild ausgedrückt wird. Es ist der Laut für den
festen Stimmabsatz *hamza*. Dieser Knacklaut wird auch im Deutschen vor Vokalen am Wortanfang oder an Silbengrenzen im Wortinnern gesprochen, z. B. ʔEis, ʔangeln, ʔUnke, verʔeisen, verʔenden,
aber gewöhnlich durch die Rechtschreibung nicht wiedergegeben.
Am **Wortanfang** ist Alif **immer** der orthographische „Träger" des
Hamza. Im Wortinnern und am Wortende kann Alif ebenso „Träger"
des Hamza sein, aber auch و und ى. Ist ى „Träger", so wird es stets
ohne die buchstabenkennzeichnenden beiden Punkte darunter geschrieben. Im Wortinnern und am Wortende schließlich kann Hamza
auch ganz ohne „Träger" geschrieben werden. Beispiele:

a) **Hamza am Wortanfang**

[ʔab] أب *Vater*, ['ʔibil] إبل *Kamele*, [ʔuxt] أخت *Schwester*

b) **Hamza im Wortinnern**

['saʔal] سأل *er fragte*, ['suʔil] سئل *er wurde gefragt*, [buʔs] بؤس *Elend*

c) **Hamza am Wortende**

[ta'nabbaʔ] تنبأ *prophezeite*, [ma'baːdiʔ] مبادئ *Grundsätze*,

[ta'lakkuʔ] تلكؤ *Herumlungern*, [dʒa'riːʔ] جرىء *kühn*

Die Rechtschreibung des Hamza folgt komplizierten Regeln, deren
Darstellung über die praktischen Lehrziele dieses Anfängerwerks
hinausgehen würde. Auch hier gibt die durchgehende Umschrift aus-
reichende Lesehilfe.

Übungen zur Lautlehre

1. **Unterscheiden Sie beim Schreiben und sprechen Sie die Wörter wiederholt laut:**

a) ˈdabba – ˈtabba, ˈdabar – ˈtabar, ˈdadʒar – ˈtadʒar, ˈdarib – ˈtarib, duˈruːs – tuˈruːs, ˈdarak – ˈtarak, ˈdaʕib – ˈtaʕib, ˈdaʕas – ˈtaʕas, ˈdaffa – ˈtaffa, ˈdakka – ˈtakka, ˈdaːlif – ˈtaːlif, ˈdamma – ˈtamma, diːn – tiːn.

b) ˈdabba – ˈđåbba, ˈdabar – ˈđåbar, ˈdadʒdʒa – ˈđådʒdʒa, ˈdadʒar – ˈđådʒar, ˈdarra – ˈđårra, darb – đårb, ˈdaradʒ – ˈđåradʒ, ˈdaras – ˈđåras, dirʕ – đirʕ, ˈdarim – ˈđårim, ˈdalla – ˈđålla, ˈdalaʕ – ˈđålaʕ, ˈdamma – ˈđåmma, ˈdammar – ˈđåmmar, dimn – đɨmn, ˈdanna – ˈđånna, daːr – đåːr, daːm – đåːm.

c) ˈtabba – ˈtåbba, ˈtabal – ˈtåbal, ˈtarib – ˈtårib, ˈtaraf – ˈtåraf, ˈtalaː – ˈtålaː, taːb – tåːb, taːq – tåːq, taːħ – tåːħ, taˈjjaːr – tåˈjjaːr, tiːn – tiːn.

2. **Vergleichen Sie die arabische Schreibung und die Aussprache folgender Wortgruppen aus Übung 1:**
   ˈdabba – ˈtabba, ˈđåbba – ˈtåbba, ˈdabar – ˈtabar – ˈđåbar, ˈdadʒar – ˈtadʒar – ˈđådʒar, ˈdamma – ˈtamma – ˈđåmma, diːn – tiːn – tiːn.

3. **Schreiben Sie, lesen Sie laut und beachten Sie dabei die Vokalfärbung:**

a) zaːd – saːd, ˈzabar – ˈsabar, ˈzadʒaː – ˈsadʒaː, zaxr – saxr, ˈzarib – ˈsarib, ˈzarad – ˈsarad, ˈzaraː – ˈsaraː, ˈzafar – ˈsafar, ˈzalla – ˈsalla, ˈzalzal – ˈsalsal, ˈzalaf – ˈsalaf, ˈzamin – ˈsamin, ˈzahid – ˈsahid, ˈzahaː – ˈsahaː, zaːɣ – saːɣ, ˈzawwaː – ˈsawwaː, zaːħ – saːħ, zaif – saif.

b) ˈsabba – ˈsåbba, sabaħ – såbaħ, ˈsabar – såbar, ˈsabaɣ – ˈsåbaɣ, ˈsaħħa – ˈsåħħa, saxr – såxr, ˈsadda – ˈsådda, ˈsadaf – ˈsådaf, ˈsarra – ˈsårra, ˈsaʕid – ˈsåʕid, ˈsafaħ – ˈsåfaħ, ˈsafar – ˈsåfar, ˈsafaq – ˈsåfaq, ˈsakka – ˈsåkka, ˈsalla – ˈsålla, ˈsalab – ˈsålab, ˈsalaħ – ˈsålaħ, ˈsalsal – ˈsålsål, ˈsaliʕ – ˈsåliʕ, ˈsamma – ˈsåmma, ˈsamad – ˈsåmad, ˈsawwar – ˈsåwwar, saːɣ – såːɣ, saːm – såːm, saːb – såːb, saːħ – såːħ, saːr – såːr, saif – såif, saːl – såːl.

4. **Vergleichen Sie Schreibung und Aussprache folgender Wortgruppen aus Übung 3:**
   ˈzabar – ˈsabar – ˈsåbar, zaxr – saxr – såxr, ˈzafar – ˈsafar – ˈsåfar, ˈzalla – ˈsalla – ˈsålla, ˈzalzal – ˈsalsal – ˈsålsål, ˈzalaf – ˈsalaf – ˈsålaf, zaːɣ – saːɣ – såːɣ, zaːħ – saːħ – såːħ, zaif – saif – såif.

5. **Vergleichen Sie beim Schreiben und Nachsprechen:**

a) ˈrabåt – ˈɣabåt, ˈraθθa – ˈɣaθθa, rasl – ɣasl, ˈraʃʃa – ˈɣaʃʃa, ˈråsså –
ˈɣåsså, ˈrådɗå – ˈɣåɗɗå, ˈramma – ˈɣamma, ˈramas – ˈɣamas, ˈranna –
ˈɣanna, rauθ – ɣauθ, ˈrawaː – ˈɣawaː, raːb – ɣaːb, råːɗ – ɣåːɗ.

b) ɣaːl – xaːl, ˈɣabar – ˈxabar, ˈɣabåt – ˈxabåt, ˈɣarra – ˈxarra, ˈɣarib –
ˈxarib, ˈɣarid – ˈxarid, ˈɣaraz – ˈxaraz, ˈɣarɣar – ˈxarxar, ˈɣazal –
ˈxazal, ˈɣaʃm – ˈxaʃm, ˈɣåsså – ˈxåsså, ˈɣåsåb – ˈxåsåb, ˈɣåɗɗå –
ˈxåɗɗå, ˈɣåttå – ˈxåttå, ˈɣafar – ˈxafar, ˈɣalla – ˈxalla, ˈɣalab – ˈxalab,
ˈɣalɣal – ˈxalxal, ˈɣallaf – ˈxallaf, ˈɣalaq – ˈxalaq, ˈɣala. – ˈxalaɪ,
ˈɣamma – ˈxamma, ˈɣamad – ˈxamad, ɣaːr – xaːr, ɣaːl – xaːl, ˈɣawaː –
ˈxawaː, ɣaːb – xaːb, ɣåːɗ – xåːɗ.

c) ˈkabar – ˈqabar, ˈkabas – ˈqabas, ˈkabaː – ˈqabaː, ˈkatal – ˈqatal,
ˈkadda – ˈqadda, ˈkadaħ – ˈqadaħ, ˈkarra – ˈqarra, ˈkaraˤ – ˈqaraˤ,
ˈkazza – ˈqazza, ˈkasar – ˈqasar, ˈkasam – ˈqasam, ˈkasaː – ˈqasaː,
ˈkaʃar – ˈqaʃar, ˈkafal – ˈqafal, ˈkafaː – ˈqafaː, ˈkalla – ˈqalla, kalb –
qalb, ˈkanna – ˈqanna, kaːd – qaːd, ˈkaːs – qaːs, kaːl – qaːl.

d) ˈʔaθar – ˈˤaθar, ˈʔadʒal – ˈˤadʒal, ˈʔariq – ˈˤariq, ˈʔazza – ˈˤazza, ʔamr –
ˤamr, ˈʔanaː – ˈˤanaː, ˈʔalim – ˈˤalim, ˈʔamma – ˈˤamma, ʔaːb – ˤaːb,
ʔaːd – ˤaːd, ʔaːq – ˤaːq, ʔaːl – ˤaːl, ˈʔawaː – ˈˤawaː.

e) ˈxabba – ˈħabba, ˈxabar – ˈħabar, ˈxabåt – ˈħabåt, ˈxabaː – ˈħabaː,
ˈxatam – ˈħatam, ˈxadar – ˈħadar, ˈxarra – ˈħarra, ˈxarib – ˈħarib,
ˈxaraz – ˈħaraz, ˈxarraf – ˈħarraf, ˈxaraq – ˈħaraq, ˈxarram – ˈħarram,
ˈxazza – ˈħazza, ˈxazan – ˈħazan, ˈxåttå – ˈħåttå, ˈxåtåb – ˈħåtåb,
ˈxaffa – ˈħaffa, ˈxalab – ˈħalab.

6. **Schreiben Sie, sprechen Sie bis zur Geläufigkeit nach und achten Sie dabei genau auf die Verteilung von Vokalkürzen und -längen:**

a) ˈsadʒad, ˈsabak, ˈsakab, ˈdʒasad, ˈkasab, ˈkasad (a – a)
b) ˈrakib, ˈmariɗ, ˈʔaθim, ˈʔadʒil, ˈʔaðin, ˈʔarib (a – i)
c) ˈkibar, ˈsiɣar, ˈqidam, ˈˤinab, ˈqitåˤ, ˈxitåb (i – a)
d) ˈrutab, ˈɣuraf, ˈʃuˤal, ˈʃuraf, ˈsulaf, ˈnukat (u – a)
e) ˈradʒul, ˈkabur, ˈʔadub, ˈʔåsɔl, ˈʔamun, ˈʔanuθ (a – u)
f) dars, rakb, qabr, band, badr, dadʒr, radm, ward
g) ɗirs, ridʒl, sirb, bikr, dʒisr, ridʒz
h) ˤurs, burdʒ, buxl, muxl, muhr, luɣz
i) ˈkutub, ˈrusul, ˈdubur, ˈsufun, ˈˤusub, ˈɣuluf (u – u)
j) ˈkaːtib, ˈdʒaːlis, ˈfaːˤil, ˈqaːdim, ˈbaːkir, ˈwaːlid (aː – i)
k) baˈlaːɣ, saˈlaːm, såˈlaːħ, faˈlaːħ, ʃaˈraːb, dʒaˈraːd (a – aː)
l) baˈliːɣ, baˈliːd, raˈħiːl, såˈhiːl, dʒaˈliːs, kaˈbiːr (a – iː)
m) såˈbuːr, ħaˈluːb, kaˈsuːl, faˈxuːr, qaˈbuːl, qaˈˤuːd (a – uː)
n) ˈqutil, ˈsumiˤ, ˈɗorib, ˈˤurif, ˈˤulim, ˈʃurib (u – i)
o) kiˈbaːr, siɣˈaːr, riˈdʒaːl, ðiˈraːˤ, ʃiˈmaːl, dʒiˈħaːz (i – aː)
p) suˈˤaːl, zuˈkaːm, ruˈɗåːb, ɣuˈlaːm, huˈtaːf, nuˈbaːħ (u – aː)
q) dʒuˈluːs, ruˈkuːb, ruˈduːd, ʃuˈhuːd, muˈruːr, duˈxuːl (u – uː)

7. **Schreiben Sie und unterscheiden Sie in der Aussprache:**

a) ˈdaras – ˈdarras, ˈkasar – ˈkassar, ˈðakar – ˈðakkar, ˈkaðab – ˈkaððab

b) ˈdʒabar – dʒaˈbbaːr, ˈfatak – faˈttaːk, ˈxabaz – xaˈbbaːz, ˈfalaħ – faˈllaːħ

c) ˈdaras – ˈdarras – daˈrraːs, ˈkasar – ˈkassar – kaˈssaːr, ˈɣalab – ˈɣallab – ɣaˈllaːb, ˈkaðab – ˈkaððab – kaˈððaːb

1. Lektion
الدرس الأول

Einfachste Aussage- und Fragesätze; maskulines Substantiv und
Adjektiv im Singular; Fragewörter

1.

'anta 'radʒul	انت رجل	'ana til'mi:ð	انا تلميذ
'anta Sa'li:m	انت سليم	'ana Na'bi:l	انا نبيل
'anta dʒa'mi:l	انت جميل	'ana ka'bi:r	انا كبير
'huwa 'walad	هو ولد		
'huwa Ka'ri:m	هو كريم		
'huwa 'dʒajjid	هو جيد		

2.

'adʒal, 'ana til'mi:ð	اجل ، انا تلميذ	hal 'ana til'mi:ð ?	هل انا تلميذ؟
la:, 'ana 'walad	لا ، انا ولد	hal 'anta 'radʒul ?	هل انت رجل؟
la:, 'huwa Na'bi:l	لا ، هو نبيل	hal 'huwa Ka'ri:m ?	هل هو كريم؟

3.

'ana til'mi:ð	انا تلميذ	man 'anta ?	من انت؟
'huwa 'radʒul	هو رجل	man 'huwa ?	من هو؟
man 'anta wa man 'huwa ?		من انت ومن هو؟	
'huwa ki'ta:b	هو كتاب	ma: 'huwa ?	ما هو؟

'huna: ki'ta:b wa hu'na:k 'daftar	هنا كتاب وهناك دفتر
ma: 'ha:ða: ? 'ha:ða: 'kursi:j	ما هذا؟ هذا كرسى
man 'ha:ða: ? 'ha:ða: 'radʒul	من هذا؟ هذا رجل
'aina 'huwa ? 'huwa 'huna:	اين هو؟ هو هنا
'aina 'huwa ? 'huwa hu'na:k	اين هو؟ هو هناك.

Vokabeln – مفردات

Lektion	درس [dars]	gut	جيد [ˈdʒajjid]	
erster	اول [ˈawwal]	**2.** *Fragewort* (*unübersetzt*)	هل [hal]	
Vokabeln,	مفردات [mufraˈdaːt]	ja, jawohl!	اجل [ˈadʒal]	
Wörter		nein	لا [laː]	
Übungen	تمارين [tamaːˈriːn]	**3.** wer?	من [man]	
1. ich	انا [ˈana]	was?	ما [maː]	
Schüler	تلميذ [tilˈmiːð]	und	و [wa]	
Personenname (*m*)	نبيل [Naˈbiːl]	Buch	كتاب [kiˈtaːb]	
groß; alt	كبير [kaˈbiːr]	hier *Adv.*	هنا [ˈhunaː]	
(*Komp.*	(اكبر) [ˈakbar]	dort;	هناك [huˈnaːk]	
du, Sie	انت [ˈanta]	es gibt *Adv.*		
Mann	رجل [ˈradʒul]	Heft	دفتر [ˈdaftar]	
Personenname (*m*)	سليم [Saˈliːm]	dies, das	هذا [ˈhaːða]	
schön	جميل [dʒaˈmiːl]	Stuhl, Sessel	كرسى [ˈkursiːj]	
(*Komp.*	(اجمل) [ˈadʒmal]	wo?	اين [ˈaina]	
er	هو [ˈhuwa]	*Übungen*:		
Kind; Junge	ولد [ˈwalad]	wie?	كيف [ˈkaifa]	
Personenname (*m*);	كريم [Kaˈriːm]			
großzügig, freigebig				

Text

1. Ich bin ein Schüler. Ich bin Nabil. Ich bin groß (alt).
Du bist ein Mann. Du bist Salim. Du bist schön.
Er ist ein Kind. Es ist Karim. Es ist gut.

2. Bin ich (ein) Schüler? Ja, ich bin ein Schüler.
Bist du ein Mann? Nein, ich bin ein Kind.
Ist es Karim? Nein, es ist Nabil.

3. Wer bist du? Ich bin Schüler.
Wer ist er? Es ist ein Mann.
Wer bist du und wer ist er?
Was ist es? Es ist ein Buch.
Hier ist ein Buch und dort ist ein Heft.
Was ist das? Das ist ein Stuhl.
Wer ist das? Das ist ein Mann.
Wo ist er? Er ist hier.
Wo ist er? Er ist dort.

Grammatik

Einfachste Aussage- und Fragesätze

A   Der einfachste Aussagesatz besteht nur aus z w e i Gliedern: Personalpronomen oder Substantiv (auch Eigennamen) und Adjektiv oder Ortsbestimmungswort oder Substantiv.

Ich (bin ein) Schüler.	['ana til'mi:ð]	انا) (تلميذ
		Su. ( ) *Pers. Pron.*
Ich (bin) Nabil.	['ana Na'bi:l]	انا) (نبيل
		Name ( ) *Pers. Pron.*
Ich (bin) groß.	['ana ka'bi:r]	انا) (كبير
		Adj. ( ) *Pers. Pron.*
Ich (bin) hier.	['ana 'huna:]	انا) (هنا
		Ortsbestimmung ( ) *Pers. Pron.*
Nabil (ist) groß.	[Na'bi:l ka'bi:r]	نبيل) (كبير
		Adj. ( ) *Name*
Nabil (ist) hier.	[Na'bi:l 'huna:]	نبيل) (هنا
		Ortsbestimmung ( ) *Name*
Nabil (ist ein) Schüler.	[Na'bi:l til'mi:ð]	نبيل) (تلميذ
		Su. ( ) *Name*

B   Grundsätzlich besteht im Arabischen kein Formunterschied zwischen Substantiv und Adjektiv. Viele Wörter können je nach Zusammenhang substantivische oder adjektivische Bedeutung haben, z. B.:

['huwa ka'ri:m]   هو كريم

1. Es (ist) **Karim.**
2. Er ist ein **freigebiger** (Mann).
3. Er ist **freigebig.**

C   Das Substantiv des ersten und das Adjektiv des dritten Beispielsatzes stehen hier in ihren einfachsten Formen, d. h. ohne Zusätze vor und nach den Wörtern. Sie sind dann gewöhnlich **unbestimmt**:

[til'mi:ð] تلميذ – (ein) Schüler

[ka'bi:r] كبير – groß, ein großer

Ausnahmen bilden Eigennamen, die ja an sich schon bestimmt sind, z. B. Nabil, Karim, geographische Namen usw.

D Im Gegensatz zum Deutschen fehlt das Bindewort „sein" in gegenwartsbezogenen oder zeitlosen Aussage- und Fragesätzen ohne Vollverb, in **A** veranschaulicht durch die leeren Klammern zwischen den Satzgliedern.

E Es gibt nur zwei grammatische Geschlechter, Maskulinum und Femininum. In dieser Lektion kommen nur Wörter männlichen Geschlechts vor. Sie sind endungslos, z. B.:

(ein) Buch	[ki'ta:b]	كتاب
(ein) Heft	['daftar]	دفتر
(ein) Stuhl	['kursi:j]	كرسى

F **Direkte Fragesätze** werden gewöhnlich durch [hal] هل eingeleitet, wenn nicht ohnehin schon ein Fragewort wie etwa [ma:] ما oder [man] من vorkommt. Ihre Satzteilfolge stimmt mit der in den einfachsten Aussagesätzen überein, also

Aussagesatz:

Ich (bin ein) Schüler. ['ana til'mi:ð] انا تلميذ

Fragesatz:

(Bin) ich (ein) Schüler ? [hal 'ana til'mi:ð ?] هل انا تلميذ؟

G Zwischen allen Gliedern einer **Aufzählung** steht و:
Nabil, Salim und Karim

[Na'bi:l wa Sa'li:m wa Ka'ri:m] نبيل و سليم و كريم

H Die Fragewörter [ma:] ما und [man] من bleiben stets unverändert. In direkten Fragesätzen stehen sie wie [hal] هل am Anfang:

Was ist es ?	[**ma:** 'huwa]	ما هو؟
Wer ist es ?	[**man** 'huwa]	من هو؟
Wer ist das ? (*wörtl.* Wer ist dieser ?)	[**man** 'ha:ða:]	من هذا؟
Was ist das ?	[**ma:** 'ha:ða:]	ما هذا؟

Übungen – تمارين

1. Übersetzen Sie:

Karim ist hier. Karim und Nabil sind hier. Sind Salim, Nabil und Karim hier ? Ja, Salim, Nabil und Karim sind hier.

Wer ist dort? Ist dort ein Mann? Ja, dort ist ein Mann.
Wer ist das? Ist das Nabil? Nein, es ist Karim.
Wo bist du? Ich bin hier.
Wo ist ein Stuhl? Hier ist ein Stuhl.

2. Übersetzen Sie:

١ – أنت كبير. هو جميل. هذا جيد.

٢ – ما هذا؟ هذا دفتر. أين هو؟ هو هنا.

٣ – من هذا؟ هذا ولد.

٤ – كيف هذا؟ هذا جميل.

3. Bejahen und verneinen Sie die folgenden Fragen mit passenden Wörtern aus dem Vokabelverzeichnis:

١ – هل هو تلميذ؟

٢ – هل هو رجل؟

٣ – هل هذا كتاب؟

٤ – هل أنا ولد؟

4. Lesen Sie bis zur Geläufigkeit nach:

مفردات درس ، مفردات تمرين ، اول درس ،
هذا كتاب جميل ، هل هذا ولد جميل؟ اجل، هو جميل ، من انت؟
انا التلميذ . ومن نبيل؟ هو تلميذ . هذا تمرين جيد .
هنا رجل كبير. هل هذا ولد؟ لا ، هذا رجل . ما هذا؟
هذا كتاب كبير .

5. Schreiben Sie die Texte von 2. und 3. bis zur Geläufigkeit nach.

Umschrift

Zu 2.:

1. ˈanta kaˈbiːr. ˈhuwa dʒaˈmiːl. ˈhaːða: ˈdʒajjid.
2. ma: ˈhaːða: ? ˈhaːða: ˈdaftar. ˈaina ˈhuwa ? ˈhuwa ˈhunaː.
3. man ˈhaːða: ? ˈhaːða: ˈwalad.
4. ˈkaifa ˈhaːða: ? ˈhaːða dʒaˈmiːl.

Zu 3.:

1. hal ˈhuwa tilˈmiːð ?
2. hal ˈhuwa ˈradʒul ?
3. hal ˈhaːða: kiˈtaːb ?
4. hal ˈana ˈwalad ?

2. Lektion

الدرس الثانى

Das feminine Substantiv und Adjektiv im Singular; Bestimmtheit
und Unbestimmtheit von Substantiv und Adjektiv; Lautanglei-
chung des bestimmten Artikels

Text

١ – أنا مدرس. هي مدرسة. أنت تلميذ. هي تلميذة. هو كريم. هي فاطمة.

٢ – هو مدرس خبير وهي مدرسة خبيرة.

أنت تلميذ جديد وهي تلميذة جديدة.

٣ – هو المدرس الخبير وهي المدرسة الخبيرة.

أنت مهندس كبير.

أنت المهندس الكبير.

أنت مهندسة كبيرة.

أنت المهندسة الكبيرة.

٤ – من أنت؟ هل أنت المدرسة الجديدة؟

أجل، أنا المدرسة الجديدة.

أين أنت؟ هل أنت في مدرسة كبيرة وجديدة؟

أجل، يا نبيل، أنا مدرسة في مدرسة كبيرة وجديدة.

من أين أنت، يا سليم؟ هل أنت من ألمانيا؟ لا، يا فاطمة، أنا من

ليبيا.

٥ ـ هذا سليم وهذه فاطمة.

هذا بيت وهذه شجرة. هذا باب وهذه نافذة.

هذا بيت كبير وهذه شجرة جميلة.

هذا لبن بارد وهذه شربة ساخنة.

٦ ـ أين هذا البيت الكبير وهذه الشجرة الجميلة؟

أين هذا اللبن البارد وهذه الشربة الساخنة؟

٧ ـ هذا بيت. هذا بيت كبير. هذا هو البيت الكبير. البيت كبير.

هذه شجرة. هذه شجرة كبيرة. هذه هي الشجرة الكبيرة. الشجرة كبيرة.

Satzgruppen 4–7 in arabischer Handschrift:

٤ ـ من أنت؟ هل أنت المدرسة الجديدة؟

أجل، أنا المدرسة الجديدة

أين أنت؟ هل أنت في مدرسة كبيرة وجديدة؟

أجل، يا نبيل، أنا مدرسة في مدرسة كبيرة وجديدة.

من أين أنت، يا سليم؟ هل أنت من المانيا؟ لا، يا فاطمة،

أنا من ليبيا

٥ ـ هذا سليم وهذه فاطمة.

هذا بيت وهذه شجرة . هذا باب وهذه نافذة .

هذا بيت كبير وهذه شجرة جميلة .

هذا لبن بارد وهذه شربة ساخنة .

٦ـ أين هذا البيت الكبير وهذه الشجرة الجميلة ؟

أين هذا اللبن البارد وهذه الشربة الساخنة؟

٧ـ هذا بيت . هذا بيت كبير . هذا هو البيت الكبير . البيت كبير .

هذه شجرة . هذه شجرة كبيرة . هذه هي الشجرة الكبيرة . الشجرة كبيرة .

Umschrift

1. ˈana muˈdarris. ˈhija muˈdarrisa. ˈanta tilˈmiːð. ˈhija tilˈmiːða. ˈhuwa
   Kaˈriːm. ˈhija ˈFåːtima.

2. ˈhuwa muˈdarris xaˈbiːr wa ˈhija muˈdarrisa xaˈbiːra.
   ˈanta tilˈmiːð dʒaˈdiːd wa ˈhija tilˈmiːða dʒaˈdiːda.

3. ˈhuwa al-muˈdarris al-xaˈbiːr wa ˈhija al-muˈdarrisa al-xaˈbiːra.
   ˈanta muˈhandis kaˈbiːr.
   ˈanta al-muˈhandis al-kaˈbiːr.
   ˈanti muˈhandisa kaˈbiːra.
   ˈanti al-muˈhandisa al-kaˈbiːra.

4. man ˈanti ? hal ˈanti al-muˈdarrisa al-dʒaˈdiːda ?
   ˈadʒal, ˈana al-muˈdarrisa al-dʒaˈdiːda.
   ˈaina ˈanti ? hal ˈanti fiː ˈmadrasa kaˈbiːra wa dʒaˈdiːda ?
   ˈadʒal, ja: Naˈbiːl; ˈana muˈdarrisa fiː ˈmadrasa kaˈbiːra wa dʒaˈdiːda.
   min ˈaina ˈanta, ja: Saˈliːm ? hal ˈanta min Alˈmanjaː ? laː, ja: ˈFåːtima,
   ˈana min ˈLiːbijaː.

5. ˈhaːðaː Saˈliːm wa ˈhaːðihi: ˈFåːtima.
   ˈhaːðaː bait wa ˈhaːðihi: ˈʃadʒara. ˈhaːðaː baːb wa ˈhaːðihi: ˈnaːfiða.
   ˈhaːðaː bait kaˈbiːr wa ˈhaːðihi: ˈʃadʒara dʒaˈmiːla.
   ˈhaːðaː ˈlaban ˈbaːrid wa ˈhaːðihi: ˈʃurba ˈsaːxina.

6. ˈaina ˈhaːðaː al-bait al-kaˈbiːr wa ˈhaːðihi: aʃ-ʃadʒara al-dʒaˈmiːla ?
   ˈaina haːðaː al-ˈlaban al-ˈbaːrid wa ˈhaːðihi: aʃ-ˈʃurba as-saˈxina ?

7. ˈhaːðaː bait. ˈhaːðaː bait kaˈbiːr. ˈhaːðaː ˈhuwa al-bait al-kaˈbiːr. al-bait
   kaˈbiːr.
   ˈhaːðihi: ˈʃadʒara. ˈhaːðihi: ˈʃadʒara kaˈbiːra. ˈhaːðihi: ˈhija aʃ-ˈʃadʒara
   al-kaˈbiːra. aʃ-ˈʃadʒara kaˈbiːra.

Vokabeln – مفردات

zweiter	[ˈθaːnin] ثان		*Anredewort vor*	[jaː] يا	
zweiter	[aθ-ˈθaːniː] الثانى		*Personennamen*		
1. Lehrer	[muˈdarris] مدرس		von	[min] من	
Lehrerin	[muˈdarrisa] مدرسة		Deutschland	[Alˈmanjaː] المانيا	
sie	[ˈhija] هى		Libyen	[ˈLiːbijaː] ليبيا	
Schülerin	[tilˈmiːða] تلميذة		5. diese, das (*f*)	[ˈhaːðihiː] هذه	
Fatima	[ˈFåːtima] فاطمة		Haus	[bait] بيت	
2. Fachmann,	[xaˈbiːr] خبير		Baum	[ˈʃadʒara] شجرة	
Spezialist; erfahren			Tür; Kapitel, Spalte	[baːb] باب	
erfahren (*f*)	[xaˈbiːra] خبيرة		Fenster	[ˈnaːfiða] نافذة	
neu	[dʒaˈdiːd] جديد		schön (*f*)	[dʒaˈmiːla] جميلة	
(*Komp.*	[aˈdʒadd] اجد)		Milch; Joghurt	[ˈlaban] لبن	
neu (*f*)	[dʒaˈdiːda] جديدة		Suppe	[ˈʃurba] شربة	
3. Ingenieur	[muˈhandis] مهندس		kalt	[ˈbaːrid] بارد	
du, Sie (*f*)	[ˈanti] انت		(*Komp.*	[ˈabrad] ابرد)	
Ingenieurin	[muˈhandisa] مهندسة		heiß	[ˈsaːxin] ساخن	
4. in	[fiː] فى		(*Komp.*	[ˈasxan] اسخن)	
Schule	[ˈmadrasa] مدرسة		heiß (*f*)	[ˈsaːxina] ساخنة	

Text

1. Ich bin (ein) Lehrer. Sie ist (eine) Lehrerin. Du bist (ein) Schüler. Sie ist (eine) Schülerin. Es ist Karim. Es ist Fatima.

2. Er ist ein erfahrener Lehrer und sie ist eine erfahrene Lehrerin. Du bist ein neuer Schüler und sie ist eine neue Schülerin.

3. Er ist der erfahrene Lehrer und sie ist die erfahrene Lehrerin. Du bist ein großer Ingenieur. Du bist der große Ingenieur. Du bist eine große Ingenieurin. Du bist die große Ingenieurin.

4. Wer bist du (sind Sie)? Bist du (sind Sie) die neue Lehrerin? Ja, ich bin die neue Lehrerin. Wo bist du (sind Sie)? Bist du (sind Sie) in einer großen neuen Schule? Ja, Nabil, ich bin Lehrerin in einer großen neuen Schule. Woher bist du, Salim? Bist du aus Deutschland? Nein, Fatima, ich bin aus Libyen.

5. Das ist Salim und das ist Fatima. Das ist ein Haus und das ist ein Baum. Das ist eine Tür und das ist ein Fenster.

Das ist ein großes Haus und das ist ein schöner Baum.
Das ist kalte Milch und das ist (eine) heiße Suppe.

6. Wo ist dieses große Haus und (wo ist) dieser schöne Baum?
Wo ist diese kalte Milch und (wo ist) diese heiße Suppe?

7. Das ist ein Haus. Das ist ein großes Haus. Das ist das große Haus. Das Haus ist groß.
Das ist ein Baum. Das ist ein großer Baum. Das ist der große Baum. Der Baum ist groß.

Grammatik

A Die häufigste **Femininendung** der Substantive und Adjektive wird durch ة ausgedrückt, eine Kombination von ه und den beiden Punkten des ت. Von der Femininendung des Singulars gibt es drei Schreibweisen. In dieser Lektion kommen nur ﺔ und ة vor, je nachdem ob eine Anschlußmöglichkeit zum vorhergehenden Buchstaben besteht oder nicht, also ة (unverbundene Form) und ﺔ (verbundene Form), z.B.:

$$['ʃadʒara dʒa'miːla] \qquad شجرة جميلة$$
$$['madrasa dʒa'diːda] \qquad مدرسة جديدة$$

B Im Gegensatz zum Deutschen werden die **Adjektive** gewöhnlich den Substantiven nachgestellt. Das gilt grundsätzlich, unabhängig von Bestimmungszustand, Geschlecht und Zahl, z. B.:

$$شربة ساخنة ['ʃurba 'saːxina] - بيت كبير [bait ka'biːr]$$

C Für den Singular gilt weiter: **maskulinen** Substantiven nachgestellte Adjektive sind endungslos, wenn das Substantiv Subjekt des Satzes ist oder nach einer Präposition steht, z. B.:

Dort ist ein großes Haus.	هناك بيت كبير [hu'naːk bait ka'biːr]
	الولد فى بيت كبير [al-'walad fiː bait ka'biːr]
Das Kind ist in einem großen Haus.	

Femininen Substantiven nachgestellte Adjektive haben die Femininendung, z. B.:

Es ist eine große Schule.   ['hija 'madrasa ka'biːra] هى مدرسة كبيرة
Das gilt natürlich auch für die Personalpronomen, z. B.

Ich (*f*) bin groß.   ['ana ka'biːra] انا كبيرة
Du (*f*) bist schön.   ['anti dʒa'miːla] انت جميلة

Im Singular besteht also eine absolute Geschlechtsübereinstimmung zwischen Substantiv und Adjektiv.

D   Es gibt nur eine **Schreibform des bestimmten Artikels**, unabhängig von Geschlecht und Zahl des folgenden Wortes, nämlich الـ. Der Artikel muß stets mit dem unmittelbar folgenden Wort verbunden werden, z. B.:

[al-ba:b] الباب – [al-bait] البيت

Ausgesprochen wird der bestimmte Artikel **al,** außer vor folgenden Buchstaben -- im wesentlichen Zahn- und Zischlaute darstellend:

ت، ث، د، ذ، ر، ز، س، ش، ص، ض، ط، ظ، ن

Hier wird nach Hochsprachnorm das l des Artikels nicht mehr gesprochen, statt dessen aber der folgende Konsonant gelängt, z. B.:

[aʃ-ˈʃadʒara]	الشجرة	[at-til'mi:ð]	التلميذ
[an-ˈna:fiða]	النافذة	[aʃ-ˈʃurba]	الشربة

E   Ist in einem Aussagesatz mit Demonstrativpronomen das Substantiv bestimmt, so muß das entsprechende Personalpronomen zwischen Demonstrativpronomen und Substantiv treten, z. B.:
Das ist d e r erfahrene Ingenieur.

['ha:ða: 'huwa al-mu'handis al-xa'bi:r] هذا هو المهندس الخبير

Das ist d i e neue Lehrerin.

['ha:ðihi: 'hija al-mu'darrisa al-dʒa'di:da] هذه هى المدرسة الجديدة

F   **Adjektive** können Substantiven sowohl als Attribut als auch als Prädikat zugeordnet werden, z. B.:
als Attribut:

eine neue Tür	[ba:b dʒa'di:d]	باب جديد
die neue Tür	[al-ba:b al-dʒa'di:d]	الباب الجديد

als Prädikat:

die Tür ist neu	[al-ba:b dʒa'di:d]	الباب جديد
die Schule ist neu	[al-ˈmadrasa dʒa'di:da]	المدرسة جديدة

Übungen – تمارين

1. Übersetzen Sie:

Der Junge ist dort. Wo ist er? Er ist im großen Haus. Wer ist es? Es ist Karim.

Fatima ist Schülerin in einer neuen Schule. Wo ist sie? Sie ist in dieser neuen Schule. Von wo ist sie? Sie ist aus Libyen.

Der Lehrer und die Lehrerin sind in der Schule. Woher ist der Lehrer? Er ist aus Deutschland. Wie ist die Schule? Sie ist neu und groß.

2. Übersetzen Sie:

١ – هذه فاطمة. هي تلميذة. هي والولد سليم هنا في هذا البيت الكبير.

٢ – ومن هذا؟ هل هذا مدرس؟ لا، هذا الرجل هو مهندس. هو خبير.

٣ – من أين هذه المدرسة؟ هل هي من ألمانيا؟ لا، هي من ليبيا.

٤ – يا كريم، هل أنت تلميذ؟ أجل، يا نبيل، أنا تلميذ هناك في المدرسة الجديدة الكبيرة.

٥ – يا فاطمة، هل أنت تلميذة؟ لا، يا سليم، أنا مدرسة.

٦ – ما هذا؟ هذا بيت. وما هذا؟ هذه شجرة.

٧ – يا ولد، هل اللبن بارد؟ أجل، يا كريم، اللبن بارد وجيد.

٨ – يا مدرسة، هل الشربة ساخنة؟ لا، يا ولد، الشربة باردة.

٩ – هذا كتاب جميل. هذا الكتاب جميل. هذا الكتاب الجميل هناك.

١٠ – هذه شجرة كبيرة. هذه الشجرة كبيرة. هذه الشجرة الكبيرة هناك.

3. Beantworten Sie folgende Fragen bejahend und verneinend:

١ – هل كريم مهندس (مدرس)؟

٢ – هل فاطمة تلميذة (مدرسة)؟

٣ – هل أنت رجل (ولد)؟

٤ – هل أنت مهندسة (مدرسة)؟

4. Lesen Sie bis zur Geläufigkeit nach:

هذه المفردات فى الكتاب الكبير . المدرس والمدرسة فى البيت .

فاطمة تلميذة فى المدرسة الجديدة هنا . هذه الشجرة كبيرة .

الباب الكبير جميل . هذه نافذة كبيرة . المهندس والمدرس فى البيت الجديد .

هل هذه الشربة ساخنة ؟ لا ، هى باردة . هل اللبن بارد ؟ اجل ، هو بارد .

5. Schreiben Sie den Text 2. bis zur Geläufigkeit nach:

Umschrift

Zu 2.:

1. ˈhaːðihi: ˈFåːtɨma. ˈhija tilˈmiːða. ˈhija wa al-ˈwalad Saˈliːm ˈhuna: fi:
   ˈhaːða: al-bait al-kaˈbiːr.
2. wa man ˈhaːða: ? hal ˈhaːða: muˈdarris ? laː, ˈhaːða: ar-ˈradʒul ˈhuwa
   muˈhandis. ˈhuwa xaˈbiːr.
3. min ˈaina ˈhaːðihi: al-muˈdarrisa ? hal ˈhija min Alˈmanja: ? laː, ˈhija
   min ˈLiːbija:.
4. ja: Kaˈriːm, hal ˈanta tilˈmiːð ? ˈadʒal, ja: Naˈbiːl, ˈana tilˈmiːð huˈnaːk
   fi: al-ˈmadrasa al-dʒaˈdiːda al-kaˈbiːra.
5. ja: ˈFåːtɨma, hal ˈanti tilˈmiːða ? laː, ja: Saˈliːm, ˈana muˈdarrisa.
6. maː ˈhaːða: ? ˈhaːða: bait. wa ma: ˈhaːða: ? ˈhaːðihi: ˈʃadʒara.
7. ja: ˈwalad, hal al-ˈlaban ˈbaːrid ? ˈadʒal, ja: Kaˈriːm, al-ˈlaban ˈbaːrid
   wa ˈdʒajjid.
8. ja: muˈdarrisa, hal aʃ-ˈʃurba ˈsaːxina ? laː, ja: ˈwalad, aʃ-ˈʃurba
   ˈbaːrida.
9. ˈhaːða: kiˈtaːb dʒaˈmiːl. ˈhaːða: al-kiˈtaːb dʒaˈmiːl.
   ˈhaːða: al-kiˈtaːb al-dʒaˈmiːl huˈnaːk.
10. ˈhaːðihi: ˈʃadʒara kaˈbiːra. ˈhaːðihi: aʃ-ˈʃadʒara kaˈbiːra.
    ˈhaːðihi: aʃ-ˈʃadʒara al-kaˈbiːra huˈnaːk.

Zu 3.:

1. hal Kaˈriːm muˈhandis ? (muˈdarris)
2. hal ˈFåːtɨma tilˈmiːða ? (muˈdarrisa)
3. hal ˈanta ˈradʒul ? (ˈwalad)
4. hal ˈanti muˈhandisa ? (muˈdarrisa)

3. Lektion
الدرس الثالث

Maskuline und feminine Pluralendungen; Possessivsuffixe an Substantiven im Singular; selbständige und an Präpositionen angeschlossene Personalpronomen; Besonderheiten der Aussprache bei
Substantiv + Possessivsuffix

Text

١ – كريم مدرس. سليم ونبيل وسمير مدرسون كذلك. هم مدرسون.

٢ – فاطمة تلميذة. سميرة ونادية ونبوية تلميذات كذلك. هن تلميذات.

٣ – سمير في البيت. هو في بيته. هو فيه.

٤ – سميرة أمام كرسي. هي أمام كرسيها. هي أمامه.

٥ – أنت وراء المدرسة. أنت وراء مدرستك. أنت وراءها.

٦ – هذا كتاب سهل. هو كتابك.

٧ – هذا فنجان. فيه لبن بارد لذيذ. هل هو فنجانكم أو فنجاننا؟ هو
فنجاننا.

٨ – نحن في بلد كبير وجميل. هذا البلد هو بلدنا.

٩ – نبيل وكريم وسمير، مدرسهم أجنبي.

١٠ – مدرستهم قريبة من هذا البيت. هي قريبة منه.

محادثة – Gespräch

– مساء الخير، يا نبيل، كيف أنت؟

– مساء النور، يا فاطمة، أنا بخير، شكراً. وكيف أنت؟

– أنا بخير كذلك، شكراً. هل أنت مسرور هنا في بيروت؟

– أجل، أنا مسرور جداً هنا، وأنت؟

- أنا مسرورة كذلك.
- آسف، أنا مشغول جداً اليوم. في أمان الله، يا فاطمة.
- في أمان الله، يا نبيل.

in arabischer Handschrift:

محادثة

- مساء الخير، يا نبيل، كيف أنت؟
- مساء النور، يا فاطمة، أنا بخير، شكراً. وكيف أنت؟
- أنا بخير كذلك، شكراً. هل أنت مرور هنا في بيروت؟
- أجل، أنا مسرور جداً هنا، وأنت؟
- أنا مسرورة كذلك.
- آسف، أنا مشغول جداً اليوم. في أمان الله، يا فاطمة.
- في أمان الله، يا نبيل.

Umschrift

Text

1. Ka'ri:m mu'darris. Sa'li:m wa Na'bi:l wa Sa'mi:r mudarri'su:n ka'ða:lik. hum mudarri'su:n.
2. 'Fâ:tima til'mi:ða. Sa'mi:ra wa 'Na:dija wa 'Nabawi:ja tilmi:'ða:t ka'ða:lik. 'hunna tilmi:'ða:t.
3. Sa'mi:r fi: al-bait. 'huwa fi: 'baitihi:. 'huwa 'fi:hi:.
4. Sa'mi:ra a'ma:ma 'kursi:j. 'hija a'ma:ma kur'sijjiha:. 'hija a'ma:mahu:.
5. 'anta wa'ra:ʔa al-'madrasa. 'anta wa'ra:ʔa madra'satik. 'anta wa'ra:ʔ aha:.
6. 'ha:ða: ki'ta:b sahl. 'huwa ki'ta:buk.
7. 'ha:ða: fin'dʒa:n. 'fi:hi: 'laban 'ba:rid la'ði:ð. hal 'huwa fin'dʒa:nukum au fin'dʒa:nuna:? 'huwa fin'dʒa:nuna:.
8. 'naħnu fi: 'balad ka'bi:r wa dʒa'mi:l. 'ha:ða: al-'balad 'huwa ba'laduna:.
9. Na'bi:l wa Ka'ri:m wa Sa'mi:r, mu'darrisuhum 'adʒnabi:.
10. madra'satuhum qa'ri:ba min 'ha:ða: al-bait. 'hija qa'ri:ba 'minhu:.

Gespräch

- maˈsa:ʔ al-xair, ja: Naˈbi:l, ˈkaifa ˈanta ?
- maˈsa:ʔ an-nu:r, ja: ˈFå:tɨma, ˈana biˈxair, ˈʃukran. wa ˈkaifa ˈanti ?
- ˈana biˈxair kaˈða:lik, ˈʃukran. hal ˈanta masˈru:r ˈhuna: fi: Baiˈru:t ?
- ˈadʒal, ˈana masˈru:r ˈdʒiddan ˈhuna:, wa ˈanti ?
- ˈana masˈru:ra kaˈða:lik.
- ˈa:sif, ˈana maʃˈɣu:l ˈdʒiddan al-jaum. fi: aˈma:nilla:h, ja: ˈFå:tɨma.
- fi: aˈma:nilla:h, ja: Naˈbi:l.

Vokabeln – مفردات

dritter	[ˈθa:liθ] ثالث	guten Abend!	
Gespräch;	[muˈħa:daθa] محادثة		[maˈsa:ʔ al-xair] مساء الخير
Verhandlung		guten Abend! (*Antwort*)	
1. *Personenname* (*m*)	[Saˈmi:r] سمير		[maˈsa:ʔ an-nu:r] مساء النور
auch, ebenso, so	[kaˈða:lik] كذلك	gut *Adv.*	[biˈxair] بخير
sie *m/Pl.*	[hum] هم	danke! *Adv.*	[ˈʃukran] شكرا
2. *Personenname* (*f*)	[Saˈmi:ra] سميرة	zufrieden; froh	[masˈru:r] مسرور
Personenname (*f*)	[ˈNa:dija] نادية	Beirut	[Baiˈru:t] بيروت
Personen-	[ˈNabawi:ja] نبوية	sehr *Adv.*	[ˈdʒiddan] جدا
name (*f*)		es tut mir leid!	[ˈa:sif] آسف
sie *f/Pl.*	[ˈhunna] هن	(*m/Sing.*)	
4. vor	[aˈma:ma] امام	beschäftigt	[maʃˈɣu:l] مشغول
5. hinter	[waˈra:ʔa] وراء	(*m/Sing.*)	
6. leicht *fig.*	[sahl] سهل	heute *Adv.*	[al-jaum] اليوم
(*Komp.*	[ˈashal] (اسهل)	auf Wiedersehen!	
7. Tasse	[finˈdʒa:n] فنجان	[fi: aˈma:nilla:h] فى امان الله	
wohlschmeckend	[laˈði:ð] لذيذ		
8. wir	[ˈnaħnu] نحن	*Grammatik*:	
Land, Ort	[ˈbalad] بلد	ihr *m/Pl.*	[ˈantum] انتم
9. Ausländer	[ˈadʒnabi:] اجنبي	ihr *f/Pl.*	[anˈtunna] انتن
10. nah; Verwandter	[qaˈri:b] قريب		
(*Komp.*	[ˈaqrab] (اقرب)		

Text

1. Karim ist Lehrer. Salim, Nabil und Samir sind ebenfalls Lehrer. Sie sind
   Lehrer.

2. Fatima ist Schülerin. Samira, Nadija und Nabawija sind ebenfalls
   Schülerinnen. Sie sind Schülerinnen.
3. Samir ist zu Hause. Er ist in seinem Haus. Er ist darin (= in ihm).
4. Samira (steht) vor einem Stuhl. Sie (steht) vor ihrem Stuhl. Sie (steht)
   davor (= vor ihm).
5. Du (befindest dich) hinter der Schule. Du (befindest dich) hinter deiner
   Schule. Du (befindest dich) dahinter (= hinter ihr).
6. Das ist ein leichtes Buch. Es ist dein Buch.
7. Das ist eine Tasse. Darin (= in ihr) ist kalte wohlschmeckende Milch.
   Ist es eure Tasse oder unsere Tasse? Es ist unsere Tasse.
8. Wir sind in einem großen und schönen Land. Dieses Land ist unser
   Land.
9. (Nabil, Karim und Samir – ihr Lehrer ist Ausländer) = Der Lehrer von
   Nabil, Karim und Samir ist Ausländer.
10. Ihre Schule (liegt) nahe bei diesem Haus. Sie ist nahe (von ihm).

Gespräch

– Guten Abend, Nabil, wie geht es dir?
– Guten Abend, Fatima, mir geht es gut. Danke! Und wie geht es dir?
– Mir geht es auch gut. Danke! Bist du zufrieden hier in Beirut?
– Ja, ich bin sehr zufrieden hier, und du?
– Ich bin auch zufrieden.
– Es tut mir leid, ich bin sehr beschäftigt heute. Auf Wiedersehen, Fatima!
– Auf Wiedersehen, Nabil!

Grammatik

A   Das Arabische unterscheidet zwei Arten der **Pluralbildung.**
Zunächst zur seltener vorkommenden, doch uns vom Deutschen her
geläufigen Art: bestimmte Endungen treten an Substantive und Adjektive
bzw. Partizipien. Das eigentliche Wort bleibt dabei unverändert.
Die Grund- oder Subjektform der maskulinen Pluralendung lautet [-u:n] ون
Beispiele:

zufrieden (m/Sing.)	[masˈru:r]	مسرور
(m/Plur.)	[masru:ˈru:n]	مسرورون
beschäftigt (m/Sing.)	[maʃˈɣu:l]	مشغول
(m/Plur.)	[maʃɣu:ˈlu:n]	مشغولون
Ingenieur (m/Sing.)	[muˈhandis]	مهندس
Ingenieure (m/Plur.)	[muhandiˈsu:n]	مهندسون

Die maskuline Pluralendung wird betont.

B   Nach **Präpositionen** lautet die maskuline Pluralendung stets
[-iːn] بن
Beispiele:

von den Ingenieuren	[min al-muhandiˈsiːn]	من المهندسين
von den Lehrern	[min al-mudarriˈsiːn]	من المدرسين

Auch diese maskuline Pluralendung wird betont.

C   Sämtliche Formen der **weiblichen** Pluralendung lauten stets
[-aːt] ات
Beispiele:

zufrieden (*f*/*Sing.*)	[masˈruːra]	مسرورة
(*f*/*Plur.*)	[masruˈraːt]	مسرورات
beschäftigt (*f*/*Sing.*)	[maʃˈɣuːla]	مشغولة
(*f*/*Plur.*)	[maʃɣuːˈlaːt]	مشغولات
Ingenieurin (*f*/*Sing.*)	[muˈhandisa]	مهندسة
Ingenieurinnen (*f*/*Plur.*)	[muhandiˈsaːt]	مهندسات

Auch die feminine Pluralendung wird stets betont.

D   **Possessivpronomen** gibt es nicht wie im Deutschen als
selbständige, dem Bezugswort vorangestellte Worteinheiten, sondern
ausschließlich als Suffixe. Zunächst ihre Grund- oder Subjektformen:

mein Buch	[kiˈtaːbiː]	كتابي
dein (*m*) Buch	[kiˈtaːbuk]	كتابك
dein (*f*) Buch	[kiˈtaːbuki]	كتابك
sein Buch	[kiˈtaːbuhu]	كتابه
ihr (*f*/*Sing.*) Buch	[kiˈtaːbuha]	كتابها
unser Buch	[kiˈtaːbuna]	كتابنا
euer (*m*) Buch	[kiˈtaːbukum]	كتابكم
euer (*f*) Buch	[kitaːbuˈkunna]	كتابكن
ihr (*m*) Buch	[kiˈtaːbuhum]	كتابهم
ihr (*f*) Buch	[kitaːbuˈhunna]	كتابهن

Wie bei den Personalpronomen gibt es auch bei den Possessivsuffixen in der

2. Person Singular sowie in der 2. und 3. Person Plural unterschiedliche maskuline und feminine Formen.

E   Nach Präpositionen ändern sich die Possessivsuffixe – das der 1. Pers. Sing. bleibt unverändert – folgendermaßen:

in deinem (*m*) Haus	[fi: ˈbaitik]	في ستك
in deinem (*f*) Haus	[fi: ˈbaitiki]	فى بيتك
in seinem Haus	[fi: ˈbaitihi:]	فى بيته
in ihrem Haus	[fi: ˈbaitiha:]	فى بيتها
in unserem Haus	[fi: ˈbaitina:]	فى بيتنا
in eurem (*m*) Haus	[fi: ˈbaitikum]	فى بيتكم
in eurem (*f*) Haus	[fi: baitiˈkunna]	فى بيتكن
in ihrem (*m*) Haus	[fi: ˈbaitihim]	فى بيتهم
in ihrem (*f*) Haus	[fi: baitiˈhinna]	فى بيتهن

Bei der 3. Pers. Plur. m. und f. ändern sich zusätzlich die inneren Vokale der Possessivendungen; das u: bei der 3. Pers. Sing. m. wird zu i:. Beachten Sie, daß der lange Vokal [u:] bzw. [i:] beim Possessivsuffix der *3. Pers. Sing. m* in der Schreibung unberücksichtigt bleibt; vgl. auch [ˈha:-ða:] هذا und [ˈha:ðihi:] هذه

F   Treten die Possessivsuffixe an die Femininendung ة, so wird diese zu ت und dann auch stets als solches gesprochen, z. B.:

meine Lehrerin	[muˈdarrisati:]	مدرستى
von meiner Lehrerin	[min muˈdarrisati:]	من مدرستى
deine (*m*) Lehrerin	[mudarriˈsatuk]	مدرستك
von deiner (*m*) Lehrerin	[min mudarriˈsatik]	من مدرستك
deine (*f*) Lehrerin	[mudarriˈsatuki]	مدرستك
von deiner (*f*) Lehrerin	[min mudarriˈsatiki]	من مدرستك
seine Lehrerin	[mudarriˈsatuhu:]	مدرسته
von seiner Lehrerin	[min mudarriˈsatihi:]	من مدرسته
ihre Lehrerin	[mudarriˈsatuha:]	مدرستها
von ihrer Lehrerin	[min mudarriˈsatiha:]	من مدرستها

unsere Lehrerin	[mudarriˈsatuna:]	مدرستنا
von unserer Lehrerin	[**min** mudarriˈsatina:]	من مدرستنا
eure (*m*) Lehrerin	[mudarriˈsatukum]	مدرستكم
von eurer (*m*) Lehrerin	[**min** mudarriˈsatikum]	من مدرستكم
eure (*f*) Lehrerin	[mudarriˈsatukunna]	مدرستكن
von eurer (*f*) Lehrerin	[**min** mudarriˈsatikunna]	من مدرستكن
ihre (*m*) Lehrerin	[mudarriˈsatuhum]	مدرستهم
von ihrer (*m*) Lehrerin	[**min** mudarriˈsatihim]	من مدرستهم
ihre (*f*) Lehrerin	[mudarriˈsatuhunna]	مدرستهن
von ihrer (*f*) Lehrerin	[**min** mudarriˈsatihinna]	من مدرستهن

G   Die gleichen Formen der Possessivsuffixe werden an die weiblichen Substantive im Plural angehängt, z. B.:

meine Lehrerinnen	[mudarriˈsa:ti:]	مدرساتى
von meinen Lehrerinnen	[**min** mudarriˈsa:ti:]	من مدرساتى
deine (*m*) Lehrerinnen	[mudarriˈsa:tuk]	مدرساتك
von deinen (*m*) Lehrerinnen	[**min** mudarriˈsa:tik]	من مدرساتك

usw.

H   Auch mit Präpositionen gibt es nur die verbundenen, d. h. Suffixformen der Pronomen, z. B.:

von mir	[ˈminni:]	منى
von dir (*m*)	[ˈminka]	منك
von dir (*f*)	[ˈminki]	منك
von ihm	[ˈminhu:]	منه
von ihr	[ˈminha:]	منها
von uns	[ˈminna:]	منا
von euch (*m*)	[ˈminkum]	منكم
von euch (*f*)	[minˈkunna]	منكن
von ihnen (*m*)	[ˈminhum]	منهم
von ihnen (*f*)	[minˈhunna]	منهن

Beachten Sie die Längung des **n** bei der 1. Pers. Sing. Auch bei anderen Präpositionen mit Personalsuffixen sind Besonderheiten der Aussprache zu beachten. Hier nur Beispiele mit den bereits bekannten Präpositionen

في [fiː] und امام [aˈmaːma]:

in mir فيّ [ˈfiːja] – nicht [fiː]!

in ihm فيه [ˈfiːhiː] – nicht [ˈfiːhuː]!

in ihnen (m) فيهم [ˈfiːhim] – nicht [ˈfiːhum]!

in ihnen (f) فيهن [fiːˈhinna] – nicht [fiːˈhunna]!

vor mir امامى [aˈmaːmi:] – nicht [aˈmaːmaʔiː]!

I Die selbständigen, d. h. unverbundenen Formen der **Personalpronomen** im Singular und Plural lauten:

ich	[ˈana]	انا	**wir**	[ˈnaħnu]	نحن
du (m)	[ˈanta]	انت	**ihr** (m)	[ˈantum]	انتم
du (f)	[ˈanti]	انت	**ihr** (f)	[anˈtunna]	انتن
er	[ˈhuwa]	هو	**sie** (m)	[hum]	هم
sie	[ˈhija]	هى	**sie** (f)	[ˈhunna]	هن

Sie können Substantiven mit Possessivsuffixen zur besonderen Betonung des Besitzes oder der Zugehörigkeit nachgestellt werden, z. B.:

mein Sohn   [ˈwaladi: ˈana]   ولدى انا

unsere Schule   [madraˈsatuna: ˈnaħnu]   مدرستنا نحن

تمارين – Übungen

1. Übersetzen Sie:

١ – فاطمة وسميرة ونبوية تلميذات في مدرسة كبيرة وجديدة.

٢ – هن تلميذات مشغولات جداً في مدرستهن الجميلة وفي بيتهن القريب
منهــا.

٣ – سليم مدرسهن.

٤ – هو رجل كبير.

٥ – درسه سهل اليوم.

٦ – فاطمة وسميرة ونبوية مسرورات.

Umschrift

1. ˈFåːtima wa Saˈmiːra wa ˈNabawiːja tilmːiˈðaːt fiː ˈmadrasa kaˈbiːra **wa**
dʒaˈdiːda.

2. 'hunna tilmi:'ða:t maʃɣu:'la:t 'dʒiddan fi: madra'satihinna al-dʒa'mi:la wa fi: baiti'hinna al-qa'ri:b 'minha:.

3. Sa'li:m mu'darrisuhunna.

4. 'huwa 'radʒul ka'bi:r.

5. 'darsuhu: sahl al-jaum.

6. 'Få:tima wa Sa'mi:ra wa 'Nabawi:ja masru:'ra:t.

2. Übersetzen Sie:

Unsere erste Lektion ist leicht, unsere zweite Lektion ebenso. Wie ist eure dritte Lektion?

Das ist unser neuer Stuhl. Er ist schön.

In deinem Heft sind neue Wörter.

Vor meinem Fenster ist ein großer Baum. Er ist davor (= vor ihm).

Unsere erfahrene Lehrerin ist zu Hause. Es geht ihr gut.

Wir sind Schülerinnen und ihr seid Lehrer.

Mein Kind! Schmeckt die kalte Milch? Ja, sie schmeckt heute sehr gut.

3. Geben Sie in Lautschrift wieder:

١ – يا سمير مساء الخير. كيف أنت اليوم؟

٢ – أنا بخير، شكراً، يا نبيل.

٣ – هل مدرستك هناك؟

٤ – هل هذا كتابك؟

٥ – أجل، هو كتابي الجديد.

٦ – هل أنت رجل أجنبي؟

٧ – لا، أنا من ألمانيا.

٨ – ما في فنجانك؟ هل فيه لبن بارد؟

٩ – لا، أنا آسفة.

١٠ – في أمان الله، يا نبوية.

in arabischer Handschrift:

١ يا سميرة ، مساء الخير . كيف أنت اليوم ؟

٢ أنا بخير ، شكراً ، يا نبيل .

٣ هل مدرستك هناك ؟

٤ هل هذا كتابك ؟

٥ أجل ، هو كتابى الجديد .

٦ هل أنت رجل أجنبى ؟

٧ لا ، أنا من المانيا .

٨ ما فى فنجانك ؟ هل فيه ليبه بارد ؟

٩ لا ، أنا آسفة .

١٠ فى أمان الله ، يا نبوية .

4. Beantworten Sie in Arabisch die folgenden Fragen zum Lektionstext:

١ - من هو كريم ؟ هل هو تلميذ ؟

٢ - من هن سميرة ونادية ونبوية ؟

٣ - أين سمير وأين سميرة ؟

٤ - كيف كتابك ؟

٥ - كيف بلدنا ؟

٦ - هل في مدرستك مدرس أجنبي أو مدرسة أجنبية ؟

٧ - كيف نبيل ؟

Umschrift

1. man 'huwa Ka'ri:m ? hal 'huwa til'mi:ð ?
2. man 'hunna Sa'mi:ra wa 'Na:dija wa 'Nabawi:ja ?
3. 'aina Sa'mi:r wa 'aina Sa'mi:ra ?
4. 'kaifa ki'ta:buk ?
5. 'kaifa ba'laduna: ?
6. hal fi: ma'drasatik mu'darris 'adʒnabi: au mu'darrisa 'adʒnabi:ja ?
7. 'kaifa Na'bi:l ?

5. Lesen Sie bis zur Geläufigkeit:

سمير ونبيل وسليم مدرسون في هذه المدرسة الكبيرة هنا.

هل بيت فاطمة بعيد عن المدرسة؟ لا ، هو قريب من المدرسة.

هل مدرسة فاطمة ونبوية ونادية اجنبية ؟ اجل ، هي اجنبية .

في هذا الفنجان الكبير لبن بارد ، هو لذيذ .

امامك كتاب كبير وجميل . فيه مفردات سهلة.

6. Schreiben Sie den Text bis zur Geläufigkeit nach.

4. Lektion
الدرس الرابع

Verbindung von zwei und mehr Substantiven; Besitzangabe; **distri-butive** Bedeutung von [min] مِن.

Text

١ – جريدة اليوم في غرفة الآنسة. هي في غرفتها.

٢ – رسالة المهندس من زوج الأخت. هي من زوج أخته.

٣ – في خزانة الرجل حقيبة ثقيلة. هي حقيبته. هي له.

٤ – تحت كرسي الولد في الحديقة قليل من الخبز واللبن.

٥ – الحرارة الكثيرة في غرفة المدرسة غير مريحة.

٦ – حديقة بيت بدون شجرة كبيرة غير جميلة.

٧ – لغة المدرس سهلة. ما إسم هذه اللغة؟

٨ – إسم زوجة الرجل فاطمة. إسمها فاطمة. لها إسم جميل.

٩ – للولد دفتر. الولد، له دفتر. الدفتر للولد.

١٠ – الكتاب لمدرس التلميذ. الكتاب له.

١١ – لي بيت كبير وجميل في ليبيا. وأين بيتك؟ لي بيت في ألمانيا.

محادثة – Gespräch

– يا نبيل، هل لك دفتر جديد؟

– أجل، يا سمير، لي دفتر جديد.

– وما في دفترك؟

– في دفتري الجديد مفردات كثيرة. هي مفردات درس مدرسنا.

– هل هذه المفردات الكثيرة سهلة؟

– لا، مفردات درس مدرسنا غير سهلة.

– ولمن هذا الكتاب أمامك؟

– هو لولد أختي.

– وهل الجريدة في خزانة غرفة الدرس لك؟

– لا، هي لمدرسنا.

– شكراً، يا نبيل.

– في أمان الله، يا سمير.

in arabischer Handschrift:

محادثة

- يا نبيل ، هل لك دفتر جديد ؟

- اجل، يا سمير ، لى دفتر جديد .

- وما فى دفترك ؟

- فى دفترى الجديد مفردات كثيرة . هى مفردات درس مدرسنا

- هل هذه المفردات الكثيرة سهلة ؟

- لا ، مفردات درس مدرسنا غير سهلة .

- ولمه هذا الكتاب امامك ؟

- هو لولد اختى .

- وهل الجريدة فى خزانة غرفة الدرس لك ؟

- لا ، هى لمدرسنا .

- شكرًا، يا نبيل .

- فى أمانه الله، يا سمير .

Umschrift

Text

1. dʒaˈriːdat al-jaum fi: ˈɣurfat al-ˈaːnisa. ˈhija fi: ɣurˈfatihaː.
2. riˈsaːlat al-muˈhandis min zaudʒ al-uxt. ˈhija min zaudʒ ˈuxtihiː.
3. fi: xiˈzaːnat ar-ˈradʒul ħaˈqiːba θaˈqiːla. ˈhija ħaqiːˈbatuhuː. ˈhija ˈlahuː.
4. ˈtaħta ˈkursiːj al-ˈwalad fi: al-ħaˈdiːqa qaˈliːl min al-xubz wa al-ˈlaban.
5. al-ħaˈraːra al-kaˈθiːra fi: ˈɣurfat al-ˈmadrasa ɣair muˈriːħa.
6. ħaˈdiːqat bait biˈduːn ˈʃadʒara kaˈbiːra ɣair dʒaˈmiːla.
7. ˈluɣat al-muˈdarris ˈsahla. maː ism ˈhaːðihiː al-ˈluɣa?

8. ism ˈzaudʒat ar-ˈradʒul ˈFaːtɪma. ˈismuha: ˈFaːtɪma. ˈlaha: ism dʒa-ˈmiːl.

9. lil-ˈwalad ˈdaftar. al-ˈwalad ˈlahu: ˈdaftar. ad-ˈdaftar lil-ˈwalad.

10. al-kiˈtaːb li-muˈdarris at-tilˈmiːð. al-kiˈtaːb ˈlahu:.

11. liː bait kaˈbiːr wa dʒaˈmiːl fiː ˈLiːbijaː. wa ˈaina ˈbaituk? liː bait fiː Al-ˈmanjaː.

Gespräch

– jaː Naˈbiːl, hal lak ˈdaftar dʒaˈdiːd?

– ˈadʒal, jaː Saˈmiːr, liː ˈdaftar dʒaˈdiːd.

– wa maː fiː ˈdaftarik?

– fiː ˈdaftari: al-dʒaˈdiːd mufraˈdaːt kaˈθiːra. ˈhija mufraˈdaːt dars muˈdarrisinaː.

– hal ˈhaːðihi: al-mufraˈdaːt al-kaˈθiːra ˈsahla?

– laː, mufraˈdaːt dars muˈdarrisinaː ɣair ˈsahla.

– wa liˈman ˈhaːða: al-kiˈtaːb aˈmaːmak?

– ˈhuwa li-ˈwalad ˈuxtiː.

– wa hal al-dʒaˈriːda fiː xiˈzaːnat ˈɣurfat ad-dars lak?

– laː, ˈhija li-muˈdarrisinaː.

– ˈʃukran, jaː Naˈbiːl.

– fiː aˈmaːnillaːh, jaː Saˈmiːr.

Vokabeln – مفردات

vierter	[ˈraːbiˤ] رابع	schwer	[θaˈqiːl] ثقيل
1. Zeitung	[dʒaˈriːda] جريدة	(Komp.	[ˈaθqal] (اثقل)
Zimmer; Raum	[ˈɣurfa] غرفة	für (Besitzangabe)	[li] لَ
Fräulein;	[ˈaːnisa] آنسة	4. unter	[ˈtaħta] تحت
junges Mädchen		Garten, Park	[ħaˈdiːqa] حديقة
2. Brief, fig.	[riˈsaːla] رسالة	wenig	[qaˈliːl] قليل
Sendung, Botschaft		Brot	[xubz] خبز
Ehemann	[zaudʒ] زوج	5. Wärme, Hitze	[ħaˈraːra] حرارة
Schwester	[uxt] اخت	viel	[kaˈθiːr] كثير
3. Schrank	[xiˈzaːna] خزانة	(Komp.	[ˈakθar] (اكثر)
Koffer	[ħaˈqiːba] حقيبة	etwas anderes als, nicht, un-	[ɣair] غير

angenehm;	[muˈriːħ] مريح	7. Sprache	[ˈluɣa] لغة
bequem, gemütlich		Name	[ism] اسم
6. ohne	[biˈduːn] بدون		

Übung:

jetzt *Adv.* [al-aːn] الآن

Text

1. Die heutige Zeitung ist im Zimmer des Fräuleins. Sie ist in ihrem Zimmer.
2. Der Brief des Ingenieurs (den er bekommen hat) ist vom Mann der Schwester. Er ist vom Mann seiner Schwester.
3. Im Schrank des Mannes befindet sich ein schwerer Koffer. Es ist sein Koffer. Er gehört ihm.
4. Unter dem Stuhl des Kindes im Garten sind etwas Brot und Milch.
5. Die große Wärme im Schulzimmer ist unangenehm (*wörtl.* ist etwas anderes als angenehm).
6. Ein Hausgarten ohne großen Baum ist nicht schön.
7. Die Sprache des Lehrers ist leicht. Wie heißt diese Sprache (*wörtl.* was ist der Name dieser Sprache)?
8. Die Frau des Mannes heißt Fatima. Sie heißt Fatima. Sie hat einen schönen Namen.
9. Das Kind hat ein Heft. Das Kind, es hat ein Heft. Das Heft gehört dem Kind.
10. Das Buch gehört dem Lehrer des Schülers. Das Buch gehört ihm.
11. Ich habe ein großes und schönes Haus in Libyen. (Und) wo ist dein Haus? Ich habe ein Haus in Deutschland.

Gespräch

– Nabil, hast du ein neues Heft?
– Ja, Samir, ich habe ein neues Heft.
– Und was (steht) in deinem Heft?
– In meinem neuen Heft sind viele Vokabeln. Es sind die Vokabeln der Unterrichtsstunde unseres Lehrers.
– Sind diese vielen Vokabeln leicht?
– Nein, die Vokabeln der Unterrichtsstunde unseres Lehrers sind nicht leicht.
– Und wem gehört dieses Buch vor dir?
– Es gehört dem Sohn meiner Schwester.
– Gehört die Zeitung im Schrank des Unterrichtszimmers dir?
– Nein, sie gehört unserem Lehrer.
– Danke, Nabil!
– Auf Wiedersehen, Samir!

Grammatik

A   Wir haben bisher zwei Möglichkeiten kennengelernt, Substantive
näher zu bestimmen, einmal durch Nachstellen qualifizierender Wörter im
gleichen Bestimmungszustand, Genus und Numerus, z. B.:

ein großes Haus	[bait ka'bi:r]	بيت كبير
das große Haus	[al-bait al-ka'bi:r]	البيت الكبير
ein schöner Garten	[ħa'di:qa dʒa'mi:la]	حديقة جميلة
der schöne Garten	[al-ħa'di:qa al-dʒa'mi:la]	الحديقة الجميلة

zum anderen durch Anhängen von Possessivsuffixen, z. B.:

ein Haus [bait] بيت – sein Haus ['baituhu:] بيته
ein Garten [ħa'di:qa] حديقة – sein Garten [ħadi:'qatuhu:] حديقته

Der Anschluß dieser Possessivpronomen an Substantive ist bereits ein
Sonderfall der im Arabischen äußerst häufigen Unterordnung eines Substantivs oder mehrerer Substantive unter ein Leitsubstantiv oder
mehrere, z. B.:

die Tür des Hauses   [ba:b al-bait] باب البيت

Im Unterschied zum Deutschen hat also das Leitsubstantiv niemals den
bestimmten Artikel; wörtliche Übersetzung: *Tür des Hauses.*
Im Arabischen gibt es so gut wie keine zusammengesetzten Substantive.
Wir übersetzen daher das o. g. Beispiel am besten mit *Haustür*.

Was heißt nun *eine Haustür*?

In solchen Fällen wird [ba:b bait] باب بيت konstruiert.
Beide Substantive werden also in ihrem **unbestimmten** Zustand einfach
nebeneinander gestellt.
Eine solche Wortverbindung, ob bestimmt oder unbestimmt, ist beständig,
d. h. alle weiteren Bestimmungen und Ergänzungen müssen nachstehen,
z. B.:
die große Tür eines Hauses, eine große Haustür

                          [ba:b bait ka'bi:r] باب بيت كبير
Aber auch eine andere Übersetzung ist durchaus möglich: *die Tür eines
großen Hauses.* Welche Übersetzung sinnvoller ist, muß also der größere
Textzusammenhang ergeben.

der Garten eines großen Hauses, **nicht:** *ein großer Hausgarten*

[ħaˈdiːqat bait kaˈbiːr] حديقة بيت كبير

Ein großer Hausgarten müßte heißen:

[ħaˈdiːqat bait kaˈbiːra] حديقة بيت كبيرة

und zwar nach der Regel, daß Adjektive im Singular mit dem Genus des Substantivs übereinstimmen müssen, auf das sie sich beziehen. Das gilt natürlich auch, wenn beide Teile der Substantivverbindung **bestimmt** sind und ein beschreibendes Adjektiv hinzukommt, z. B.:

die Tür des großen Hauses   [baˈb al-bait al-kaˈbiːr] باب البيت الكبير

oder: *die große Haustür*

aber: *der Garten des großen Hauses*

[ħaˈdiːqat al-bait al-kaˈbiːr] حديقة البيت الكبير

der große Garten des Hauses

[ħaˈdiːqat al-bait al-kaˈbiːra] حديقة البيت الكبيرة

B   Hat das Leitwort von solchen Substantivverbindungen die Endung ة, so wird diese im Gegensatz zur Verbindung weibliches Substantiv + weibliches Adjektiv nicht **a**, sondern stets **at** gesprochen, vgl. auch 3. Lektion Abschnitt F, z. B.:

das schöne Zimmer des Lehrers

[ˈɣurfat al-muˈdarris al-dʒaˈmiːla] غرفة المدرس الجميلة

C   Diese Substantiverbindung dient häufig zur **Besitzanzeige** oder ganz allgemein als Hinweis auf **Zugehörigkeit** oder **Abhängigkeit,** auch zur näheren (stofflichen) Bestimmung, z. B.:

das Buch des Schülers	[kiˈtaːb at-tilˈmiːð]	كتاب التلميذ
die Frau des Lehrers	[ˈzaudʒat al-muˈdarris]	زوجة المدرس
die Lektion des heutigen Tages, d. h.		
die heutige Lektion	[dars al-jaum]	درس اليوم
eine Tasse Milch	[finˈdʒaːn ˈlaban]	فنجان لبن
die Tasse Milch	[finˈdʒaːn al-ˈlaban]	فنجان اللبن

D   **Possessivsuffixe** können nur an das abhängige Glied der Substantivverbindung angefügt werden. Sie haben dann die gleiche Lautung wie nach Präpositionen, vgl. 3. Lektion, Abschnitt E, z. B.:

das Haus **ihres** Lehrers	[bait mu'darrisiha:]	بيت مدرسها
die Tür **ihres** Gartens	[ba:b ħadi:'qatihim]	باب حديقتهم

E Nach Substantiven im Plural stehen **Adjektive** – außer nach Substantiven, die **Personen** bezeichnen – stets im **Singular** *f.*, z. B.

viele Vokabeln	[mufra'da:t ka'θi:ra]	مفردات كثيرة
die vielen Vokabeln	[al-mufra'da:t al-ka'θi:ra]	المفردات الكثيرة
leichte Sprachen	[lu'ɣa:t 'sahla]	لغات سهلة
die leichten Sprachen	[al-lu'ɣa:t as-'sahla]	اللغات السهلة

F **Besitz** oder **Zugehörigkeit** kann im Arabischen auch ganz **ohne Verb** ausgedrückt werden, hier zunächst nur eine dieser Möglichkeiten:

Die Präposition [li] ل, Bedeutung = *für*, wird dem Substantiv vorangestellt und dabei stets unmittelbar mit ihm verbunden, z. B.

Karim **hat** einen großen schweren Koffer.

[**li**-Ka'ri:m ħa'qi:ba ka'bi:ra wa θa'qi:la]   لكريم حقيبة كبيرة وثقيلة

oder in anderer Wortstellung:

[Ka'ri:m, 'lahu: ħa'qi:ba ka'bi:ra wa θa'qi:la]   كريم ، له حقيبة كبيرة وثقيلة

Wörtl.: *Karim, für ihn (ist) ein Koffer, ein großer und ein schwerer.*

In dieser Wortstellung muß also ein auf die Person des Besitzers rückweisendes Personalsuffix an ل angeschlossen werden.

Ihr habt einen schönen Garten

['lakum ħa'di:qa dʒa'mi:la]   لكم حديقة جميلة

Vor allen Personalsuffixen wird [li] zu [la], also:

ich habe	[li:]	لى	*wir haben*	['lana:]	لنا
du (m) hast	[lak]	لك	*ihr (m) habt*	['lakum]	لكم
du (f) hast	['laki]	لك	*ihr (f) habt*	[la'kunna]	لكن
er hat	['lahu:]	له	*sie (m) haben*	['lahum]	لهم
sie hat	['laha:]	لها	*sie (f) haben*	[la'hunna]	لهن

G Wird die Präposition ل mit dem bestimmten Artikel des folgenden Substantivs verbunden, so wird das ا das Artikels weder geschrieben noch gesprochen, also [**li**] + [**al-ki**'ta:b] wird [lil-ki'ta:b] للكتاب

| der Junge hat ein Heft | [lil-'walad 'daftar] | للولد دفتر |
| das Heft gehört dem Jungen | [ad-'daftar lil-'walad] | الدفتر للولد |

H Neben der Bedeutung „von (her)" im örtlichen Sinn kann die Präposition [min] من auch bei Mengenbegriffen die Bedeutung „etwas (von)" haben, z. B.

| ein wenig Brot | [qaˈliːl **min** al-xubz] | قليل من الخبز |
| viel Brot | [kaˈθiːr **min** al-xubz] | كثير من الخبر |

Übungen – تمارين

1. Übersetzen Sie:

١ – شربة فاطمة لذيذة.

٢ – من هي؟ هي أخت الآنسة سميرة. ما إسم أخت سميرة؟ إسمها نبوية.

٣ – لمن جريدة اليوم هذه؟ هي لزوجة المهندس.

٤ – هل فنجان اللبن هذا لك؟ اجل، يا أختي، هو لي.

٥ – هل في بلدكم الآن حرارة كثيرة؟ لا، حرارة بلدنا الآن قليلة.

٦ – رسالة زوج المدرسة تحت نافذة غرفة الدرس.

in arabischer Handschrift:

١ شربة فاطمة لذيذة.

٢ من هي؟ هي اخت الآنسة سميرة. ما اسم اخت سميرة؟ اسمها نبوية

٢ لمه جريدة اليوم هذه؟ هي لزوجة المهندس.

٤ هل فنجان اللبه هذا لك ؟ اجل، يا اختي، هو لى .

٥ هل فى بلدكم الآه حراة كثيرة ؟ لا ، حرارة بلدنا الآن قليلة .

٦ رسالة زوج المدرسة تحت نافذة غرفة الدرس .

Umschrift

1. 'ʃurbat 'Få:tɨma la'ði:ða.
2. man 'hija ? 'hija uxt al-'a:nisa Sa'mi:ra. ma: ism uxt Sa'mi:ra ? 'ismuha: 'Nabawi:ja.
3. li'man dʒa'ri:dat al-jaum 'ha:ðihi: ? 'hija li-'zaudʒat al-mu'handis.
4. hal fin'dʒa:n al-'laban 'ha:ða: lak ? 'adʒal, ja: 'uxti:, 'huwa li:.
5. hal fi: ba'ladikum al-a:n ħa'ra:ra ka'θ:ira ? la', ħa'ra:rat ba'ladina: al-a:n qa'li:la.
6. ri'sa:lat zaudʒ al-mu'darrisa 'taħta 'na:fiðat 'ɣurfat ad-dars.

2. Übersetzen Sie:

Fatima ist nicht schön. Unser Gespräch ist unangenehm. Samir hat etwas Brot. Der Brief ist vom Spezialisten der Schule. Euer großer Koffer vor dem Zimmerschrank ist sehr schwer. Das tut mir leid. Was ist in ihm? Ist unsere Sprache leicht? Ja, sie ist leicht und schön. Wo ist der Stuhl von Fräulein Samira? Ist er hinter der Haustür oder unter dem Baum im Garten? Er ist in der Nähe (nahe) vom Baum.
Ist eure Lehrerin heute sehr beschäftigt? Nein, sie hat jetzt nichts zu tun (ist unbeschäftigt).

3. Ergänzen Sie sinnvoll:

١ – هن تلميذات نا.................

٢ – لكم غرفة .... في هذا

٣ – وراء ....ى حديقة ....

٤ - .... مدرسهم غير ....

٥ - نبيل .... من .... البيت.

4. Übersetzen Sie und beantworten Sie folgende Fragen in Arabisch:

Was befindet sich in diesem großen Zimmer? (In ihm befinden sich ein
Schrank, ein neuer Koffer, das Buch meiner Schwester und mein Heft.)
Wie heißt du? (Ich heiße Karim.)
Wie heißt dein Lehrer? (Er heißt Salim.)
Hast du auch eine Lehrerin? (Ja, sie heißt Nabawija.)
Gefällt es dir (bist du zufrieden) in deiner neuen Schule? (Nein, mir gefällt
es nicht in ihr.)

5. Schreiben Sie bis zur Geläufigkeit nach:

نبوية اخت سمير. هي اخته . هي زوجة نبيل. لنبوية ونبيل ولد .
اسمه سليم . في الحقيبة الثقيلة كتاب جميل ودفتر للتلميذ سليم.
كرسي الآنسة نادية وراء البيت في الحديقة الكبيرة . ما اسمك يا رجل؟
اسمي سليم، يا مهندس، وما اسمك انت؟ اسمي نبيل .

5. Lektion
الدرس الخامس

Lexikalische Plurale; Kongruenz bei Personen und Adjektiven

Text

١ - ثوب التلميذة جميل. ثياب التلميذة جميلة. ثياب التلميذات جميلة.
فستانها هنا. فساتينهن هنا كذلك.

٢ – هذا الحرف كبير. هذه الحروف كبيرة.

٣ – ما هو عنوانه؟ ما هي عناوينهم؟

٤ – الماء في الفنجان ساخن. المياه في هذا البحر باردة. المياه في هذه البحار باردة كذلك.

٥ – هيا بنا إلى محبوبنا محمد. هو عند علي الآن.

٦ – أكل غداء الفلاح لذيذ اليوم. فيه كثير من اللحم. لحوم الغداء كثيرة.

٧ – للمدرس نجاح كبير.

٨ – أثاث الغرفة جميل. أثاث الغرف جميل.

٩ – يا حبيبي، كيف أنت؟ يا أحبائي، كيف أنتم؟

١٠ – في الفنجان الأول قليل من الحليب البارد وفي الفنجان الثاني قليل من الماء الساخن.

١١ – في بيت الفلاح حمام غير كبير. في بيوت الفلاحين حمامات غير كبيرة.

١٢ – هده رجلي. هذه أرجل الأولاد. هذا رجل كبير. هم رجال البلد.

١٣ – هذا شهر وهذه شهور كثيرة.

١٤ – على الرسالة عنوان أختي الكبيرة. على الرسائل عناوين تلاميذ مدرستنا.

Gespräch – محادثة

– يا محمد، كيف أيامك في المدرسة؟

– يا نادية، هي صعبة جداً علي.

– كيف هذا، يا محمد؟

– الدروس فيها كثيرة والمدرس غير مسرور بي. هو غير محبوب لدى التلاميذ.

– ما إسم مدرسك غير المحبوب هذا، يا محمد؟

– إسمه علي.

– هل زوجته مدرسة كذلك؟

– لا، زوجته مهندسة في بلد بعيد عن بلدنا.

– وأين بيت المدرس، هل هو بعيد عن المدرسة؟

– أجل، بيته بعيد عن مدرستنا الجديدة وبيوت التلاميذ كذلك بعيدة عنها.

– شكراً لك، يا محمد.

– في أمان الله، يا نادية.

in arabischer Handschrift:

محادثة

– يا محمد، كيف أيامك في المدرسة؟

– يا نادية، هي صعبة جداً علي.

– كيف هذا، يا محمد؟

– الدروس فيها كثيرة والمدرس غير مسرور بي. هو غير محبوب لدى التلاميذ

– ما اسم مدرسك غير المحبوب هذا، يا محمد؟

– اسمه علي.

– هل زوجته مدرسة كذلك؟

– لا، زوجته مهندسة في بلد بعيد عن بلدنا.

ـ واين بيت المدرس ، هل هو بعيد عن المدرسة ؟

ـ اجل ، بيته بعيد عن مدرستنا الجديدة وبيوت التلاميذ

كذلك بعيد عنها .

ـ شكرا لك ، يا محمد .

ـ فى امان الله ، يا نادية .

Umschrift

Text

1. θaub at-til'mi:ða dʒa'mi:l. θi'ja:b at-til'mi:ða dʒa'mi:la. θi'ja:b at-tilmi:'ða:t dʒa'mi:la. fus'ta:nuha: 'huna:. fasa:'ti:nu'hunna 'huna: ka'ða:lik.
2. 'ha:ða: al-ħarf ka'bi:r. 'ha:ðihi: al-ħu'ru:f ka'bi:ra.
3. ma: 'huwa ʕun'wa:nuhu: ? ma: 'hija ʕana:'wi:nuhum ?
4. al-ma:ʔ fi: al-fin'dʒa:n 'sa:xin. al-mi'ja:h fi: 'ha:ða: al-baħr 'ba:rida. al-mi'ja:h fi: 'ha:ðihi: al-bi'ħa:r 'ba:rida ka'ða:lik.
5. 'hajja: 'bina: 'ila: maħ'bu:bina: Mu'ħammad. 'huwa 'ʕinda ʕAli: al-a:n.
6. akl ɣa'da:ʔ al-fa'lla:ħ la'ði:ð al-jaum. 'fi:hi: ka'θi:r min al-laħm. lu'ħu:m al-ɣa'da:ʔ ka'θi:ra.
7. lil-mu'darris na'dʒa:ħ ka'bi:r.
8. a'θa:θ al-'ɣurfa dʒa'mi:l. a'θa:θ al-'ɣuraf dʒa'mi:l.
9. ja: ħa'bi:bi: 'kaifa 'anta ? ja: aħi'bba:ʔi: 'kaifa 'antum ?
10. fi: al-fin'dʒa:n al-'awwal qa'li:l min al-ħa'li:b al-'ba:rid wa fi: al-fin'dʒa:n aθ-'θa:ni: qa'li:l min al-ma:ʔ as-'sa:xin.
11. fi: bait al-fa'lla:ħ ħa'mma:m ɣair ka'bi:r. fi: bu'ju:t al-falla:'ħi:n ħamma:'ma:t ɣair ka'bi:ra.
12. 'ha:ðihi: 'ridʒli:. 'ha:ðihi: 'ardʒul al-au'la:d. 'ha:ða: 'radʒul ka'bi:r. hum ri'dʒa:l al-'balad.
13. 'ha:ða: ʃahr wa 'ha:ðihi: ʃu'hu:r ka'θi:ra
14. 'ʕala: ar-ri'sa:la ʕun'wa:n 'uxti: al-ka'bi:ra. 'ʕala: ar-ra'sa:ʔil ʕana:'wi:n tala:'mi:ð madra'satina:.

Gespräch

— ja: Mu'ħammad, 'kaifa a'jja:muk fi: al-'madrasa ?
— ja: 'Na:dija 'hija 'så ʕba 'dʒĭddan ʕa'lajja (ala: + i:!).

– 'kaifa 'ha:ða:, ja: Mu'ħammad ?
– ad-du'ru:s 'fi:ha: ka'θi:ra wa al-mu'darris γair mas'ru:r bi:. 'huwa γair
  maħ'bu:b 'lada: at-tala:'mi:ð.
– ma: ism mu'darrisik γair al-maħ'bu:b 'ha:ða:, ja: Mu'ħammad ?
– 'ismuhu: ʕA'li:
– hal zau'dʒatuhu: mu'darrisa ka'ða:lik ?
– la:, zau'dʒatuhu: mu'handisa fi: 'balad ba'ʕi:d ʕan ba'ladina:.
– wa 'aina bait al-mu'darris, hal 'huwa ba'ʕi:d ʕan al-'madrasa ?
– 'adʒal, 'baituhu: ba'ʕi:d ʕan madra'satina: al-dʒa'di:da wa bu'ju:t at-
  tala:'mi:ð ka'ða:lik ba'ʕi:da 'ʕanha:.
– 'ʃukran lak, ja: Mu'ħammad.
– fi: a'ma:nilla:h, ja: 'Na:dija.

Vokabeln – مفردات

fünfter	['xa:mis] خامس		6. Essen, Speise, Gericht	[akl] اكل
1. Kleid	[θaub] ثوب		Bauer	[fa'lla:ħ] فلاح
(Pl.	[θi'ja:b] (ثياب)		Fleisch	[laħm] لحم
Rock	[fus'ta:n] فستان		(Pl.	[lu'ħu:m] (الحوم)
(Pl.	[fasa:'ti:n] (فساتين)		Mittagbrot	[γa'da:ʔ] غداء
2. Buchstabe	[ħarf] حرف		7. Erfolg	[na'dʒa:ħ] نجاح
(Pl.	[ħu'ru:f] (حروف)		8. Möbel,	[a'θa:θ] اثاث
3. Anschrift,	[ʕun'wa:n] عنوان		Innenausstattung	
Titel, Schlagzeile			9. Geliebter,	[ħa'bi:b] حبيب
(Pl.	[ʕana:'wi:n] (عناوين)		Liebling	
4. Wasser	[ma:ʔ] ماء		(Pl.	[aħi'bba:ʔ] (احباء)
(Pl.	[mi'ja:h] (مياه)		10. Milch	[ħa'li:b] حليب
Meer	[baħr] بحر		11. Bad	[ħa'mma:m] حمام
(Pl.	[bi'ħa:r] (بحار)		12. Fuß	[ridʒl] f رجل
5. Los geht's,	['hajja: 'bina:] هيا بنا		(Pl.	['ardʒul] (ارجل)
auf!			13. Monat	[ʃahr] شهر
zu (hin)	['ila:] الى		(Pl.	[ʃu'hu:r] (شهور)
Liebling;	[maħ'bu:b] محبوب		14. auf, an	['ʕala:] على
beliebt			Gespräch:	
Muhammad	[Mu'ħammad] محمد		Tag	[jaum] يوم
bei; (auch	['ʕinda] عند		(Pl.	[a'jja:m] (ايام)
zur Besitzangabe)			schwierig, schwer	[såʕb] صعب
Ali	[ʕA'li:] على		(Komp.	['åsʕab] (اصعب)

bei (*zeitl. und örtl.*)	[ˈladaː] لدى	fern, weit entfernt	[baˈʕiːd] بعيد
(*vor Personalsuffixen* [laˈdai])		*Grammatik*:	
von (her), über *fig.*	[ʕan] عن	klein; jung	[så̍ˈɣiːr] صغير

Text

1. Das Kleid der Schülerin ist schön. Die Kleider der Schülerin sind schön. Die Kleider der Schülerinnen sind schön. Ihr Rock ist hier. Ihre Röcke sind auch hier.
2. Dieser Buchstabe ist groß. Diese Buchstaben sind groß.
3. Welche Adresse hat er (*wörtl.* was ist sie, seine Adresse)? Welche Adressen haben sie?
4. Das Wasser in der Tasse ist heiß. Das Wasser in diesem Meer ist kalt. Das Wasser in diesen Meeren ist auch kalt.
5. Auf zu unserem Liebling Muhammad! Er ist jetzt bei Ali.
6. Das Mittagessen des Bauern schmeckt heute gut. Es enthält viel Fleisch. Die Fleischsorten des Mittagessens sind zahlreich.
7. Der Lehrer hat großen Erfolg.
8. Die Möbel des Zimmers sind schön. Die Möbel der Zimmer sind schön.
9. (Mein) Liebling, wie geht es dir? Meine Lieblinge, wie geht es euch?
10. In der ersten Tasse ist ein wenig kalte Milch und in der zweiten ein wenig heißes Wasser.
11. Im Haus des Bauern befindet sich ein kleines Bad. In den Häusern der Bauern befinden sich kleine Bäder.
12. Das ist mein Fuß. Das sind die Füße der Kinder. – Das ist ein großer Mann. Sie sind die Männer des Ortes.
13. Das ist ein Monat und das sind viele Monate.
14. Auf dem Brief ist die Anschrift meiner großen Schwester. Auf den Briefen sind die Anschriften der Schüler unserer Schule.

Gespräch

– Muhammad, wie sind deine Tage in der Schule?
– Oh Nadija, sie fallen mir sehr schwer (*wörtl.* sind sehr schwer auf mir)!
– Wie denn das, Muhammad?
– Die Unterrichtsstunden in ihr sind zahlreich, und der Lehrer ist nicht zufrieden mit mir. Er ist unbeliebt bei den Schülern.
– Wie heißt dein unbeliebter Lehrer da (*wörtl.* dieser dein nicht geliebter Lehrer), Muhammad?
– Er heißt Ali.
– Ist seine Frau auch Lehrerin?
– Nein, seine Frau ist Ingenieurin in einem Ort weit weg von unserem.
– Und wo ist das Haus des Lehrers? Ist es weit weg von der Schule?
– Ja, sein Haus ist weit weg von unserer neuen Schule und die Häuser der Schüler auch.
– Ich danke dir, Muhammad!
– Auf Wiedersehen, Nadija!

Grammatik

A   Viel häufiger als die in Lektion 3 behandelten Arten der Pluralbildung ist der sogenannte **lexikalische Plural**. Er kann bei Substantiven, Adjektiven und Partizipien auftreten, z. B.:

Haus	[bait]	بيت
Häuser	[bu'ju:t]	بيوت
groß	[ka'bi:r]	كبير
groß (*Plur.*)	[ki'ba:r]	كبار
Fräulein (*Partizip*!)	['a:nisa]	آنسة
(*Plur.*)	[a'wa:nis]	اوانس

Charakteristisch für die lexikalische Pluralbildung ist, daß sie das Ergebnis von Lautumstellungen im Wortinneren darstellt.

Wegen der Vielfalt der Möglichkeiten und der oft kaum noch erkennbaren Zusammenhänge in Laut- und Schriftbild zwischen den Singular- und Pluralformen sollte sich der Lernende bei Wörtern, die lexikalische Plurale bilden, die Singular- und Pluralformen gut einprägen.

Eine nur einigermaßen vollständige Abhandlung der Zusammenhänge zwischen den lexikalischen Pluralformen und ihren Ableitungen von ganz bestimmten Wortstrukturen des Singulars würde über die praktische Zielsetzung dieses Lehrbuchs hinausgehen. Dennoch sollen die Beispiele der Aufstellung zeigen, daß ein bestimmter Wortaufbau im Singular einen (zuweilen auch mehrere) ganz bestimmten Typ der Abfolge von Konsonanten und Vokalen beim lexikalischen Plural bedingt, also kein Chaos herrscht, wie es dem Neuling zunächst erscheinen mag, z. B.:

Typ 1:

Haus	[bait]	بيت	[bu'ju:t]	بيوت
Fleisch	[laħm]	لحم	[lu'ħu:m]	لحوم
			(*Fleischsorten*)	
Buchstabe	[ħarf]	حرف	[ħu'ru:f]	حروف
Lektion	[dars]	درس	[du'ru:s]	دروس
Monat	[ʃahr]	شهر	[ʃu'hu:r]	شهور

Typ 2:

Ort	['balad]	بلد	[bi'la:d]	بلاد
Mann	['radʒul]	رجل	[ri'dʒa:l]	رجال
Meer	[baħr]	بحر	[bi'ħa:r]	بحار
groß	[ka'bi:r]	كبير	[ki'ba:r]	كبار
			(nur bei Personen!)	
klein	⌈så'ɣi:r⌉	صغير	[si'ɣa:r]	صغار
			(nur bei Personen!)	

Typ 3:

Milch	['laban]	لبن	[al'ba:n]	البان
			(Milchprodukte)	
Name	[ism]	اسم	[as'ma:ʔ]	اسماء
Tür	[ba:b]	باب	[ab'wa:b]	ابواب
Ehemann	[zaudʒ]	زوج	[az'wa:dʒ]	ازواج
Kind, Junge	['walad]	ولد	[au'la:d]	اولاد
Tag	[jaum]	يوم	[a'jja:m]	ايام
Baum	['ʃadʒara]	شجرة	[aʃ'dʒa:r]	اشجار

Typ 4:

Zeitung	[dʒa'ri:da]	جريدة	[dʒa'ra:ʔid]	جرائد
Koffer	[ħa'qi:ba]	حقيبة	[ħa'qa:ʔib]	حقائب
Garten	[ħa'di:qa]	حديقة	[ħa'da:ʔiq]	حدائق
Brief	[ri'sa:la]	رسالة	[ra'sa:ʔil]	رسائل
Schrank	[xi'za:na]	خزانة	[xa'za:ʔin]	خزائن
Fenster	['na:fiða]	نافذة	[na'wa:fið]	نوافذ
Fräulein	['a:nisa]	آنسة	[a'wa:nis]	اوانس
			(auch [a:ni'sa:t]*!)*	

Typ 5:

Geliebter	[ħa'bi:b]	حبيب	[aħi'bba:ʔ]	احباء
nah	[qa'ri:b]	قريب	[aqri'ba:ʔ]	اقرباء
			(nur bei Personen)	

Typ 6:

Übung	[tam'riːn]	تمرين	[tama:'riːn]	تمارين
Schüler	[til'miːð]	تلميذ	[tala:'miːð]	تلاميذ
Anschrift	[ʕun'waːn]	عنوان	[ʕana:'wiːn]	عناوين
Tasse	[fin'dʒaːn]	فنجان	[fana:'dʒiːn]	فناجين
Rock	[fus'taːn]	فستان	[fasa:'tiːn]	فساتين
usw.				

B   Substantive mit der Femininendung können auch lexikalische Plurale haben, z. B.

Zeitung	[dʒa'riːda]	جريدة	[dʒa'ra:ʔid]	جرائد
Koffer	[ħa'qiːba]	حقيبة	[ħa'qa:ʔib]	حقائب
Brief	[ri'saːla]	رسالة	[ra'sa:ʔil]	رسائل
Fenster	['naːfiða]	نافذة	[na'wa:fið]	نوافذ
Garten	[ħa'diːqa]	حديقة	[ħa'da:ʔiq]	حدائق
Schrank	[xi'zaːna]	خزانة	[xa'za:ʔin]	خزائن

Eine Pluralbildung auf [-aːt] ات ist hier **n i c h t** möglich.

C   An maskuline Substantive kann auch die feminine Pluralendung angefügt werden, z. B.

Bad [ħa'mmaːm] حمام – [ħamma:'maːt] حمامات

Diese abweichenden Bildungen werden im einzelnen angezeigt.

D   Bezeichnet ein Substantiv im Plural **Personen**, gleichgültig ob es sich dabei um einen Plural auf [-uːn] ون oder [-aːt] ات oder um einen lexikalischen Plural handelt, so folgt das Adjektiv auch s t e t s im Plural, und zwar in Abhängigkeit vom Genus des Substantivs, z. B.

beschäftigte Lehrer	[mudarri'suːn maʃɣu:'luːn]	مدرسون مشغولون
aber: große Lehrer	[mudarri'suːn ki'baːr]	مدرسون كبار
beschäftigte Schüler	[tala:'miːð maʃɣu:'luːn]	تلاميذ مشغولون
aber: kleine Schüler	[tala:'miːð sˤiɣ'aːr]	تلاميذ صغار
beschäftigte Schülerinnen	[tilmi:'ðaːt maʃɣu:'laːt]	تلميذات مشغولات
kleine Schülerinnen	[tilmi:'ðaːt sˤaɣi:'raːt]	تلميذات صغيرات

Während zu maskulinen Substantiven im Plural also sowohl Adjektive bzw. Partizipien mit der gleichen Endung als auch lexikalische Plurale treten können, sind es bei femininen Substantiven (Personen) im Plural mit der Endung [-a:t] ات s t e t s nur Adjektive bzw. Partizipien der gleichen Endung. Die Formenübereinstimmung ist hier vollständig (Kongruenz).

E   Grundsätzlich gilt das in D Ausgeführte auch für die p r ä d i - k a t i v e Wortstellung, also:

die Lehrer sind beschäftigt

المدرسون مشغولون   [al-madarri'su:n maʃɣu:'lu:n]

die Lehrer sind groß (alt)

المدرسون كبار   [al-mudarrisu:n ki'ba:r]

die Schüler sind beschäftigt

التلاميذ مشغولون   [at-tala:'mi:ð maʃɣu:'lu:n]

die Schüler sind klein (jung)

التلاميذ صغار   [at-tala:'mi:ð si'ɣa:r]

die Schülerinnen sind beschäftigt

التلميذات مشغولات   [at-tilmi:'ða:t maʃɣu:'la:t]

die Schülerinnen sind klein (jung)

التلميذات صغيرات   [at-tilmi:'ða:t såɣi:'ra:t]

Übungen – تمارين

1. Sprechen Sie die Beispielreihe der 6 Typen mehrmals laut vor, und zwar immer das Wort im Singular zusammen mit seiner Pluralform.

2. Übersetzen Sie:

١ – أولاد أختنا مسرورون في بيت المهندس محمد علي . أولاد أختنا المسرورون في بيت المهندس محمد علي .

٢ – أين مدرسات الأولاد المشغولات اليوم؟ مدرسات الأولاد مشغولات جداً اليوم .

٣ – غرف البيت الكبير جميلة جداً . غرف البيت الكبيرة جميلة جداً .

٤ – دروس مدرسنا سهلة اليوم . دروس مدرسنا المحبوب السهلة مريحة لنا .

٥ - في غرف المدرسة الكبيرة كثير من الكراسي المريحة (oder: كراسي

(Satz hat zwei Übersetzungsmöglichkeiten.) .(كثيرة مريحة)

٦ - في حدائق بلدنا الجميل أشجار كثيرة. في حدائق بلدنا الجميلة أشجار

كثيرة.

in arabischer Handschrift:

١ اولاد اختنا سرورون في بيت المهندس محمد علي .
اولاد اختنا المرورون في بيت المهندس محمد علي

٢ ايه مدرسات الاولاد المشغولات اليوم؟ مدرسات الاولاد
مشغولات جداً اليوم

٣ غرف البيت الكبير جميلة جداً . غرف البيت الكبيرة جميلة جداً .

٤ دروس مدرسنا سهلة اليوم. دروس مدرسنا المحبوب السهلة
مريحة لنا .

٥ في غرف المدرسة الكبيرة كثير من الكراسي المريحة
(كراسي كثيرة مريحة)

٦ في حدائق بلدنا الجميل أشجار كثيرة . في حدائق بلدنا الجميلة
أشجار كثيرة

Umschrift

1. au'la:d 'uxtina: masru:'ru:n fi: bait al-mu'handis Mu'ħammad ᶜA'li:.
   au'la:d 'uxtina: al-masru:'ru:n fi: bait al-mu'handis Mu:ħammad ᶜA'li:.
2. 'aina mudarri'sa:t al-au'la:d al-maʃɣu:'la:t al-jaum ? mudarri'sa:t al-
   au'la:d maʃɣu:'la:t 'dʒiddan al-jaum.
3. 'ɣuraf al-bait al-ka'bi:r dʒa'mi:la 'dʒiddan. 'ɣuraf al-bait al-ka'bi:ra
   dʒa'mi:la 'dʒiddan.
4. du'ru:s mu'darrisina: 'sahla al-jaum.
   du'ru:s mu'darrisina: al-maħ'bu:b as-'sahla mu'ri:ħa 'lana:.

أراد المعلم، عليك السلام: الحمد لله رب

سيد الكبير أنه ... بالعربية؟

سيد الكبير: مساء الخير، أنا أسكن في الحي

مع الناس من أقاربي: الأب، الأم وأخي

مع ... على ... إلى ... الحب ...

المعلم ... على المسكن

فيلا ... في المساكن ... المعلم إلى المسكن

مساء الخير، أنا عندي مسكن كبير آه فيها

مكتبة أمام ... عند ... الأخضر شكل لا

البستي ، وذهبت إلى عمان أول...

أخذت دعوت دكاترتي وكنت صديقاً وحيداً من

ومادا فعلت كذلك وسبب في زوجتي من

دروس مدرستي عصبي جداً .

يمكن ، أهلي ؟ 3

درست كثير وما صمت ما أعمل ، ما ذا فعلت في مادتك كثيراً

مادا فعلت تتكلم ، أهلاً شكراً

تشكر الله، أحبتي أصدقائي

الجبل ؟ شكراً آ الله آ شكراً

الاختبار . أهلاً وسهلاً يا طلاب ، آ طلاب

و مدرست هي سمير ۰

طلب منّي هذا يُسمّى السكرتير

فعلت في مكتب ۰

و هذا إذا أمسكت أنت أيضاً أسمي أسمًا؟ يا قائل بالطالب

۹ طلبنا جا أسمًا الأمر من مكتب أيضاً ۰

كلام العقل في تفكيرنا، أكثر ...

كلما كان تفكيرنا أوضح، وكلما كان ...
أن تفكيرنا أوضح، وكلما كان تفكيرنا ...
أن نفكر في عمل ... أن نفكر في ...
من الأفكار ... من ... ذلك ...
ومنها ...

5. fi: ˈɣuraf al-ˈmadrasa al-kaˈbiːra kaˈθiːr min al-kaˈraːsi: al-muˈriːħa (*oder*: kaˈraːsi: muˈriːħa kaˈθiːra – *Achtung, zwei Übersetzungsmöglichkeiten*;).
6. fi: ħaˈdaːʔiq baˈladina: al-dʒaˈmiːl aʃˈdʒaːr kaˈθiːra. fi: ħaˈdaːʔiq baˈladina: al-dʒaˈmiːla aʃˈdʒaːr kaˈθiːra.

3. Übersetzen Sie:
– Guten Abend, Samira!
– Guten Abend, Nabil!
– Wie geht es dir, Samira?
– Mir geht es gut, ich danke dir!
– Und geht es dir auch gut, Nabil?
– Nein, Samira. Ich bin nicht zufrieden in diesen Tagen.
– Wie das, Nabil?
– Ich habe neue Lehrer und Lehrerinnen in der Schule. Die vielen Unterrichtsstunden bei den neuen Lehrern und Lehrerinnen sind sehr schwer und unangenehm für mich.
– Das tut mir leid, Nabil! Du bist sehr beschäftigt in der Schule und ich in unserem großen Haus und in den nahe bei ihm gelegenen Gärten.

4. Übersetzen Sie zunächst die Sätze und formen sie dann die Singularformen soweit wie möglich und sinnvoll zu Pluralformen in Sätzen um:

١ – المدرس محبوب لدى التلاميذ.

٢ – كتاب الولد جميل ودفتر البنت كبير.

٣ – شربة المهندسة غير لذيذة، هي باردة.

٤ – مدرسة المدرس بعيدة عن بيت بنته.

٥ – في الحقيبة ثوب جميل.

٦ – في غرفة بيتي كرسي جديد.

٧ – في خزانة الخبير حقيبة ثقيلة.

Umschrift

1. al-muˈdarris maħˈbuːb ˈlada: at-talaːˈmiːð.
2. kiˈtaːb al-ˈwalad dʒaˈmiːl wa ˈdaftar al-bint kaˈbiːr.

3. 'ʃurbat al-mu'handisa ɣair la'ði:ða, 'hija 'ba:rida.
4. 'madrasat al-mu'darris ba'ʕi:da ʕan bait 'bintihi:.
5. fi: al-ħa'qi:ba θaub dʒa'mi:l.
6. fi: 'ɣurfat 'baiti: 'kursi:j dʒa'di:d.
7. fi: xi'za:nat al-xa'bi:r ħa'qi:ba θa'qi:la.

5. Sprechen Sie möglichst oft die folgenden Wortpaare nach und achten Sie dabei auf die Lautunterschiede:

فلاح – فلاح ، أكل – عقل ، أساس – أثاث ، أجل – عجل ، درس – ضرس ،

دجاج – ضجيج ، رسالة – غسالة ، رجل – رجل ، سؤال – سعال ، سريع –

صريع ، أن – عن ، سرير – صغير ، غداء – رداء .

Umschrift

fa'la:ħ – fa'lla:ħ, akl – ʕaql, a'sa:s – a'θa:θ, 'adʒal – 'ʕadʒal, dars – ɖirs,
da'dʒa:dʒ – ɖå'dʒi:dʒ, ri'sa:la – ɣa'ssa:la, 'radʒul – ridʒl, su'ʔa:l – su'ʕa:l,
sa'ri:ʕ – så'ri:ʕ, an – ʕan, sa'ri:r – så'ɣi:r, ɣa'da:ʔ – ri'da:ʔ

6. Lesen Sie und dann schreiben Sie den Text bis zur Geläufigkeit nach:

نبوية ، ايه هى الآن ؟ هى فى المدرسة القريبة من بيتها .
هى مدرسة خبيرة وتلاميذها كثيرون . اياها فى المدرسة
جميلة ودروسها فيها سهلة . دروسها سهلة لتلاميذها
وتلاميذها . هذه المدرسة الجميلة والجديدة فى بلدنا .

6. Lektion
الدرس السـادس

Weitere feminine Substantive, die Endung ة zur Bezeichnung des einzelnen; Bezugssubstantive bzw. -adjektive, Abstrakta.

Text

١ - على أشجار الحديقة كثير من فواكه التفاح.

٢ - في يد البنت الصغيرة تفاحة كبيرة.

٣ - العين بصيرة واليد قصيرة.

٤ - الشمس قوية اليوم.

٥ - في بيوت الفلاحين كثير من الدجاج.

٦ - تحت شجرة التفاح دجاجة ولد الفلاحة.

٧ - هيا بنا إلى مطعم أختي الجيد. الطريق إليه بسيارتنا السريعة غير طويل.

٨ - عند المدخل إلى مكتب المعرض مصباح قوي.

٩ - أمام مخرج معمل السيارات مطعم صغير ومكتب بريد.

١٠ - مفتاح أبواب سيارته في معطف صديقي أو في بدلته.

١١ - في مطعم صديقنا فطور طيب وعشاء لذيذ.

١٢ - أجرة رسالة من ليبيا إلى ألمانيا كبيرة.

١٣ - أكل كثير من الخضار صحيح.

١٤ - سيارتي سريعة وقوية وسيارتك بطيئة وضعيفة.

١٥ - هذا الرجل هو سياسي كبير.

١٦ - سياسة ألمانيا صحيحة في هذه الأيام.

١٧ - في بلدنا كثيرون من السياسيين الضعاف.

١٨ - الرأسمالية والإشتراكية والشيوعية هي من المذاهب الإجتماعية.

Gespräch – محادثة

(مقابلة في الشارع)

سؤال لرجل: السلام عليك، يا آنستي، أين الطريق إلى مكتب البريد؟

جواب الآنسة: صباح الخير، يا سيدي. الطريق إليه غير بعيد: من هنا إلى الشارع الكبير أمامك ومن هناك إلى الشارع الصغير الأول على اليمين ومن هناك إلى الشارع الصغير الثاني على اليسار.

جواب الرجل: شكراً لك.

جواب الآنسة: عفواً، يا سيدي.

(الرجل أمام مكتب البريد. عند باب المدخل صديق له)

الرجل: صباح الخير، يا صديقي، كيف أنت؟ أنت هنا؟ يا سلام!

الصديق: صباح النور، يا صديقي، أنا بخير، شكراً! أنا مشغول في معمل اليوم، وهو قريب جداً من هذا المكتب. هيا بنا إلى المكتب وإلى المعمل كذلك.

الرجل: مرحباً.

Umschrift

Text

1. ˈʕala: aʃˈdʒaːr al-ħaˈdiːqa kaˈθiːr min faˈwaː kih at-tuˈffaːħ.
2. fi: jad al-bint ås-såˈɣiːra tuˈffaːħa kaˈbiːra.
3. al-ʕain båˈsiːra wa al-jad qåˈsiːra.
4. aʃ-ʃams qaˈwiːja al-jaum.
5. fi: buˈjuːt al-fallaːˈħiːn kaˈθiːr min ad-daˈdʒaːdʒ.
6. ˈtaħta ˈʃadʒarat at-tuˈffaːħ daˈdʒaːdʒat ˈwalad al-faˈllaːħa.
7. ˈhajjaː ˈbina: ˈila: ˈmåtʕam ˈuxti: al-ˈdʒajjid! åt-tåˈriːq iˈlaihi: (*aus* ˈila: + huː!) bi-sajjaˈratina: as-saˈriːʕa ɣair tåˈwiːl.
8. ʕinda al-ˈmadxal ˈila: ˈmaktab al-ˈmaʕriɖ misˈbaːħ qaˈwiːj.

9. aˈmaːma ˈmaxradʒ ˈmaʕmal as-sajjaːˈraːt ˈmåtʕam såˈɣiːr wa ˈmaktab
    baˈriːd.
10. mifˈtaːħ abˈwaːb sajjaːˈratihi: fiː ˈmiʕtåf såˈdiːqiː au fiː badˈlatihiː.
11. fiː ˈmåtʕam såˈdiːqiː foˈtoːr ˈtåjjib wa ʕaˈʃaːʔ laˈðiːð.
12. ˈudʒrat riˈsaːla min ˈLiːbijaː ˈila: Alˈmanjaː kaˈbiːra.
13. akl kaˈθiːr min al-xoˈdåːr såħiːħ.
14. saˈjjaːratiː saˈriːʕa wa qaˈwiːja wa saˈjjaːratuk båˈtɨːʔa wa ðåˈʕiːfa.
15. ˈhaːða: ar-ˈradʒul ˈhuwa siˈjaːsi: kaˈbiːr.
16. siˈjaːsat Alˈmanjaː såˈħiːħa fiː ˈhaːðihi: al-aˈjjaːm.
17. fiː baˈladinaː kaθiːˈruːn min as-sijaːsiːˈjiːn åđ-đɨˈʕaːf.
18. ar-raʔsmaːˈliːja wa al-iʃtiraːˈkiːja wa aʃ-ʃujuːˈʕiːja ˈhija min al-
    maˈðaːhib al-idʒtimaːˈʕiːja.

Gespräch

	(muˈqaːbala fiː aʃ-ˈʃariːʕ)
suˈʔaːl li-ˈradʒul:	as-saˈlaːm ʕaˈlaiki (*aus* ˈʕalaː + ki!), jaː ˈaːnisatiː, maː åt-tåˈriːq ˈila: ˈmaktab al-baˈriːd ?
dʒaˈwaːb al-ˈaːnisaː:	såˈbaːħ al-xair, jaː ˈsajjidiː. åt-tåˈriːq iˈlaihi: (*aus* ˈila: + hu:!) ɣair baˈʕiːd: min ˈhunaː ˈila: aʃ-ˈʃariːʕ al-kaˈbiːr aˈmaːmak wa min huˈnaːk ˈila: aʃ-ˈʃariːʕ ås-såˈɣiːr al-ˈawwal ˈʕala: al-jaˈmiːn, wa min huˈnaːk ˈila: aʃ-ˈʃariːʕ ås-såˈɣiːr aθ-ˈθaːni: ˈʕala: al-jaˈsaːr!
dʒaˈwaːb ar-ˈradʒul:	ˈʃukran ˈlaki!
dʒaˈwaːb al-ˈaːnisaː::	ˈʕafwanː, jaː ˈsajjidiː! (ar-ˈradʒul aˈmaːma ˈmaktab al-baˈriːd. ˈʕinda baːb al-ˈmadxal såˈdiːq ˈlaɦuː)
ar-ˈradʒul:	såˈbaːħ al-xair, jaː såˈdiːqiː, ˈkaifa ˈanta ? ˈanta ˈhunaː ? jaː saˈlaːm!
ås-såˈdiːq:	såˈbaːħ an-nuːr, jaː såˈdiːqiː, ˈana bi-xair, ˈʃukran! ˈana maʃˈɣuːl fiː ˈmaʕmal al-jaum wa ˈhuwa qaˈriːb ˈdʒiddan min ˈhaːða: al-ˈmaktab. ˈhajjaː ˈbinaː ˈila: al-ˈmaktab wa ˈila: al-ˈmaʕmal kaˈðaːlik!
ar-ˈradʒul:	ˈmarħaban!

Vokabeln – مفردات

sechster	[ˈsaːdis] سادس	Äpfel	[tuˈffaːħ] تفاح
1. Frucht	[ˈfaːkiha] فاكهة	2. Hand	[jad] *f* يد
(*Pl.*	[faˈwaːkih] (فواكه)		

3. Auge [ˁain] f عين
   (Pl. [ˁuˈjuːn] عيون)
   sehend [båˈsɨːr] بصير
   (Komp. [ˈabsår] ابصر)
   kurz [qåˈsɨːr] قصير
   (Komp. [ˈaqsår] اقصر)
4. Sonne [ʃams] f شمس
   stark [qaˈwiːj] قوى
   (Komp. [ˈaqwaː] اقوى)
   (Pl. [aqwiˈjaːʔ] اقوياء)
5. Huhn [daˈdʒaːdʒa] دجاجة
7. Gasthaus, [ˈmåtˁam] مطعم
   Kantine
   (Pl. [måˈtaːˁim] مطاعم)
   Weg, Straße [tåˈriːq] طريق
   (Pl. [ˈtoruq] طرق)
   mit, durch [bi-] بِ
   Auto [saˈjjaːra] سيارة
   schnell [saˈriːˁ] سريع
   (Komp. [ˈasraˁ] اسرع)
   lang [tåˈwiːl] طويل
   (Komp. [ˈåtwal] اطول)
   (Pl. [tɨˈwaːl] طوال)
8. Eingang [ˈmadxal] مدخل
   (Pl. [maˈdaːxil] مداخل)
   Büro; [ˈmaktab] مكتب
   Schreibtisch
   (Pl. [maˈkaːtib] مكاتب)
   Ausstellung, [ˈmaˁriđ] معرض
   Messe
   (Pl. [maˈˁaːriđ] معارض)
   Lampe [misˈbaːħ] مصباح
   (Pl. [måsåːˈbiːħ] مصابيح)
9. Ausgang [ˈmaxradʒ] مخرج
   (Pl. [maˈxaːridʒ] مخارج)
   Werk, Werkstatt [ˈmaˁmal] معمل
   (Pl. [maˈˁaːmil] معامل)

Post [baˈriːd] بريد
10. Schlüssel [mifˈtaːħ] مفتاح
    (Pl. [mafaːˈtiːħ] مفاتيح)
    Mantel [ˈmiˁtåf] معطف
    (Pl. [maˈˁaːtif] معاطف)
    Freund [såˈdiːq] صديق
    (Pl. [åsdiˈqaːʔ] اصدقاء)
    Anzug [ˈbadla] بدلة
    (Pl. [ˈbidal] بدل)
11. Frühstück [foˈtoːr] فطور
    gut; gut! [ˈtåjjib] طيب
    (Komp. [ˈåtjab] اطيب)
    Abendbrot [ˁaˈʃaːʔ] عشاء
12. Gebühr, Porto [ˈudʒra] اجرة
13. Gemüse [xoˈđåːr] خضار
    gesund, richtig [såˈħiːħ] صحيح
    (Komp. [åˈsåħħ] اصح)
    (Pl. [åsiˈħħaːʔ] أصحاء)
14. langsam [båˈtiːʔ] بطىء
    (Komp. [ˈabtåʔ] ابطأ)
    schwach [đåˈˁiːf] ضعيف
    (Komp. [ˈåđˁaf] اضعف)
15. Politiker; [siˈjaːsiːj] سياسى
    politisch
16. Politik [siˈjaːsa] سياسة
18. Kapitalismus
    [raʔsmaːˈliːja] رأسمالية
    Sozialismus [iʃtiraːˈkiːja] اشتراكية
    Kommunismus
    [ʃujuːˈˁiːja] شيوعية
    Lehre [ˈmaðhab] مذهب
    (Pl. [maˈðaːhib] مذاهب)
    sozial, [idʒtiˈmaːˁiː] اجتماعى
    gesellschaftlich
Gespräch:
Begegnung, [muˈqaːbala] مقابلة
Treffen

Straße	[ˈʃaːriˤ] شارع	(auch im politischen Sinn)	
(Pl.	[ʃaˈwaːriˤ] (شوارع)	bitte schön!	[ˈˤafwan] عفوا
Frage	[suˈʔaːl] سؤال	keine Ursache! (als Antwort),	
(Pl.	[ˈasʔila] (اسئلة)	Verzeihung! Adv.	
Frieden	[saˈlaːm] سلام	oh! (Ausruf	[jaː saˈlaːm] يا سلام
guten Tag!		des Erstaunens)	
[as-saˈlaːm ˤaˈlaiki] (f) السلام عليك		guten Morgen!	[såˈbaːħ] صباح
Antwort	[dʒaˈwaːb] جواب	(als Antwort)	an-nuːr] النور
(Pl.	[ˈadʒwiba] (اجوبة)	Willkommen;	[ˈmarħaban] مرحبا
guten Morgen!		einverstanden!	
[såˈbaːħ al-xair] صباح الخير		ist schon recht! Adv.	
Herr	[ˈsajjid] سيد	Übungen:	
(Pl.	[ˈsaːda] (سادة)	Mädchen,	[bint] بنت
rechte Seite, rechts	[jaˈmiːn] يمين	Tochter	
linke Seite, links	[jaˈsaːr] يسار	(Pl.	[baˈnaːt] (بنات)

Text

1. Auf den Bäumen des Gartens sind viele Äpfel(früchte).
2. In der Hand des kleinen Mädchens ist ein großer Apfel.
3. Das Auge ist sehend, aber die Hand ist kurz (Sprichwort).
4. Die Sonne ist heute stark.
5. In den Häusern der Bauern gibt es viele Hühner.
6. Unter dem Apfelbaum ist das Huhn des Sohns der Bäuerin.
7. Auf ins gute Restaurant meiner Schwester! Der Weg dahin (= zu ihm) ist mit unserem schnellen Auto nicht lang.
8. Am Eingang zum Ausstellungsbüro befindet sich eine große (starke) Lampe.
9. Vor dem Ausgang der Autofabrik befinden sich ein kleines Gasthaus und ein Postamt.
10. Der Schlüssel (für) die Türen seines Autos befindet sich entweder im Mantel meines Freundes oder in seinem Anzug.
11. Im Gasthaus unseres Freundes gibt es ein gutes Frühstück und ein wohlschmeckendes Abendbrot.
12. Die Gebühr für einen Brief von Libyen nach Deutschland ist hoch (groß).
13. Viel Gemüse essen ist gesund (wörtl. das Essen von viel . . .).
14. Mein Auto ist schnell und stark, deines langsam und schwach.
15. Dieser Mann ist ein großer Politiker.
16. Die Politik Deutschlands ist richtig in diesen Tagen.
17. In unserem Ort (Land) gibt es viele schwache Politiker.
18. Kapitalismus, Sozialismus und Kommunismus gehören zu den sozialen Lehren.

Gespräch

(Begegnung auf der Straße)

Frage eines Mannes:	Guten Tag, (mein) Fräulein, wo geht es zum Postamt (*wörtl.* was ist der Weg zum . . .)?
Antwort des Fräuleins:	Guten Morgen, mein Herr! Der Weg dahin (= zu ihm) ist nicht weit: von hier zur großen Straße vor Ihnen, von dort zur ersten kleinen Straße auf der rechten Seite, von dort zur zweiten kleinen Straße auf der linken Seite.
Antwort des Mannes:	Ich danke Ihnen!
Antwort des Fräuleins:	Keine Ursache, mein Herr!

(Der Mann vor dem Postamt. An der Eingangstür ist ein Freund von ihm).

der Mann:	Guten Morgen, (mein) Freund, wie geht's? Du hier? Donnerwetter! (*freie Übersetzung*).
der Freund:	Guten Morgen, (mein) Freund, mir geht's gut, danke! Ich habe heute in einer Fabrik zu tun. Sie ist sehr nahe bei diesem Amt. Auf (zuerst) ins (Post-)Amt, und auch in die Fabrik!
der Mann:	Ist schon recht! (*wörtl.* willkommen!)

Grammatik

A   In Lektion 2 haben wir die häufigste Endung für feminine Substantive und Adjektive kennengelernt: ة.

Nun gibt es aber auch zahlreiche Wörter mit anderen Endungen oder endungslose Wörter, die feminin sind.

Als Beispiele für die erste Gruppe seien genannt:

Deutschland	[Al'manja:]	المانيا
Frankreich	[Fa'ransa:]	فرنسا
England	[Ingil'terra:]	انكلترا
Italien	[i:'tå:lija:]	ايطاليا
Schweiz	[Su'wi:sira:]	سويسرا
Österreich	[an-'Nimsa:]	النمسا
Syrien	['Su:rija:]	سوريا
Gedenken	['ðikra:] (*Schreibung des* [a:]!)	ذكرى
frohe Nachricht	['buʃra:]	بشرى
Trost	['salwa:]	سلوى
Beratung	['ʃu:ra:]	شورى

Lubna (*Mädchenname*)	['Lubna:]	لبنى
Laila (*Mädchenname*)	['Laila:]	ليلى

(Weitere Femininendungen s. Lektion 11 u. 13)

Beispiele für die zweite Gruppe:

Libanon	[Lub'na:n]	لبنان
Tunesien	['Tu:nis]	تونس
Ägypten	[Misr]	مصر
Jordanien	[al-'Urdunn]	الاردن
Irak	[al-ʕi'ra:q]	العراق
Beirut	[Bai'ru:t]	بيروت
Damaskus	[Di'maʃq]	دمشق
Amman	[ʕA'mma:n]	عمان
Bagdad	[Baɣ'da:d]	بغداد
Sonne	[ʃams]	شمس
Brunnen	[biʔr]	بئر
Hind (*Name f*)	[Hind]	هند
Rim (*Name f*)	[Ri:m]	ريم
Zainab (*Name f*)	['Zainab]	زينب
Manal (*Name f*)	[Ma'na:l]	منال
Ohr	[uðn]	اذن
Auge	[ʕain]	عين
Hand	[jad]	يد
Schenkel	[sa:q]	ساق
Fuß, Bein	[ridʒl]	رجل

Auf alle Feminina ohne Endung wird in den Wörterverzeichnissen mit *f* hingewiesen.

Alle solchen Wörtern nachgestellten Adjektive müssen also feminin konstruiert werden, z. B.:

das schöne Deutschland	[Al'manja: al-dʒa'mi:la]	المانيا الجميلة
ein gutes Gedenken	['ðikra: 'tåjjiba]	ذكرى طيبة
der kleine Libanon	[Lub'na:n aṣ-ṣå'ɣi:ra]	لبنان الصغيرة
der Irak ist groß	[al-ʕi'ra:q ka'bi:ra]	العراق كبيرة
Amman ist fern	[ʕA'mma:n ba'ʕi:da]	عمان بعيدة
Zainab ist jung	['Zainab så'ɣi:ra]	زينب صغيرة
der Schenkel ist lang	[as-sa:q tå'wi:la]	الساق طويلة

Bei der großen Mehrzahl der femininen Wörter ohne Femininendung handelt es sich um Namen von Ländern, Städten und weiblichen Personen sowie von paarweise vorhandenen Körperteilen.

B Die Endung ة kann auch von einem Mengen- oder Kollektivbegriff das entsprechende Einzelne bezeichnen, z. B.:

Äpfel	[tuˈffaːħ]	تفاح
Apfel	[tuˈffaːħa]	تفاحة
Hühner	[daˈdʒaːdʒ]	دجاج
Huhn	[daˈdʒaːdʒa]	دجاجة

Wo eine solche Ableitung möglich und sinnvoll ist, wird bei den Vokabeln die Abkürzung *koll.* (kollektiv) gesetzt.

C Von Substantiven können Bezugssubstantive bzw. -adjektive gebildet werden, und zwar gewöhnlich durch Anhängen von [-iːj] (nicht zu verwechseln mit dem Possessivsuffix [-iː]!) an den Wortstamm, z. B.:

Versammlung	[idʒtiˈmaːʕ]	اجتماع
gesellschaftlich	[idʒtiˈmaːʕiːj]	اجتماعى
Haus	[bait]	بيت
häuslich	[ˈbaitiːj]	بيى
Ort	[ˈbalad]	بلد
städtisch	[ˈbaladiːj]	بلدى
Ehemann	[zaudʒ]	زوج
ehelich	[ˈzaudʒiːj]	زوجى
Meer	[baħr]	بحر
Meer-, Matrose	[ˈbaħriːj]	بحرى

Bei Wörtern mit ة wird diese Endung abgeworfen, z. B.:

Politik [siˈjaːsa] سياسة — politisch, Politiker [siˈjaːsiːj] سياسى
Die Endung ة kann an das Bezugs-i:j antreten, z. B.
soziale Lehren   [maˈðaːhib idʒtimaːˈʕiːja]   مذاهب اجتماعية
Die Kombination Substantiv + [-iːj] + ة ergibt meistens abstrakte Begriffe; das arabische [-iːja] ية bei Substantiven entspricht oft der Fremdwortendung *-ismus* im Deutschen, z. B.

Kapital	[raʔsˈmaːl]	رأسمال
kapitalistisch, Kapitalist	[raʔsˈmaːliː]	رأسمالى
Kapitalismus	[raʔsmaːˈliːja]	رأسمالية

D   Viele Wörter beginnen mit ‿.

Haben sie die Lautung ma + Konsonant + Konsonant + a/i + Konsonant, heißt der Plural stets ma + Konsonant + a: + Konsonant + i +
Konsonant, z. B.:

Büro	[ˈmaktab]	مكتب
Büros	[maˈkaːtib]	مكاتب
Ratsversammlung	[ˈmadʒlis]	مجلس
Plur.	[maˈdʒaːlis]	مجالس

Wörter mit der Lautung mi + Konsonant + Konsonant + a + Konsonant haben den gleichen Plural: ma + Konsonant + a: + Konsonant + i
+ Konsonant, z. B.:

| Feile | [ˈmibrad] | مبرد |
| Feilen | [maˈbaːrid] | مبارد |

Wörter mit der Lautung mi + Konsonant + Konsonant + a: + Konsonant haben stets den Plural: ma + Konsonant + a: + Konsonant + i: +
Konsonant, z. B.:

| Lampe | [misˈbaːħ] | مصباح |
| Lampen | [måså:ˈbiːħ] | مصابيح |

Übungen – تمارين

1. Übersetzen Sie:

1. Die Mäntel der Schüler sind auf dem Stuhl des Lehrers im Unter-
richtsraum.   2. Die Lampen der Taxis (Gebührautos) sind schwach.
3. Die Schlüssel der Bürozimmer hat Fräulein Nabawija in der Hand
(sind in der Hand von . . .).   4. In den Fabriken Deutschlands sind
viele Ausländer.   5. Seid ihr Schülerinnen in den Schulen dieses Ortes?
6. Das Mädchen hat eine Tasse Milch in seiner kleinen Hand.   7. Die
Sonne ist heute sehr schwach.   8. Die Hühner sind hinter dem Bauern-
haus, im Schulgarten.   9. Unter dem Apfelbaum (steht) ein großes
schönes Huhn.   10. Dieser Mann ist Sozialist. Der Sozialismus ist seine
Lehre.   11. Der Kommunismus gehört zu den sozialpolitischen Lehren.
12. Im Lehrerhaus gibt es viele ausländische politische Zeitungen, welche
Namen haben sie (was sind ihre Namen)?   13. In den Gärten unseres
Ortes gibt es jetzt viel Obst und Gemüse.   14. Herr Samir Ali ist ein
sozialpolitischer Experte.

2. Bilden Sie Bezugssubstantive bzw. -adjektive von folgenden Wörtern und geben Sie deren ungefähre Bedeutung an:

١ - أوّل؛ ٢ - بيت؛ ٣ - بلد؛ ٤ - بيروت؛ ٥ - بحر؛

٦ - بريد؛ ٧ - حـرارة؛ ٨ - حرف؛ ٩ - خبز؛ ١٠ - شهر؛

١١ - شـارع؛ ١٢ - شمس؛ ١٣ - صبـاح؛ ١٤ - فـلاح؛

١٥ - كتـاب؛ ١٦ - لحم؛ ١٧ - مدرسـة؛ ١٨ - يـوم؛

١٩ - يمين؛ ٢٠ - يسار.

3. Setzen Sie die Wörter in Klammern mit ihren richtigen grammatischen Formen in die folgenden Sätze ein:

١ - في ألمانيا الآن كثير من (سياسي كبير).

٢ - لزوجة الفلاح كثير من (ولد صغير).

٣ - في خزانة (أخت) قليل من (فاكهة لذيذة).

٤ - يا أولادي، هل أنتم (مشغول)؟

٥ - يا بناتي، هل أنتن (مسرور)؟

٦ - يا رجال، هل نحن (قريب) من بيروت؟

٧ - كراسي الغرف (مريح).

٨ - هذه الجريدة (يمين) وهذه السيدة (سياسة/يسار).

7. Lektion
الدرس السابع

Das Verb (Formen für abgeschlossene Handlungen); Objekte und Substantivverbindungen nach Verben; Verneinung

---

Text

١ – سافر رئيس المصرف الكبير في مدينتنا بالطائرة إلى خارج ألمانيا أمس .

٢ – ماذا فعل الموظف في مكتب بريد القرية؟ كتب رسالة لطبيبه . الموظف مريض . عمل كثيراً جداً في مكتب السكة الحديدية .

٣ – الأخت أرسلت رسالة، فيها مال، إلى ولدها الحبيب الفقير .

٤ – طلب الضيف من المهندس الصديق فنجان شاي خفيف .

٥ – هذا شيء لطيف ورخيص، أرسلته لي السيدة فاطمة .

٦ – نظر الموظف إلى هاتف غرفة رئيس المعمل .

٧ – الطبيب، مهنته عظيمة .

٨ – كتب التلميذ في دفتر دروسه .

٩ – قرأ الرجل في الجريدة .

١٠ – خرج من بيته .

١١ – دخلت زوجته ومعها أولادها . أكلوا وشربوا كثيراً من الأشياء الغالية .

١٢ – جلس الرجل الغني على كرسيه في المصرف .

١٣ – سكنت المهندسة في بيت قريب من معملها .

محادثة – Gespräch

(نبيل مع صديقته فاطمة في بيته . هي ضيفته)

– مرحباً بك، يا فاطمة، في بيتي الحقير .

– شكراً لك، يا صديق الغالي .

– ماذا فعلت أمس، يا فاطمة؟

– درست كثيراً وما فهمت شيئاً.

– كيف، يا فاطمة؟

– دروس مدرسي صعبة جداً.

– وماذا فعلت كذلك أمس؟

– أخذت دفاتري وكتبي وخرجت من البيت وذهبت إلى صديقة لي من مدرستي. هي ما فهمت شيئا كذلك.

– أنا آسف، يا فاطمة.

– وماذا فعلت أنت أمس، يا نبيل؟

– عملت في مكتب المعرض كثيراً. طلب مني هذا رئيس المعرض. ما درست أمس. أكلت في مطعم صغير لطيف أكلاً خفيفاً وشربت هناك قليلاً من الحليب البارد اللذيذ. هيا بنا الآن إلى هذا المطعم.

– شكراً، يا نبيل.

Umschrift

Text

1. 'sa:far ra'ʔi:s al-'mȧsrif al-ka'bi:r fi: madi:'natina: bɨt-'tȧ:ʔira 'ila: 'xa:ridʒ Al'manja: ams.
2. 'ma:ða: 'faˤal al-mu'wȧzzȧf fi: 'maktab ba'ri:d al-'qarja ? 'katab ri'sa:la li-tȧ'bi:bihi:. al-mu'wȧzzȧf ma'ri:đ. 'ˤamil ka'θi:ran 'dʒiddan fi: 'maktab as-'sikka al-ħadi:'di:ja.
3. al-uxt 'arsalat ri'sa:la, 'fi:ha: ma:l, 'ila: wa'ladiha: al-ħa'bi:b al-fa'qi:r.
4. 'tȧlab ȧđ-đȧif min al-mu'handis ȧs-sȧ'di:q fin'dʒa:n ʃa:j xa'fi:f.
5. 'ha:ða: ʃaiʔ lȧ'tɨ:f wa ra'xɨ:s, arsa'lathu: 'lija: as-'sajjida 'Fȧ:tɨma.
6. 'nȧzȧr al-mu'wȧzzȧf 'ila: 'ha:tif ɣurfat ra'ʔi:s al-'maˤmal.
7. ȧt-tȧ'bi:b, mih'nȧtuhu: ˤa'zɨ:ma.
8. 'katab at-til'mi:ð fi: 'daftar du'ru:sihi:.
9. 'qaraʔ ar-'radʒul fi: al-dʒa'ri:da.
10. 'xaradʒ min 'baitihi:.
11. 'daxalat zau'dʒatuhu:, wa 'maˤaha: au'la:duha:. 'akalu: wa 'ʃaribu: ka'θi:ran min al-aʃ'ja:ʔ al-'ɣa:lija.

12. ˈdʒalas ar-ˈradʒul al-ɣaˈniːj ˈʕalaː kurˈsiːjihi fiː al-ˈmåsrif.
13. ˈsakanat al-muˈhandisa fiː bait qaˈriːb min maʕˈmalihaː.

Gespräch

(Naˈbiːl ˈmaʕa sådiːˈqatihi ˈFåːtɨma fiː ˈbaitihiː. ˈhija ðåiˈfatuhuː.)
– ˈmarħaban ˈbiki, jaː ˈFåːtɨma, fiː ˈbaiti al-ħaˈqiːr;
– ˈʃukran lak, jaː såˈdiːqi al-ˈɣaːliː!
– ˈmaːða faˈʕalti ams, jaː ˈFåːtɨma?
– daˈrastu kaˈθiːran wa maː faˈhimtu ˈʃaiʔan!
– ˈkaifa, jaː ˈFåːtɨma?
– duˈruːs muˈdarrisi ˈsåʕba ˈdʒiddan.
– wa ˈmaːða faˈʕalti kaˈðaːlik ams?
– aˈxaðtu daˈfaːtiri wa ˈkutubi wa xaˈradʒtu min al-bait wa ðaˈhabtu ˈilaː
  såˈdiːqa liː min madˈrasatiː. ˈhija maː ˈfahimat ˈʃaiʔan kaˈðaːlik.
– ˈana ˈaːsif, jaː ˈFåːtɨma;
– wa ˈmaːða fuˈʕalta ˈanta ams, jaː Naˈbiːl?
– ʕaˈmiltu fiː ˈmaktab al-ˈmaʕrɨð kaˈθiːran. ˈtålab ˈminniː ˈhaːða raˈʔiːs al-
  ˈmaʕrɨð. ma: daˈrastu ams. aˈkaltu fiː ˈmåtʕam såˈɣiːr låˈtɨːf ˈaklan
  xaˈfiːfan wa ʃaˈribtu huˈnaːk qaˈliːlan min al-ħaˈliːb al-ˈbaːrid al-laˈðiːð.
  ˈhajja: ˈbinaː al-aːn ˈilaː ˈhaːða al-ˈmåtʕam;
– ˈʃukran, jaː Naˈbiːl!

Vokabeln – مفردات

siebenter	[ˈsaːbiʕ] سابع	(er) machte	[ˈfaʕal] فعل
1. (er) reiste	[ˈsaːfar] سافر	Angestellter,	[muˈwåzzåf] موظف
Leiter,	[raˈʔiːs] رئيس	Beamter	
Führer, Präsident		Dorf	[ˈqarja] قرية
(Pl.	[ruʔaˈsaːʔ] (رؤساء)	(Pl.	[ˈquran] قرى)
Bank	[ˈmåsrif] مصرف	(er) schrieb	[ˈkatab] كتب
(Pl.	[måˈsåːrif] (مصارف)	Arzt	[tåˈbiːb] طبيب
Stadt	[maˈdiːna] مدينة	(Pl.	[åtɨˈbbaːʔ] (اطباء)
(Pl.	[ˈmudun] مدن)	krank	[maˈriːð] مريض
Flugzeug	[tåˈʔira] طائرة	(Pl.	[ˈmarðåː] (مرضى)
außerhalb (von);	[ˈxaːridʒ] خارج	(Komp.	[ˈamråð] (امرض)
Ausland		(er) arbeitete	[ˈʕamil] عمل
gestern Adv.	[ams] امس	Eisenbahn	السكة الحديدية
2. was? (bei	[ˈmaːða] ماذا		[as-ˈsikka al-ħadiːˈdiːja]
Fragen nach Objekt)		3. (er) sandte	[ˈarsal] ارسل

Geld; Besitz	[ma:l] مال		(Pl.	[ʕuzå'ma:ʔ] عظماء)
(Pl.	[am'wa:l] اموال)		(Komp.	['aʕzåm] اعظم)
arm	[fa'qi:r] فقير		9. (er) las	['qaraʔ] قرأ
(Pl.	[fuqa'ra:ʔ] فقراء)		10. (er) ging hinaus	['xaradʒ] خرج
(Komp.	['afqar] افقر)		11. (er) ging hinein	['daxal] دخل
4. (er) forderte,	['tålab] طلب		mit	['maʕa] مع
bat um, bestellte			(er) aß	['akal] اكل
Gast	[ďåif] ضيف		(er) trank	['ʃarib] شرب
(Pl.	[ďo'ju:f] ضيوف)		teuer, *auch fig.*	['ɣa:lin] غال
Tee	[ʃa:j] شاى		(Komp.	['aɣla:] اغلى)
leicht	[xa'fi:f] خفيف		12. (er) setzte sich,	['dʒalas] جلس
(Komp.	[a'xaff] اخف)		saß	
5. Sache, Ding	[ʃaiʔ] شىء		reich	[ɣa'ni:j] غنى
(Pl.	[aʃ'ja:ʔ] اشياء)		(Pl.	[aɣni'ja:ʔ] اغنياء)
nett;	[lå'ťi:f] لطيف		(Komp.	['aɣna:] اغنى)
angenehm; mild (*Wetter*)			13. (er) wohnte	['sakan] سكن
(Komp.	['altåf] الطف)		*Gespräch:*	
billig	[ra'xɨ:s] رخيص		armselig, gering	[ħa'qi:r] حقير
(Komp.	['arxås] ارخص)		(Komp.	['aħqar] احقر)
6. (er) schaute	['nazar] نظر		(er) studierte,	['daras] درس
Telefon	['ha:tif] هاتف		prüfte, lernte	
(Pl.	[ha'wa:tif] هواتف)		nicht (*beim Verb*)	[ma:] ما
7. Beruf	['mihna] مهنة		(er) verstand	['fahim] فهم
(Pl.	['mihan] مهن)		(er) nahm (mit),	['axað] اخذ
bedeutend,	[ʕa'zi:m] عظيم		kaufte	
wichtig, großartig			(er) ging (weg)	['ðahab] ذهب

Text

1. Der Leiter der großen Bank in unserer Stadt reiste gestern mit dem Flugzeug ins Ausland (*wörtl.* nach außerhalb von Deutschland).
2. Was machte der Angestellte im Postamt des Dorfes? Er schrieb einen Brief an seinen Arzt. Der Angestellte ist krank. Er arbeitete sehr viel im Eisenbahnbüro.
3. Die Schwester schickte einen Brief mit Geld (*wörtl.* in ihm Geld) an ihr geliebtes, armes Kind.
4. Der Gast bat den befreundeten Ingenieur (*wörtl.* den Ingenieur, den Freund) um eine Tasse leichten Tee.
5. Das ist etwas Nettes und Billiges, was mir Frau Fatima schickte.
6. Der Angestellte schaute auf das Telefon (im) Zimmer des Werkleiters.

7. Der Arztberuf ist großartig (*wörtl.* der Arzt, sein Beruf ist . . .).
8. Der Schüler schrieb in sein Aufgabenheft (*wörtl.* das Heft seiner Unterrichtsstunden).
9. Der Mann las in der Zeitung.
10. Er verließ das Haus (*wörtl.* er ging hinaus aus seinem Haus).
11. Seine Frau kam herein, mit ihr die Kinder (*wörtl.* und mit ihr ihre Kinder). Sie aßen und tranken viele teure Dinge.
12. Der reiche Mann saß auf seinem Sessel in der Bank.
13. Die Ingenieurin wohnte in einem Haus, das sich nahe bei der Fabrik befand (*wörtl.* in einem Haus, einem nahen von ihrer Fabrik).

Gespräch

(Nabil mit seiner Freundin Fatima in seinem Haus. Sie ist sein Gast).
– Willkommen in meinem armseligen Haus, Fatima!
– Ich danke dir, mein teurer Freund!
– Was hast du gestern gemacht, Fatima?
Ich habe viel gelernt, aber nichts verstanden.
– Nanu, Fatima!
– Die Unterrichtsstunden meines Lehrers sind sehr schwierig.
– Was hast du gestern noch (auch) getan?
– Ich nahm meine Hefte und Bücher und ging weg aus dem Haus zu einer Freundin von mir aus meiner Schule. Sie verstand auch nichts.
– Das tut mir leid, Fatima!
– Nabil, was hast du gestern gemacht?
– Ich arbeitete viel im Ausstellungsbüro. Das forderte von mir der Leiter der Ausstellung. Gestern habe ich nicht gelernt. Ich aß in einem kleinen netten Restaurant etwas Leichtes (ein leichtes Essen) und trank dort ein wenig köstliche kalte Milch. Auf jetzt, in dieses Gasthaus!
– Danke, Nabil!

Grammatik

A   Das arabische Verb bezeichnet grundsätzlich **abgeschlossene** oder **fortdauernde** Handlungen. Zunächst zu den einfacher zu bildenden Formen für abgeschlossene Handlungen: An den **konsonantisch** auslautenden Stamm des Verbs treten die verschiedenen Suffixe als Personenkennzeichen an, z. B.:

(er) machte, tat	['faʕal]	فعل	3. *Pers. Sing. m*
(sie) machte, tat	['faʕal-**at**]	فعلت	3. *Pers. Sing. f*
(du) machtest	[fa'ʕal-**ta**]	فعلت	2. *Pers. Sing. m*
(du) machtest	[fa'ʕal-**ti**]	فعلت	2. *Pers. Sing. f*
(ich) machte	[fa'ʕal-**tu**]	فعلت	1. *Pers. Sing.*

(sie) machten	[ˈfaʕal-**u:**]	فعلوا	*3. Pers. Plur. m*
(sie) machten	[faˈʕal-**na**]	فعلن	*3. Pers. Plur. f*
(ihr) machtet	[faˈʕal-**tum**]	فعلتم	*2. Pers. Plur. m*
(ihr) machtet	[faʕal-ˈ**tunna**]	فعلتن	*2. Pers. Plur. f*
(wir) machten	[faˈʕal-**na:**]	فعلنا	*1. Pers. Plur.*

Die Form der *3. Pers. Sing. m* ist die einfachste konjugierte Verbform überhaupt. Sie stellt praktisch den reinen Verbstamm dar und ist endungslos. Deshalb wird sie als Grundform der Konjugation oft als „Infinitiv" bezeichnet: [ˈfaʕal] *machen*, obwohl diese Vereinfachung eigentlich nicht richtig ist. Es gibt nämlich echte Infinitivformen, die aber im allgemeinen komplizierter als der Verbalstamm sind.

Beachten Sie den Betonungswandel bei den verschiedenen Personen! Das ˈ bei der *3. Pers. Plur. m* wird nicht gesprochen.

Vom **reinen Konsonantenschriftbild** her sind 4 Formen identisch, nämlich die der

3. Pers. Sing. f	فعلت
2. Pers. Sing. m	فعلت
2. Pers. Sing. f	فعلت
1. Pers. Sing.	فعلت

Fehlen Umschrift oder Vokallesezeichen, so muß der Satzzusammenhang entscheiden, welche Lesung jeweils sinnvoll ist.

B   Im Unterschied zum Deutschen hat das arabische Verb also gewöhnlich keine gesonderten Personalpronomen bei sich; die Formen sind durch die Personalsuffixe eindeutig bestimmt. Personalpronomen werden gewöhnlich nur dann zusätzlich verwendet, wenn ein Handlungsträger besonders betont werden oder im Gegensatz zu einer anderen Person hervorgehoben werden soll, z. B.:

er tat ... *(kein anderer)*   [ˈhuwa ˈfaʕal]   هو فعل

er tat ..., **du** aber tatst ... *(Gegensatz)*

     [ˈhuwa ˈfaʕal ... wa ˈanta faˈʕalta ...]   هو فعل وانت فعلت

C   Viele Verben können ein **direktes Objekt** (Frage: *wen oder was?*) nach sich haben.

Sind es **Suffixe**, so ist ihre Lautung der der Possessivsuffixe (vgl. Lekt. 3,

Abschn. D) und der der Personalsuffixe an Präpositionen (vgl. Lekt. 3,
Abschn. H) recht ähnlich, z. B.:

er sandte **ihn**	['arsal-**ahu:**]	ارسله
er sandte **sie**	['arsal-**aha:**]	ارسلها
er sandte **dich** *m*	['arsal-**ak**]	ارسلك
er sandte **dich** *f*	[ar'sal-**aki**]	ارسلك
er sandte **mich**	['arsal-**ani:**]	ارسلنى
er sandte **sie** *m/Plur.*	['arsal-**ahum**]	ارسلهم
er sandte **sie** *f/Plur.*	[arsal-a'**hunna**]	ارسلهن
er sandte **euch** *m/Plur.*	['arsal-**akum**]	ارسلكم
er sandte **euch** *f/Plur.*	[arsal-a'**kunna**]	ارسلكن
er sandte **uns**	['arsal-**ana:**]	ارسلنا

Nur beim Antreten von Objektsuffixen verändern sich die Formen der
3. Pers. Plur. m und der *2. Pers. Plur. m*, z. B.:

| sie sandten **ihn** | [arsa'l-u:hu:] | ارسلوه | (*Alif entfällt*) |
| ihr sandtet **ihn** | [arsal-tu'mu:hu:] | ارسلتموه | (*nach* [-tum]) |

D   Selbstverständlich können die Objekte beim Verb auch
Substantive sein, z. B.:

er las **das Buch**	['qara? al-ki'ta:b]	قرأ الكتاب
er las **die Zeitung**	['qara? al-dʒa'ri:da]	قرأ الجريدة
er las **ein Buch**	['qara? ki'ta:ban]	قرأ كتابا
er las **eine Zeitung**	['qara? dʒa'ri:da]	قرأ جريدة

Nur die **unbestimmte** Form des maskulinen Substantivs nach Verben mit
direktem Objekt unterscheidet sich also von den Grundformen der
Substantive, die wir in den Lektionen 1 und 2 kennengelernt haben.
Die Endung ׀ wird gewöhnlich [-an] ausgesprochen.

E   Sind Wörter mit der maskulinen Pluralendung [-u:n] ون das Objekt von Verben, so wird diese Endung wie nach Präpositionen (vgl.
Lekt. 3, Abschn. B) stets zu [-i:n] ين:
der Chef verstand die Ingenieure

['fahim ar-ra'?i:s al-muhandi'si:n] فهم الرئيس المهندسين

F   Wird ein ursprünglich unbestimmtes maskulines Substantiv zum **Leitwort** einer Substantivverbindung und damit **bestimmt** (vgl. Lekt. 4, Abschn. A), so entfällt das Alif, z. B.:

er las das Buch des Lehrers   [ˈqaraʔ kiˈtaːb al-muˈdarris]   قرأ كتاب المدرس

G   Ist nach einem Verb ein Wort mit der Endung ة Leitwort einer Substantivverbindung, so wird diese Endung immer [-at] gesprochen (vgl. Lekt. 4, Abschn. A), z. B.:

er las die Zeitung des Lehrers

[ˈqaraʔ dʒaˈriːdat al-muˈdarris]   قرأ جريدة المدرس

H   Verneint wird die **abgeschlossene** Handlungen bezeichnende Verbform durch [maː] ما (vgl. mit der Bedeutung als Fragewort in Sätzen **ohne** Verb, Lekt. 1, Abschn. H), z. B.:

er las das Buch **nicht**	[**ma:** ˈqaraʔ al-kiˈtaːb] ما قرأ الكتاب
er las **kein** Buch	[**ma:** ˈqaraʔ kiˈtaːban] ما قرأ كتابا
er aß **nicht** viel Brot	
	[**ma:** ˈakal kaˈθiːran min al-xubz] ما اكل كثيرا من الخبز

Übungen – تمارين

1. Übersetzen Sie:

1. Kinder, was habt ihr gestern in der Schule gemacht? Wir haben viel gelernt.
2. Fatima, und was hast **du** gestern getan? Ich arbeitete im Ausstellungsbüro, schrieb einen langen Brief und sandte ihn an meine Schwester.
3. Muhammad, hast du Nabil verstanden? Nein, ich habe ihn nicht verstanden.
4. Was forderte Nabawija vom Ingenieur der Fabrik? Sie forderte von ihm ihr Buch.
5. Wo habt ihr in Deutschland gewohnt? Wir wohnten in einem kleinen Dorf nahe am Meer. Habt ihr dort auch in einer großen Stadt gewohnt? Nein, wir haben in keiner großen Stadt in Deutschland gelebt.

6. Der Beamte aß im Wirtshaus des Dorfes Fleisch mit Gemüse und Obst. Er trank nichts (= nicht trank er eine Sache).

7. Sie (m) reisten nach dem fernen Libyen.

8. Sie arbeiteten (f) in den Bank(en)büros.

9. Meine Freunde, habt ihr in Beirut gewohnt? Nein, wir haben nicht dort (= in ihm) gewohnt.

10. Meine Freundinnen, habt ihr gestern eure Häuser verlassen (= seid ihr herausgegangen aus . . .). Nein, wir verließen sie nicht.

2. Ergänzen Sie die richtigen Formen:

عمل محمد (in vielen Fabriken) فى المانيا.

عمل محمد (in ihnen).

(bei uns) فى المدرسة (viele ausländische Lehrer).

(sie f reisten) بسيارات الاجرة الى ليبيا.

قرأت (in vielen Zeitungen) امس.

هل قرأت (in ihnen) كذلك؟

(sie m nahmen ihre Hefte) من خزانة غرفة الدروس.

(sie f nahmen ihre Bücher) من المدرس.

اخذ الرسالة (mit seiner Hand) من (Beamter des Postamtes).

اخذ الرسالة (mit ihr – der Hand) من (der Angestellten des Ausstellungsbüros).

(ihr m nahmt) التلميذات الى بيروت (mit euren Autos).

(ihr nahmt sie mit ihnen) الى بيروت.

3. Bilden Sie weitere Sätze nach dem folgenden Muster und wandeln Sie dabei möglichst weitgehend ab (Verbalformen, auch mit Verneinung; Substantive im Plural mit Adjektiven; Substantivverbindungen; Substantive mit Possessivsuffixen):

ein Kind schrieb einen Brief	['katab 'walad ri'sa:la]	كتب ولد رسالة
es schrieb ihn (das Kind)	[ka'tabaha: al-'walad]	كتبها الولد
das Kind schrieb den Brief	['katab al-'walad ar-ri'sa:la]	كتب الولد الرسالة

das Kind schrieb seine Briefe

['katab al-'walad ra'sa:?ilahu:] كتب الولد رسائله

das Kind schrieb seine Briefe nicht

[ma: 'katab al-'walad ra'sa:?ilahu:] ماكتب الولد رسائله

das Kind las die Briefe seiner Freunde

['qara? al-'walad ra'sa:?il åsdi'qa:?ihi:] قرأ الولد رسائل اصدقائه

das Kind las die langen Briefe seiner Freunde

قرأ الولد رسائل اصدقائه الطويلة

[ˈqaraʔ al-ˈwalad raˈsa:ʔil åsdiˈqa:ʔihi: åt-tåˈwi:la]

4. Bilden Sie von folgenden Wortgruppen Sätze und variieren Sie diese unter Verwendung anderer Personen des Verbs, durch Pluralformen der Substantive oder mit anderen passenden Adjektiven:

arbeiten – Frau – Ingenieur – Büro – Fabrik – groß.
essen – Speise – Wirtshaus – nah – Dorf – leicht.
lesen – politisch – Zeitung – Lehrer – Haus.

8. Lektion
الدرس الثـامن

Verb (Formen für fortlaufende Handlungen); Infinitiv (zum Gebrauch); Verneinung; Zukunft des Verbs mit Verneinung; Kongruenz Verb – Substantiv; einige Formen des adverbiellen Gebrauchs; zum Gebrauch von ما ,غير ,شيء, ثم – ف – وكل, im Sinne von *das, was.*

Text

١ – تبدأ أم محمد عملها في المكتب صباحاً. بداية عملها هناك في الصباح من كل يوم، ثم تطبخ أم محمد الأكل لأولادها الكثيرين في ظهر كل يوم. تعمل أم محمد وتطبخ في كل أيام السنة، صيفاً وشتاءً. هي زوجة ممتازة وذكية.

٢ – ما هو عمل الفلاح؟ يزرع الفلاح في كل سنة، يعرف عمله معرفة جيدة.

٣ – طقس اليوم عكس طقس أمس، هو جميل جداً.

٤ – ما هو نوع هذا القطار؟ لا أعرفه، يا سيدي.

٥ – يعطش المهندس كثيراً اليوم على جبل الجزيرة، فالشمس قوية وماء
النهر بعيد عنه.

٦ – تنجح التلميذة في المدرسة هذه السنة ويفشل صديقها فيها.

٧ – يفتحون أبواب الغرف النظيفة وينظرون إلى حيطانها.

٨ – المسافة من ألمانيا إلى ليبيا بعيدة. هل سافرتم إليها بالسيارة؟
لا، سافرنا إليها بالطائرة.

٩ – لا يكتب المدرس شيئاً على حائط الغرفة. يكتب بالحروف الكبيرة
وبقلم بسيط على باب المدرسة «لا درس اليوم».

١٠ – لا نشرب الماء. نشرب الحليب فقط.

١١ – بيروت مدينة مشهورة ومهمة منذ سنوات كثيرة. يسكن فيها كثير من
الأجانب. – يا سميرة، هل تعرفين هذه المدينة؟ لا، يا محمد، لا
أعرفها. سوف أعرفها قريباً. سأبدأ فيها بالعمل هذا الشهر في مكتب
مصرف كبير ومشهور جداً. – وأين تسكنين الآن؟ – أسكن الآن
قريباً من بيروت، في قرية أمي.

١٢ – سيكتبون الحروف جيداً جداً من الشهر الثاني لبداية الدروس.

١٣ – سوف لا يعرفون هذه اللغة الصعبة معرفة ممتازة في هذه السنة.
سيعرفونها معرفة ممتازة في بداية السنة الرابعة فقط.

محادثة – Gespräch

(مقابلة في مكتب معمل كبير للسيارات. رئيس المعمل يجلس في كرسي مريح.
أمامه كتاب ودفتر. يقرأ الرئيس في الكتاب ويكتب بقلمه في الدفتر. يفتح
رجل طويل باب المكتب ويدخل إلى غرفة المكتب. هو من الموظفين المهمين
في المعمل، إسمه نبيل محمد، وهو كبير خبراء الرئيس.)

الخبير : السلام عليك، يا سيدي، كيف أنـــت؟

الرئيس : شكراً، أنا بخير، هل من جديد في المعمل؟

الخبير : أجل، يا سيدي الرئيس. المهندسون وغيرهم من الأجانب غير مسرورين بعملهم.

الرئيس : كيف، هل يطلب المهندسون وغيرهم من الأجانب عملاً سهلاً بأجرة كبيرة جداً؟

الخبير : أجل، يا سيدي الرئيس، يطلب المهندسون هذا ويطلبه غيرهم. من الأجانب كذلك.

الرئيس : ومدرسات مدرسة المعمل المهنيـة، هل يطلبن عملاً سهلاً كذلك؟

الخبير : لا، لا تطلب المدرسات هذا ولا يطلبه المدرسون هناك. كلهم مسرورون بعملهم في مدرسة المعمل المهنية.

الرئيس : هذا طيب. وماذا نفعل بغير المسرورين بعملهم؟ هم يطلبون ولا يفهمون جيداً. – سأدرس ما يطلبه المهندسون وغيرهم من الأجانب، ثم سأرسلك إليهم وسيعرفون كلهم مـاذا أفعل بهم.

الخبير : هذا صحيح. في أمان الله، يا سيدي.

الرئيس : في أمان الله، يا سيدي المهندس.

Umschrift

Text

1. 'tabda? umm Mu'ħammad ʕa'malaha: fi: al-'maktab så'ba:ħan. bi'da:jat ʕa'maliha hu'na:k fi: ås-så'ba:ħ min kull jaum, 'θumma 'tåtbux umm Mu'ħammad al-akl li-au'la:diha: al-kaθi:'ri:n fi: zohr kull jaum. 'taʕmal umm Mu'ħammad wa 'tåtbux fi: kull a'jja:m as-'sana, 'såifan wa ʃi'ta:?an. 'hija 'zaudʒa mum'ta:za wa ða'ki:ja.

2. ma: 'huwa 'ʕamal al-fa'lla:ħ ? 'jazraʕ al-fa'lla:ħ fi: kull 'sana, 'jaʕrif ʕa'malahu: 'maʕrifa 'dʒajjida.
3. tåqs al-jaum ʕaks tåqs ams, 'huwa dʒa'mi:l 'dʒiddan.
4. ma: 'huwa nauʕ 'ha:ða: al-qi'tå:r ? la: 'aʕrifuhu: ja: 'sajjidi:!
5. 'jaʕtåʃ al-mu'handis ka'θi:ran al-jaum 'ʕala: 'dʒabal al-dʒa'zi:ra fa-aʃ-ʃams qa'wi:ja wa ma:? an-nahr ba'ʕi:d 'ʕanhu:.
6. 'tandʒaħ at-til'mi:ða fi: al-'madrasa 'ha:ðihi: as-'sana wa 'jaffal så'di:quha: 'fi:ha:.
7. jafta'hu:n ab'wa:b al-'ɣuraf an-nå'zi:fa wa janzo'ru:n 'ila: ħi:'tå:niha:.
8. al-ma'sa:fa min Al'manja: 'ila: 'Li:bija: ba'ʕi:da. hal sa:'fartum i'laiha: bis-sa'jja:ra ? la:, sa:'farna: i'laiha: bit-'tå:'ira.
9. la: 'jaktub al-mudarris 'ʃai'an 'ʕala: 'ħa:'it al-'ɣurfa. 'jaktub bil-ħu'ru:ʃ al-ka'bi:ra wa bi'qalam bå'si:t 'ʕala: ba:b al-'madrasa: la: dars al-jaum.
10. la: 'naʃrab al-ma:'?, 'naʃrab al-ħa'li:b 'faqåt.
11. Bai'ru:t ma'di:na maʃ'hu:ra wa mu'himma 'munðu sana'wa:t ka'θi:ra. 'jaskun 'fi:ha: ka'θi:r min al-a'dʒa:nib. – ja: Sa'mi:ra, hal taʕri'fi:n 'ha:ðihi: al-ma'di:na ? la:, ja: Mu'ħammad, la: 'aʕrifuha:. 'saufa 'aʕrifuha: qa'ri:ban. sa'?abda? 'fi:ha: bil-'ʕamal 'ha:ða: aʃ-ʃahr fi: 'maktab 'måsrif ka'bi:r wa maʃ'hu:r 'dʒiddan. – wa 'aina tasku'ni:n al-a:n ? – 'askun al-a:n qa'ri:ban min Bai'ru:t fi: 'qarjat 'ummi:.
12. sajaktu'bu:n al-ħu'ru:ʃ 'dʒajjidan 'dʒiddan min aʃ-ʃahr aθ-'θa:ni: libi'da:jat ad-du'ru:s.
13. 'saufa la: jaʕri'fu:n 'ha:ðihi: al-'luɣa ås-'såʕba 'maʕrifa mum'ta:za fi: 'ha:ðihi: as-'sana. sajaʕ ri'fu:naha: 'maʕ rifa mum'ta:za fi: bi'da:jat as-'sana ar-'ra:biʕ a 'faqåt.

Gespräch

(mu'qa:bala fi: 'maktab 'maʕmal ka'bi:r lis-sajja:'ra:t. ra'?i:s al-'maʕmal 'jadʒlis fi: 'kursi:j mu'ri:ħ. a'ma:mahu: ki'ta:b wa 'daftar. 'jaqra? ar-ra'?i:s fi: al-ki'ta:b wa 'jaktub biqa'lamihi: fi: ad-'daftar. 'jaftaħ 'radʒul tå'wi:l ba:b al-'maktab wa 'jadxul 'ila: 'ɣurfat al-'maktab. 'huwa min al-muwåzzå'fi:n al-muhi'mmi:n fi: al-'maʕmal, 'ismuhu: Na'bi:l Mu'ħammad wa 'huwa ka'bi:r xuba'ra:? ar-ra'?i:s.)

al-xa'bi:r:	as-sa'la:m ʕa'laik ja: 'sajjidi:, 'kaifa 'anta ?
ar-ra'?i:s:	'ʃukran, 'ana bi'xair, hal min dʒa'di:d fi: al-'maʕmal ?
al-xa'bi:r:	'adʒal, ja: 'sajjidi: ar-ra'?i:s, al-muhandi'sun wa 'ɣairuhum min al-a'dʒa:nib ɣair masru:'ri:n biʕa'malihim.
ar-ra'?i:s:	'kaifa, hal 'jåtlub al-muhandi'su:n wa 'ɣairuhum min al-a'dʒa:nib 'ʕamalan 'sahlan bi'udʒra ka'bi:ra 'dʒiddan ?
al-xa'bi:r:	'adʒal, ja: 'sajjidi: ar-ra'?i:s, 'jåtlub al-muhandi'su:n

'ha:ða: wa jå̂t'lubuhu: 'ɣairuhum min al-a'dʒa:nib ka'ða:lik!

ar-ra'i:s: wa mudarri'sa:t 'madrasat al-'maˤmal al-miha'ni:ja, hal jå̂t'lubna 'ˤamalan 'sahlan ka'ða:lik?

al-xa'bi:r: la:, la: 'tå̂tlub al-mudarri'sa:t 'ha:ða: wa la: jå̂t'lubuhu: al-mudarri'su:n hu'na:k. 'kulluhum masru:'ru:n biˤa'malihim fi: 'madrasat al-'maˤmal al-miha'ni:ja.

ar-ra'i:s: 'ha:ða: 'tå̂jjib. wa 'ma:ða: 'nafˤal bi'ɣair al-masru:'ri:n biˤa'malihim? hum jå̂tlu'bu:n wa la: jafha'mu:n 'dʒajjidan – sa'ʔadrus ma: jå̂t'lubuhu: al-muhandi'su:n wa 'ɣairuhum min al-a'dʒa:nib, 'θumma sa'ʔursiluk i'laihim wa sajaˤri'fu:n 'kulluhum 'ma:ða: 'afˤal 'bihim.

al-xa'bi:r: 'ha:ða: så̂'ħi:ħ. fi: a'ma:nilla:h, ja: 'sajjidi:!

ar-ra'ʔi:s: fi: a'ma:nilla:h, ja: 'sajjidi: al-mu'handis!

Vokabeln – مفردات

achter	['θa:min] ثامن	5. Berg	['dʒabal] جبل
1. Mutter	[umm] ام	(Pl.	[dʒi'ba:l] (جبال)
(Pl.	[umma'ha:t] (امهات)	Insel	[dʒa'zi:ra] جزيرة
Arbeit, Tat	['ˤamal] عمل	(Pl.	['dʒuzur] (جزر)
(Pl.	[aˤ'ma:l] (اعمال)	Fluß	[nahr] نهر
jeder, alles, alle	[kull] كل	(Pl.	['anhur] (انهر)
dann, darauf	['θumma] ثم	7. sauber	[nå̂'zi:f] نظيف
Mittag	[zohr] ظهر	(Komp.	['anzå̂f] (انظف)
Jahr	['sana] سنة	Wand	['ħa:ʔɨt] حائط
(Pl.	[sana'wa:t] (سنوات)	(Pl.	[ħi:'tå̂n] (حيطان)
Sommer	[så̂if] صيف	8. Entfernung	[ma'sa:fa] مسافة
Winter	[ʃi'ta:ʔ] شتاء	9. Bleistift	['qalam] قلم
ausgezeichnet	[mum'ta:z] ممتاز	(Pl.	[aq'la:m] (اقلام)
intelligent	[ða'ki:j] ذكى	einfach, auch fig.	[ba'si:t] بسيط
(Pl.	[aðki'ja:ʔ] (اذكياء)	(Pl.	[busa'tå̂:ʔ] (بسطاء)
(Komp.	['aḏka:] (اذكى)	(Komp.	['abså̂t] (ابسط)
3. Wetter	[tå̂qs] طقس	10. nur	['faqå̂t] فقط
Gegenteil	[ˤaks] عكس	11. bekannt, berühmt	[maʃ'hu:r] مشهور
4. Art, Typ	[nauˤ] نوع	wichtig	[mu'himm] مهم
(Pl.	[an'wa:ˤ] (انواع)	seit	['munðu] منذ
(Eisenbahn) Zug	[qɨ'tå̂:r] قطار		
(Pl.	[qɨtå̂:'ra:t] (قطارات)		

Verbformen

beginnt (etw.)	[biˈdaːja] بداية ، [ˈjabdaʔ] يبدأ ، [ˈbadaʔ] بدأ
kocht	[ṫåbx] طبخ ، [ˈjåṫbax] يطبخ ، [ˈṫåbax] طبخ
arbeitet	[ˈ ʕamal] عمل ، [ˈjaʕmal] يعمل ، [ˈʕamil] عمل
sät	[zarʕ] زرع ، [ˈjazraʕ] يزرع ، [ˈzaraʕ] زرع
kennt, lernt kennen	[ˈmaʕrifa] معرفة ، [ˈjaʕrif] يعرف ، [ˈʕaraf] عرف
dürstet	[ˈʕaṫåʃ] عطش ، [ˈjaʕṫåʃ] يعطش ، [ˈʕåṫiʃ] عطش
hat Erfolg	[naˈdʒaːħ] نجاح ، [ˈjandʒaħ] ينجح ، [ˈnadʒaħ] نجح
hat Mißerfolg	[ˈfaʃal] فشل ، [ˈjafʃal] يفشل ، [ˈfaʃil] فشل
öffnet	[fatħ] فتح ، [ˈjaftaħ] يفتح ، [ˈfataħ] فتح

Text

1. Die Mutter von Muhammad beginnt ihre Arbeit morgens im Büro. Der Beginn ihrer Arbeit dort ist jeden Tag morgens (*wörtl.* am Morgen von jedem Tag); dann kocht die Mutter von Muhammad das Essen für ihre vielen Kinder jeden Tag mittags (*wörtl.* am Mittag von jedem Tag). Die Mutter von Muhammad arbeitet und kocht an allen Tagen des Jahres, Sommer wie (und) Winter. Sie ist eine vorzügliche und intelligente Ehefrau.

2. Worin besteht (= was ist) die Arbeit des Bauern? Der Bauer sät in jedem Jahr. Er kennt seine Tätigkeit genau.

3. Das Wetter heute ist das Gegenteil des Wetters von gestern, es ist sehr schön.

4. Was für ein Typ ist dieser Zug (*wörtl.* was ist er, der Typ dieses Zuges)? Mein Herr, ich kenne ihn nicht.

5. Der Ingenieur dürstet heute sehr auf dem Berg der Insel, denn die Sonne ist stark und das Wasser des Flusses ist weit weg von ihm.

6. Die Schülerin wird dieses Jahr Erfolg in der Schule haben; ihr Freund wird in der Schule (= darin, in ihr) scheitern.

7. Sie öffnen die Türen der sauberen Zimmer und blicken auf ihre Wände.

8. Die Entfernung von Deutschland nach Libyen ist groß. Seid ihr dorthin mit dem Auto gereist? Nein, wir sind dorthin mit dem Flugzeug gereist.

9. Der Lehrer schreibt nichts an (auf) die Wand des Zimmers. Er schreibt mit großen Buchstaben und mit einem einfachen Bleistift an die Schulpforte: „Heute kein Unterricht" ([laː] *auch zur absoluten Verneinung von Substantiven*).

10. Wir trinken kein Wasser (*wörtl.* wir trinken das Wasser nicht). Wir trinken nur Milch.

11. Beirut ist eine bekannte und wichtige Stadt seit vielen Jahren. Darin (= in ihr) wohnen viele Ausländer. – Samira, kennst du diese Stadt? Nein, Muhammad, ich kenne sie nicht. Ich werde sie bald kennenlernen.

In diesem Monat werde ich dort (= in ihr) zu arbeiten anfangen, im Büro einer großen und sehr bekannten Bank. – Und wo wohnst du jetzt? – Ich wohne jetzt in der Nähe von Beirut im Dorf meiner Mutter.

12. Vom zweiten Monat an nach Beginn der Unterrichtsstunden werden sie die Buchstaben sehr gut schreiben.

13. In diesem Jahr werden sie diese schwere Sprache nicht ausgezeichnet kennen, erst am Beginn des vierten Jahres werden sie sie ausgezeichnet kennen.

Gespräch

(Begegnung im Büro einer großen Autofabrik. Der Werkleiter sitzt in einem bequemen Sessel, vor sich ein Buch und ein Heft. Der (Werk-)Leiter liest im Buch und schreibt mit seinem Bleistift in das Heft. Ein hochgewachsener Mann öffnet die Bürotür und tritt in den Büroraum ein. Er gehört zu den wichtigen Angestellten im Werk. Sein Name ist Nabil Muhammad und er ist der ranghöchste Experte (*wörtl.* der Große von den Fachleuten) des (Werk-)Leiters.

Experte: Guten Tag (mein Herr), wie geht es Ihnen?

Leiter: Danke, gut! Gibt es etwas Neues im Betrieb?

Experte: Ja, Herr (Werk-)Leiter. Die Ingenieure und andere Ausländer (*wörtl.* andere als sie von den Ausländern) sind unzufrieden mit ihrer Arbeit.

Leiter: Wie? Fordern die Ingenieure und andere Ausländer etwa eine leichte Tätigkeit mit sehr hohem Lohn?

Experte: Ja, Herr (Werk-)Leiter, das fordern die Ingenieure, und die anderen Ausländer auch.

Leiter: Und die Lehrerinnen der Betriebsberufsschule, fordern auch sie eine leichte Arbeit?

Experte: Nein, das fordern weder die Lehrerinnen noch die Lehrer dort. Sie sind alle zufrieden mit ihrer Tätigkeit in der Betriebsberufsschule.

Leiter: Das ist gut. Und was tun wir mit denen, die mit ihrer Arbeit unzufrieden sind? Sie fordern, aber begreifen schlecht! – Ich werde das prüfen, was die Ingenieure und andere Ausländer fordern; dann werde ich Sie zu ihnen schicken und sie werden alle erfahren, was ich mit ihnen unternehmen werde.

Experte: Das ist richtig. Auf Wiedersehen, mein Herr!

Leiter: Auf Wiedersehen, Herr Ingenieur!

Grammatik

A   Im Gegensatz zu den Verbformen für abgeschlossene Handlungen werden die Verbformen für **fortdauernde** Handlungen mit Präfixen **und** Suffixen konjugiert, z. B.:

(er) macht	[ˈjafʕal]	يفعل
(sie) macht	[ˈtafʕal]	تفعل
(du) *m* machst	[ˈtafʕal]	تفعل
(du) *f* machst	[tafʕaˈliːn]	تفعلين
(ich) mache	[ˈafʕal]	افعل
(sie) *m* machen	[jafʕaˈluːn]	يفعلون
(sie) *f* machen	[jafˈʕalna]	يفعلن
(ihr) *m* macht	[tafʕaˈluːn]	تفعلون
(ihr) *f* macht	[tafˈʕalna]	تفعلن
(wir) machen	[ˈnafʕal]	نفعل

Auch bei dieser Konjugation gibt es also Formen für verschiedene
Personen, die nach dem Konsonantenschriftbild gleich aussehen – und im
Unterschied zur Konjugation in Lektion 7 – auch gleich ausgesprochen
werden:

| (sie) macht | [ˈtafʕal] | تفعل |
| (du) *m* machst | [ˈtafʕal] | تفعل |

Der Satzzusammenhang muß entscheiden, welche Person gemeint ist.

B   Der Vokal der Personal**präfixe** lautet bei manchen Verben stets
a, bei anderen stets **u**, auch die Vokalqualität und die Vokallänge im
Verb „innern" können von Verb zu Verb durchaus verschieden sein, fest
bleibt nur die Anordnung der Konsonanten im Verb „innern" und die der
Konsonanten bei den jeweiligen konjugierten Personen, z. B.

er macht	[ˈjafʕal]	يفعل
sie macht	[ˈtafʕal]	تفعل
usw.	[ˈtafʕal]	تفعل
	[tafʕaˈliːn]	تفعلين
	[ˈafʕal]	افعل
	[jafʕaˈluːn]	يفعلون
	[jafˈʕalna]	يفعلن
	[tafʕaˈluːn]	تفعلون
	[tafˈʕalna]	تفعلن
	[nafʕal]	نفعل

er sendet	['jursil]	يرسل
sie sendet	['tursil]	ترسل
usw.	['tursil]	ترسل
	[tursi'liːn]	ترسلين
	['ursil]	ارسل

	[jursi'luːn]	يرسلون
	[jur'silna]	يرسلن
	[tursi'luːn]	ترسلون
	[tur'silna]	ترسلن
	['nursil]	نرسل

er reist	[ju'saːfir]	يسافر
sie reist	[tu'saːfir]	تسافر
usw.	[tu'saːfir]	تسافر
	[tusaːfi'riːn]	تسافرين
	[u'saːfir]	اسافر

	[jusaːfi'ruːn]	يسافرون
	[jusaː'firna]	يسافرن
	[tusaːfi'ruːn]	تسافرون
	[tusaː'firna]	تسافرن
	[nu'saːfir]	نسافر

C   Jedes Verb hat auch eine weder nach Person noch Zeit bestimmte Substantivform, den sogenannten **Infinitiv**. Diese Infinitive haben je nach Verb recht verschiedene Lautungen. Von jetzt ab werden bei allen neuen Verben im Vokabelverzeichnis zunächst drei Formen aufgeführt: *3. Pers. Sing. m* (zur Bezeichnung **abgeschlossener** Handlungen) – *3. Pers. Sing. m* (zur Bezeichnung **fortlaufender** Handlungen) – *Infinitiv*, z. B.:

machen ['faʕal] فعل / ['jafʕal] يفعل / [fiʕl] فعل (Tat, Tun)
kennen ['ʕaraf] عرف / ['jaʕrif] يعرف / ['maʕrifa] معرفة (Kennen, Kenntnis)

D   Der Infinitiv kann zur näheren Beschreibung einer verbalen Aussage dienen, z. B.:
er kennt seine Arbeit gut

       ['jaʕrif ʕa'malahuː 'maʕrifa 'dʒajjida] يعرف عمله معرفة جيدة
eigentlich: er kennt seine Arbeit ein gutes Kennen!

Ist der Infinitiv ein **maskulines** Substantiv, so hat es nach dem entsprechenden Verb oft die Endung [-an], z. B.:
der Bauer hatte mächtigen Durst

['ʕatiʃ al-fa'lla:ħ 'ʕatåʃan ʕa'ʑi:man]   عطش الفلاح عطشا عظيما

eigentlich: es durstete der Bauer ein mächtiges Dursten!

E   Die Verbformen der **fortlaufenden** Handlung werden mit [la:] لا
verneint, z. B.:
er schreibt den Brief **nicht**   [la: 'jaktub ar-ri'sa:la]   لا يكتب الرسالة
er fordert **nicht** das Geld von ihm

[la: 'jåtlub 'minhu: al-ma:l]   لا يطلب منه المال

sie schaut **nicht** zu ihm hin   [la: 'tanzor i'laihi:]   لا تنظر اليه
oder: du (m) schaust nicht zu ihm hin!
ich wohne **nicht** in dieser Stadt

[la: 'askun fi: 'ha:ðihi: al-ma'di:na]   لا اسكن فى هذه المدينة

F   Es gibt keine besondere Konjugation für die **Zukunft.** Die
Formen des Verbs für fortlaufende Handlungen können – je nach
Satzzusammenhang – eine noch nicht abgeschlossene oder erst noch
eintretende Handlung bezeichnen. Das ist uns auch vom Deutschen her
geläufig, z. B.:
Ich gehe (jetzt) in die Stadt. – Ich gehe morgen in die Stadt.
Der Werksdirektor liest (jetzt gerade) in einem Buch.

['jaqraʔ ra'ʔi:s al-'maʕmal fi: ki'ta:b]   يقرأ رئيس المعمل فى كتاب

Der Werksdirektor wird in dem Buch morgen lesen.

['jaqraʔ ra'ʔi:s al-'maʕmal fi: al-ki'ta:b 'ɣadan]   يقرأ رئيس المعمل فى الكتاب غدا .

Mit Verneinung haben die Verbformen für die fortlaufende Handlung
ausschließlich **Gegenwartsbedeutung**, z. B.:
Der Werksdirektor liest nicht im Buch.

[la: 'jaqraʔ ra'ʔi:s al-'maʕmal fi: al-ki'ta:b]   لا يقرأ رئيس المعمل فى الكتاب

Definitive **Zukunftsbedeutung** bekommen die Verbformen für die fortlaufende Handlung erst durch [sa] سـ oder ['saufa] سوف . [sa] muß immer an die
Verbformen angeschlossen werden, z. B.
er **wird** hinausgehen [sa'jaxrudʒ] سيخرج oder ['saufa 'jaxrudʒ] سوف يخرج
usw.

G   Die Kombination [ˈsaufa] سوف + Verbform für die fortlaufende Handlung kann mit [la:] لا verneint werden, die Kombination [sa] سـ + Verbform für die fortlaufende Handlung hingegen n i c h t, z. B.:

du (f) wirst **nicht** in das Zimmer des Lehrers hineingehen

[ˈ**saufa la:** tadxuˈliːn ˈila: ˈɣurfat al-muˈdarris] سوف لا تدخلين الى غرفة المدرس

H   Wie für das Verhältnis Substantiv – Adjektiv gibt es auch für das Verhältnis Substantiv – Verb bestimmte Zuordnungsregeln:

1. Steht ein konjugiertes Verb an erster Stelle im Satz und folg t ihm das Substantiv als Subjekt, so wird die Verbform n u r nach dem Genus abgewandelt, n i c h t aber auch nach dem Numerus, gleichgültig, ob das folgende Substantiv Personen oder Nichtpersonen bezeichnet bzw. im Singular oder Plural steht, z. B.:

der Mann **ißt**	[ˈ**jaʔkul** ar-ˈradʒul]	يأكل الرجل
die Männer **essen**	[ˈ**jaʔkul** ar-riˈdʒaːl]	يأكل الرجال
die Mutter **ißt**	[ˈ**taʔkul** al-umm]	تأكل الام
die Mütter **essen**	[ˈ**taʔkul** al-ummaˈhaːt]	تأكل الامهات

das Auto **fährt** aus dem Garten heraus

     [ˈ**taxrudʒ** as-saˈjjaːra min al-ħaˈdiːqa] تخرج السيارة من الحديقة

die Autos **fahren** aus dem Garten heraus

     [ˈ**taxrudʒ** as-sajjaːˈraːt min al-ħaˈdiːqa] تخرج السيارات من الحديقة

2. Folgt dagegen das Verb P e r s o n e n als Subjekt des Satzes, so stimmt es mit diesem Subjekt in **Genus** u n d **Numerus** überein, z. B.:

der Mann **ißt**	[ar-ˈradʒul ˈ**jaʔkul**]	الرجل يأكل
die Männer **essen**	[ar-riˈdʒaːl **jaʔkuˈluːn**]	الرجال يأكلون
die Mutter **ißt**	[al-umm ˈ**taʔkul**]	الام تأكل
die Mütter **essen**	[al-ummaˈhaːt jaʔˈ**kulna**]	الامهات يأكلن

3. Das Verb, das N i c h t p e r s o n e n folgt, steht niemals im Plural, selbst wenn diese Nichtpersonen im Plural stehen, sondern folgt ihnen dann stets in der *3. Pers. f Sing.*, z. B.:

die Züge **fahren** in die Stadt **ein**
[al-qi̱t̊åː'raːt 'tadxul 'ilaː al-ma'diːna] القطارات تدخل الى المدينة
die Autos **verlassen** das Dorf (= fahren heraus)
[as-sajjaː'raːt 'taxrudʒ min al-'qarja] السيارات تخرج من القرية

I   Substantive oder Adjektive mit der Endung [-an] ٱ können die
Aufgabe erfüllen, die **A d v e r b i e n** im Deutschen haben. Wir haben bereits in früheren Lektionen einige Wörter kennengelernt, die adverbiell verwendet werden können, z. B.

sehr	['dʒiddan]	جدا
sehr, oft	[ka'θiːran]	كثيرا
gut	['dʒajjidan]	جيدا
kalt	['baːridan]	باردا
heiß	['saːxinan]	ساخنا
nah, bald	[qa'riːban]	قريبا

(s. Übersetzungen im Textsatz 11 von Lektion 8)

wenig	[qa'liːlan]	قليلا
fern	[ba'ʕiːdan]	بعيدا
schnell, eilig	[sa'riːʕan]	سريعا
in richtiger, gesunder Weise	[så'ħiːħan]	صحيحا
langsam	[bå'ṭiː'an]	بطيئا
im Sommer	['såifan]	صيفا
im Winter	[ʃi'taː'an]	شتاء

J   Das häufig verwendete Wort [kull] كل hat eigentlich die Bedeutung „Gesamtheit (von)".
Steht es vor einem **unbestimmten** Substantiv im Singular, so ist die
Wortverbindung oft mit *jeden* . . . zu übersetzen, z. B.:
er trinkt **jeden** Tag eine Tasse Kaffee in seinem Büro

يشرب كل يوم فنجانا من القهوة فى مكتبه

['jaʃrab **kull** jaum fin'dʒaːnan min al-'qahwa fiː mak'tabihi:]
Folgt ein Substantiv im Plural im **bestimmten** Zustand, so wird oft *alle* . . .
übersetzt, z. B.:
er arbeitete **alle** Tage des Monats

['ʕamil **kull** a'jjaːm aʃ-ʃahr] عمل كل ايام الشهر

Folgt ein Substantiv im Singular mit Artikel, ist oft die Übersetzung
ganze(n) . . . möglich, z. B.:
er arbeitete den **ganzen** Tag im Werk

عمل فى المعمل كل اليوم   [ˈʕamil fi: al-ˈmaʕmal **kull** al-jaum]

K   Während [wa] و sehr häufig nur zur Aufzählung oder zum Verbin-
den von gleichartigen Sätzen und Satzgliedern dient und dann gewöhnlich
mit *und* zu übersetzen ist, zeigt [fa] ف häufiger eine **Folgehandlung** an, die
sich aus einer vorausgehenden ergibt. Das gilt auch grundsätzlich für
[ˈθumma] ثم, z. B.:
Nabil aß vom Geflügel **und** trank ein wenig Milch.

اكل نبيل من الدجاج وشرب قليلا من الحليب

[ˈakal Naˈbi:l min ad-daˈdʒa:dʒ **wa** ˈʃarib qaˈli:lan min al-ħaˈli:b]
Samir erbat sich von seiner Mutter Geld, **darauf** schickte sie es ihm.

طلب سمير من امه مالا فارسلته اليه

[ˈtålab Saˈmi:r min ˈummihi: ˈma:lan **faʔarsaˈlathu** iˈlaihi:]
Er schrieb einen Brief an seinen Freund, **dann** ging er mit ihm zum Postamt.

كتب رسالة لصديقه ، ثم خرج بها الى مكتب البريد

[ˈkatab riˈsa:la li-såˈdi:qihi: **ˈθumma** ˈxaradʒ ˈbiha: ˈila: ˈmaktab al-ba-
ˈri:d]
L   [ʃaiʔ] شىء „Sache, Ding“ hat auch oft die Bedeutungen „etwas,
nichts“, z. B.:
Hat er etwas getan ?   [hal ˈʕamil ˈʃaiʔan ?] هل عمل شيئا؟
Er hat nichts getan. (*eigentlich:* Nicht hat er etwas getan.)

[ma: ˈʕamil ˈʃaiʔan] ما عمل شيئا

M   An [ɣair] غير „etwas anderes als, nicht, un-“ können auch Personalsuffixe treten, z. B.:
andere, weitere Ausländer (*eigentlich:* andere als sie von den Ausländern)

[ˈɣairuhum min al-aˈdʒa:nib] غيرهم من الاجانب

Wörter mit der Pluralendung [-u:n] ون verwandeln diese Endung nach [ɣair]
in [-i:n] ين, z. B.:
Sie sind unzufrieden (*bzw.* Unzufriedene).

[hum ɣair masru:ˈri:n] هم غير مسرورين

Im übrigen fungiert [ɣair] غير wie die anderen Leitwörter in Substantivverbindungen, z. B.:

Sie sind die Unzufriedenen.   [hum ɣair al-masru:'ri:n]   هم غير المسرورين
Das Leitwort bekommt also niemals den Artikel.

Übungen – تمارين

1. Beantworten Sie folgende Fragen:

١ – أين مقابلة رئيس المعمل وكبير خبرائه؟

٢ – ماذا يفعل الرئيس في مكتبه؟

٣ – من هو الرجل الطويل وما إسمه؟

٤ – ماذا يطلب المهندسون وغيرهم من الأجانب من رئيس المعمل؟

٥ – هل هم مسرورون بعملهم؟

٦ – هل تطلب مدرسات مدرسة المعمل المهنية من الرئيس شيئاً، وهل يطلبه المدرسون في هذه المدرسة كذلك؟

2. Übersetzen Sie:

Die Mutter der Tochter kocht in ihrer Küche ein sehr schmackhaftes Abendbrot: (verschiedene) Sorten Fleisch mit Gemüse. Die Kinder der Tochter werden alles, auch das Obst, zufrieden essen. Dann werden die Kinder ihrer Tochter sie darum bitten, einen ausgezeichneten Tee zu bereiten (= von ihr bitten das Machen eines ausgezeichneten Tees). Sie haben den ganzen Tag Durst gehabt.
Die Mutter öffnet die Fenster des großen Zimmers. Die Wärme darin (= in ihm) ist groß. Dann setzt sie sich auf einen bequemen Stuhl und nimmt einen Brief aus der Hand von einem der Kinder der Tochter. Sie liest ihn und ist zufrieden über seinen Inhalt (= über was in ihm ist). Ein intelligenter Mann hat den Brief geschrieben. Sie kennt ihn seit vielen Jahren. Er wohnte in ihrem Dorf. Jetzt wohnt er in einer großen Stadt fern vom Dorf, in Deutschland. Dort arbeitet er zusammen mit vielen Angestellten im Büro einer bekannten Bank. Das ist sein achter Brief in diesem Jahr.

3. Verwenden Sie die richtigen Verbformen und stellen Sie nach Möglichkeit das Verb in den Sätzen um:

(sehen; *fortdauernd*) الاولاد الى امهم.

(tun; *fortdauernd*) الاولاد ما (bitten; *fortdauernd*) الام منهم.

(sehen; *fortdauernd*) الاولاد مدرسهم.

(machen; *abgeschlossen*) الاولاد (bitten; *abgeschlossen*) منهم امهاتهم

(verstehen; *abgeschlossen*) الموظفون ما (schreiben; *abgeschlossen*) مدرس مدرسة

المعمل المهنية على حائط الغرفة.

(beginnen; *fortdauernd*) الفلاحون عملهم كل يوم صباحا، صيفا وشتاء.

Die Schüler waren in diesem Jahr alle erfolgreich. Die Leiter der Ausstellungen werden Mißerfolg in allem (= in jeder Sache) haben. Frau Fatima reiste im Winter in die Berge Libyens. Ihre Kinder reisten im Sommer ans Meer. Die Autos der Bauern fuhren zu den Toren der Stadt hinaus. Die Männer betraten das Dorfbad.

9. Lektion
الدرس التاسع

Der Dual; Wörter mit der Pluralendung [-u:n] ون und im Dual vor Possessivsuffixen und in Substantivverbindungen; Besonderheiten der Abwandlung einiger Substantive vor Possessivpronomen und in Substantivverbindungen

---

Text

١ – للفندق بابان. ها كبيران وعريضان. بابـا الفنـدق كبيران وعريضان. أمام بابي الفندق سيارات أجرة كثيرة. يفتح السيد سمير علي بابي الفندق صباحاً ويغلقهما مساءً.

٢ – هذه صورة ولد. هل أنتا والداه؟ أنا أبوه وزوجتي هي أمه. الولد هو إبننا الحبيب. – هذه صورة ولد آخر. هل هو إبنكما كذلك؟ أجل، هو إبننا كذلك. هو أخو إبننا الأول الصغير.

٣ - الإبن ساعد أباه وأخاه في الحديقة.

٤ - الأبناء ينظرون إلى والديهم في القطار.

٥ - الإبنان ينظران إلى أختيهما في السيارتين العريضتين.

٦ - الوالدان سافرا إلى جاريهما أمس.

٧ - السيدة نبيلة تخابر حماها خارج ليبيا.

٨ - غادر مهندسو المعرض المدينة بالسكة الحديدية أمس.

٩ - غادر المهندسون المعرض قبل شهرين.

١٠ - تكلم سائقا سيارتي الأجرة مع أسرة سمير قبل وقت قليل.

١١ - غيرت الآنستان فستانيهما بعد الأكل، ثم خرجتا إلى حديقة الفندق وشربتا فنجاني قهوة ممتازة هناك.

١٢ - يسأل السيد رئيس المعمل مهندسيه «هل تطلبون مني الآن شيئاً آخر غير ما طلبتموه مني قبل شهرين»؟

١٣ - دخلت بنتا السائق الجميلتان إلى فندق القرية.

١٤ - نظر الرجل عند مدخل الفندق إلى بنتي السائق الجميلتين.

١٥ - في مكتب مهندسي المعمل الألمانيين مائدتان، عليهما كثير من الصور الواضحة للمعمل.

محادثة – Gespräch

(مخابرة هاتفية)

- آلو، هنا سليم محمد علي من أسرة المهندس سمير محمد علي، صباح الخير، يا سيدي المدرس، كيف أنت؟

- صباح النور، يا سليم، شكراً لك. ما لك يا تلميذي الذكي؟ تفضل بالكلام.

– يا سيدي المدرس، تكلمت قبل أيام مع صديقين وعرفت منهما أشياء مهمة.
سيسافران بعد يومين إلى أوروبا للدراسة.

– وهل ستسافر أنت إلى أوروبا قريباً كذلك؟

– أجل، سوف لا أسافر إلى هناك غداً أو بعد غد، – بعد شهرين، في بداية
الصيف. في هذا الوقت سيسافر كثير من العرب من آسيا وأفريقيا إلى
أوروبا، فمناظر أوروبا جميلة جداً والهواء في جبالها دافئ لطيف وقراها
وغاباتها هادئة.

– كلامك صحيح. أعرف أوروبا معرفة جيدة منذ وقت بعيد. سافرت إليها
كثيراً.

– أسألك، يا مدرسي، هل تسافر معي إلى أوروبا، هذا الصيف مثلاً؟ السفر
إلى هناك بالسيارة ضروري جداً. هو رخيص ومريح. لي سيارة، سآخذها
من والدي. تفضل معي.

– أنا معك. لي وقت كثير هذا الصيف.

– إذن، فمرحباً بك في سيارتي وإلى اللقاء قريباً.

– سأسأل والديك قبل بداية سفرنا، فهذا من الضروري، يا تلميذي.

– صحيح، السؤال قبل السفر شيء ضروري. شكراً، يا سيدي المدرس وفي
أمان الله. غداً في المدرسة سأسألك كثيراً عن أوروبا.

– في أمان الله، يا سليم.

Umschrift

Text

1. lil-'funduq ba:'ba:n. 'huma: kabi:'ra:n wa ʕari:'ðå:n. 'ba:ba: al-'funduq
kabi:'ra:n wa ʕari:'ðå:n. a'ma:ma ba:'bai al-funduq saǧǧa:'ra:t 'udʒra
ka'θi:ra.

'jaftaħ as-'sajjid Sa'miːr ˁA'liː ba:'bai al-'funduq så'ba:ħan wa
juɣ'liquhuma: ma'sa:ˀan.

2. 'ha:ðihi: 'so:rat 'walad. hal an'tuma: wa:li'da:hu:? 'ana a'bu:hu:
wa'zaudʒati: 'hija 'ummuhu:. al-'walad 'huwa 'ibnuna: al-ħa'bi:b. –
'ha:ðihi: 'so:rat 'walad 'a:xar. hal 'huwa 'ibnukuma: ka'ða:lik? 'adʒal,
'huwa 'ibnuna: ka'ða:lik. 'huwa 'axu: 'ibnina: al-'awwal ås-så'ɣi:r.

3. al-ibn 'sa:ˁad a'ba:hu: wa a'xa:hu: fi: al-ħa'di:qa.

4. al-abˀna:ˀ janzo'ru:n 'ila: wa:li'daihim fi: al-qɨ'tå:r.

5. al-ib'na:n janzo'ra:n 'ila: ux'taihima: fi: as-sajja:ra'tain al-ˁarɨ:ðå'tain.

6. al-wa:li'da:n 'sa:fara: 'ila: dʒa:'raihima: ams.

7. as-'sajjida Na'bi:la tu'xa:bir ħa'ma:ha: 'xa:ridʒ 'Li:bija:.

8. 'ɣa:dar mu'handisu: al-'maˁriɗ al-ma'di:na bis-'sikka al-ħadi:'di:ja
ams.

9. 'ɣa:dar al-muhandi'su:n al-'maˁriɗ 'qabla ʃah'rain.

10. ta'kallam 'sa:ˀiqa: sajja:ra'tai al-'udʒra 'maˁa 'usrat Sa'mi:r 'qabla
waqt qa'li:l.

11. 'ɣujjurul ul-uːmisa'ta:n fusta:'naihima: 'baˁdɑ ɑl-ɑkl, 'θumma
xa'radʒata: 'ila: ħa'di:qat al-'funduq wa ʃa'ribata: findʒa:'nai 'qahwa
mum'ta:za hu'na:k.

12. 'jasˀal as-'sajjid ra'ˀiːs al-'maˁmal muhandi'si:hi:: hal tåtlu'bu:n
'minni: al-a:n 'ʃaiˀan 'a:xar ɣair ma: tålabtu'mu:hu: 'minni: 'qabla
ʃah'rain?

13. 'daxalat 'binta: as-'sa:ˀiq al-dʒami:la'ta:n 'ila: 'funduq al-'qarja.

14. 'nåžår ar-'radʒul 'ˁinda 'madxal al-'funduq 'ila: bin'tai as-'sa:ˀiq al-
dʒami:la'tain.

15. fi: 'maktab muhandi'sai al-'maˁmal al-alma:ni:'jain ma:ˀɨda'ta:n
ˁa'laihima: ka'θi:r min ås-'sowar al-'wå:ðɨħa lil-'maˁmal.

Gespräch

mu'xa:bara ha:ti'fi:ja

– 'a:lu:! 'huna: Sa'li:m Mu'ħammad ˁA'li: min 'usrat al-mu'handis Sa'mi:r
Mu'ħammad ˁA'li:.
så'ba:ħ al-xair, ja: 'sajjidi: al-mu'darris! 'kaifa 'anta?

– så'ba:ħ an-nu:r, ja: Sa'li:m. 'ana bi'xair, 'ʃukran lak! ma: lak, ja: til'mi:ði:
að-ða'ki:j? ta'fåɗɗål bil-ka'la:m!

– ja: 'sajjidi: al-mu'darris taka'llamtu 'qabla a'jja:m 'maˁa sådi:'qain wa
ˁa'raftu min'huma: aʃ'ja:ˀ mu'himma. sajusa:fi'ra:n 'baˁda jau'main 'ila:
U'ru:ba: lid-di'ra:sa.

– wa hal satu'sa:fir 'anta 'ila: U'ru:ba: qa'ri:ban ka'ða:lik?

– 'adʒal: 'saufa la: u'sa:fir 'ila: hu'na:k 'ɣadan au 'baˁda ɣad – 'baˁda
ʃah'rain, fi: bi'da:jat ås-såif. fi: 'ha:ða: al-waqt saju'sa:fir ka'θi:r min al-
'ˁarab min 'A:sija: wa If'ri:qija: 'ila: U'ru:ba:, fama'nå:zir U'ru:ba:

dʒaˈmiːla ˈdʒiddan wa al-haˈwaːʔ fiː dʒiˈbaːliha: ˈdaːfiʔ lå'tɨːf wa quˈraːha:
wa ɣaːˈbaːtuha: ˈhaːdiʔa.

– kaˈlaːmuk så'ħiːħ. ˈaʕrif Uˈruːba: ˈmaʕrifa ˈdʒajjida
ˈmunðu waqt baˈʕiːd. ˈsaːfartu iˈlaiha: kaˈθiːran.

– asˈʔaluk, ja: muˈdarrisi:, hal tuˈsaːfir ˈmaʕi: ˈila: Uˈruːba:
ˈhaːða: ås-såif ˈmaθalan? as-ˈsafar ˈila: huˈnaːk bis-saˈjjaːra đåˈruːri:
ˈdʒiddan. ˈhuwa raˈxiːs wa muˈriːħ. li: saˈjjaːra, saˈaːxuðuha: min
waːliˈdaija (aus waːlidai + i:!). taˈfåđđål ˈmaʕi:!

– ˈana ˈmaʕak. li: waqt kaˈθiːr ˈhaːða: ås-såif!

– iðan, faˈmarħaban bik fi: saˈjjaːrati: wa ˈila: al-liˈqaːʔ qaˈriːban!

– saˈʔasʔal ˈwaːlidaik ˈqabla biˈdaːjat saˈfarina:, faˈhaːða: min åđ-đåˈruːri:,
ja: tilˈmiːði:!

– så'ħiːħ, as-suˈʔaːl ˈqabla as-ˈsafar ʃaiʔ đåˈruːri:!
ˈʃukran, ja: ˈsajjidi: al-muˈdarris! wa fi: aˈmaːnillaːh. ˈɣadan fi: al-
ˈmadrasa saˈʔasˈʔaluk kaˈθiːran ʕan Uˈruːba:!

– fi: aˈmaːnillaːh, ja Saˈliːm!

Vokabeln – مفردات

neunter	[ˈtaːsiʕ] تاسع	Bruder	[ax] اخ
1. Hotel	[ˈfunduq] فندق	(Pl.	[ˈixwa] (اخوة)
(Pl.	[faˈnaːdiq] (فنادق)	(Dual	[axaˈwaːn] (اخوان)
sie beide	[ˈhumaː] هما	6. Nachbar	[dʒaːr] جار
breit	[ʕaˈriːđ] عريض	(Pl.	[dʒiːˈraːn] (جيران)
(Komp.	[ˈaʕråđ] (اعرض)	7. Schwiegervater	[ħam] حم
2. Bild, Foto	[ˈsoːra] صورة	(Pl.	[aħˈmaːʔ] (احماء)
(Pl.	[ˈsowar] (صور)	9. vor zeitl.	[ˈqabla] قبل
ihr beide	[anˈtumaː] انتما	10. Fahrer	[ˈsaːʔiq] سائق
Eltern	[waːliˈdaːn] والدان	Familie	[ˈusra] اسرة
Vater	[ab] اب	(Pl.	[ˈusar] (اسر)
(Pl.	[aːˈbaːʔ] (آباء)	Zeit	[waqt] وقت
Sohn	[ibn] ابن	(Pl.	[auˈqaːt] (اوقات)
(Pl.	[baˈnuːn] بنون	11. nach zeitl.	[ˈbaʕda] بعد
	[abˈnaːʔ] (ابناء)	15. Tisch	[ˈmaːʔida] مائدة
anderer	[ˈaːxar] آخر	(Pl.	[maˈwaːʔid] (موائد)
	([ˈuxraː] f اخرى)	klar, deutlich	[ˈwåːđɨħ] واضح
		(Komp.	[ˈauđåħ] (اوضح)

Gespräch:		warm	['da:fiʔ] دافئ
bitte!	تفضّل [taˈfåđđål]	(*Komp.*	أدفأ) ['adfaʔ]
(*Aufforderung*)		Wald	غابة ['ɣa:ba]
f/Sing.	تفضّلي [taˈfåđđåli:]	still, ruhig	['ha:diʔ] هادئ
m/Plur.	تفضّلوا [taˈfåđđålu:]	(*Komp.*	أهدأ) ['ahdaʔ]
Sprechen, Reden	كلام [kaˈla:m]	zum Beispiel *Adv.*	مثلا ['maθalan]
morgen *Adv.*	غدا ['ɣadan]	Reise, Fahrt	سفر['safar]
Araber	عربي ['ˤarabi:]	(*Pl.*	اسفار) [asˈfa:r]
(*Pl.*	عرب) ['ˤarab]	notwendig,	ضروري [đåˈru:ri:]
Aussehen,	منظر ['manzår]	nötig	
Ansicht, Szene		also	اذن ['iðan]
(*Pl.*	مناظر) [maˈnå:zɨr]	auf	الى اللقاء ['ila: al-liˈqaʔ]
Luft, Klima	هواء [haˈwa:ʔ]	Wiedersehen	

Verbformen

schließen	اغلق ['aɣlaq]، ينلق [juˈɣliq]، اغلاق [iɣˈla:q]
helfen	ساعد ['sa:ˤad]، يساعد [juˈsa:ˤid]، مساعدة [muˈsa:ˤada]
benachrichtigen	خابر ['xa:bar]، يخابر [juˈxa:bir]، مخابرة [muˈxa:bara]
verlassen	غادر['ɣa:dar]، يغادر [juˈɣa:dir]، مغادرة [muˈɣa:dara]
sprechen	تكلّم [taˈkallam]، يتكلّم [jataˈkallam]، تكلّم [taˈkallum]
wechseln, ändern	غيّر ['ɣajjar]، يغيّر [juˈɣajjir]، تغيير [taɣˈji:r]
fragen	سأل ['saʔal]، يسأل [ˈjasʔal]، سؤال [suˈʔa:l]

Text

1. Das Hotel hat zwei (Eingangs-)Tore. Sie sind groß und breit. Die beiden Tore des Hotels sind groß und breit. Vor den beiden Toren des Hotels befinden sich viele Taxis. Herr Samir Ali öffnet die beiden Tore des Hotels morgens und schließt sie abends.
2. Das ist das Bild eines Kindes (Jungen). Seid ihr (beide) seine Eltern? Ich bin sein Vater und meine Frau ist seine Mutter. Der Junge ist unser geliebter Sohn. (Und) das ist das Bild eines anderen Kindes. Ist es auch euer Sohn? Ja, es ist auch unser Sohn. Es ist der Bruder unseres ersten kleinen Sohnes.
3. Der Sohn half seinem Vater und seinem Bruder im Garten.
4. Die Söhne blicken auf ihre Eltern im Zug.
5. Die beiden Söhne schauen zu ihren beiden Schwestern in den (beiden) breiten Autos (hin).

6. Die Eltern fuhren gestern zu zwei Nachbarn von ihnen.
7. Frau Nabila telefoniert mit ihrem Schwiegervater außerhalb Libyens.
8. Die Ingenieure der Messe verließen die Stadt gestern mit der Eisenbahn.
9. Die Ingenieure verließen die Ausstellung vor zwei Monaten.
10. Die Fahrer der beiden Taxis redeten vor kurzem mit der Familie von Samir.
11. Die beiden jungen Damen wechselten ihre Röcke *(Dual!)* nach dem Essen, dann gingen sie hinaus in den Hotelgarten und tranken dort zwei Tassen ausgezeichneten Kaffee.
12. Der Herr Werkleiter fragt seine Ingenieure: ,,Fordern Sie (denn) von mir jetzt etwas anderes als vor zwei Monaten?"
13. Die beiden schönen Töchter des Fahrers gingen in das Hotel des Dorfes (hinein).
14. Der Mann am Hoteleingang schaute zu den beiden schönen Töchtern des Fahrers (hin).
15. Im Büro der beiden deutschen Werkingenieure befinden sich zwei Tische, und darauf viele klare Aufnahmen vom Werk.

Gespräch

(Eine Unterhaltung am Telefon)

– Hallo, hier Salim Muhammad Ali von der Familie des Ingenieurs Samir Muhammad Ali, guten Morgen Herr Lehrer! Wie geht es Ihnen?
– Guten Morgen, Salim! Mir geht es gut. Ich danke dir! Was gibt es *(wörtl.* was hast du), mein intelligenter Schüler, bitte rede nur!
– Herr Lehrer, vor (einigen) Tagen sprach ich mit zwei Freunden und erfuhr von ihnen wichtige Dinge. Sie werden übermorgen (nach zwei Tagen) nach Europa zum Studium fahren.
– Wirst du auch bald nach Europa fahren?
– Ja; (nur) werde ich nicht morgen oder übermorgen dorthin fahren, in zwei Monaten, zu Beginn des Sommers. In dieser Zeit werden viele Araber aus Asien und Afrika nach Europa reisen, denn die Szene (die Anblikke) Europas ist sehr schön, die Luft in (seinen) Bergen warm und mild und seine Dörfer und Wälder sind ruhig.
– Das stimmt *(wörtl.* deine Rede ist richtig)! Ich kenne Europa seit langem gut. Ich bin oft dorthin gereist.
– Ich frage Sie (mein Lehrer), werden Sie mit mir nach Europa fahren, diesen Sommer zum Beispiel? Die Reise dorthin mit dem Auto ist unumgänglich. Sie ist billig und bequem. Ich habe ein Auto; ich werde es von meinen Eltern nehmen. Bitte kommen Sie mit (mir)!
– Ich (werde) mit dir sein. In diesem Sommer habe ich viel Zeit.
– Also, willkommen in meinem Auto. Auf Wiedersehen bald!
– Ich werde deine Eltern vor dem Beginn unserer Reise fragen, denn das ist notwendig (mein Schüler).
-- Richtig, vor der Reise zu fragen ist nicht schlecht. Danke, Herr Lehrer, und auf Wiedersehen! Morgen in der Schule werde ich Sie viel über Europa fragen.
– Auf Wiedersehen, Salim!

Grammatik

A   Das Schriftarabische kennt neben dem Singular und Plural auch den **Dual.**

Seine Endungen lauten für die **absolute Subjektform**   [-aːn] اَن

nach Präpositionen und Verben   [-ain] يْن

(Letztere Endung ist nicht zu verwechseln mit der im Konsonantenschriftbild gleichen Pluralendung [-iːn] يْن !).

zwei Namen	[isˈmaːn]	اسمان
zwei Familien	[usraˈtaːn]	اسرتان
die **beiden** Familien	[al-usraˈtaːn]	الاسرتان
zwei Deutsche	[Almaːniˈjaːn]	المانيان
zwei Deutsche (f)	[Almaːnijaˈtaːn]	المانيتان
von **zwei** Namen	[min isˈmain]	من اسمين
von **beiden** Namen	[min al-isˈmain]	من الاسمين
er fragte **zwei** Deutsche [ˈsaʔal Almaːniˈjain]		سأل المانيين
er fragte die **beiden** Deutschen		
	[ˈsaʔal al-Almaːniˈjain]	سأل الالمانيين

Sämtliche Dualendungen sind also betont.

B   Die selbständigen sowie die Suffixformen der **Personalpronomen**
haben für die 2. und 3. Person **des Duals** folgende Formen:

ihr **beide** seid Lehrer	[anˈtumaː mudarriˈsaːn]	انتما مدرسان
sie **beide** sind Schüler	[ˈhumaː tilmiːˈðaːn]	هما تلميذان
von euch **beiden**	[minˈkumaː]	منكما
von ihnen **beiden**	[minˈhumaː]	منهما

(Zur Änderung der Suffixaussprache nach den Präpositionen [ˈʕalaː] على,
[ˈilaː] الى, [fiː] فى und [bi] بِ vgl. 3. Lekt. Abschn. H).

ich fragte euch **beide**   [saˈʔaltukumaː]   سألتكما

ich fragte sie **beide**   [saˈʔaltuhumaː]   سألتهما

C   Die **Dualformen des Verbs** lauten:

sie **beide** (m) forderten	[ˈtˠalabaː]	طلبا
sie **beide** (f) forderten	[tˠaˈlabataː]	طلبتا
ihr **beide** fordertet	[tˠaˈlabtumaː]	طلبتما

sie **beide** fordern (*m*)	[jå̂tlu'ba:n]	يطلبان
sie **beide** fordern (*f*)	[tå̂tlu'ba:n]	تطلبان
ihr **beide** fordert	[tå̂tlu'ba:n]	تطلبان

D   Treten Wörter mit den Dualendungen [-a:n] ان und [-ain] ـَيْنِ sowie den Pluralendungen [-u:n] ون und [-i:n] ـِينَ in Substantivverbindungen oder vor Possessivsuffixe, so verlieren sie stets das ن dieser Endungen. Die Endungen lauten dann im einzelnen folgendermaßen, z. B.:

Plural

die Lehrer der Schule	[mu'darrisu: al-'madrasa]	مدرسو المدرسة
unsere **Angestellten**	[muwazza'fu:na:]	موظفونا
von **den Ingenieuren** des Werks		

[min mu'handisi: al-'maˁmal]   من مهندسي المعمل

er benachrichtigte **die Ingenieure** des Büros

['xa:bar mu'handisi: al-'maktab]   خابر مهندسي المكتب

er verstand alle **seine Lehrer**

['fahim mudarri'si:hi: 'kullahum]   فهم مدرسيه كلهم

Dual

die (beiden) Fahrer der beiden Autos

['sa:ʔiqa: as-sajja:ra'tain]   سائقا السيارتين

eure **beiden Fahrer**   [sa:ʔi'qa:kum]   سائقاكم

der Chef **der beiden Ingenieure** des Büros

[ra'ʔi:s muhandi'sai al-'maktab]   رئيس مهندسي المكتب

von **den beiden Lehrern** Fatimas

[min mudarri'sai 'Få:tima]   من مدرسي فاطمة

wir kennen **die beiden Fahrer** des Herrn Präsidenten

['naˁrif sa:ʔi'qai as-'sajjid ar-ra'ʔi:s]   نعرف سائقي السيد الرئيس

sie fragten **die beiden Angestellten** des Hotels

['saʔalu: muwazza'fai al-'funduq]   سألوا موظفي الفندق

Auch hier gibt es vom **Konsonantenschriftbild** her wieder mehrere Interpretationsmöglichkeiten, z. B. könnte das dritte Beispiel der Pluralreihe auch „von den beiden Ingenieuren des Werks" übersetzt werden, oder Beispiel vier auch „er benachrichtigte die beiden Ingenieure des Büros." Umgekehrt könnten die letzten vier Beispiele der Dualreihe auch pluralisch übersetzt werden.

E   Wenige Substantive – hauptsächlich Verwandtenbezeichnungen
– haben in Substantivverbindungen, nach Präpositionen, vor Possessivsuffixen und nach Verben **Sonderformen**, z. B.

der Vater des Kindes   ['abu: al-'walad]   ابو الولد

sein Vater   [a'bu:hu:]   ابوه

vom Bruder der Mutter   [min 'axi: al-umm]   من اخى الام

von ihrem Bruder   [min a'xi:ha:]   من اخيها

sie fragte den Schwiegervater des Mannes

                              ['sa?alat 'ħama: ar-'radʒul]   سألت حما الرجل

sie fragte seinen Schwiegervater   ['sa?alat ħa'ma:hu:]   سألت حماه

Übungen – تمارين

1. Übersetzen Sie:

Eine arabische Familie

Herr Nabil Muhammad und seine Frau Samira haben zwei Söhne und zwei
Töchter. Die Namen (*Dual*) ihrer beiden Söhne sind Ali und Salim; ihre
beiden Töchter heißen Fatima und Nabawija. Herr Nabil Muhammad
arbeitet zusammen mit seinen beiden Brüdern im Büro einer Automobil-
(verkaufs)ausstellung. Dieses Büro befindet sich in einer Stadt nahe vom
Dorf Nabil Muhammads. Er ist sehr zufrieden mit seiner Tätigkeit, auch
seine beiden Brüder sind es (*volle Satzwiederholung!*). Die Frau von Herrn
Nabil Muhammad arbeitet nicht außerhalb des Hauses der Familie. Sie
arbeitet und kocht für ihre geliebte Familie. Ihr Schwiegervater wohnt
auch in ihrem (*Plur.*) Haus. Er ist alt und krank. Abends, nach der
Tagesarbeit des Vaters, sitzen alle in einem von ihren gemütlichen großen
Zimmern und essen Abendbrot. Die Mutter hat das Abendbrot ausgezeichnet gekocht. Der Vater, die Mutter und die Kinder essen alles, was auf dem
Tisch ist an Fleisch und Gemüse. Nur der kranke Schwiegervater ißt gar
nichts. Er trinkt eine Tasse Kaffee und fragt die beiden Mädchen von Frau
Fatima nach ihrem Lernen (Studium) in der Dorfschule. Sie sprechen mit
ihm: „Wir sind sehr zufrieden mit den Unterrichtsstunden (Lektionen)
von heute. Wir baten unsere beiden Lehrer um ihre Bücher. Wir lasen in
ihnen, und sie halfen uns. Dann schrieben wir in unsere Hefte (*Dual*) etwas
von dem, was wir in den Büchern gelesen hatten. Zur Mittagszeit verließen

unsere Lehrer (*Dual*) die Schule, und wir verließen sie auch. Wir haben gut
verstanden, was wir dort gelernt haben." Der Schwiegervater von Frau
Fatima: „Das ist ausgezeichnet. Ihr werdet erfolgreich in der Schule sein!"
Nach dem Abendbrot der Familie helfen die Töchter (*Dual*) Frau Fatima
in der Küche. Die Söhne (*Dual*) verlassen mit ihrem Vater das Abendbrot-
zimmer und gehen in den Garten des Hauses hinaus. Der Vater bittet sie
um einen Apfel für ihn, und Ali pflückt (nimmt) ihn von dem Baum in der
Nähe. Dann helfen sie ihrem Vater. Er arbeitet mit ihnen im Abendbrot-
zimmer am Fenster und an der Wand rechts vom Fenster.

**2. Schreiben Sie in ähnlicher Weise eine kurze Erzählung unter Benutzung
möglichst vieler Vokabeln aus den Lektionen, auch mit einem kurzen
Dialog!**

3. Geben Sie die Übersetzungsmöglichkeiten für die folgenden Sätze an:

تعمل في المدرسة – عملت عند الفلاح – أرسل الرسالة – تقرأ الجرائد .

4. Beantworten Sie folgende Fragen möglichst ausführlich:

١ – ما إسمك ومن أين أنت؟

٢ – ما هي مهنتك؟ (أعمل .... oder ....) .

٣ – ماذا ستفعل في الخارج؟

٤ – أين والداك؟

٥ – أين تسكن؟

٦ – هل تتكلم اللغة العربية؟

٧ – هل العربية سهلة؟

٨ – هل تساعد زوجتك؟

٩ – هل عندك سيارة وما نوعها؟

١٠ – من هذا الرجل، هل تعرفه؟

١١ – ماذا فعلت أمس؟

١٢ – ماذا ستفعل غداً؟

١٣ – هل مدينتك جميلة؟

١٤ – هل أنت مسرور فيها؟

١٥ – هل أنت مشغول اليوم وبماذا؟

10. Lektion
الدرس العـاشر

> Grund- und Ordnungszahlen bis 10, Grundzahlen bis 10 mit Substan-
> tiven, ['laisa] und [nafs]

Text

١ – كتب الموظف على باب المكتب « شراء البضائع وبيعها يومياً من الساعة الثامنة صباحاً حتى الساعة الرابعة بعد الظهر » .

٢ – ما هو رقم بيتكم في هذا الشارع العريض وكم عدد غرفه؟

٣ – كم سطراً كتبت على صفحة دفترك المدرسي، يا ولد؟ – كتبت عليها عشرة أسطر .

٤ – قرأت الأم الجزء الأول من الكتاب في الأسبوع الثاني من زيارتها لألمانيا .

٥ – سيزرع الفلاح أرضه الطيبة في نهاية هذا الأسبوع تقريباً ويساعده في هذا العمل إثنان من أولاده الكبار .

٦ – بدأ البرد في بلدنا منذ ستة أسابيع تقريباً .

٧ – سألت الأم موظف السكة الحديدية « ما هو ثمن التذكرة إلى برلين؟ » جواب الموظف « ثمن التذكرة تسعة ماركات » .

٨ – سرعة السيارة الآن سبعة أو ثمانية كيلومترات بالساعة .

٩ – وزن كل المواد الغذائية في الحقيبة خمسة كيلوغرامات .

١٠ – سأل الرجل سائق سيارة الأجرة «كم المبلغ؟» «المبلغ أربعة ماركات، يا سيدي» .

١١ – كتب الأب في نهاية رسالته إلى أخيه «تحياتي لك، يا أخي الحبيب، وإلى كل من أعرفهم من أصدقائك في بلدك كذلك» .

١٢ – سألت موظف المطعم «أين حسابك؟ كل الناس طلبوا منك الحسابات كذلك، وأنت ما فعلت شيئاً. ما معنى هذا؟»

١٣ – نظر الأولاد إلى الصور الملونة على حائط البيت .

(إعلان على صفحة جريدة يومية – سطر واحد)

نطلب شراء ثلاثة أسرة حديثة، رقم الهاتف ١٧٥٩٨٦، بعد السادسة مساءً .

محادثة – Gespräch

(في مدرسة ألمانية لدراسة اللغات الأجنبية)

المدرس : يا تلاميذي، نتكلم في درسنا اليوم قليلاً بالعربية. في درس أمس درسنا شيئاً عن أرقام العربية ولذلك سأسألكم أسئلة فيها اليوم. تفضلي، يا جودرون، كم عمرك.

جودرون : عمري عشر سنوات، يا سيدي المدرس .

المدرس : شكراً لك، يا جودرون، جوابك صحيح. والآن أسأل جارك هلموت. «يا هلموت، يا محبوب المدرسين كلهم، كم الساعة الآن؟ تفضل بالجواب.»

هلموت : الآن الساعة التاسعة وخمس دقائق صباحاً .

المدرس :	كلامك صحيح كذلك، شكراً، يا هلموت. ولي سؤال آخر لك، يا هلموت: هل عندك ساعة؟
هلموت :	أجل، عندي ساعة في بدلتي.
المدرس :	وسؤالي الآن هو لك، يا هانز: ما معنى المفردات الألمانية في السطر الثالث على الصفحة الخامسة من كتابك لدراسة العربية وكم عددها؟
هانز :	معناها بيت وقرأ ونوع وثوب ونهر ونظيف، وهي ستة مفردات.
المدرس :	شكراً يا هانز. سؤالي الآن هو: كم عدد دروسكم اليوم؟ يا ماريا، تفضلي بالجواب.
ماريا :	عدد دروسنا اليوم خمسة.
المدرس :	شكراً، هذا صحيح. يا تلاميذي، هل عدد دروسكم اليوم نفس عدد دروسكم غداً؟
التلاميذ والتلميذات :	أجل، لنا غداً نفس عدد الدروس.
المدرس :	يا جودرون ويا هلموت، لي سؤالان لكما: كم عدد التلميذات في غرفتنا الآن؟ يا جودرون، تفضلي بالجواب أولاً.
جودرون :	هن الآن أربع تلميذات وأنا منهن.
المدرس :	صحيح، يا جودرون، شكراً لك على جوابك. وسؤالي الثاني لجارك هلموت: يا هلموت، (المدرس ينظر إلى الصفحة الأولى من دفتره على المائدة) هل كتبت كل المفردات العربية لدرسنا أمس بنفسك؟

هلموت :   أجل ، يا سيدي المدرس ، كتبتها كلها بنفسي وما ساعدني أبي في البيت .

المدرس :   هذا ممتاز . أنت تلميذ ذكي جداً . حروف مفرداتك جميلة ، كتبتها كلها صحيحا . – يا تلاميذي ويا تلميذاتي ، أين كرسي الآن ، هل هو في غرفتنا ؟

التلاميذ

والتلميذات :   لا ، يا سيدنا المدرس ، الكرسي ليس في غرفتنا الآن . أخذه مدرس آخر إلى مكتب رئيس المدرسة قبل بداية دروسنا اليوم .

المدرس :   أنا بحاجة إليه ، ولذلك أسألك ، يا هلموت ، هل أنت مستعد لمساعدتي ؟

هلموت :   أجل ، أنا مستعد .

المدرس :   إذن ، فهيا بنا إلى مكتب رئيس المدرسة للسؤال عن راتبي الشهري أولاً والسؤال عن هذا الكرسي الثقيل ثانياً . شكراً ، يا هلموت ومع السلامة ، يا تلاميذي ويا تلميذاتي ، إلى اللقاء قريباً ، صباح الغد .

Umschrift

Text

1. ˈkatab al-muˈwåzzåf ˈ ʕala: ba:b al-maktab: ʃiˈra:ʔ al-båˈðå:ʔiʕ wa ˈbaiʕuha: jauˈmi:jan min as-ˈsa:ʕa aθ-ˈθa:mina såˈba:ħan ˈħatta: as-ˈsa:ʕa ar-ˈra:biʕa baʕd az-zohr.

2. ma: ˈhuwa raqm ˈbaitikum fi: ˈha:ða: aʃ-ˈʃa:riʕ al-ˈʕari:ḍ wa kam ˈʕadad ɣuˈrafihi: ?

3. kam ˈsåtran kaˈtabta ˈʕala: ˈsåfħat dafˈtarik al-ˈmadrasi:, ja: ˈwalad ؟ kaˈtabtu ʕaˈlaiha: ˈʕaʃarat ˈastor.

4. ˈqaraʔat al-umm al-dʒuzʔ al-ˈawwal min al-kiˈtaːb fiː al-usˈbuːʕ aθ-
ˈθaːni: min zijaːˈratiha: li-Alˈmanjaː.

5. saˈjazraʕ al-faˈllaːħ ˈarðåhu: åt-ˈtåjjiba fiː niˈhaːjat ˈhaːða: al-usˈbuːʕ
taqˈriːban wa juˈsaːʕiduhu: fiː ˈhaːða: alˈʕamal iθˈnaːn min auˈlaːdihi:
al-kiˈbaːr.

6. ˈbadaʔ al-bard fiː baˈladina: ˈmunðu ˈsittat asaːˈbiːʕ taqˈriːban.

7. ˈsaʔalat al-umm muˈwåzzåf as-ˈsikka al-ħadiːˈdiːja: ma: ˈhuwa ˈθaman
at-ˈtaðkira ˈila: Berlin?
dʒaˈwaːb al-muˈwåzzåf: ˈθaman at-ˈtaðkira ˈtisʕat maːrˈkaːt.

8. ˈsurʕat as-saˈjjaːra al-aːn ˈsabʕa au θaˈmaːnijat kiːluːmitˈraːt bis-ˈsaːʕa.

9. wazn kull al-maˈwaːdd al-ɣiða:ˈʔiːja fiː al-ħaˈqiːba :xamsat
kiːluːɣraːˈmaːt.

10. ˈsaʔal ar-ˈradʒul ˈsaːʔiq saˈjjaːrat al-ˈudʒra: kam al-ˈmablaɣ? al-
ˈmablaɣ ˈarbaʕat maːrˈkaːt, ja: ˈsajjidi:.

11. ˈkatab al-ab fiː niˈhaːjat risaːˈlatihi: ˈila: aˈxiːhi:: taħiːˈjaːti: lak, ja: ˈaxi:
al-ħaˈbiːb wa ˈila: kull man ˈaʕrifuhum min åsdiˈqaːʔik fiː baˈladik
kaˈðaːlik.

12. saˈʔaltu muˈwåzzåf al-ˈmåtʕam: ˈaina ħiˈsaːbuk? kull an-naːs ˈtålabu:
ˈminka al-ħisaːˈbaːt kaˈðaːlik wa ˈanta ma: faˈʕalta ˈʃaiʔan; ma: ˈmaʕna:
ˈhaːða:?

13. ˈnåzår al-auˈlaːd ˈila: ås-ˈsowar al-muˈlawwana ˈʕala: ˈħa:ʔɨt al-bait.

(iʕˈlaːn ˈʕala: ˈsåfħat dʒaˈriːda jauˈmiːja – såtr ˈwa:ħid) ˈnåtlub ʃiˈraːʔ
θaˈlaːθat aˈsirra ħaˈdiːθa, raqm al-ˈha:tif 17.59.86 (baʕd as-ˈsa:disa
maˈsa:ʔan)

Gespräch

(fiː ˈmadrasa almaːˈniːja li-diˈra:sat al-luˈɣa:t al-adʒnaˈbiːja)
– al-muˈdarris: ja: talaːˈmiːði: nataˈkallam fiː ˈdarsina: al-jaum qaˈliːlan
bil-ʕaraˈbiːja. fiː dars ams daˈrasna: ˈʃaiʔan ʕan arˈqa:m al-ʕaraˈbiːja wa
li-ˈða:lik saʔasˈʔalukum ˈasʔila ˈfiːha: al-jaum.
taˈfåððåli:, ja: Gudrun, kam ˈʕumruki?

– Gudrun: ˈʕumri:: ʕaʃr sanaˈwa:t, ja: ˈsajjidi: al-mu:darris.

– al-muˈdarris: ˈʃukran ˈlaki, ja: Gudrun, dʒaˈwa:buki såˈħi:ħ! wa al-aːn
ˈasʔal ˈdʒa:raki Helmut: ja: Helmut, ja: maħˈbuːb al-mudarriˈsiːn
ˈkullihim, kam as-ˈsaːʕa al-aːn, taˈfåððål bil-dʒaˈwa:b!

– Helmut: al-aːn as-ˈsaːʕa at-ˈtaːsiʕa wa xams daˈqa:ʔiq såba:ħan.

– al-muˈdarris: kaˈlaːmuk såˈħiːħ kaˈðaːlik, ˈʃukran, ja: Helmut, wa li:
suˈʔaːl ˈaːxar lak, ja: Helmut: hal ˈʕindak ˈsaːʕa?

– Helmut: ˈadʒal, ˈʕindi: ˈsaːʕa fiː ˈbadlati:.

– al-muˈdarris: wa suˈʔaːli: al-aːn ˈhuwa lak, ja: Hans: ma: ˈmaʕna: al-
mufraˈdaːt al-almaːˈniːja fiː as-såtr aθ-ˈθa:liθ ˈʕala: ås-ˈsåfħa al-ˈxa:misa
min kiˈtaːbik li-diˈra:sat al-ʕaraˈbiːja wa kam ʕaˈdaduha:?

– Hans: maʕˈna:ha: bait wa ˈqaraʔ wa nauʕ wa θaub wa nahr wa nåˈzɨːf wa
ˈhija ˈsittat mufraˈdaːt.

– al-muˈdarris: ˈʃukran, jaː Hans. suˈʔaːli: al-aːn ˈhuwa: kam ˈ'adad duˈruːsikum al-jaum? jaː Maria, taˈfåđđåli: bil-dʒaˈwaːb!
– Maria: ˈ'adad duˈruːsina: al-jaum ˈxamsa.
– al-muˈdarris: ˈʃukran: ˈhaːða: såˈħiːħ! jaː talaːˈmiːði:, hal ˈ'adad duˈruːsikum al-jaum nafs ˈ'adad duˈruːsikum ˈɣadan?
– at-talaːˈmiːð wa at-tilmiːˈðaːt: ˈadʒal, ˈlana: ˈɣadan nafs ˈ'adad ad-duˈruːs.
– al-muˈdarris: jaː Gudrun wa jaː Helmut, li: suˈʔaːlaːn ˈlakuma:: kam ˈ'adad at-tilmiːˈðaːt fi: ɣurˈfatina: al-aːn? jaː Gudrun, taˈfåđđåli: bil-dʒaˈwaːb ˈawwalan.
– Gudrun: ˈhunna al-aːn ˈarba' tilmiːˈðaːt wa ˈana minˈhunna.
– al-muˈdarris: såˈħiːħ, jaː Gudrun, ˈʃukran ˈlaki ˈ'ala: dʒaˈwaːbiki! wa suˈʔaːli: aθ-ˈθaːni: li-ˈdʒaːriki Helmut: jaː Helmut (al-muˈdarris ˈjanzor ˈila: ås-ˈsåfħa al-ˈuːla: min dafˈtarihi: ˈ'ala: al-ˈmaːʔida), hal kaˈtabta kull al-mufraˈdaːt al-'araˈbiːja li-ˈdarsina: ams biˈnafsik?
– Helmut: ˈadʒal, jaː ˈsajjidi: al-muˈdarris, kaˈtabtuha: ˈkullaha: biˈnafsi: wa ma: saːˈ'adani: ˈabi: fi: al-bait.
– al-mudarris: ˈhaːða: mumˈtaːz. ˈanta tilˈmiːð ðaˈkiːj ˈdʒiddan. ħuˈruːf mufraˈdaːtik dʒaˈmiːla, kaˈtabtaha: ˈkullaha: såˈħiːħan. jaː talaːˈmiːði: wa jaː tilmiːˈðaːti:, ˈaina kurˈsiːja al-aːn, hal ˈhuwa fi: ɣurˈfatina:?
– at-talaːˈmiːð wat-tilmiːˈðaːt: la:, jaː ˈsajjidna: al-muˈdarris, al-ˈkursiːj ˈlaisa fi: ɣurˈfatina: al-aːn. ˈaxaðahu: muˈdarris ˈaːxar ˈila: ˈmaktab raˈʔiːs al-ˈmadrasa ˈqabla biˈdaːjat duˈruːsina: al-jaum.
– al-muˈdarris: ˈana biˈħaːdʒa iˈlaihi: wa li-ˈðaːlik asˈʔaluk, jaː Helmut: hal ˈanta mustaˈ'idd li-musaːˈ'adati:?
– Helmut: ˈadʒal, ˈana mustaˈ'idd!
– al-muˈdarris: ˈiðan, faˈhajja: ˈbina: ˈila: ˈmaktab raˈʔiːs al-ˈmadrasa lis-suˈʔaːl 'an ˈraːtibi: aʃ-ˈʃahri: ˈawwalan wa as-suˈʔaːl 'an ˈhaːða: al-ˈkursiːj aθ-θaˈqiːl ˈθaːnijan. ˈʃukran, jaː Helmut wa ˈma'a as-saˈlaːma, ja: talaːmiːˈði: wa jaː tilmiːˈðaːti:, ˈila: al-liˈqaːʔ qaˈriːban, såˈbaːħ al-ɣad!

Vokabeln – مفردات

zehnter	[ˈ'aːʃir] عاشر	2. Nummer	[raqm] رقم
1. Ankauf, Kauf	[ʃiˈraːʔ] شراء	(Pl.	[arˈqaːm] (ارقام
Verkauf	[bai'] بيع	wieviel?	[kam] كم
Ware	[biˈđåːʿa] بضاعة	Zahl	[ˈ'adad] عدد
(Pl.	[båˈđåːʔi'] (بضائع	(Pl.	[a'ˈdaːd] (اعداد
Stunde, Uhr	[ˈsaː'a] ساعة	3. Zeile	[såtr] سطر
bis zeitl.;	[ˈħatta:] حتّى	(Pl.	[ˈastor] (اسطر
sogar; damit		Seite (Buch u. ä.)	[ˈsåfħa] صفحة

zehn	[ˈʕaʃara] عشرة	
4. Teil	[dʒuzʔ] جزء	
(*Pl.*	[adʒˈza:ʔ] (اجزاء)	
Woche	[usˈbu:ʕ] اسبوع	
(*Pl.*	[asa:ˈbi:ʕ] (اسابيع)	
Besuch	[ziˈja:ra] زيارة	
5. Boden, Erde	[arɗ] ارض	
(*Pl.*	[aˈrå:ɗin] (اراض)	
Schluß, Ende	[niˈha:ja] نهاية	
etwa,	[taqˈri:ban] تقريبا	
ungefähr *Adv.*		
zwei	[iθˈna:n] اثنان	
6. Kälte; Erkältung	[bard] برد	
vor, seit	[ˈmunðu] منذ	
sechs	[ˈsitta] ستة	
7. Preis	[ˈθaman] ثمن	
(*Pl.*	[aθˈma:n] (اثمان)	
Fahrkarte,	[ˈtaðkira] تذكرة	
Eintrittskarte		
(*Pl.*	[taˈða:kir] (تذاكر)	
neun	[ˈtisʕa] تسعة	
8. Geschwindigkeit	[ˈsurʕa] سرعة	
sieben	[ˈsabʕa] سبعة	
acht	[θaˈma:nija] ثمانية	
9. Gewicht	[wazn] وزن	
(*Pl.*	[auˈza:n] (اوزان)	
Lebensmittel	[maˈwa:dd ɣiða:ˈʔi:ja] مواد غذائية	
fünf	[ˈxamsa] خمسة	
Kilogramm	[ki:lu:ɣra:m] كيلوغرام	
10. Betrag	[ˈmablaɣ] مبلغ	
(*Pl.*	[maˈba:liɣ] (مبالغ)	
vier	[ˈarbaʕa] اربعة	
11. Gruß; Begrüßung	[taˈħi:ja] تحية	

12. Rechnung,	[ħiˈsa:b] حساب	
Rechnen		
(*Pl.*	[ħisa:ˈba:t] (حسابات)	
Leute, Menschen	[na:s] ناس	
Sinn, Bedeutung	[maʕnan] معنى	
(*Pl.*	[maˈʕa:nin] (معان)	
13. farbig, bunt	[muˈlawwan] ملون	
Anzeige,	[iʕˈla:n] اعلان	
Bekanntgabe		
(*Pl.*	[iʕla:ˈna:t] (اعلانات)	
eins	[ˈwa:ħid] واحد	
drei	[θaˈla:θa] ثلاثة	
Bett	[saˈri:r] سرير	
(*Pl.*	[aˈsirra] (اسرة)	
neu, modern;	[ħaˈdi:θ] حديث	
Gespräch		
(*Komp.*	[ˈaħdaθ] (احدث)	
Gespräch:		
deshalb	[liˈða:lik] لذلك	
Alter	[ʕumr] عمر	
(*Pl.*	[aʕˈma:r] (اعمار)	
Minute	[daˈqi:qa] دقيقة	
(*Pl.*	[daˈqa:ʔiq] (دقائق)	
derselbe, selbst	[nafs] نفس	
(*Pl.*	[ˈanfus] (انفس)	
ist nicht	[ˈlaisa] ليس	
vor (*zeitl.*)	[ˈqabla] قبل	
Bedarf, Bedürfnis	[ˈħa:dʒa] حاجة	
bereit	[mustaˈʕidd] مستعد	
Gehalt	[ˈra:tib] راتب	
(*Pl.*	[raˈwa:tib] (رواتب)	
auf Wiedersehen		
	[ˈmaʕa as-saˈla:ma] مع السلامة	
Übung:		
zwischen	[ˈbaina] بين	

Text

1. Der Angestellte schrieb an die Bürotür: Ankauf und Verkauf der Waren täglich von 8 Uhr morgens bis 4 Uhr nachmittags.
2. Was für eine Nummer hat euer Haus in dieser breiten Straße und wieviel Zimmer hat es?
3. Junge, wieviel Zeilen hast du auf der Seite deines Schulhefts geschrieben? – Ich habe darauf (auf sie) zehn Zeilen geschrieben.
4. Die Mutter las den ersten Teil des Buches in der zweiten Woche ihres Deutschlandbesuchs.
5. Der Bauer wird sein fruchtbares (gutes) Land etwa Ende dieser Woche bestellen (säen). Bei dieser Arbeit werden ihm zwei seiner großen Söhne helfen.
6. Die Kälte setzte in unserem Ort (Land) etwa vor sechs Wochen ein.
7. Die Mutter fragte den Bahnbeamten: ,,Was kostet (*wörtl.* was ist der Preis) die Fahrkarte nach Berlin?" Antwort des Beamten: ,,Die Fahrkarte kostet neun Mark."
8. Die Geschwindigkeit des Autos beträgt jetzt 7 oder 8 km/h.
9. Das Gewicht aller Lebensmittel im Koffer beträgt 5 Kilo.
10. Der Mann fragte den Taxifahrer: ,,Wie hoch ist der Betrag (*wörtl.* wieviel ist der Betrag)?" – ,,Mein Herr, vier Mark."
11. Der Vater schrieb am Ende seines Briefes an seinen Bruder: Meine Grüße für dich, mein geliebter Bruder, und auch an alle, die ich von deinen Freunden in deinem Ort kenne.
12. Ich fragte den Angestellten des Restaurants: ,,Wo ist Ihre Rechnung? Alle Leute haben Sie auch um die Rechnungen gebeten, Sie aber haben nichts getan. Was hat das zu bedeuten (*wörtl.* was ist die Bedeutung von diesem)?"
13. Die Kinder schauten auf die bunten Bilder an der Hauswand.

Anzeige auf der Seite einer Tageszeitung – eine Zeile:
Wir suchen 3 moderne Betten zu kaufen (den Kauf von). Telefonnummer 175 986, nach 6 (Uhr) abends.

Gespräch

(In einer deutschen Schule zum Studium der Fremdsprachen)

Lehrer: (Meine) Schüler, in unserer heutigen Unterrichtsstunde werden wir ein wenig arabisch sprechen. In der Stunde von gestern lernten wir etwas von den Zahlen der arabischen Sprache, und deshalb werde ich euch heute darüber Fragen stellen. Bitte, Gudrun, wie alt bist du?

Gudrun: Herr Lehrer, ich bin 10 Jahre alt (mein Alter ist . . .).

Lehrer: Ich danke dir, Gudrun, deine Antwort ist richtig. Und jetzt frage ich deinen Nachbarn Helmut: Helmut, Liebling aller Lehrer, wie spät ist es jetzt? Bitte antworte (bitte die Antwort)!

Helmut: Jetzt ist es 9 Uhr und 5 Minuten morgens.

Lehrer: Das, was du gesagt hast, stimmt auch (*wörtl.* deine Rede ist auch richtig). Danke, Helmut! Ich habe eine weitere (andere) Frage an dich (Helmut): Hast du eine Uhr?

Helmut: Ja, ich habe eine Uhr in (meinem) Anzug.

Lehrer: Hans, meine Frage ist jetzt an dich: Was bedeuten (*wörtl.* was ist
die Bedeutung von) die deutschen Wörter in der dritten Zeile
von Seite 5 (auf der fünften Seite) deines Arabischbuches (*wörtl.*
von deinem Buch zum Studieren des Arabischen) und wieviel
sind es?

Hans: Sie bedeuten: Haus, er las, Art, Kleid, Fluß und sauber. Es sind
sechs Wörter.

Lehrer: Hans, danke! Meine Frage (lautet) jetzt: Wieviel Stunden habt
ihr heute (*wörtl.* was ist die Zahl eurer Stunden heute)? Maria,
bitte antworte!

Maria: Wir haben heute 5 Stunden.

Lehrer: Danke, das stimmt! Schüler, habt ihr heute gleich viele Stunden
wie morgen (*wörtl.* ist die Zahl eurer Stunden heute die gleiche
Zahl eurer Stunden morgen)?

Schüler: Ja, wir haben morgen die gleiche Stundenzahl.

Lehrer: Gudrun, Helmut! Ich habe zwei Fragen an euch: Wie viele
Schülerinnen befinden sich jetzt in unserem Raum? Antworte du
bitte zuerst, Gudrun!

Gudrun: Es sind jetzt 4 Schülerinnen, mich eingerechnet (*wörtl.* sie sind
jetzt 4 Schülerinnen und ich gehöre zu ihnen).

Lehrer: Richtig, Gudrun, ich danke dir für die Antwort! Meine zweite
Frage ist für deinen Nachbarn Helmut: (Der Lehrer schaut auf
die erste Seite von dessen Heft auf dem Tisch). Hast du alle arabischen Vokabeln unserer gestrigen Stunde selbst geschrieben?

Helmut: Ja, Herr Lehrer. Ich habe sie alle selbst geschrieben, und mein
Vater hat mir zu Hause nicht geholfen.

Lehrer: Das ist ausgezeichnet. Du bist ein sehr gescheiter Schüler. Die
Buchstaben deiner Vokabeln sind schön. Du hast sie alle richtig
geschrieben. – Schüler, wo ist mein Sessel jetzt? Ist er in unserem
Raum?

Schüler: Nein, Herr Lehrer, der Sessel befindet sich jetzt nicht in unserem
Zimmer. Vor Beginn unserer heutigen Stunden hat ihn ein
anderer Lehrer in das Büro des Schulleiters genommen.

Lehrer: Ich brauche ihn. Deshalb frage ich dich, Helmut, bist du bereit,
mir zu helfen?

Helmut: Ja, ich bin's.

Lehrer: Also, auf ins Büro des Schulleiters, um zuerst nach meinem
Monatsgehalt und dann nach diesem schweren Sessel zu fragen
(*wörtl.* zum Fragen nach meinem monatlichen Gehalt als erstes
und zum Fragen nach . . . als zweites). Danke, Helmut und auf
Wiedersehen, Schüler, bis bald (*wörtl.* bis zum Treffen bald)
morgen früh!

Grammatik

A   Die maskulinen **Ordnungszahlen** von 1 bis 10 haben wir bereits kennengelernt, die femininen bis 10 werden regelmäßig durch Anhängen der Endung ة gebildet. Einzige Ausnahme: erste   ['uːlaː]   اولى

B   Die maskulinen Ordnungszahlen mit der Endung [-an] ا haben in Aufzählungen die Bedeutung: *erstens, zweitens* usw.

C   Die **Grundzahlen von 1 bis 10** lauten:

١	eins	['waːħid] (*m*)	واحد
		['waːħida] (*f*)	واحدة
٢	zwei	[iθ'naːn] (*m*)	اثنان
		[iθna'taːn] (*f*)	اثنتان
٣	drei	[θa'laːθ] (*m*)	ثلاث
		[θa'laːθa] (*f*)	ثلاثة
٤	vier	['arbaˤ] (*m*)	اربع
		['arbaˤa] (*f*)	اربعة
٥	fünf	[xams] (*m*)	خمس
		['xamsa] (*f*)	خمسة
٦	sechs	[sitt] (*m*)	ست
		['sitta] (*f*)	ستة
٧	sieben	[sabˤ] (*m*)	سبع
		['sabˤa] (*f*)	سبعة
٨	acht	[θa'maːnin] (*m*)	ثمان
		[θa'maːnija] (*f*)	ثمانية
٩	neun	[tisˤ] (*m*)	تسع
		['tisˤa] (*f*)	تسعة
١٠	zehn	[ˤaʃr] (*m*)	عشر
		['ˤaʃara] (*f*)	عشرة

Bei bloßer Zahlenanreihung werden für 1 und 2 die maskulinen, für 3 bis 10 aber die femininen Formen verwendet, z. B.

Telefonnummer 17 59 86   رقم الهاتف ٨٦ ٥٩ ١٧

رقم الهاتف واحد سبعة خمسة تسعة ثمانية ستة

[raqm al-'haːtif 'waːħid 'sabˤa 'xamsa 'tisˤa θa'maːnija 'sitta]

D   Welche Regeln gelten für die Zusammenstellung von den Grundzahlen 1–10 mit Substantiven?

1. Wie Adjektive werden **1** und **2** behandelt, also dem Bezugssubstantiv mit Genuskongruenz nachgestellt, z. B.:

ein Mann	[ˈradʒul ˈwaːħid]	رجل واحد
ein Auto	[saˈjjaːra ˈwaːħida]	سيارة واحدة
ein Mädchen	[bint ˈwaːħida]	بنت واحدة
zwei Männer	[radʒuˈlaːn iθˈnaːn]	رجلان اثنان
zwei Mädchen	[binˈtaːn iθnaˈtaːn]	بنتان اثنتان

Soll das Zahlwort nicht besonders betont werden, genügen jeweils [ˈradʒul] رجل, [saˈjjaːra] سيارة, [bint] بنت, [radʒuˈlaːn] رجلان, [sajjaːraˈtaːn] سيارتان, [binˈtaːn] بنتان.

2. Für die Zusammenstellung der Grundzahlen **3–10** mit Substantiven gilt:
   a) Ist das Substantiv im **Singular** maskulin, so muß die Grundzahl **feminin** sein:

   sechs Häuser   [ˈsittat buˈjuːt]   ستة بيوت

   Die Femininendung muß dabei wie bei den Substantivverbindungen (vgl.
4. Lekt. Abschn. B) [-at] ausgesprochen werden.
   b) Ist das Substantiv im Singular feminin, so muß die Grundzahl **maskulin** sein, z. B.:

   drei Bäume   [θaˈlaːθ aʃˈdʒaːr]   ثلاث اشجار

   c) die Zahlen stehen also gewöhnlich **vor** dem Substantiv, wenn dieses **unbestimmt** ist.
   d) Ist das Bezugssubstantiv dagegen **bestimmt,** so stehen die Grundzahlen im **bestimmten** Zustand danach, im übrigen gelten die Regeln 2a und 2b, z. B.:

   die sechs Häuser   [al-buˈjuːt as-ˈsitta]   البيوت الستة
   die drei Bäume   [al-aʃˈdʒaːr aθ-θaˈlaːθ]   الاشجار الثلاث

E   Zur unmittelbaren Verneinung des Subjekts wird das Verb [ˈlaisa] ليس „ist nicht" verwendet, z. B.:

Muhammad **ist nicht** hier.   [ˈlaisa Muˈħammad ˈhunaː]   ليس محمد هنا

[laisa] ليس kann auch zur Verneinung des **Besitzes** für die Gegenwart verwendet werden, z. B.

Dieses Buch **besitze** ich **nicht**.

['laisa li: 'ha:ða: al-ki'ta:b] ليس لى هذا الكتاب

Ich besitze kein Auto. ['laisa li: sa'jja:ra] ليس لى سيارة

['laisa] ist in allen Personen konjugierbar und wird dann auch oft im Sinne von „etwas nicht sein" verwendet, z. B.:

er ist kein Arzt	['laisa bi-tå'bi:b]	ليس بطبيب
sie ist keine Bäuerin	['laisat bi-fa'lla:ħa]	ليست بفلاحة
du (m) **bist kein** Schüler	['lasta bi-til'mi:ð]	لست بتلميذ
du (f) **bist nicht** groß	['lasti bi-ka'bi:ra]	لست بكبيرة
ich bin kein Ausländer	['lastu bi-'adʒnabi:]	لست باجنبى
sie (m/Plur.) **sind nicht** zufrieden	['laisu: bi-masru:'ri:n]	ليسوا بمسرورين
sie (f/Plur.) **sind nicht** beschäftigt	['lasna bi-maʃɣu:'la:t]	لسن بمشغولات
sie (m/Dual) **sind nicht** fern	['laisa: bi-baՎi:'dain]	ليسا ببعيدين
sie (f/Dual) **sind nicht** nah	['laisata: bi-qari:ba'tain]	ليستا بقريبتين
ihr (m/Plur.) **seid nicht** klein	['lastum bi-sɨ'ɣa:r]	لستم بصغار
ihr (f/Plur.) **seid nicht** stark	[las'tunna bi-qawi:'ja:t]	لستن بقويات
ihr (m/Dual) **seid nicht** schnell	['lastuma: bi-sari:'Վain]	لستما بسريعين
wir sind keine Freunde	['lasna: bi-åsdi'qa:ʔ]	لسنا باصدقاء

Beachten Sie den Lautwandel **ai – a** im Verb und den Anschluß mit der Präposition **bi**!

F Das Substantiv [nafs ('anfus, nu'fu:s)] (انفس ، نفوس) نفس hat eigentlich die Bedeutung „Seele, Selbst". Es wird wie [ɣair] غير (vgl. Lekt. 8, Abschn. M) konstruiert und kann die Bedeutungen „selbst, selber, dasselbe" haben, z. B.:

ich **selbst** tat es [fa'Վaltuhu: 'ana 'nafsi:] فعلته انا نفسى

oder: [fa'Վaltuhu: 'ana bi'nafsi:] فعلته انا بنفسى

der Herr Präsident **selbst** fragte uns

['saʔalana: as-'sajjid ar-ra'ʔi:s 'nafsuhu:] سألنا السيد الرئيس نفسه

sie nahmen alles **selbst**

['axaðu: kull ʃaiʔ bi-an'fusihim] اخذوا كل شيء بانفسهم

das ist **dasselbe** Buch ... ['ha:ða: **nafs** al-ki'ta:b] هذا نفس الكتاب

sie ist die **gleiche** Fahrerin ... ['hija **nafs** as-'sa:ʔiqa] هى نفس السائقة

Vergleichen Sie:

ich selbst	['nafsi:]	نفسى
jd. anders als ich	['ɣairi:]	غيرى
du selbst (m)	['nafsuk]	نفسك
jd. anders als du (m)	['ɣairuk]	غيرك
du selbst (f)	['nafsuki]	نفسك
jd. anders als du (f)	['ɣairuki]	غيرك
er selbst	['nafsuhu:]	نفسه
jd. anders als er	['ɣairuhu:]	غيره
sie selbst	['nafsuha:]	نفسها
jd. anders als sie	['ɣairuha:]	غيرها
wir selbst	[an'fusuna:]	انفسنا
jd. anders als wir	['ɣairuna:]	غيرنا
ihr selbst (m)	[an'fusukum]	انفسكم
jd. anders als ihr	['ɣairukum]	غيركم
ihr selbst (f)	[anfusu'kunna]	انفسكن
jd. anders als ihr	[ɣairu'kunna]	غيركن
sie selbst (m)	[an'fusuhum]	انفسهم
jd. anders als sie	['ɣairuhum]	غيرهم
sie selbst (f)	[anfusu'hunna]	انفسهن
jd. anders als sie	[ɣairu'hunna]	غيرهن

Im Sinne von „selbst" wird im Plural **niemals** [nu'fu:s] نفوس verwendet!

Übungen – تمارين

1. Übersetzen Sie

1. Der Herr Präsident sprach am Ende seines Besuchs in Deutschland mit drei großen Bankfachleuten.
2. Der Lehrer fragte die Schülerin: „Mädchen, wieviel Seiten hast du in diesem Buch gelesen?" – „Ich habe in ihm gestern ungefähr zehn Seiten gelesen und alles verstanden."
3. Diese Tat hat eine hervorragende Bedeutung.
4. Was heißt 'ra:tib auf deutsch? 'Ra:tib heißt auf deutsch „Gehalt".
5. Was kosten die beiden Reisebillets nach Beirut? Sie kosten sehr wenig, mein Fräulein!

6. Wieviel Stunden arbeitest du täglich in den beiden Restaurants deines Vaters? – Ich arbeite dort täglich etwa acht Stunden. – Bekommst du viel Geld für deine Tätigkeit? – Für jede Arbeitsstunde bekomme ich zehn Mark. – Das ist ein hoher Betrag, Nabil! Zu welcher Zeit beginnt dort deine Arbeit? – Ich beginne um sechs Uhr früh mit der Arbeit im ersten Restaurant. Das Ende meiner Arbeit ist dort um zehn Uhr vormittags. Dann arbeite ich im zweiten Restaurant, das nah beim ersten liegt, von mittags bis 4 Uhr nachmittags. – Nabil, wie spät ist es jetzt? – Jetzt ist es acht Uhr abends. Das Wetter ist sehr schön. Auf in mein Haus! In seinem Garten werden wir unser Abendbrot einnehmen, mein Freund. Ich brauche Lebensmittel für das Abendbrot, zum Beispiel ein wenig Milch und Obst.

7. Ist Fräulein Samira im Bankbüro? – Sie ist nicht dort. Sie ist krank. Deshalb ist sie zu Hause. Der Arzt ist jetzt bei ihr.

8. Was ist dein Beruf? Bist du Beamter bei der Post? – Nein, ich bin kein Postbeamter. Ich bin Fahrer in einer Möbelfabrik.

9. Wer sind die Männer dort? Sind es Bauern? – Nein, es sind keine Bauern. Es sind ausländische Fahrer.

10. Ist eure Familie groß? – Nein, sie ist nicht groß. Das ist unsere Familie: Vater, Mutter, mein kleiner Bruder und ich.

11. Ist diese Bekanntmachung in der Zeitung geschrieben worden (= *hat man – 3. Pers. Plur. m*)? – Nein, diese Bekanntmachung ist nicht in der Zeitung. Man schrieb sie an die Wand des Postamts.

12. Meine Schüler, wie alt seid ihr? – Wir sind zwischen acht und zehn Jahre alt. – Seid ihr erwachsen (groß)? – Nein, wir sind nicht groß, wir sind Kinder.

13. Wer hat das getan? – Wir selbst haben es getan.

14. Zuerst betrat der Oberingenieur das Büro, dann der Herr Werkleiter selbst.

15. Wann seid ihr nach Berlin gereist? – Wir sind in der dritten Woche nach Sommeranfang dorthin gereist. – Und ihr? Wann seid ihr gefahren? Wir sind in der gleichen Woche gefahren.

16. Ich selbst bin krank. Meine Seele ist krank.

2. Übersetzen Sie und achten Sie auf die Unterschiede:

1. **ein** schwerer Koffer – zwei lange Gespräche – die zwei langen Gespräche.

2. drei wichtige Bekanntmachungen – die drei wichtigen Bekanntmachungen.

3. vier teure Waren – die vier teuren Waren.

4. fünf berühmte Männer – die fünf berühmten Männer.

5. sechs neue ausländische Lehrerinnen – die sechs neuen ausländischen Lehrerinnen.

3. Übersetzen Sie zunächst, dann fragen Sie und verneinen anschließend mit ليس [ˈlaisa] :

1. Deine vier intelligenten Söhne sind heute in der Lampenfabrik.

2. Der Preis für deine drei großen Hefte ist gering.

3. Die Gebühr für die beiden Briefe von ihnen (*Dual*) ist hoch.

4. Unsere vier Kleider sind schön.

5. Die fünf Zimmer unserer Schule sind groß.

6. Unser Arzt ist sehr erfahren.

7. Die neun Ärzte unserer Stadt sind alle sehr nett.

11. Lektion
الدرس الحادى عشر

> Grund- und Ordnungszahlen von 11–1000; Wochentage und Monatsnamen, wichtige Farbadjektive; Uhrzeit.

Text

شعرت ببرد في الوجه بعد عودتي إلى ألمانيا من السفر إلى ليبيا . غيرت بدلتي الخفيفة بسترة وسروال شتائين ، ثم غادرت بيتي ، فقابلت طبيبي الخاص في الشارع في لحظة خروجي من البيت . هو رجل إشتهر بمهنته في كل محل من المدينة . سألني طبيبي بعد التحية « كيف أنت بعد عودتك من ليبيا ؟ » – « لست بخير ، يا سيدي الطبيب ، أخذت برداً قوياً . » – « أنا آسف ، منظر وجهك وجسمك في حالة غير جيدة . أجل ، أنت مريض . هذا ما الاحظه لديك . هناك صيدلية قريبة من محلنا هذا . ستأخذ دواء جاهزاً في زجاجة صغيرة . هيا بنا . » وفي الطريق إلى الصيدلية يتحدث الطبيب معي عن عمله

المهم وأتحدث معه كذلك عن سفري إلى ليبيا. ندخل إلى الصيدلية. يسألنا الموظف فيها: « تفضلا، يا سيدي، هل أنتما بحاجة إلى شيء من صيدليتنا؟ » – « أجل، يا سيدي، صديقي المريض بحاجة إلى دواء خاص بالبرد! » الموظف: « هاك دواءً جيداً جداً، يا سيدي! » أنا: « بكم الدواء؟ » الموظف: « ثمن الدواء عشرة ماركات. تفضل، هذا هو الدواء وهاك الحساب كذلك! » أنا: « دواؤك غال، يا سيدي! » الموظف: « صحيح، وهو ممتاز كذلك، ولذلك فثمنه غير رخيص! » الطبيب: « الدواء هدية مني لك، يا صديقي! » أنا: « شكراً، يا صديقي، أنت كريم جداً. » في نهاية زيارتنا للصيدلية يسأل الطبيب الموظف « ملك من الصيدلية؟ » الموظف: « هي ملك قريب لي وأنا أعمل هنا عملاً حراً. » الطبيب وأنا: « طيب، يا سيدي، مع السلامة! » الموظف « في أمان الله، يا سيدي » !

محادثة – Gespräch

(في مكتب إستعلامات معمل كبير، ينتج أجهزة تليفزيون أبيض أسود وملون. الوقت مساءً. نور مصباح المكتب قوي. موظف الإستعلامات يدخل إلى الغرفة ويغلق نافذتيها. عند النافذتين ستارتان سمراوان. في الغرفة هذا الأثاث: أربعة كراسي مريحة ومائدة كبيرة وخزانتان. على المائدة أزهار حمراء وزرقاء. بعد لحظات من دخول الموظف إلى الغرفة يدخل إليها رجل طويل، يلبس سروالاً أسمر وقميصاً أسود. في يده قبعة سوداء.)

الرجل: مساء الخير، يا سيدي. عندي أسئلة لك.

الموظف: مساء النور، يا سيدي، تفضل بالجلوس.

الرجل: شكراً (يجلس إلى كرسي يمين الموظف) متى بدأ المعمل بانتاج
أجهزة التليفزيون؟

الموظف: تاريخ بداية إنتاج أجهزة التليفزيون في معملنا هو تسع وعشرون
يناير سنة ألف وتسع مئة وإثنتين وخمسين ومعنى هذا: المعمل بدأ
بالإنتاج قبل سبع وعشرين سنة تقريباً ويبلغ إنتاج الأجهزة الآن
عدداً عظيماً.

الرجل: ومتى بدأتم بإنتاج أجهزة التليفزيون الملون الممتازة؟

الموظف: بدأنا به قبل عشر سنوات تقريباً.

الرجل: عندي كتابٌ حديث عن معملكم، قرأت فيه هذا: بدأ إنتاج أجهزة
التليفزيون الملون قبل سبع وعشرين سنة كذلك. هل هذا صحيح؟

الموظف: تفضل بالكتاب، يا سيدي.

الرجل: هاك الكتاب!

(الموظف يأخذه من يد الرجل ويقرأ فيه قليلاً) لا، هذا ليس
بصحيح، فمن كتب هذا الكتاب أخطأ خطأً كبيراً.

الرجل: شكراً على أجوبتك هذه وإلى اللقاء.

الموظف: مع السلامة، يا سيدي.

Umschrift

Text

ʃaʕartu bi-bard fi: al-wadʒh ˈbaʕda ˈʕaudati: ila: Alˈmanja: min as-ˈsafar
ˈila: ˈLi:bija:. ɣaˈjjartu ˈbadlati: al-xaˈfi:fa bi-ˈsutra wa sirˈwa:l ʃita:ʔi:ˈjain,
ˈθumma ɣa:ˈdartu ˈbaiti:, faqaˈbaltu tåˈbi:bi: al-xå:ss fi: aʃ-ˈʃa:riʕ fi: ˈlaħzåt
xuˈru:dʒi: min al-bait. ˈhuwa ˈradʒul iʃˈtahar bi-mihˈnatihi: fi: kull maˈħall
min al-maˈdi:na. ˈsaʔalani: tåˈbi:bi: ˈbaʕda at-taˈħi:ja: ,,ˈkaifa ˈanta ˈbaʕda
ˈʕau'datik min ˈLi:bija:?" – ,,ˈlastu bi'xair, ja: ˈsajjidi: åt-tåˈbi:b. a'xaðtu
ˈbardan qaˈwi:jan." – ,,ˈana ˈa:sif, ˈmanzår ˈwadʒhik wa ˈdʒismik fi: ˈħa:la
ɣair ˈdʒajjida. ˈadʒal, ˈanta maˈri:ð. ˈha:ða: ma: uˈla:ħizohu: laˈdaik.
huˈna:k såidaˈli:ja qaˈri:ba min maˈħallina. ˈha:ða:. saˈtaʔxuð daˈwa:ʔan
ˈdʒa:hizan fi: zuˈdʒa:dʒa såˈɣi:ra. ˈhajja: ˈbina:!"

wa fiː åt-tåˈriːq ˈila: ås-såidaˈliːja jataˈħaddaθ åt-tåˈbiːb ˈmaʕiː ʕan
ʕaˈmalihi: al-muˈhimm wa ataˈħaddaθ ˈmaʕahu: kaˈθaːlik ʕan ˈsafari: ˈila:
ˈLiːbija:. ˈnadxul ˈila: ås-såidaˈliːja. jasˈʔaluna: al-muˈwåzzåf ˈfiːha:
- „taˈfåđđåla:, ja: sajjiˈdaija, hal ˈantuma: bi-ˈħaːdʒa ˈila: ʃaiʔ min
  såidaliˈjatina: ?“
- „ˈadʒal, ja: ˈsajjidi:, såˈdiːqi: al-maˈriːđ biˈħaːdʒa ˈila: daˈwa:ʔ xåːss bil-
  bard!“

al-muˈwåzzåf: „haːk daˈwa:ʔan ˈdʒajjidan ˈdʒiddan, ja: ˈsajjidi:!“
ˈana: „biˈkam ad-daˈwa:ʔ?“
al-muˈwåzzåf: „ˈθaman ad-daˈwa:ʔ ˈʕaʃrat maːrˈkaːt. taˈfåđđål,
                   ˈhaːða: ˈhuwa ad-daˈwa:ʔ wa haːk al-ħiˈsaːb
                   kaːðaːlik!“
ˈana: „daˈwa:ʔuk ˈɣaːlin, ja: ˈsajjidi:!“
al-muˈwåzzåf: „såˈħiːħ, wa huwa mumˈtaːz kaˈðaːlik! wa liˈðaːlik,
                   faθaˈmanuhu: ɣair raˈxiːs!“
åt-tåˈbiːb: „ad-daˈwa:ʔ haˈdiːja ˈminni: lak, ja: såˈdiːqi:!“
ˈana: „ˈʃukran, ja: såˈdiːqi:, ˈanta kaˈriːm ˈdʒiddan!“ fi:
                   niˈhaːjat zijaːˈratina: lis-såidaˈliːja ˈjasʔal åt-tåˈbiːb
                   al-muˈwåzzåf: - „milk man ås-såidaˈliːja?“
al-muˈwåzzåf: „ˈhija milk qaˈriːb li: wa ˈana ˈaʕmal ˈhuna: ˈʕamalan
                   ˈħurran.“
åt-tåˈbiːb wa ˈana: „ˈtåjjib, ja: ˈsajjidi:, ˈmaʕa as-saˈlaːma!“
al-muˈwåzzåf: „fi: aˈmaːnillaːh, ja: sajjiˈdaija!“

Gespräch

(fi: ˈmaktab istiʕlaːˈmaːt ˈmaʕmal kaˈbiːr ˈjuntidʒ ˈadʒhizat tiliːfizˈjuːn
ˈabjåđ ˈaswad wa muˈlawwan. al-waqt maˈsa:ʔan. nuːr misˈbaːħ al-ˈmaktab
qaˈwiːj. muˈwåzzåf al-istiʕlaːˈmaːt ˈjadxul ˈila: al-ˈɣurfa wa ˈjuɣliq
naˈfiða ˈtaiha:.
ˈʕinda an-naːfiðaˈtain sitaraˈtaːn samraːˈwaːn. fi: al-ˈɣurfa ˈhaːða: al-aˈθaːθ:
ˈarbaʕat kaˈraːsiːj muˈriːħa wa ˈmaːʔida kaˈbiːra wa xizaːnaˈtaːn. ˈʕala: al-
ˈmaːʔida azˈhaːr ħamˈra:ʔ wa zarˈqa:ʔ. ˈbaʕda laħaˈzåːt min duˈxuːl al-
muˈwåzzåf ˈila: al-ˈɣurfa ˈjadxul iˈlaiha: ˈradʒul tåˈwiːl ˈjalbas sirˈwaːlan
ˈasmar wa qaˈmiːsån ˈaswad. fi: ˈjadihi: quˈbbaʕa sauˈda:ʔ.)
ar-radʒul: maːsa:ʔ al-xair, ja: ˈsajjidi:, ˈʕindi: ˈasʔila lak.
al-muˈwåzzåf: maˈsa:ʔ an-nuːr, ja: ˈsajjidi:, taˈfåđđål bil-dʒuˈluːs!
ar-ˈradʒul: ˈʃukran! (ˈjadʒlis ˈila: ˈkursiːj jaˈmiːn al-muˈwåzzåf)
                   ˈmata: ˈbadaʔ al-ˈmaʕmal bi-inˈtaːdʒ ˈadʒhizat at-
                   tiliːfizˈjuːn?
al-muˈwåzzåf: taˈriːx biˈdaːjat inˈtaːdʒ ˈadʒhizat at-tiliːfizˈjuːn fi:
                   maʕˈmalina: ˈhuwa tisʕ wa ʕiʃˈruːn jaˈnaːjir ˈsanat alf
                   wa tisʕ ˈmiʔa wa iθnaˈtain wa xamˈsiːn wa ˈmaʕna:
                   ˈhaːða:: al-ˈmaʕmal ˈbadaʔ bil-inˈtaːdʒ ˈqabla sabʕ wa

ʕiʃˈriːn ˈsana taqˈriːban wa ˈjabluɣ inˈtaːdʒ al-ˈadʒhiza
al-aːn ˈʕadadan ʕaˈzɨːman.

ar-ˈradʒul: wa ˈmataː baˈdaʔtum bi-inˈtaːdʒ ˈadʒhizat at-
                  tiliːfizˈjuːn al-muˈlawwan al-mumˈtaːza ?

al-muˈwâzzâf: baˈdaʔna: bihi: ˈqabla ˈʕaʃr sanaˈwaːt taqˈriːban.

ar-ˈradʒul: ˈʕindi: kiˈtaːb ħaˈdiːθ ʕan maʕˈmalikum, qaˈraʔtu
                  ˈfiːhi: ˈhaːðaː: ˈbadaʔ inˈtaːdʒ ˈadʒhizat at-tiliːfizˈjuːn
                  al-muˈlawwan ˈqabla sabʕ wa ʕiʃˈriːn ˈsana kaˈðaːlik.
                  hal ˈhaːðaː sâˈħiːħ ?

al-muˈwâzzâf: taˈfâḍḍâl bil-kiˈtaːb, ja: ˈsajjidi:!

ar-ˈradʒul: haːk al-kiˈtaːb!
                  (al-muˈwâzzâf jaˈxuðuhu: min jad ar-ˈradʒul wa ˈjaqraʔ
                  ˈfiːhi: qaˈliːlan): laː, ˈhaːðaː ˈlaisa bisâˈħiːħ, faman
                  ˈkatab ˈhaːðaː al-kiˈtaːb, ˈaxtâʔ ˈxâtâʔan kaˈbiːran!

ar-ˈradʒul: ˈʃukran ˈʕala: adʒwiˈbatik ˈhaːðihi: wa ˈila: al-liˈqaːʔ!

al-muˈwâzzâf: ˈmaʕa as-saˈlaːma, ja: ˈsajjidi:!

Vokabeln – مفردات

elfter	[ˈħaːdija ˈʕaʃara] حادى عشر	da hast du!	[haːk] هاك
Gesicht	[wadʒh] وجه	(Pl.	[ˈhaːkum] هاكم)
(Pl.	[wuˈdʒuːh] وجوه)	wieviel kostet ?	[biˈkam ?] بكم
Rückkehr	[ˈʕauda] عودة	Geschenk	[haˈdiːja] هدية
Jacke, Jackett	[ˈsutra] سترة	(Pl.	[haˈdaːjaː] هدايا)
(Pl.	[ˈsutar] ستر)	großzügig, freigebig	[kɒˈriːm] كريم
Hose	[sirˈwaːl] سروال	(Pl.	[kuraˈmaːʔ] اكرماء)
(Pl.	[saraːˈwiːl] سراويل)	(Komp.	[ˈakram] اكرم)
besonders,	[xâːss] خاص	Besitz, Eigentum	[milk] ملك
privat; speziell für		(Pl.	[amˈlaːk] املاك)
Augenblick	[ˈlaħzâ] لحظة	frei	[ħurr] حر
Ort, Stelle	[maˈħall] محل	(Pl.	[aħˈraːr] احرار)
(Pl.	[maħaˈllaːt] محلات)	Gespräch:	
Körper	[dʒism] جسم	Information	[istiʕˈlaːm] استعلام
(Pl.	[adʒˈsaːm] اجسام)	(Pl.	[istiʕlaːˈmaːt] استعلامات)
Zustand, Lage	[ˈħaːla] حالة	Gerät	[dʒiˈhaːz] جهاز
Apotheke	[sâidaˈliːja] صيدلية	(Pl.	[ˈadʒhiza] اجهزة)
Arznei	[daˈwaːʔ] دواء	Fernsehen	[tiliːfizˈjuːn] تليفزيون
(Pl.	[ˈadwija] ادوية)	weiß	[ˈabjâḍ] ابيض
fertig, bereit	[ˈdʒaːhiz] جاهز	(f	[baiˈḍâːʔ] بيضاء)
Flasche	[zuˈdʒaːdʒa] زجاجة	(Pl.	[biːḍ] بيض)

schwarz	[ˈaswad] اسود		Hut	[quˈbbaʕa] قبعة
(f	[sauˈdaː] سوداء)		wann?	[ˈmataː] متى
(Pl.	[suːd] سود)		Datum; Geschichte	[taˈriːx] تاريخ
Licht	[nuːr] نور		(Pl.	[tawaːˈriːx] تواريخ)
(Pl.	[anˈwaːr] انوار)		Januar	[jaˈnaːjir] يناير
Vorhang	[siˈtaːra] ستارة		zwanzig	[ʕiʃˈruːn] عشرون
(Pl.	[saˈtaːʔir] ستائر)		dreißig	[θalaːˈθuːn] ثلاثون
braun	[ˈasmar] اسمر		vierzig	[arbaˈʕuːn] اربعون
(f	[samˈraːʔ] سمراء)		fünfzig	[xamˈsuːn] خمسون
(Pl.	[sumr] سمر)		sechzig	[siˈttuːn] ستون
Blume	[ˈzahra] زهرة		siebzig	[sabˈʕuːn] سبعون
(Pl.	[azˈhaːr] ازهار)		achtzig	[θamaːˈnuːn] ثمانون
rot	[ˈaħmar] احمر		neunzig	[tisˈʕuːn] تسعون
(f	[ħamˈraːʔ] حمراء)		hundert	[ˈmiʔa] مئة
(Pl.	[ħumr] حمر)		tausend	[alf] الف
blau	[ˈazraq] ازرق		(Pl.	[aːˈlaːf] آلاف)
(f	[zarˈqaːʔ] زرقاء)		*Übungen:*	
(Pl.	[zurq] زرق)		Viertel	[rubʕ] ربع
Hemd	[qaˈmiːs] قميص		Drittel	[θulθ] ثلث
(Pl.	[qumˈsåːn] قمصان)		Hälfte	[nisf] نصف

Verbformen

fühlen, spüren	شعر [ˈʃaʕar]، يشعر [jaʃʕur]، شعور [ʃuˈʕuːr]
treffen	قابل [ˈqaːbal]، يقابل [juˈqaːbil]، مقابلة [muˈqaːbala]
bekannt sein *oder* werden	اشتهر [iʃˈtahar]، يشتهر [jaʃˈtahir]، اشتهار [iʃtiˈhaːr]
bemerken	لاحظ [ˈlaːħaz]، يلاحظ [juˈlaːħiz]، ملاحظة [muˈlaːħazå]
erzählen, sprechen	تحدث [taˈħadduθ]، يتحدث [jataˈħaddaθ]، تحدث [taˈħaddaθ]
herstellen	انتج [ˈantadʒ]، ينتج [ˈjuntidʒ]، انتاج [inˈtaːdʒ]
anziehen, tragen	لبس [ˈlabis]، يلبس [ˈjalbas]، لبس [lubs]
erreichen	بلغ [ˈbalaɣ]، يبلغ [ˈjabluɣ]، بلوغ [buˈluːɣ]
Fehler machen	اخطأ [ˈaxtåʔ]، يخطيء [ˈjuxtiʔ]، اخطاء [ixˈtåːʔ]

Text

Ich spürte eine Erkältung im Gesicht, nachdem ich von meiner Reise nach Libyen nach Deutschland zurückgekehrt war. Ich wechselte meinen leichten Anzug mit einem Jackett und einer Hose für den Winter (Winterjackett und -hose) und verließ das Haus. Gerade als ich aus dem Haus trat (*wörtl.* im Augenblick meines Hinausgehens), begegnete ich meinem Privatarzt auf der Straße. Er ist ein Mann, an jedem Ort in der Stadt bekannt durch seinen Beruf (*wörtl.* er ist ein Mann, der durch seinen Beruf an jeder Stelle der Stadt bekannt wurde). Nach der Begrüßung fragte mich mein Arzt: ,,Wie geht es Ihnen nach Ihrer Rückkehr aus Libyen?" – ,,Herr Doktor, mir geht es nicht gut. Ich habe mich stark erkältet (*wörtl.* ich habe eine starke Kälte genommen)." ,,Das tut mir leid. Sie sehen im Gesicht und überhaupt nicht gut aus (*wörtl.* das Aussehen Ihres Gesichts und Ihrer Gestalt ist nicht gut). Jawohl, Sie sind krank! Das kann ich an Ihnen feststellen (*wörtl.* das ist es, was ich an Ihnen bemerke). Es gibt eine Apotheke, nahe bei dem Platz, wo wir uns befinden (*wörtl.* dort ist eine Apotheke, eine nahe von dieser unserer Stelle). Sie werden ein fertiges Medikament in einer kleinen Flasche nehmen. Gehen wir!" – Auf dem Weg zur Apotheke unterhält sich der Arzt mit mir über seine wichtige Tätigkeit, und ich unterhalte mich mit ihm auch über meine Reise nach Libyen. Wir gehen in die Apotheke hinein. Der Angestellte darin (= in ihr) fragt uns: ,,Bitte schön, meine Herren *(Dual!)*, brauchen Sie etwas aus unserer Apotheke?" – ,,Ja, mein Herr, mein kranker Freund braucht eine Arznei speziell (gegen) Erkältung." – Angestellter: ,,Da haben Sie eine sehr gute Arznei, mein Herr!" – Ich: ,,Wieviel kostet das Medikament?" – Angestellter: ,,Die Arznei kostet 10 Mark (*wörtl.* der Preis der Arznei ist . . .). Bitte schön, das ist das Medikament, und da haben Sie auch die Rechnung!" Ich: ,,Mein Herr, Ihre Arznei ist teuer!" Angestellter: ,,Richtig, sie ist (aber) auch vortrefflich, und daher ist ihr Preis nicht billig!" Arzt: ,,Mein Freund, die Arznei ist ein Geschenk von mir für Sie." Ich: ,,Danke, mein Freund, Sie sind sehr großzügig!" Am Schluß unseres Besuchs in der Apotheke fragt der Arzt den Angestellten: ,,Wem gehört die Apotheke (*wörtl.* Besitz wessen ist die Apotheke)?" Angestellter: ,,Sie gehört einem Verwandten von mir, und ich arbeite hier als freier Mitarbeiter (*wörtl.* ein freies Arbeiten)." Arzt und ich: ,,Gut, mein Herr, auf Wiedersehen!" Angestellter: ,,Auf Wiedersehen, meine Herren!"

Gespräch

(Im Informationsbüro einer großen Fabrik für Schwarz-Weiß- und Farbfernsehgeräte (*wörtl.* . . . einer großen Fabrik, die . . . herstellt). Es ist Abend (*wörtl.* die Zeit ist am Abend). Das Licht der Lampe im Büro ist stark. Der Informationsangestellte betritt den Raum und schließt dessen (beide) Fenster. An den Fenstern sind (zwei) braune Vorhänge. Im Raum sind (folgende) Möbel: 4 bequeme Sessel, 1 großer Tisch und 2 Schränke. Auf dem Tisch sind rote und blaue Blumen. Wenige Augenblicke nach dem Angestellten tritt ein hochgewachsener Mann ein (*wörtl.* nach Augenblicken vom Eintreten des Angestellten in den Raum tritt in ihn ein . . .), der eine braune Hose und ein schwarzes Hemd trägt. In der Hand hat er einen schwarzen Hut.)

Mann: Guten Abend, mein Herr. Ich habe (ein paar) Fragen an Sie.
Angestellter: Guten Abend, mein Herr, bitte nehmen Sie Platz!
Mann: Danke! (Setzt sich auf einen Sessel rechts vom Angestellten). Wann begann das Werk mit der Herstellung der Fernsehgeräte?
Angestellter: Das Datum, an dem die Herstellung der Fernsehgeräte in unserem Werk begann (*wörtl.* das Datum des Beginns der Herstellung . . .), ist der 29. Januar 1952, d. h. (die Bedeutung von diesem ist) das Werk nahm die Produktion vor rund 27 Jahren auf. Sie erreicht gegenwärtig eine sehr hohe Stückzahl (*wörtl.* die Produktion erreicht jetzt eine beträchtliche Zahl von den Geräten).
Mann: Wann begannen Sie mit der Herstellung der ausgezeichneten Farbfernsehgeräte?
Angestellter: Wir begannen damit vor etwa 10 Jahren.
Mann: Ich habe ein gerade erschienenes (neues) Buch über Ihr Werk. Darin habe ich folgendes gelesen: Die Herstellung der Farbfernsehgeräte begann auch vor 27 Jahren. Stimmt das?
Angestellter: Bitte (geben Sie mir) das Buch!
Mann: Bitte schön! (da haben Sie das Buch!) (Der Angestellte nimmt es aus der Hand des Mannes entgegen und liest ein wenig darin – *wörtl.* in ihm).
Angestellter: Nein, das stimmt nicht. Wer dieses Buch geschrieben hat, hat einen großen Fehler gemacht.
Mann: Danke für (diese) Ihre Antworten und auf Wiedersehen!
Angestellter: Mein Herr, auf Wiedersehen!

Grammatik

A Die **Grundzahlen von 11 bis 19** lauten:

١١	11	['aħada 'ʕaʃara] *m*	احد عشر
		['iħda: 'ʕaʃrata] *f*	احدى عشرة
١٢	12	['iθna: 'ʕaʃara] *m*	اثنا عشر
		['iθnata: 'ʕaʃrata] *f*	اثنتا عشرة
١٣	13	[θa'la:θata 'ʕaʃara] *m*	ثلاثة عشر
		[θa'la:θa 'ʕaʃrata] *f*	ثلاث عشرة
١٤	14	[ar'baʕata 'ʕaʃara] *m*	اربعة عشر
		['arbaʕa 'ʕaʃrata] *f*	اربع عشرة
١٥	15	['xamsata 'ʕaʃara] *m*	خمسة عشر
		['xamsa 'ʕaʃrata] *f*	خمس عشرة
١٦	16	['sittata 'ʕaʃara] *m*	ستة عشر
		['sitta 'ʕaʃrata] *f*	ست عشرة
١٧	17	['sabʕata 'ʕaʃara] *m*	سبعة عشر
		['sabʕa 'ʕaʃrata] *f*	سبع عشرة

١٨ 18   [θama:'nijata 'ʕaʃara] *m*   ثمانية عشر

                         [θa'ma:nija 'ʕaʃrata] *f*   ثماني عشرة

١٩ 19   ['tisʕata 'ʕaʃara] *m*   تسعة عشر

                         ['tisʕa 'ʕaʃrata] *f*   تسع عشرة

Von ihnen ist nur **12** nach Präpositionen oder Verben abwandelbar, z. B.

von zwölf . . .   [min iθ'**nai** 'ʕaʃara . . .]   من اثني عشر

wir schrieben zwölf . . .   [ka'tabna: iθ'**nai** 'ʕaʃara . . .]   كتبنا اثني عشر

B   Das gezählte Wort steht nach diesen Zahlen grundsätzlich im **Singular**; wenn es ein **maskulines** Substantiv ist, erhält es zusätzlich die Endung [-an] ١, z. B.:

elf Vokabeln	['aħada 'ʕaʃara 'mufrad**an**]	احد عشر مفردا
elf Schulen	['iħda: 'ʕaʃrata 'madrasa]	احدى عشرة مدرسة
zwölf Übungen	['iθna: 'ʕaʃara tam'ri:n**an**]	اثنا عشر تمرينا
zwölf Bäume	['iθnata: 'ʕaʃrata 'ʃadʒara]	اثنتا عشرة شجرة

Diese beiden Zahlen stimmen also voll mit dem Genus des gezählten Wortes im Singular überein.

dreizehn Häuser	[θa'la:θata 'ʕaʃara 'bait**an**]	ثلاثة عشر بيتا
dreizehn Fenster	[θa'la:θa 'ʕaʃrata 'na:fiða]	ثلاث عشرة نافذة
vierzehn Namen	[ar'baʕata, 'ʕaʃara 'ism**an**]	اربعة عشر اسما
vierzehn Zeitungen	['arbaʕa 'ʕaʃrata dʒa'ri:da]	اربع عشرة جريدة
fünfzehn Buchstaben	['xamsata 'ʕaʃara 'ħarf**an**]	خمسة عشر حرفا
fünfzehn Zimmer	['xamsa 'ʕaʃrata 'ɣurfa]	خمس عشرة غرفة
sechzehn Titel	['sittata 'ʕaʃara ʕun'wa:n**an**]	ستة عشر عنوانا
sechzehn Briefe	['sitta 'ʕaʃrata ri'sa:la]	ست عشرة رسالة
siebzehn Monate	['sabʕata 'ʕaʃara 'ʃahr**an**]	سبعة عشر شهرا
siebzehn Schränke	['sabʕa 'ʕaʃrata xi'za:na]	سبع عشرة خزانة
achtzehn Orte	[θama:'nijata 'ʕaʃara 'balad**an**]	ثمانية عشر بلدا
achtzehn Koffer	[θa'ma:nija 'ʕaʃrata ħa'qi:ba]	ثماني عشرة حقيبة
neunzehn Tage	['tisʕata 'ʕaʃara 'jaum**an**]	تسعة عشر يوما
neunzehn Autos	['tisʕa 'ʕaʃrata sa'jja:ra]	تسع عشرة سيارة

Die **Einer** der zusammengesetzten Zahlen **13–19** haben also immer das umgekehrte Geschlecht des gezählten Wortes.

C Genau wie im Deutschen ist die Zusammensetzung der Zahlen zwischen den Zehnergruppen unter und über **100**, z. B.:

٢١ ein**und**zwanzig   [ˈwaːħid wa ʕiʃˈruːn]   و حد وعشرون

٢٢ zwei**und**zwanzig   [iθˈnaːn wa ʕiʃˈruːn]   اثنان وعشرون

usw.

D Nach den Grundzahlen von **20–99** steht ein maskulines Substantiv mit [-an] ‍ا, z. B.:

siebenundfünfzig Tage   [ˈsabʕa wa xamˈsuːn ˈjaum**an**]   سبعة وخمسون يوما

Auch hier gilt die Genusregel aus Lektion 10, Abschn. D, 2.

E Die gezählten Wörter stehen nach den Zahlen von **100** an aufwärts in Abhängigkeit vom **letzten** Zahlglied, z. B.:

103 Schüler   [ˈmiʔa wa θaˈlaθat talaːˈmiːð]   مئة وثلاثة تلاميذ

113 Schülerinnen   [ˈmiʔa wa θaˈlaːθa ˈʕaʃrata tilˈmiːða]   مئة وثلاث عشرة تلميذة

F Sollen die gezählten Wörter bestimmt werden, so treten sie stets im **bestimmten** Plural vor den Zahlausdruck, der dann auch im **bestimmten** Zustand stehen muß, z. B.:

die 14 Schüler   [at-talaːmiːð al-arˈbaʕata ˈʕaʃar]   التلاميذ الاربعة عشر

die 14 Schülerinnen   [at-tilmiːˈðaːt al-ˈarbaʕa ˈʕaʃrata]   التلميذات الاربع عشرة

G Die **Ordnungszahlen** von **11–19** lauten:

١١	11.	[al-ˈħaːdija ˈʕaʃara] *m*	الحادى عشر
		[al-ˈħaːdijata ˈʕaʃrata] *f*	الحادية عشرة
١٢	12.	[aθ-ˈθaːni ˈʕaʃara] *m*	الثانى عشر
		[aθ-ˈθaːnijata ˈʕaʃrata] *f*	الثانية عشرة
١٣	13.	[aθ-ˈθaːliθa ˈʕaʃara] *m*	الثالث عشر
		[aθ-ˈθaːliθata ˈʕaʃrata] *f*	الثالثة عشرة
١٤	14.	[ar-ˈraːbiʕa ˈʕaʃara] *m*	الرابع عشر
		[ar-ˈraːbiʕata ˈʕaʃrata] *f*	الرابعة عشرة
١٥	15.	[al-ˈxaːmisa ˈʕaʃara] *m*	الخامس عشر
		[al-ˈxaːmisata ˈʕaʃrata] *f*	الخامسة عشرة
١٦	16.	[as-ˈsaːdisa ˈʕaʃara] *m*	السادس عشر
		[as-ˈsaːdisata ˈʕaʃrata] *f*	السادسة عشرة
١٧	17.	[as-ˈsaːbiʕa ˈʕaʃara] *m*	السابع عشر
		[as-ˈsaːbiʕata ˈʕaʃrata] *f*	السابعة عشرة

١٨   18.   [aθ-ˈθaːmina ˈʕaʃara] m   الثامن عشر
                            [aθ-ˈθaːminata ˈʕaʃrata] f   الثامنة عشرة
١٩   19.   [at-ˈtaːsiʕa ˈʕaʃara] m   التاسع عشر
                            [at-ˈtaːsiʕata ˈʕaʃrata] f   التاسعة عشرة

Mit den gezählten Wörtern werden sie wie **Adjektive** behandelt, also nachgestellt, z. B.:

die **19.** Lektion   [ad-dars at-ˈtaːsiʕa ˈʕaʃara]   الدرس التاسع عشر

die **13.** Schülerin   [at-tilˈmiːða aθ-ˈθaːliθata ˈʕaʃrata]   التلميذة الثالثة عشرة

H   Die Ordnungszahlen der Zehnergruppen unterscheiden sich von
den entsprechenden Grundzahlen lediglich durch die **Artikelsetzung**, z. B.:

die **20.** Lektion   [ad-dars al-ʕiʃˈruːn]   الدرس العشرون
in der **20.** Lektion   [fiː ad-dars al-ʕiʃˈriːn]   فى الدرس العشرين

Das gilt natürlich auch für die zusammengesetzten Ordnungszahlen, z. B.:

die **23.** Lektion   [ad-dars aθ-ˈθaːliːθ wa al-ʕiʃˈruːn]   الدرس الثالث و العشرون

I   Die Namen der **Wochentage** und **Monate** lauten:

Montag	[(jaum) al-iθˈnain]	يوم الاثنين
Dienstag	[aθ-θulaːˈθaːʔ]	الثلاثاء
Mittwoch	[al-arbiˈʕaːʔ]	الاربعاء
Donnerstag	[al-xaˈmiːs]	الخميس
Freitag	[al-ˈdʒumʕa]	الجمعة
Samstag	[as-sabt]	السبت
Sonntag	[al-ˈahad]	الاحد

Januar	[jaˈnaːjir]	يناير	**Juli**	[ˈjulijuː]	يوليو
Februar	[fabˈraːjir]	فبراير	**August**	[aˈɣustos]	اغسطس
März	[maːrs]	مارس	**September**	[sibˈtambr]	سبتمبر
April	[abˈriːl]	ابريل	**Oktober**	[ukˈtuːbar]	اكتوبر
Mai	[ˈmaːjuː]	مايو	**November**	[nuːˈfambr]	نوفمبر
Juni	[ˈjunijuː]	يونيو	**Dezember**	[diːˈsambr]	ديسمبر

Sollen die Wochentage in den **Plural** gesetzt werden, so geschieht dies nur
mit [jaum] يوم, z. B.:

an (den) Donnerstagen   [fiː aˈjjaːm al-xaˈmiːs]   فى ايام الخميس

J   Einheitliche Lautungen für Maskulinum Singular, Femininum Singular und für den Plural haben viele Adjektive, die **Farben** bezeichnen, z. B.:

rot	['aħmar]	*m*	احمر	blau	['azraq]	*m*	ازرق
	[ħam'ra:ʔ]	*f*	حمراء		[zar'qa:ʔ]	*f*	زرقاء
	[ħumr]	*Plur.*	حمر		[zurq]	*Plur.*	زرق

Für die Zusammenstellung dieser Farbadjektive mit Substantiven gelten die allgemeinen Regeln für die Adjektive, vgl. Lekt. 2, Abschn. B, F; Lekt. 4, Abschn. E; Lekt. 5, Abschn. D, E. Zu beachten ist, daß der Plural dieser Adjektive für feminine **Personen** nicht [-ʔa:t], sondern [-wa:t] وات lautet, z. B.:

weiße Mädchen	[ba'na:t baiđå:'wa:t]	بنات بيضاوات
schwarze Mädchen	[ba'na:t sauda:'wa:t]	بنات سوداوات

K   Nach der **Uhrzeit** wird mit folgender Formel gefragt, die auch umgestellt werden kann:

[kam as-'sa:ʕa ?] oder: [as-'sa:ʕa kam ?]   كم الساعة؟ الساعة كم؟

Die **vollen Stunden** werden gewöhnlich mit den entsprechenden Ordnungszahlen ausgedrückt, z. B.:

es ist 7 Uhr   [as-'sa:ʕa ('hija) as-'sa:biʕa] الساعة (هي) السابعة

Die Viertel-, Drittel- und halben Stunden werden folgendermaßen ausgedrückt:

6¹⁵	[as-'sa:ʕa as-'sa:disa wa ar-rubʕ] الساعة السادسة والربع
	(*wörtl.* die Stunde die sechste und das Viertel)
9²⁰	[as-'sa:ʕa at-'ta:siʕa wa aθ-θulθ] الساعة التاسعة والثلث
	(*wörtl.* die Stunde die neunte und das Drittel)
8³⁰	[as-'sa:ʕa aθ-'θa:mina wa an-nisf] الساعة الثامنة والنصف
	(*wörtl.* die Stunde die achte und die Hälfte)

Die **Stunden mit Minuten** werden folgendermaßen ausgedrückt:

2⁰⁹	الساعة الثانية وتسع دقائق
	[as-'sa:ʕa aθ-'θa:nija wa tisʕ da'qa:ʔiq]
3²⁵	الساعة الثالثة وخمس وعشرون دقيقة
	[as-'sa:ʕa aθ-'θa:liθa wa xams wa ʕiʃ'ru:n da'qi:qa]

Die Stundenbezeichnung kann auch weggelassen werden, z. B.:

um 6³⁰   [fi: as-ˈsaːdisa wa an-niṣf] والنصف السادسة فى

Zur näheren Tageszeitbestimmung werden oft hinzugesetzt:

am Morgen [ṣåˈbaːħan] صباحا / am Abend [maˈsaːʔan] مساء

Bei den **Viertel**- und **Drittelstunden** sowie den **Minutenangaben** zwischen der halben und der vollen Stunde wird praktisch von der jeweiligen vollen Stunde abgezogen, und zwar mit [ˈilla:] الا „wenn nicht" (aus [in + la:], vgl. Lautlehre Abschn. 2e). Die maskulinen Einerzahlen in den zusammengesetzten Zahlausdrücken zwischen **23** und **29, 33** und **39** usw. bekommen dann die Endung [an] ا, die Zehner die Endung [-iːn] ين:

1⁴⁰ [as-ˈsaːʕa aθ-ˈθaːnija ˈilla: aθˈθulθ (saˈbaːħan)] صباحا الثلث الا الثانية الساعة

20³⁷   (مساء) دقيقة وثلاثين سبعا الا التاسعة الساعة

[as-ˈsaːʕa at-ˈtaːsiʕa ˈilla: ˈsabʕan wa θalaːˈθiːn daˈqiːqa (maˈsaːʔan)]

Eine Wiedergabe wie im Deutschen, etwa **zwanzig** Uhr und siebenunddreißig ist nicht üblich.

Übungen – تمارين

1. Übersetzen Sie:

1. Guten Tag, mein Herr! Wie spät ist es, bitte? Es ist 17.49.
2. Guten Morgen, Schüler! Was haben wir heute für ein Datum? – Heute ist Freitag, der 13. Februar 1980. – Wie spät ist es? – Es ist Viertel nach acht. – Wo ist dein roter Bleistift, Ali? – Herr Lehrer, ich habe keinen roten Bleistift. Meine Bleistifte sind alle braun oder blau.
3. Sie trafen den Präsidenten auf ihrem Land am 24. Tag nach seiner Rückkehr aus Europa.
4. Welche Farben hat das Kleid des schwarzen Mädchens? Seine Farben sind: rot, blau und weiß.
5. Mein Vater hat 4 Autos; zwei von ihnen sind weiß, eines davon blau und das vierte ist braun.
6. In Afrika gibt es viele Schwarze und wenige Weiße.
7. Unsere Hefte liegen auf den beiden braunen Stühlen.
8. Im Zug saßen 78 Deutsche und 94 Ausländer.
9. Man schrieb den Brief am 28. August 1838.

10. Der Sohn Muhammads begann sein Studium in Deutschland am 15. November 1973. Er studierte dort die neue Geschichte Afrikas. Zusammen mit ihm studierten die neue Geschichte Afrikas 13 Deutsche und 9 Ausländer, 4 von ihnen aus den arabischen Ländern.

11. Unser neues Haus hat folgende Innenausstattung (die ... ist): 14 Stühle, 5 Betten, 4 Tische, 6 Schränke, 13 Lampen.

12. Unsere Stadt ist berühmt (*Vollverb*!) durch ihre fünf großen schönen Parks und ihre vielen breiten sauberen Straßen.

13. Um 6^{15} morgens verließ der Ingenieur sein Haus. Um 6^{30} begann er seine Arbeit in der Lampenfabrik. Er arbeitet dort von Samstag früh bis Donnerstag mittag. Am Wochenende, von Donnerstag nachmittag bis Freitag abend wird er mit seiner Familie mit dem Auto in das Dorf seines Schwiegervaters reisen.

14. Die neun Kinder des Bauern kommen ins Eßzimmer, denn das Mittagbrot ist fertig.

15. Ist heute ein Arbeitstag? Nein, heute ist kein Arbeitstag. Heute ist Freitag, der 29. April 1979.

2. Übersetzen und beantworten Sie folgende Fragen:

1. Wie hoch ist Ihr Monatsgehalt (wieviel beträgt . . .)? Vor zwei Jahren betrug es 2386 DM, jetzt beträgt es 2437 DM.

2. Ist der 15. September 1968 das richtige Datum des Beginns Ihrer Tätigkeit in unserem Büro? Nein, dieses Datum ist nicht richtig. Das Fräulein im Büro hat das Datum auf dieser Seite falsch geschrieben.

3. Wieviel Stunden arbeitest du täglich in der Apotheke? Ich arbeite am Samstag von 9 Uhr morgens bis 12 Uhr mittags, am Sonntag von 12 Uhr bis 6 Uhr abends; am Montag habe ich dort keine Arbeit; am Dienstag arbeite ich von 9 Uhr früh bis 6 Uhr abends, am Mittwoch von 2 Uhr nachmittags bis 8 Uhr abends, am Donnerstag von 3 Uhr nachmittags bis 7 Uhr abends und am Freitag arbeite ich wie alle Leute nicht.

4. Kennst du die Namen aller 15 wichtigen Städte in unserem Land? Nein, ich kenne nur einen Teil (von diesen Namen).

5. Wieviel große Flüsse gibt es in Afrika? In Afrika gibt es 13 große Flüsse.

3. Formen Sie die folgenden Sätze nach ihrer Übersetzung in die Gegenwart bzw. Zukunft um:

1. Wir arbeiteten gestern zusammen mit den beiden Fahrern der Fabrik.

2. Am Wochenende zogen die Mädchen alle ihre bunten Kleider an.

3. Der Vater fragte seinen Sohn: „Hast du das getan?" – Antwort des Sohnes: „Nein, Vater, ich habe es nicht getan!"

4. Hast du verstanden, wovon der Werksleiter sprach? Ich habe nicht alles verstanden, was er sprach. Ich verstand nur einen Teil davon.

5. Ihr habt diese Vokabeln vor zwei Wochen selbst in eure Hefte geschrieben.

6. Die Ausländer lasen auf den Seiten der deutschen Tageszeitungen von vielen Dingen, die sie nicht gut verstanden.

7. Die Bauern unseres Dorfes begannen ihre Arbeiten täglich am Morgen, etwa um 6 Uhr.

4. Übersetzen Sie die folgenden Sätze zunächst im Singular, dann im Plural:

1. Der Ingenieur rief den Messeleiter aus Deutschland an.

2. Die (Ehe-)Frau bemerkte ihren Mann auf der Straße.

3. Diese Stadt ist berühmt (*Vollverb*!) durch ihre Möbelfabrik.

4. Ich nahm meinen schweren Koffer aus dem Auto zum Hoteleingang.

5. Ich wohne in einem schönen kleinen Haus nahe der Insel im Fluß.

6. Ich hatte bei meiner Arbeit Mißerfolg; du hattest Erfolg. Ich habe einen großen Fehler gemacht und ihn nicht bemerkt.

12. Lektion
الدرس الثاني عشر

Das Verb [kaːn] كان, Imperativ und verneinter Imperativ

Text

١ – قال الأب لإبنه: «هل تعرف الشخص على يمينك؟» فقال له إنه:
«لا، يـــا أبي».

٢ – سألني صديقي في سوق السمك: «أين كنت من ربيع هذه السنة حتى
خريفها؟» ما إنتهيت أولاً إلى كلامه، فسألته: «ماذا قلت، يا
صديقي؟ ما فهمت كلمة» فقال الجملة نفسها. فكرت لحظة، ثم قلت

له : « زرت بلاد أوروبا كلها تقريباً، من الجنوب إلى الغرب ومن الغرب إلى الشمال فالشرق . كانت عطلتي طويلة جداً هذه السنة ولهذا السبب كانت إقامتي في أوروبا طويلة كذلك . » بعد جوابي هذا سألني صديقي سؤالاً آخر : « متى عدت من أوروبا وهل درست عادات الناس جيداً في عواصم أوروبا ؟ كان جوابي على سؤاله الثاني : « عدت من أوروبا قبل يومين فقط . أجل ، درست قليلاً من عادات الناس هناك . » ثم قال لي صديقي : « على فكرة ، أشعر بجوع عظيم الآن . هل تجوع كذلك ؟ » قلت له : « أجل ، يا صديقي ، أجوع كذلك » ثم قال صديقي « هيا بنا إلى بيتي . مطبخنا ملىء بأطعمة ممتازة . أنا متزوج منذ عشر سنوات وزوجتي تطبخ جيداً جداً كل يوم . أنت أعزب ، فلا معرفة لك بما تطبخه الزوجات من أطعمة لذيذة . سنتحدث في بيتي عن سفرك إلى أوروبا . « شكراً ، يا صديقي ، أنا معك ، فوقتي فارغ الآن . » – كان طعم كل الأطعمة في بيت صديقي ممتازاً جداً .

٣ – قرأ مهندس المعمل إعلانا في جريدة يومية إسمها « صوت الصباح » .

٤ – كان الفلاح مريضاً وقتاً طويلاً فات قبل أسبوعين .

محادثة – Gespräch

(في حديقة بيت المهندس سمير على مساءٍ . المهندس يجلس في كرسي مريح وإبناه نبيل ومحمد وبنته نبوية يجلسون قريباً من محل جلوسه ، على أرض الحديقة الدافئة .)

الأب يقول لهم « إنتبهوا ، يا أولادي ، قولوا لي ماذا فعلتم اليوم وأين كنتم ! تفضلي ، يا نبوية ، أنت أولاً ، قولي لي ما كان عملك ؟ »

نبوية : «يا أبي، أنظر إلي فأنا مريضة قليلاً . لا تسألني عما فعلته اليوم . أخي محمد كان معي كل هذا اليوم فهو سيقول لك ما فعلناه . »

الأب : «يا بنتي، أخذت برداً في الصباح، فالهواء كان بارداً في هذا الوقت وما لبست معطفاً على فستانك . أنت بدون معطف الآن كذلك . عودي إلى البيت فخذي معطفك . لا تعودي بدون المعطف . »

(نبوية تعود إلى البيت وبعد لحظات تخرج منه ومعها معطفها .)

الأب يقول لمحمد «تفضل، يا إبني، تكلم، قل لنا ماذا فعلت اليوم . »

محمد : «بكل سرور، فأنا لست بمريض . كان فطورنا في البيت في الساعة السابعة صباحاً تقريباً، بعد الفطور قالت لي الأم «يا محمد، ساعدني قليلاً في المطبخ قبل خروجنا من البيت . فساعدتها نصف ساعة، ثم خرجنا نبوية ونبيل وأنا من البيت . نبيل أخذ القطار إلى المعمل ونحن أخذتنا الأم بسيارتنا الثانية الصغيرة إلى المدرسة . قبل دخولنا إليها في الثامنة قالت لنا «يا نبوية ويا محمد، إنتبها إلى ما يقوله لكما مدرسكما ولا تتحدثا مع جيرانكما على الكراسي القريبة منكما في غرفة الدروس . » ثم قالت لنا « مع السلامة، يا ولدي، حتى الظهر » . دخلنا إلى المدرسة وقابلنا كل التلاميذ الآخرين في غرفتنا . المدرس

دخل إلى الغرفة بعد دقائق قليلة من جلوسنا على كرسيينا .
بعد التحية سألنا كلنا بصوت لطيف « من منكم يكتب
على الحائط في درسنا اليوم؟ » فقلت له « أنا مستعد
للكتابة على الحائط ، يا سيدي المدرس » . فكتبت مفردات
كثيرة درسناها في دروس ما قبل أسابيع . قال لي المدرس
من وقت إلى آخر « إسأل أختك ، هل كتبت كل المفردات
بشكل صحيح؟ » فقالت أختي بعد سؤالي هذا « ما كتب
أخي كل المفردات بشكل صحيح . هو أخطأ كثيراً » فقال
لها المدرس « يا نبوية ، هل عرفت كل أخطاء أخيك؟
فكري قليلاً ، ثم أكتبي أنت المفردات غير الصحيحة بشكل
صحيح ولا تكتبي المفردات الأخري من جديد » .

هنا قال الأب : « يا محمد ، حديثك طويل جداً فلا تقل إلّا ألمهم مما فعلته
اليوم . أنا أشعر بالجوع فالعشاء جاهز في البيت ، ولا تطلب
مني إنتباهاً إلى حديثك بعد الآن . غداً سنعرف كل ما فعلته
اليوم وما فعله أخوك الكبير نبيل في المعمل . هيا بنا إلى
العشاء ، ولا تأكلوا ولا تشربوا الأشياء اللذيذة جداً فقط .
كلوا وإشربوا كل ما تطبخه أمكم لكم . »

Umschrift

Text

1. qaːl al-ab li-ˈibnihi: hal ˈtaʕrif aʃ-ʃaxs ˈʕalaː jaˈmiːnik ? faˈqaːl ˈlahuː ˈibnuhuːː laː, ja: ˈabiːː !
2. ˈsaʔalani: såˈdiːqi fi: suːq as-ˈsamak: ˈaina ˈkunta min raˈbiːʕ haˈðihi: as-ˈsana ˈħatta: xaˈriːfiha: ? ma: intaˈbahtu ˈawwalan ˈila: kaˈlaːmihi: fasaˈʔaltuhuːː ˈmaːða: ˈqulta, ja: såˈdiːqi ? ma: faˈhimtu ˈkalima! faˈqaːl

al-ˈdʒumla ˈnafsaha:. faˈkkartu ˈlaħzå, ˈθumma ˈqultu ˈlahu:: ˈzurtu
biˈla:d Uˈru:ba: ˈkullaha: taqˈri:ban, min al-dʒaˈnu:b ˈila: al-ɣarb wa min
al-ɣarb ˈila: aʃ-ʃiˈma:l faʃ-ʃarq. ˈka:nat ˈʕotlati: tåˈwi:la ˈdʒiddan ˈha:ðihi:
as-ˈsana wa liˈha:ða: as-ˈsabab ˈka:nat iˈqa:mati: fi: Uˈru:ba: tåˈwi:la
kaˈða:lik. ˈbaʕda dʒaˈwa:bi: ˈha:ða: ˈsaʔalani: såˈdi:qi: suˈʔa:lan ˈa:xar:
ˈmata: ˈʕutta (vgl. *Lautlehre, Abschnitt* 2e) min Uˈru:ba: wa hal daˈrasta
ʕa:ˈda:t an-na:s ˈdʒajjidan fi: ʕaˈwå:sim Uˈru:ba:? ka:n dʒaˈwa:bi: ˈʕala:
suˈʔa:lihi: aθ-ˈθa:ni:: ˈʕuttu min Uˈru:ba: ˈqabla jauˈmain ˈfaqåt. ˈadʒal,
daˈrastu qaˈli:lan min ʕa:ˈda:t an-na:s huˈna:k. ˈθumma qa:l li: såˈdi:qi:
ˈʕala: ˈfikra, ˈaʃʕur bi-dʒu:ʕ ʕåˈzɨ:m al-a:n. hal taˈdʒu:ʕ kaˈða:lik? ˈqultu
ˈlahu:: ˈadʒal, ja: såˈdi:qi:, aˈdʒu:ʕ kaˈða:lik. ˈθumma qa:l såˈdi:qi::
ˈhajja: ˈbina: ˈila: ˈbaiti:. måtˈbaxuna: maˈli:? bi-ˈåtʕima mumˈta:za. ˈana
mutaˈzawwidʒ ˈmunðu ˈʕaʃr sanaˈwa:t wa ˈzaudʒati: ˈtåtbax ˈdʒajjidan
ˈdʒiddan kull jaum. ˈanta ˈaʕzab, faˈla: ˈmaʕrifa lak ˈbima: tåtˈbaxuhu:
az-zauˈdʒa:t min ˈåtʕima laˈði:ða. sanataˈħaddaθ fi: ˈbaiti: ʕan saˈfarik
ˈila: Uˈru:ba:. – ˈʃukran, ja: såˈdi:qi:, ˈana ˈmaʕak, faˈwaqti: ˈfa:riɣ al-a:n;
– ka:n tåʕm kull al-ˈåtʕima fi: bait såˈdi:qi: mumˈta:zan ˈdʒiddan.

3. ˈqaraʔ muˈhandis al-ˈmaʕmal iʕˈla:nan fi: dʒaˈri:da jauˈmi:ja ˈismuha:
såut ås-saˈba:ħ.

4. ka:n al-faˈlla:ħ maˈri:dan ˈwaqtan tåˈwi:lan faˈma:t ˈqabla usbu:ˈʕain.

Gespräch

(fi: ħaˈdi:qat bait al-muˈhandis Saˈmi:r ʕAˈli: maˈsa:ʔan. al-muˈhandis
ˈjadʒlis fi: ˈkursi:j muˈri:ħ wa ibˈna:hu: Naˈbi:l wa Muˈħammad wa
ˈbintuhu: ˈNabawi:ja jadʒli ˈsu:n qaˈri:ban min maˈħall dʒuˈlu:sihi: ˈʕala:
arɖ al-ħaˈdi:qa ad-ˈda:fiʔa). al-ab jaˈqu:l ˈlahum: inˈtabihu:, ja:
auˈla:di:, ˈqu:lu: li:, ˈma:ða: faˈʕaltum al-jaum wa ˈaina ˈkuntum!
taˈfåɖɖåli:, ja: ˈNabawi:ja, ˈanti ˈawwalan, ˈqu:li: li: ma: ka:n ʕaˈmaluki?

ˈNabawi:ja: ja: ˈabi:, ˈunzor iˈlaija, faˈana maˈri:ɖa qaˈli:lan. la:
                    tasˈʔalni: ˈʕamma: (vgl. *Lautlehre, Abschnitt* 2e) faˈʕal-
                    tuhu: al-jaum; ˈaxi: Muˈħammad ka:n ˈmaʕi: kull
                    ˈha:ða: al-jaum faˈhuwa sajaˈqu:l lak ma: faˈʕal naˈhu:!

al-ab: ja: ˈbinti: aˈxaðti ˈbardan fi: ås-såˈba:ħ, fal-haˈwa:ʔ
                    ka:n ˈba:ridan fi: ˈha:ða: al-waqt wa ma: laˈbisti
                    ˈmiʕtåfan ˈʕala: fusˈta:niki. ˈanti biˈdu:n ˈmiʕtåf
                    al-a:n kaˈða:lik. ˈʕu:di: ˈila: al-bait faˈxuði: miʕˈtåfaki;
                    la: taˈʕu:di: biˈdu:n al-ˈmiʕtåf!

                    (ˈNabawi:ja taˈʕu:d ˈila: al-bait wa ˈbaʕda laħaˈzå:t
                    ˈtaxrudʒ ˈminhu: wa ˈmaʕaha: miʕˈtåfuha:.)
                    al-ab jaˈqu:l li-Muˈħammad: taˈfåɖɖål ja: ˈibni:,
                    taˈkallam, qul ˈlana: ˈma:ða: faˈʕalta al-jaum;

Muˈħammad: biˈkull suˈru:r, faˈana ˈlastu bimaˈri:ɖ. Ka:n foˈto:runa:
                    fi: al-bait fi: as-ˈsa:ʕa as-ˈsa:biʕa såˈba:ħan taqˈri:ban.
                    ˈbaʕda al-foˈto:r ˈqa:lat li: al-umm: ja: Muˈħammad,

sa:ˈʕidni: qaˈli:lan fi: al-ˈmåtbax ˈqabla xuˈru:dʒina:
min al-bait! fasa:ˈʕattuha: nisf ˈsa:ʕa, ˈθumma xa-
ˈradʒna: – ˈNabawi:ja wa Naˈbi:l wa ˈana – min al-bait.
Naˈbi:l ˈaxað al-qiˈtå:r ˈila: al-ˈmaʕmal wa ˈnaħnu
axaˈðatna: al-umm bi-sajja:ˈratina: aθ-ˈθa:nija ås-så-
ˈɣi:ra ˈila: al-ˈmadrasa. ˈqabla duˈxu:lina: iˈlaiha: fi:
aθ-ˈθa:mina ˈqa:lat ˈlana:: ja: ˈNabawi:ja wa ja: Mu-
ˈħammad: inˈtabiha: ˈila: ma: jaˈqu:luhu: ˈlakuma:
mudaˈrrisukuma: wa la: tataˈħaddaθa: ˈmaʕa dʒi:ˈra:-
nikuma: ˈʕala: al-kaˈra:si: al-qaˈri:ba minˈkuma: fi:
ˈɣurfat ad-duˈru:s! ˈθumma ˈqa:lat ˈlana:: ˈmaʕa as-sa-
ˈla:ma, ja: walaˈdaija, ˈħatta: åz-zohr. daˈxalna: ˈila:
al-ˈmadrasa wa qa:ˈbalna: kull at-tala:ˈmi:ð al-a:xaˈri:n
fi: ɣurˈfatina:. al-muˈdarris ˈdaxal ˈila: al-ˈɣurfa ˈbaʕda
daˈqa:ʔiq qaˈli:la min dʒuˈlu:sina: ˈʕala: kursi:ˈjaina:
(Dual!). ˈbaʕda at-taˈħi:ja saˈʔalana: ˈkullana:: biˈsåut
låˈtᵻi:f: man ˈminkum ˈjaktub ˈʕala: al-ˈħa:ʔᵻt fi: ˈdarsina: al-jaum? faˈqultu ˈlahu:: ˈana mustaˈʕidd lil-kiˈta:-
ba ʕˈala: al-ˈħa:ʔᵻt, ja: ˈsajjidi: al-muˈdarris! fakaˈtabtu
mufraˈda:t kaˈθi:ra darasˈna:ha: fi: duˈru:s ma: ˈqabla
asa:ˈbi:ʕ. qa:l li: al-muˈdarris min waqt ˈila: ˈa:xar: ˈisˈʔal
ˈuxtak, hal kaˈtabta kull al-mufraˈda:t bi-ʃakl såˈħi:ħ?
faˈqa:lat ˈuxti: ˈbaʕda suˈʔa:li: ˈha:ða:: ma: ˈkatab ˈaxi:
kull al-mufraˈda:t bi-ʃakl såˈħi:ħ. ˈhuwa ˈaxtåʔ kaˈθi:ran.
faˈqa:l ˈlaha: al-muˈdarris: ja: ˈNabawi:ja, hal ʕaˈrifti
kull axˈta:ʔ aˈxi:ki? ˈfakkiri: qaˈli:lan, ˈθumma ˈuktubi:
ˈanti al-mufraˈda:t ɣair ås-såˈħi:ħa bi-ʃakl såˈħi:ħ wa
la: ˈtaktubi: al-mufraˈda:t al-ˈuxra: min dʒaˈdi:d!

ˈhuna: qa:l al-ab: ja: Muˈħammad, ħaˈdi:θuk tåˈwi:l ˈdʒiddan faˈla: ˈtaqul
ˈilla: (*s. Lektion* 11, *Abschnitt K*) al-muˈhimm ˈmimma:
(*aus* min — ma:!) faˈʕaltahu: al-jaum! ˈana ˈaʃʕur
bil-dʒu:ʕ fal-ʕaˈʃa:ʔ ˈdʒa:hiz fi: al-bait wa la: ˈtåtlub
ˈminni: intiˈba:han ˈila: ħaˈdi:θik ˈbaʕda al-a:n! ˈɣadan
saˈnaʕrif kull ma: faˈʕaltahu: al-jaum wa ma: ˈfaʕalahu: aˈxu:k al-kaˈbi:r Naˈbi:l fi: al-ˈmaʕmal. ˈhajja:
ˈbina: ˈila: al-ʕaˈʃa:ʔ wa la: ˈtaʔkulu: wa la: ˈtaʃrabu:
al-aʃˈja:ʔ al-laˈði:ða ˈdʒiddan ˈfaqåt. ˈkulu: wa ˈiʃrabu:
kull ma: tåtˈbaxuhu: ˈummukum ˈlakum!

Vokabeln – مفردات

1. Person	[ʃåxs] شخص	2. Markt	[su:q] سوق	
(*Pl.*	[aʃˈxå:s] (اشخاص)	(*Pl.*	[asˈwa:q] (اسواق)	
da, dann, danach	[fa] ف	Fische (*koll.*)	[ˈsamak] سمك	

(Pl.	[asˈmaːk] (اسماك)	voll, gefüllt	[maˈliːʔ] ملىء
Frühling	[raˈbiːʕ] ربيع	(Komp.	[ˈamlaʔ] (أملأ)
Herbst	[xaˈriːf] خريف	Speise	[ṭåˈʕaːm] طعام
Wort	[ˈkalima] كلمة	(Pl.	[ˈaṭʕima] (اطعمة)
Satz	[ˈdʒumla] جملة	verheiratet	[mutaˈzawwidʒ] متزوج
(Pl.	[ˈdʒumal] (جمل)	ledig	[ˈaʕzab] اعزب
Süden	[dʒaˈnuːb] جنوب	leer, frei	[ˈfaːriɣ] فارغ
Westen	[ɣarb] غرب	(Komp.	[ˈafraɣ] (أفرغ)
Norden	[ʃiˈmaːl] شمال	Geschmack	[ṭåʕm] طعم
Osten	[ʃarq] شرق	3. Stimme, Ton	[såut] صوت
Arbeitsunter-	[ˈʕotla] عطلة	(Pl.	[åsˈwaːt] (اصوات)
brechung, Urlaub, Ferien			
Grund, Ursache	[ˈsabab] سبب	Gespräch:	
(Pl.	[asˈbaːb] (اسباب)	Freude	[suˈruːr] سرور
Aufenthalt	[iˈqaːma] اقامة	sehr	[bikull suˈruːr] بكل سرور
Gewohnheit, Sitte	[ʕaːda] عادة	gern! (Adv.)	
Hauptstadt	[ˈʕaːsima] عاصمة	Übungen:	
(Pl.	[ʕaˈwaːsim] (عواصم)	Ergebnis	[naˈtiːdʒa] نتيجة
übrigens	[ˈʕalaː ˈfikra] على فكرة	(Pl.	[naˈtaːʔidʒ] (نتائج)
Küche	[ˈmåṭbax] مطبخ	Form	[ʃakl] شكل
(Pl.	[måˈṭåːbiːx] (مطابخ)	(Pl.	[aʃˈkaːl] (اشكال)

Verbformen

sagen, sprechen; antworten

قال [qaːl] ، يقول [jaˈquːl] ، قول [qaul] ، قل [qul!] ، (قولى [ˈquːli:!] ، قولوا [ˈquːlu:!])

gewesen sein

كان [kaːn] ، يكون [jʉˈkuːn] ، كون [kaun] ، كن [kun!] ،

كوني [ˈkuːni:!] ، (كونوا [ˈkuːnu:!])

aufpassen, aufmerksam sein

انتبه [inˈtabah] ، ينتبه [janˈtabih] ، انتباه [intiˈbaːh] ، انتبه [intabih!]

nachdenken   فكر [ˈfakkar] ، يفكر [juˈfakkir] ، تفكير [tafˈkiːr] ، فكر [ˈfakkir!]

besuchen   زار [zaːr] ، يزور [jaˈzuːr] ، زيارة [ziˈjaːra] ، زر [zur!]

(زورى [ˈzuːri:!] ، زوروا [ˈzuːru:!])

zurückkehren   عاد [ʕaːd] ، يعود [jaˈʕuːd] ، عودة [ˈʕauda] ، عد [ʕud!]

عودى [ˈʕuːdi:!] ، (عودوا [ˈʕuːdu:!])

Hunger haben   جاع [dʒaːʕ] ، يجوع [jaˈdʒuːʕ] ، جوع [dʒuːʕ] ، جع [dʒiʕ!]

sterben   مات [maːt] ، يموت [jaˈmuːt] ، موت [maut]

Text

1. Der Vater sagte zu seinem Sohn: „Kennst du die Person rechts von dir (auf der rechten Seite von dir)?" Sein Sohn antwortete ihm: „Nein, Vater!"

2. Mein Freund fragte mich auf dem Fischmarkt: „Wo warst du vom Frühling bis Herbst dieses Jahres?" – Ich achtete zunächst nicht auf das, was er sagte (*wörtl.* ich paßte zuerst nicht auf seine Rede auf), und so fragte ich ihn: „Was hast du gesagt, mein Freund? Ich habe kein Wort verstanden." Da sagte er den gleichen Satz (noch einmal). Ich dachte ein wenig (einen Augenblick) nach, dann antwortete ich ihm: „Ich habe fast alle Länder Europas besucht, vom Süden nach dem Westen und vom Westen über den Norden in den Osten. Meine arbeitsfreie Zeit war dieses Jahr sehr lang, und daher auch mein Aufenthalt in Europa." Danach (*wörtl.* nach dieser meiner Antwort) fragte mich mein Freund weiter (*wörtl.* fragte mich mein Freund ein weiteres Fragen): „Wann bist du aus Europa zurückgekehrt, und hast du die Gewohnheiten der Menschen in seinen Hauptstädten gut studiert?" Meine Antwort auf seine zweite Frage lautete: „Erst vor zwei Tagen bin ich aus Europa zurückgekehrt. Ja, ich habe ein wenig von den Gewohnheiten der Menschen dort studiert." Dann sagte mir mein Freund: „Übrigens, ich spüre jetzt großen Hunger, du auch (*wörtl.* hungerst du auch)?" Ich antwortete (ihm): „Ja, (mein Freund, ich hungere auch) ich auch!" Darauf versetzte mein Freund: „Auf in mein Haus! Unsere Küche ist gefüllt mit vorzüglichen Speisen. Seit zehn Jahren bin ich verheiratet, und meine Frau kocht jeden Tag sehr gut. Du bist Junggeselle, hast also keine Ahnung (Kenntnis) davon, was die Ehefrauen an köstlichen Speisen kochen. Bei mir zu Hause (in meinem Haus) werden wir uns über deine Reise nach Europa unterhalten." – Danke, mein Freund, ich (komme) mit dir, denn ich habe jetzt freie Zeit." – Der Geschmack aller Speisen bei meinem Freund zu Haus war ausgezeichnet.

3. Der Betriebsingenieur las eine Anzeige in einer Tageszeitung mit Namen „Morgenstimme".

4. Der Bauer war lange Zeit krank (gewesen), dann starb er vor zwei Wochen.

Gespräch

(Abends im Garten des Hauses von Ingenieur Samir Ali. Der Ingenieur sitzt in einem bequemen Sessel; seine (beiden) Söhne Nabil und Muhammad und seine Tochter Nabawija sitzen nahe bei seinem Sitzplatz auf dem warmen Boden des Gartens).

Der Vater sagt zu ihnen: „Kinder, paßt auf, sagt mir, was ihr heute getan habt und wo ihr wart. Bitte, Nabawija, du zuerst, sag mir, was hast du getan (*wörtl.* was war deine Tätigkeit)?"

Nabawija: Vater, schau mich an; ich bin ein bißchen krank. Frage mich (also) nicht, was ich heute getan habe. Mein Bruder Muhammad war mit mir den ganzen Tag zusammen. Er wird dir erzählen, was wir gemacht haben.

Vater:	(Meine) Tochter, du hast dich am Morgen erkältet, denn die Luft zu dieser Zeit war kalt, und du hast über deinen Rock keinen Mantel angezogen. Auch jetzt bist du ohne Mantel. Geh ins Haus zurück und nimm deinen Mantel. Komm nicht ohne ihn zurück! (Nabawija geht ins Haus zurück und kommt nach (wenigen) Augenblicken wieder mit ihrem Mantel heraus).
Vater zu Muhammad:	Bitte, (mein) Sohn, rede! Erzähle uns, was du heute gemacht hast!
Muhammad:	Sehr gern (*wörtl.* mit ganzer Freude), denn ich bin nicht krank. Unser Frühstück zu Hause war ungefähr um 7 Uhr (morgens). Nach dem Frühstück sagte mir die Mutter: „Muhammad, hilf mir ein wenig in der Küche, bevor wir das Haus verlassen (*wörtl.* vor unserem Herausgehen aus dem Haus)." Da half ich ihr eine halbe Stunde, dann verließen wir – Nabawija, Nabil und ich – das Haus. Nabil nahm den Zug zur Fabrik und **uns** nahm die Mutter mit unserem kleinen zweiten Auto zur Schule (mit). Bevor wir um acht in sie hineingingen (*wörtl.* vor unserem Hineingehen in sie in der achten /Stunde/), sagte sie uns: „Nabawija, Muhammad! Paßt auf, was der Lehrer sagt (*wörtl.* achtet auf das, was euch (beiden) der Lehrer (von euch beiden) sagt) und unterhaltet euch (beide) nicht mit den Nachbarn von euch (beiden), die im Unterrichtsraum auf den Stühlen nahe bei euch (sitzen)!" Dann sagte sie uns (noch): „Auf Wiedersehen bis zum Mittag, meine (*Dual!*) Kinder!" Wir gingen in die Schule hinein und trafen all die anderen Schüler in unserem Raum. Wenige Minuten nachdem wir auf unseren Stühlen (*Dual!*) Platz genommen hatten, kam der Lehrer in das Zimmer. Nach der Begrüßung fragte er uns alle mit angenehmer Stimme: „Wer von euch schreibt in unserer heutigen Stunde an die Wand?" Ich antwortete (ihm): „Ich will es (*wörtl.* ich bin bereit zum Schreiben an die Wand), Herr Lehrer!" So schrieb ich viele Vokabeln, die wir vor Wochen in den Stunden (*wörtl.* in den Stunden was vor Wochen) gelernt hatten. Der Lehrer sagte mir von Zeit zu Zeit: „Frage deine Schwester, ob du alle Vokabeln richtig geschrieben hast!" Meine Schwester antwortete, nachdem ich ihr diese Frage gestellt hatte (*wörtl.* meine Schwester antwortete nach dieser meiner Frage): „Mein Bruder hat nicht alle Vokabeln richtig (*wörtl.* in richtiger Form geschrieben). Er hat oft Fehler gemacht." Darauf sagte ihr der Lehrer: „Nabawija, hast du alle Fehler deines Bruders erkannt? Denke ein wenig nach, dann schreibe du die falschen Wörter richtig, die übrigen (anderen) Wörter (aber) schreibe nicht neu (von neuem)."

Da sagte der Vater: „Muhammad, deine Erzählung ist sehr lang, berichte (sage) also nur das Wichtige von dem, was du heute getan hast. Ich spüre Hunger, denn das Essen im Haus ist fertig. Verlange von mir also nicht weitere Aufmerksamkeit für deine Geschichte (*wörtl.* verlange nicht von mir Aufmerksamkeit für dein Reden nach dieser Zeit)! Morgen werden wir alles erfahren, was du heute gemacht hast und was dein großer Bruder Nabil in der Fabrik getan hat. Auf zum Abendessen, eßt und trinkt nicht nur die ganz schmackhaften Sachen. Eßt und trinkt alles, was die Mutter (eure Mutter) für euch kocht!"

Grammatik

A   Die Konjugation von [ka:n] كان „er war" weicht von der Konjugation der bisher vorgekommenen Verben in einigen Formen ab, die durch Fettdruck hervorgehoben werden:

er war	[ka:n]	كان
sie war	['ka:nat]	كانت
du warst (*m*)	['kunta]	كنت
du warst (*f*)	['kunti]	كنت
ich war	['kuntu]	كنت
sie waren (*m*)	['ka:nu:]	كانوا
sie waren (*f*)	['kunna]	كن
ihr wart (*m*)	['kuntum]	كنتم
ihr wart (*f*)	[kun'tunna]	كنتن
wir waren	['kunna:]	كنا
sie waren (*m/Dual*)	['ka:na:]	كانا
sie waren (*f/Dual*)	['ka:nata:]	كانتا
ihr wart (*Dual*)	['kuntuma:]	كنتما

Die Formen der Präfix-Suffix-Konjugation lauten:

er wird sein	[ja'ku:n] *bzw.* [saja'ku:n]	يكون
sie wird sein	[ta'ku:n]	تكون
du wirst sein (*m*)	[ta'ku:n]	تكون
du wirst sein (*f*)	[taku:'ni:n]	تكونين
ich werde sein	[a'ku:n]	اكون

sie werden sein (*m*)	[jaku:ˈnu:n]	يكونون
sie werden sein (*f*)	[jaˈkunna]	يكن
ihr werdet sein (*m*)	[taku:ˈnu:n]	تكونون
ihr werdet sein (*f*)	[taˈkunna]	تكن
wir werden sein	[naˈku:n]	نكون
sie werden sein (*m/Dual*)	[jaku:ˈna:n]	يكونان
sie werden sein (*f/Dual*)	[taku:ˈna:n]	تكونان
ihr werdet sein (*Dual*)	[taku:ˈna:n]	تكونان

B   Das Singular-Prädikat von maskulinen **unbestimmten** Substantiven nach [ka:n] كان bekommt die Endung [-an] ًا, alle übrigen Prädikate bleiben unverändert wie bei den einfachsten Aussagesätzen (vgl. Lekt. 1, Abschn. A; Lekt. 2, Abschn. C, F), z. B.:

der Mann war Fahrer   [ka:n ar-ˈradʒul ˈsa:ʔiqan]   كان الرجل سائقا
in zwei Jahren wird das Kind Schüler sein

[jaˈku:n al-ˈwalad tilˈmi:ðan ˈbaʕda sanaˈtain]   يكون الولد تلميذا بعد سنتين

das Mädchen war intelligent   [ˈka:nat al-bint ðaˈki:ja]   كانت البنت ذكية
die Mutter wird zufrieden sein

[sataˈku:n al-umm masˈru:ra]   ستكون الام مسرورة

Wörter im Dual und Plural mit der Endung [-u:n] als **Prädikat** von [ka:n] كان verwandeln ihre Endungen in [-ain] bzw. [-i:n] (vgl. Lekt. 3, Abschn. B; Lekt. 9, Abschn. A, D), z. B.:

sie waren Bauern   [ˈka:nu: fallaːˈħiːn]   كانوا فلاحين
sie waren krank (*m/Dual*)   [ˈka:na: mariːˈðǎin]   كانا مريضين

C   Im Gegensatz zum Deutschen kennt das Arabische zwei deutlich voneinander geschiedene Konjugationen für den **positiven** und **negativen** **Imperativ**, z. B.:

mache! (*m*)	[ˈifʕal]	افعل
mache! (*f*)	[ˈifʕaliː]	افعلي
macht! (*m*)	[ˈifʕaluː]	افعلوا
macht! (*f*)	[ifˈʕalna]	افعلن
macht! (*Dual*)	[ˈifʕalaː]	افعلا

mache nicht! (*m*)	[la: 'tafˤal]	لا تفعل
mache nicht! (*f*)	[la: 'tafˤali:]	لا تفعلي
macht nicht! (*m*)	[la: 'tafˤalu:]	لا تفعلوا
macht nicht! (*f*)	[la: taf'ˤalna]	لا تفعلن
macht nicht! (*Dual*)	[la: 'tafˤala:]	لا تفعلا

Die Bildung des **positiven Imperativs** kann von Verb zu Verb sehr verschieden sein, die Grundform des positiven Imperativs, 2. *Pers. Sing. m* wird bei den neuen Verben im Lektionsvokabelverzeichnis mit aufgeführt, z. B.:

machen   ['faˤal, 'jafˤal, fiˤl, '**if**ˤ**al**]   فعل ، يفعل ، فعل ، افعل

Die übrigen Formen des positiven Imperativs lassen sich dann bei zahlreichen Verben mit den obengenannten Endungen leicht bilden. Ausnahmen werden im Verzeichnis zusätzlich angegeben. Die Bildungsweise des **negativen Imperativs** ähnelt sehr der Bildung der Formen für die **verneinte** fortlaufende Handlung (vgl. Lekt. 8, Abschn. E, G), nur bei den Endungen [-i:n] ين / [-u:n] ون und [-a:n] ان fällt jeweils das ن weg, z. B.:

du liest nicht (*m*)	[la: 'taqraʔ]	لا تقرأ
lies nicht! (*m*)	[la: 'taqraʔ]	لا تقرأ
du liest nicht (*f*)	[la: taqra'ʔi:n]	لا تقرأين
lies nicht! (*f*)	[la: 'taqraʔi:]	لا تقرأى
ihr lest nicht (*m*)	[la: taqra'ʔu:n]	لا تقرأون
lest nicht! (*m*)	[la: 'taqraʔu:]	لا تقرأوا
ihr lest nicht (*f*)	[la: taq'raʔna]	لا تقرأن
lest nicht! (*f*)	[la: taq'raʔna]	لا تقرأن
ihr lest nicht (*Dual*)	[la: taqra'ʔa:n]	لا تقرآن
lest nicht! (*Dual*)	[la: 'taqraʔa:]	لا تقرآ

D   Treten an die 2. Pers. Plur. m. des **positiven** und **negativen Imperativs** Suffixe an, so wird das ا der Endung nicht mehr geschrieben (vgl. Lekt. 7, Abschn. C), z. B.:

macht es!	[ifˤa'lu:hu:]	افعلوه
macht es nicht!	[la: tafˤa'lu:hu:]	لا تفعلوه

Übungen – تمارين

1. Übersetzen Sie:

1. Der Mann im Auto sagte zum Fahrer: „Paß auf die Person vor dir auf der Straße auf!"

2. Ich war im vorvorigen Herbst (= im Herbst von was vor zwei Jahren) in Nordwestafrika und werde dieses Jahr auch dorthin reisen. Der Aufenthalt in diesem Teil Afrikas ist sehr angenehm.

3. Der Vater fragte mich: „Wie viele Wörter sind in diesem Satz?" Ich antwortete ihm: „In diesem Satz sind 16 Wörter."

4. Der Frühling in Süddeutschland war dieses Jahr sehr schön.

5. Wir sagten ihm: „Die Ergebnisse deiner Tätigkeit sind ausgezeichnet."

6. Vor wenigen Augenblicken war die Flasche leer, jetzt ist sie voll.

7. Die Mutter sagte zu ihrer Tochter: „Sei nett mit unseren Gästen!"

8. Die (Ehe-)Frau verließ das Haus, und ihr Mann sagte zu ihr: „Komm vor 8 Uhr abends zurück!"

9. Muhammad besuchte seine Eltern nicht, weißt du (f) warum (= kennst du die Ursache)? – Nein, ich weiß es nicht! – Denk ein wenig nach, der Grund ist einfach!

10. Verlangt (f) von mir kein Geld; ich war arm und bin auch jetzt arm!

11. Meine Damen und Herren, fragen Sie mich jetzt nicht nach den Ergebnissen meiner Reise in die Hauptstädte arabischer Länder! Sie werden in Kürze etwas über die Ergebnisse meiner Gespräche mit den Politikern dort in den Tageszeitungen lesen.

12. Der Lehrer sagte am Schluß der Unterrichtsstunde: „Schüler, denkt nicht viel über die Bedeutung der Wörter in diesem langen schwierigen Satz nach! Morgen werde ich euch sagen, welche Bedeutungen (was sie sind, die Bedeutungen . . .!) diese Wörter haben."

13. Wir fragten sie: „Gestern abend bist du nicht nach Hause zurückgekommen. Welche Ursache hat das?" Sie antwortete: „Ich war bei meinem Freund."

2. Übersetzen Sie im Singular und Plural:

1. Die Mutter war in Haus und Küche den ganzen Tag beschäftigt (mit Subjekt am Satzanfang!).

2. Mein Schüler, achte nicht auf das, was dein Nachbar sagt; achte auf das, was ich an die Tafel schreiben werde!

3. Ein Kind in der Familie des Ingenieurs Samir Ali war krank. Seine Frau sagte zu ihm: ,,Samir, rufe heute den Arzt vom Werk aus an, das ist unumgänglich!"

4. Am Abend kam Samir aus dem Betrieb zurück. Mit ihm im Auto war der Arzt aus der nahen Stadt. Sie gingen ins Haus. Der Arzt schaute lange auf das Kind im Bett, dann sagte er zu ihm: ,,Du bist sehr krank. Iß und trink nichts heute abend und morgen den ganzen Tag! Da hast du eine starke Medizin in der kleinen weißen Flasche! Nimm von ihr die Hälfte bis morgen mittag! Morgen abend werde ich dich erneut besuchen (= werde ich zu dir zurückkehren). Du wirst bald gesund sein."
– Dann verließ er schnell das Haus der Familie.

3. Übersetzen Sie in der Vergangenheit, der Zukunft, im positiven u n d negativen Imperativ:

1. Vor einem Monat besuchte ich die Familie meiner Freundin in Ostdeutschland.
2. Ihr traft die Werkleiter auf der Ausstellung.
3. Ihr (*f*) fragtet gestern euren Lehrer nach der Bedeutung dieser Sätze und nach den Formen der Buchstaben in der arabischen Sprache.
4. Der Mann sagte zu seinen beiden Gästen: ,,Ihr seid ins Land (= Boden) eurer Väter zurückgekehrt!"
5. Ich betrat mit meinen beiden Freundinnen das Informationsbüro der Ausstellung.

4. Bilden Sie die positiven und negativen Imperative (Sing. u. Plur. f sowie Dual) von folgenden Grundformen:

arbeitet, setzt sich, spricht, paßt auf, stellt her, geht hinaus, benachrichtigt, versteht, kehrt zurück, bemerkt, sendet, nimmt, ißt, trinkt, reist, denkt, schließt, verläßt.

13. Lektion
الدرس الثالث عشر

Steigerung des Adjektivs

Text

١ - قالت الفلاحة لزوجها : « سأغادر بيتنا بعد دقائق ، فأسرتنا بحاجة
إلى مواد غذائية من السوق القريبة من خط السكة الحديدية والجسر
فأنا بحاجة إلى البطاطا والزبدة وإلى قليل من الجبن الجاف . غداً
يكون أكبر عيد في بلدنا ، فمن الضروري جداً الشراء هناك اليوم . »
سألها زوجها الفلاح : « هل تأخذين أشياء أخرى من السوق ، فأنا
بحاجة إلى نظارة جديدة وإلى بساط صغير وإلى حذائين للعمل
أيضاً » . قالت الزوجة له : « تطلب مني أخذ بضائع ليست في
السوق الآن ، سآخذها لك في وقت آخر قريب . الناس في السوق
سيعرضون مثل هذه البضائع بعد أسبوع تقريباً . » قال الزوج
الفلاح لها : « الصبر مفتاح سعادة الشباب والكبار . »

٢ - ما معنى عبارة السلام عليكم ؟ - معناها التحية .

٣ - كان لعمي أطول لسان في القرية .

٤ - ما هي أقصر مسافة إلى العاصمة ، يا سائقي ، هل تعرفها ؟ « نعم ، يا
سيدي ، أعرفها . نكون هناك في أقرب وقت . »

٥ - من الضروري ، يا بنتي ، كتابة رسالتك بشكل أسرع ، فسأغادر
البيت بعد لحظات إلى مكتب البريد لإرسال برقية إلى أكبر إخوتك .

٦ - كان خطاب رئيس الشرطة مهماً جداً . تكلم إلى الشعب عن أخطار
شرب الخمر بشكل عام .

٧ - كان هواء الليل دافئاً رطباً وما دخلت الريح إلى الغرفة من نافذتيها ولذلك كان نوم كل الأولاد فيها هادئا.

٨ - خرجت ألسنة النار من باب البيت ومن سقفه.

٩ - خرجت رائحة الخمر من فم سائق السيارة، فسأله رجال الشرطة « هل شربت كثيراً من الخمر، يا سيدي؟ » كان جواب السائق : « ما شربت شيئاً من الخمر، شربت عصيراً حامضاً فقط » – ثم قال رجال الشرطة « أين جوازك، يا سيدي؟ » قال السائق : « هو في جيب سترتي، تفضلوا! »

١٠ - قال الطبيب للمريض على السرير « جسمك، منظره في حالة غير جيدة ».

١١ - قالت لي زوجتك هذا : « أنت أكلت كثيراً جداً من اللحوم الدسمة في أيام العيد ».

١٢ - كان كلب الولد أكبر منه نفسه، فهو كان أكبر كلاب القرية.

محادثة – Gespräch

(الجزء الثاني من حديث محمد، ثم حديث نبيل)

بدأ مطر خفيف بعد دخول الأب ومحمد ونبيل ونبوية إلى البيت. كلهم جلسوا إلى مائدة العشاء. الأب والأم والأولاد يشربون حساءً لذيذاً من الخضار ويأكلون خبزاً مع الزبدة والجبن. أمام كل واحد منهم فنجان، فيه مشروب ساخن. يقول الأب لإبنه محمد بعد نهاية العشاء « أنا مستعد الآن للإنتباه إلى ما تقوله عن أعمالك الأخرى اليوم، تفضل، يا محمد ».

محمد :   « طيب، نهاية حديثي إليكم قريبة. كانت عندي وعند نبوية في ضحى اليوم دروس أخرى وفي الواحدة كانت الأم بسيارتها

الصغيرة أمام باب المدرسة . غادرنا معها المدرسة إلى البيت .
هنا أكلنا غداءنا في الواحدة والنصف تقريبا وساعدنا الأم في
المطبخ بعد الأكل . ثم خرجت نبوية مع الكلب إلى الحديقة
وغادرت أنا البيت كذلك فى العصر لزيارة صديق لي في
المستشفى البلدي . »

الأم :   « يا ولدي ، هل كان الصديق مسرورا بزيارتك ؟ »

محمد :   « نعم ، يا أمي ، كان مسروراً جداً بزيارتي القصيرة له . أخذ هدية
جميلة مني وتحدثنا عن أمور كثيرة ، منها التدريبات اللغوية
لطلاب الألمانية . »

الأب :   « ومتى عدت من المستشفى ، يا محمد ؟ »

محمد :   « عدت من المستشفى فى السادسة إلا ربعاً . يا أبي ، تعرف ما
فعلته بعد عودتي إلى البيت ، فأنت فى البيت منذ الخامسة
ولهذا السبب فلا حاجة إلى الحديث عن هذا . »

الأب :   « شكراً على حديثك ، يا ولدي . صحيح ، فلا حاجة إلى الحديث
عما أعرفه بنفسي . لا أعرف حتى الآن ما فعله اليوم أخوك
الكبير نبيل ، تفضل ، يا نبيل . »

نبيل :   « غادرت بيتنا في الثامنة صباحاً تقريباً مع أمي ومحمد ونبوية
وبعد عشرين دقيقة في القطار دخلت إلى المعمل القريب جداً
من خط السكة الحديدية . إنتاج هذا المعمل خاص بآلات
وأجهزة من الحديد أو من الأخشاب الثينة ، تكون صناعة
بلادنا وزراعتها بحاجة إليها . ساعدت اليوم كبير مهندسي
المعمل في أعمال تدريب موظفي المعمل الجدد من المواطنين

والأجانب على فهم أمور مهمة خاصة بإقتصاد بلادنا وبتجارتها ، وكذلك في تدريبهم على فهم الفرق بين إنتاج معملنا المحلي وإنتاجه للعالم كله . بدأنا في الدروس التدريبية من الصفر تقريباً وبالأمور البسيطة جداً أولاً . »

الأم : « وماذا فعلت بعد مساعدتك هذه ؟ »

نبيل : « بعدها أكلت الغداء في مطعم المعمل مع كبير المهندسين . الغداء في مطعم المعمل جيد ورخيص عادةً . وفي الساعة الثانية بعد الظهر غيرت مكان عملي وغادرت المعمل إلى مدرسة خاصة بالمهندسين لدراسة أنواع الأخشاب . كنت هناك حتى الخامسة تقريباً . بعد نهاية عملي غادرت المدرسة وعدت إلى البيت بالقطار المسائي السريع . هذا ما فعلته اليوم ، بعبارات قليلة .

الأب : « شكراً ، يا نبيل ، وشكراً لك أيضاً ، يا محمد ، على حديثيكما ، والآن ، فأنا بحاجة إلى النوم الهادئ بسبب أعمالي الكثيرة اليوم . إلى اللقاء صباح الغد ، يا أولادي . »

Umschrift

Text

1. 'qa:lat al-fa'lla:ħa li-'zaudʒiha:: saʔu'ɣa:dir 'baitana: 'baʕda da'qa:ʔiq, fa-us'ratuna: bi-'ħa:dʒa 'ila: ma'wa:dd ɣaða:'ʔi:ja min as-su:q al-qa'ri:ba min xåṭṭ as-'sikka al-ħadi:'di:ja wa al-dʒisr fa-'ana bi-'ħa:dʒa 'ila: al-båṭå:tå: wa az-'zubda wa 'ila: qa'li:l min al-dʒubn al-dʒa:ff 'ɣadan ja'ku:n 'akbar ʕi:d fi: ba'ladina: famin åđ-đå'ru:ri: 'dʒiddan aʃ-ʃi'ra:ʔ hu'na:k al-jaum. sa'ʔalaha: 'zaudʒuha: al-fa'lla:ħ: hal taʔu'ði:n aʃ'ja:ʔ 'uxra: min as-su:q, fa-'ana bi-'ħa:dʒa 'ila: nå'zzå:ra dʒa'di:da wa 'ila: bi'så:t så'ɣi:r wa 'ila: ħiða:'ain lil-'ʕamal 'aiđån.
'qa:lat az-'zaudʒa 'lahu:: 'tåṭlub 'minni: axð ba'đå:ʔiʕ 'laisat fi: as-su:q al-a:n, saʔa:'xuðuha: lak fi: waqt 'a:xar qa'ri:b. an-na:s fi: as-su:q sajaʕri'đo:n miθl 'ha:ðihi: al-båṭå:ʔiʕ 'baʕda us'bu:ʕ taq'ri:ban.

qa:l az-zaudӡ al-faˈlla:ħ ˈlaha:: âs-såbr mifˈta:ħ saˈʕa:dat aʃ-ʃaˈba:b wa al-kiˈba:r.

2. ma: ˈmaʕna: ʕiˈba:rat as-saˈla:m ʕaˈlaikum ? maʕˈna:ha: at-taˈħi:ja.

3. ka:n li-ˈʕammi: ˈåtwal liˈsa:n fi: al-ˈqarja.

4. ma: ˈhija ˈaqsår maˈsa:fa ˈila: al-ˈʕa:sima, ja: ˈsa:ʔiqi:, hal taʕˈrifuha: ? – ˈnaʕam, ja: ˈsajjidi: aʕˈrifuha:. naˈku:n huˈna:k fi: ˈaqrab waqt.

5. min åđ-đåˈru:ri:, ja: ˈbinti:, kiˈta:bat risa:ˈlatiki bi-ʃakl ˈasraʕ, fasaʔuˈɣa:dir al-bait ˈbaʕda laħaˈzå:t ˈila: ˈmaktab al-baˈri:d li-irˈsa:l barˈqi:ja ˈila: ˈakbar ixˈwatiki.

6. ka:n xiˈtåb raˈʔi:s aʃ-ˈʃurtå muˈhimman ˈdӡiddan. taˈkallam ˈila: aʃ-ʃaʕb ʕan axˈta:r ʃurb al-xamr bi-ʃakl ʕa:mm.

7. ka:n ˈhawa:ʔ al-lail ˈda:fiʔan ˈråtiban wa ma: ˈdaxalat ar-ri:ħ ˈila: al-ˈɣurfa min na:fiðaˈtaiha: wa liˈða:lik ka:n naum kull al-auˈla:d ˈfi:ha: ˈha:di:ʔan.

8. ˈxaradӡat ˈalsinat an-na:r min ba:b al-bait wa min ˈsaqfihi:.

9. ˈxaradӡat ˈra:ʔiħat al-xamr min fam ˈsa:ʔiq as-saˈjja:ra faˈsaʔalahu: riˈdӡa:l aʃ-ˈʃurtå: hal ʃaˈribta kaˈθi:ran min al-xamr, ja: ˈsajjidi: ? – ka:n dӡaˈwa:b as-ˈsa:ʔiq: ma: ʃaˈribtu ˈʃaiʔan min al-xamr, ʃaˈribtu ʕaˈsi:ran ˈħa:miđån ˈfaqat; – ˈθumma qa:l riˈdӡa:l aʃ-ˈʃurtå: ˈaina dӡaˈwa:zuk, ja: ˈsajjidi: ? – qa:l as-ˈsa:ʔiq: ˈhuwa fi: dӡaib ˈsutrati:, taˈfåđđålu:!

10. qa:l åt-tåˈbi:b lil-maˈri:đ ˈʕala: as-saˈri:r: ˈdӡismuk, manˈzåruhu: fi: ˈħa:la ɣair ˈdӡajjida!

11. ˈqa:lat li: ˈzaudӡatuk ˈha:ða:: ˈanta aˈkalta kaˈθi:ran ˈdӡiddan min al-luˈħu:m ad-ˈdasima fi: aˈjja:m al-ʕi:d.

12. ka:n kalb al-walad ˈakbar ˈminhu: ˈnafsihi: faˈhuwa ka:n ˈakbar kiˈla:b al-ˈqarja.

Gespräch

(al-dӡuzʔ aθ-ˈθa:ni: min ħaˈdi:θ Muˈhammad, ˈθumma ħaˈdi:θ Naˈbi:l). – ˈbadaʔ ˈmåtår xaˈfi:f ˈbaʕda duˈxu:l al-ab wa Muˈhammad wa Naˈbi:l wa ˈNabawi:ja ˈila: al-bait. ˈkulluhum ˈdӡalasu: ˈila: ˈma:ʔidat al-ʕaˈʃa:ʔ. al-ab wa al-umm wa al-auˈla:d jaʃraˈbu:n ħaˈsa:ʔan laˈði:ðan min al-xoˈđå:r wa jaʔkuˈlu:n ˈxubzan ˈmaʕa az-ˈzubda wa al-dӡubn. aˈma:ma kull ˈwa:ħid ˈminhum finˈdӡa:n ˈfi:hi: maʃˈruːb ˈsə:xin. jaˈqu:l al-ab li-ˈibnihi: Muˈhammad ˈbaʕda niˈha:jat al-ʕaˈʃa:ʔ: ˈana mustaˈʕidd al-a:n lil-intiˈba:h ˈila: ma: taˈqu:luhu: ʕan aʕˈma:lik al-ˈuxra: al-jaum. taˈfåđđål, ja: Muˈhammad!

Muˈhammad: ˈtåjjib, niˈha:jat ħaˈdi:θi: iˈlaikum qaˈri:ba. ˈka:nat ˈʕindi: wa ˈʕinda ˈNabawi:ja fi: ˈđoħa: al-jaum duˈru:s ˈuxra: wa fi: al-ˈwa:ħida ˈka:nat al-umm biˈsajja:ˈratiha: ås-såˈɣi:ra aˈma:ma ba:b al-ˈmadrasa. ˈɣa:darna: ˈmaʕaha: al-ˈmadrasa ˈila: al-bait. ˈhuna: aˈkalna: ɣaˈda:ʔana: fi: al-ˈwa:ħida wa an-nisf taq'ri:ban wa 'sa:ˤadna: al-umm fi: al-'måtbax 'baˤda al-akl. 'θumma 'xaradʒat 'Nabawi:ja 'maˤa al-kalb 'ila: al-ħa'di:qa wa 'ɣa:dartu 'ana al-bait ka'ða:lik fi: al-ˤåsr li-zi'ja:rat så'di:q li: fi: al-mus'taʃfa: al-'baladi:.

al-umm: ja: 'waladi:, hal ka:n ås-så'di:q mas'ru:ran bi-zi'ja:ratik ?

Mu'ħammad: 'naˤam, ja: 'ummi:, ka:n mas'ru:ran 'dʒiddan bi-zi'ja:rati: al-qå'sɨ:ra 'lahu:. 'axað ha'di:ja dʒa'mi:la 'minni: wa taħa'ddaθna: ˤan u'mu:r ka'θi:ra, 'minha: at-tadri:'ba:t al-luɣa'wi:ja li-to'lla:b al-alma:'ni:ja.

al-ab: wa'mata: 'ˤutta min al-mus'taʃfa:, ja: Mu'ħammad ?

Mu'ħammad: 'ˤuttu min al-mus'taʃfa: fi: as-'sa:disa 'illa: 'rubˤan. ja: 'abi:, 'taˤrif ma: fa'ˤaltuhu: 'baˤda 'ˤaudati: 'ila: al-bait: fa-'anta fi: al-bait 'munðu al-'xa:misa wa li'-ha:ða: as-'sabab fa'la: 'ħa:dʒa 'ila: al-ħa'di:θ ˤan 'ha:ða:!

al-ab: 'ʃukran 'ˤala: ħa'di:θik, ja: 'waladi:! så'ħi:ħ, fa'la: 'ħa:dʒa 'ila: al-ħa'di:θ 'ˤamma: 'aˤrifuhu: bi-'nafsi:. la: 'aˤrif 'ħatta: al-a:n ma: 'faˤalahu: al-jaum a'xu:k al-ka'bi:r Na'bi:l. ta'fåɖɖål, ja: Na'bi:l!

Na'bi:l: 'ɣa:dartu 'baitana: fi: aθ-'θa:mina så'ba:ħan taq'ri:ban 'maˤa 'ummi: wa Mu'ħammad wa 'Nabawi:ja wa 'baˤda ˤiʃ'ri:n da'qi:qa fi: al-qi'tå:r da'xaltu 'ila: al-'maˤmal al-qa'ri:b 'dʒiddan min xått as-'sikka al-ħadi:'di:ja. in'ta:dʒ 'ha:ða: al-'maˤmal xå:ss bi-a:'la:t wa 'adʒhiza min al-ħa'di:d au min al-ax'ʃa:b aθ-θa'mi:na ta'ku:n sɨna:ˤat bi'la:dina: wa zira:'ˤatuha: bi-'ħa:dʒa i'laiha:. 'sa:ˤattu al-jaum ka'bi:r mu'handisi: al-'maˤmal fi: aˤ'ma:l tad'ri:b mu'wåzzåfi: al-'maˤmal al-'dʒudud min al-muwå:ti'-ni:n wa al-a'dʒa:nib 'ˤala: fahm u'mu:r mu'himma 'xå:sså bi-iqti'så:d bi'la:dina: wa bitidʒa:'ratiha: wa ka'ða:lik fi: tad'ri:bihim 'ˤala: fahm al-farq 'baina in'ta:dʒ maˤ'malina: al-ma'ħalli: wa in'tadʒihi: lil-'ˤa:lam 'kullihi:. ba'daʔna: fi: ad-du'ru:s at-tadri:-'bi:ja min ås-sɨfr taq'ri:ban wa bil-u'mu:r al-ba'sɨ:tå 'dʒiddan 'awwalan.

al-umm: wa 'ma:ða: fa'ˤalta 'baˤda musa:ˤa'datik 'ha:ðihi: ?

Na'bi:l: 'baˤdaha: a'kaltu al-ɣa'da:ʔ fi: 'måtˤam al-'maˤmal 'maˤa ka'bi:r al-muhandi'si:n. al-ɣa'da:ʔ fi: 'måtˤam al-'maˤmal 'dʒajjid wa ra'xɨ:s 'ˤa:datan. wa fi: as-'sa:ˤa aθ-'θa:nija 'baˤda åz-zohr ɣa'jjartu ma'ka:n 'ˤamali: wa 'ɣa:dartu al-'maˤmal 'ila: 'madrasa

'xå:sså bil-muhandi'si:n li-di'ra:sat an'wa:ˁ al-ax'ʃa:b.
'kuntu hu'na:k 'ħatta: al-'xa:misa taq'ri:ban. 'baˁda
ni'ha:jat 'ˁamali: 'ɣa:dartu al-'madrasa wa 'ˁuttu 'ila:
al-bait bil-qi'tå:r al-ma'sa:ʔi: as-sa'ri:ˁ. 'ha:ða: ma:
fa'ˁaltuhu: al-jaum, bi'ˁiba:'ra:t qa'li:la:.

al-ab: 'ʃukran, ja: Na'bi:l, wa 'ʃukran lak 'aiđån, ja:
Mu'ħammad, 'ˁala: ħadi:'θaikuma: wa al-a:n fa-'ana
bi-'ħa:dʒa 'ila: an-naum al-'ha:diʔ bi-'sabab aˁ'ma:li:
al-ka'θi:ra al-jaum. 'ila: al-liqa:ʔ så'ba:ħ al-ɣad, ja:
au'la:di:!

Vokabeln – مفردات

1. Linie,   [xått] خط   3. Onkel   [ˁamm] عم
   Strecke; Schrift   (Pl.   [aˁ'ma:m] (اعمام
   (Pl.   [xu'to:t] (خطوط)   Zunge   [li'sa:n] لسان
   Brücke, Damm   [dʒisr] جسر   (Pl.   ['alsina] ألسنة
   (Pl.   [dʒu'su:r] (جسور)   5. Telegramm   [bar'qi:ja] برقية
   Kartoffeln   [bå'tå:tå:] بطاطا   6. Rede, Ansprache [xi'tå:b] خطاب
   Butter   ['zubda] زبدة   (Pl.   [xi'tå:ba:t] (خطابات)
   Käse   [dʒubn] جبن   Polizei   ['ʃurtå] شرطة
   trocken   [dʒa:ff] جاف   Volk   [ʃaˁb] شعب
   (Komp.   [a'dʒaff] (اجف)   (Pl.   [ʃu'ˁu:b] شعوب
   Fest, Feiertag   [ˁi:d] عيد   Gefahr   ['xåtår] خطر
   (Pl.   [aˁ'ja:d] (اعياد)   (Pl.   [ax'tå:r] (اخطار)
   Brille   [nå'zzå:ra] نظارة   Wein   [xamr] خمر
   Teppich   [bi'så:t] بساط   (Pl.   [xu'mu:r] (خمور)
   (Pl.   ['busot] (بسط)   allgemein, öffentlich [ˁa:mm] عام
   Schuh   [ħi'ða:ʔ] حذاء   7. Nacht koll.   [lail] ليل
   (Pl.   ['aħðija] (احذية)   (Pl.   [la'ja:lin] (ليال)
   auch Adv.   ['aiđån] ايضا   feucht   ['råtib] رطب
   das gleiche   [miθl] مثل   (Komp.   ['artåb] (ارطب)
   wie, solch, solche   Wind   [ri:ħ] (f) ريح
   (Pl.   [am'θa:l] (امثال)   (Pl.   [ri'ja:ħ] (رياح)
   Geduld   [såbr] صبر   8. Feuer   [na:r] (f) نار
   Glück, Frohsinn [sa'ˁa:da] سعادة   (Pl.   [ni:'ra:n] (f) (نيران)
   Jugend   [ʃa'ba:b] شباب   Dach   [saqf] سقف
2. Ausdruck   [ˁi'ba:ra] عبارة   (Pl.   [su'qu:f] (سقوف)

9. Geruch	['ra:ʔiħa] رائحة	(Pl.	[u'mu:r] امور)
(Pl.	[ra'wa:ʔiħ] روائح)	Training,	[tad'ri:b] تدريب
Mund	[fam] فم	Praktikum, Ausbildung	
(Pl.	[af'wa:h] افواه)	(Pl.	[tadri:'ba:t] تدريبات)
Saft	[ʕa'si:r] عصير	Lernender, Student	['tå:lib] طالب
sauer	['ħa:miđ] حامض	(Pl.	[to'lla:b] طلاب)
Ausweis, Paß	[dʒa'wa:z] جواز	Maschine	['a:la] آلة
(Pl.	[dʒawa:'za:t] جوازات)	Eisen	[ħa'di:d] حديد
(Kleider-)Tasche	[dʒaib] جيب	Holz	['xaʃab] خشب
(Pl.	[dʒu'ju:b] جيوب)	(Pl.	[ax'ʃa:b] اخشاب)
11. fett (*Nahrung*)	['dasim] دسم	wertvoll	[θa'mi:n] ثمين
(*Komp.*	['adsam] ادسم)	(*Komp.*	['aθman] أثمن)
12. Hund	[kalb] كلب	Industrie	[si'na:ʕa] صناعة
(Pl.	[ki'la:b] كلاب)	Landwirtschaft	[zi'ra:ʕa] زراعة
Gespräch:		Landsmann,	[mu'wå:tin] مواطن
Regen	['måtår] مطر	Mitbürger	
(Pl.	[am'tå:r] امطار)	Wirtschaft	[iqti'så:d] اقتصاد
Suppe	[ħa'sa:ʔ] حساء	Handel	[ti'dʒa:ra] تجارة
Getränk	[maʃ'ru:b] مشروب	Unterschied	[farq] فرق
(Pl.	[maʃ'ru:ba:t] مشروبات)	(Pl.	[fu'ru:q] فروق)
Vormittag	['đoħan] ضحى	Welt	['ʕa:lam] عالم
(früher) Nachmittag;	[ʕåsr] عصر	Null	[sifr] صفر
Zeitalter, Ära		Ort, Stelle	[ma'ka:n] مكان
Krankenhaus	[mus'taʃfan] مستشفى	(Pl.	['amkina] امكنة)
(Pl.	[mustaʃfa'ja:t] مستشفيات)	*Übung*:	
ja	['naʕam] نعم	bitter	[murr] مر
Sache, Angelegenheit	[amr] امر	(*Komp.*	[a'marr] امر)

Verbformen

anbieten, ausstellen

عرض [ʕaråđ]، يعرض [ja ʕriđ]، عرض [ʕarđ]، اعرض [iʕråđ!]

Text

1. Die Bäuerin sagt zu ihrem Mann: ,,In (ein paar) Minuten werde ich unser Haus verlassen, denn unsere Familie braucht Lebensmittel vom Markt nahe bei der Eisenbahnlinie und der Brücke (*wörtl.* dem nahen von). Ich benötige Kartoffeln, Butter und ein wenig trockenen Käse.

Morgen ist (wird sein) der höchste Feiertag in unserem Land, deshalb ist
es unumgänglich, dort heute einzukaufen." Ihr Mann, der Bauer, fragte
sie: „Nimmst (kaufst) du andere Sachen vom Markt, denn ich brauche
eine neue Brille, einen kleinen Teppich und auch Arbeitsschuhe (zwei
Schuhe für die Arbeit)." Die Frau antwortete ihm: „Du verlangst von
mir Waren zu kaufen, die jetzt nicht auf dem Markt sind. Ich werde sie
für dich ein anderes Mal (in einer anderen Zeit) in Kürze besorgen. Die
Leute auf dem Markt werden solche (*wörtl.* das gleiche dieser) Waren
etwa in einer Woche anbieten." Der Mann (der Bauer) antwortete ihr:
„Die Geduld ist der Schlüssel zum Glück für Jung und Alt!"

2. Was bedeutet der Ausdruck „Friede (ruhe) auf euch"? Er bedeutet
   (seine Bedeutung ist) die Begrüßung.

3. Mein Onkel hatte das größte Mundwerk im Dorf (hatte die längste Zunge).

4. Was ist die kürzeste Entfernung (Wegstrecke) zur Hauptstadt? He,
   Fahrer, kennst du sie? – Ja, mein Herr, ich kenne sie. Wir werden in
   sehr kurzer (kürzester) Zeit dort sein.

5. (Meine) Tochter, es ist notwendig, den Brief schneller (in schnellerer
   Weise) zu schreiben, denn in wenigen Augenblicken werde ich das Haus
   zum Postamt verlassen, um ein Telegramm (zur Sendung eines Tele-
   gramms) an deinen ältesten Bruder zu senden.

6. Die Ansprache des Polizeichefs war sehr wichtig. Er redete zum Volk
   über die Gefahren des Weintrinkens im allgemeinen.

7. Die Nachtluft war feuchtwarm und der Wind kam nicht zu den (beiden)
   Zimmerfenstern hinein (kam nicht ins Zimmer von den Fenstern), deshalb war der Schlaf aller Kinder darin ruhig.

8. Die Feuerzungen schlugen aus Tür und Dach des Hauses heraus.

9. Weingeruch kam aus dem Mund des Autofahrers. Da fragten ihn die Polizisten (Männer der Polizei): „Mein Herr, haben Sie viel Wein getrunken?" Die Antwort des Fahrers lautete: „Ich habe keinen Wein getrunken (nicht trank ich etwas von dem Wein). Ich habe nur einen sauren
   Saft getrunken." Dann fragten die Polizisten: „Mein Herr, wo ist ihr
   Ausweis?" Der Fahrer antwortete: „Er ist in meiner Jackentasche,
   bitte schön!"

10. Der Arzt sagte zum Kranken auf dem Bett: „Dein Körper sieht krank
    aus (dein Körper, sein Aussehen ist krank)."

11. Deine Frau hat mir folgendes gesagt: „An den Feiertagen hast du zu viel
    fettes Fleisch gegessen."

12. Der Hund des Jungen war größer als dieser selbst, denn es war der
    größte Hund im Dorf.

Gespräch

(Zweiter Teil des Berichts von Muhammad, dann der Bericht von Nabil)
Nachdem der Vater, Muhammad, Nabil und Nabawija ins Haus hineinge-
gangen waren, begann ein leichter Regen. Alle hatten sich an den Abend-
brottisch (hin)gesetzt. Vater, Mutter und Kinder essen (trinken) eine köstliche Gemüsesuppe und essen Brot mit Butter und Käse. Vor jedem von
ihnen (steht) eine Tasse mit einem heißen Getränk (darin). Der Vater sagt

nach dem Abendbrot zu seinem Sohn Muhammad: „Jetzt bin ich bereit, meine Aufmerksamkeit auf das zu richten, was du über deine übrige Tätigkeit heute (deine anderen Arbeiten) sagen wirst. Bitte, Muhammad!"

Muhammad: Gut, mit meiner Erzählung für euch bin ich gleich am Ende (*wörtl.* das Ende meiner Erzählung für euch ist nah). Nabawija und ich hatten heute vormittag (am Vormittag des heutigen Tages) weitere Unterrichtsstunden und um 1 Uhr war die Mutter mit ihrem kleinen Auto vor der Schultür. Wir verließen die Schule zusammen mit ihr (und fuhren) nach Hause. Hier aßen wir etwa um halb zwei Uhr Mittag und halfen danach der Mutter in der Küche. Dann ging Nabawija mit dem Hund zusammen in den Garten hinaus, und ich verließ das Haus auch am Nachmittag, um einen Freund von mir im Stadtkrankenhaus zu besuchen (zum Besuch eines Freundes . . .).

Mutter: (Mein) Junge, hat sich der Freund über deinen Besuch gefreut (*wörtl.* war der Freund über deinen Besuch erfreut)?

Muhammad: Ja, Mutter, er hat sich über meinen kurzen Besuch bei ihm sehr gefreut. Er bekam (nahm) ein schönes Geschenk von mir, und wir unterhielten uns über viele Dinge, z. B. (*wörtl.* von ihnen) das Sprachtraining für Deutschschüler.

Vater: Und wann bist du vom Krankenhaus zurückgekommen, Muhammad?

Muhammad: Um Viertel vor sechs (bin ich aus dem Krankenhaus zurückgekommen). Vater, du weißt (schon), was ich nach meiner Rückkehr nach Hause getan habe, weil du schon seit 5 Uhr zuhause bist; deshalb braucht darüber nicht mehr gesprochen zu werden (*wörtl.* dieses Grundes wegen besteht kein Bedürfnis nach dem Erzählen davon).

Vater: Mein Sohn, danke für deinen Bericht. Richtig, über das, was ich (schon) selbst weiß, braucht nicht gesprochen zu werden. Bis jetzt weiß ich (aber noch) nicht, was dein großer Bruder Nabil heute gemacht hat. Bitte, Nabil!

Nabil: Ich verließ (unser) Haus etwa um acht Uhr morgens zusammen mit (meiner) Mutter, Muhammad und Nabawija. Nach zwanzig Minuten im Zug betrat ich die Fabrik, die sehr nahe an der Eisenbahnstrecke liegt. Diese Fabrik stellt speziell Maschinen und Geräte aus Eisen oder aus Edelholz her, die Industrie und Landwirtschaft unseres Landes brauchen. Ich unterstützte heute den Oberingenieur des Werkes dabei, den neuen Angestellten des Werkes – Landsleuten und Ausländern – das Verstehen wichtiger Dinge nahezubringen, die Wirtschaft und Handel unseres Landes betreffen, ebenso das Verstehen des Unterschiedes zwischen der Produktion unseres Werkes für den örtlichen Bedarf und seiner Produktion für die ganze Welt (*wörtl.* ich half heute dem Oberingenieur des Werkes bei den Tätigkeiten, die neuen Werksangestellten von den Landsleuten

und den Ausländern für das Verstehen von wichtigen Dingen zu trainieren, die die Wirtschaft unseres Landes und
seinen Handel betreffen, und ebenso dabei, sie für das Verstehen des Unterschiedes zwischen der örtlichen Produktion
unseres Werkes und der für die ganze Welt zu schulen).
Wir begannen in den Schulungsstunden gleichsam (etwa)
bei Null und zunächst mit den ganz einfachen Sachen.

Mutter: Und was hast du danach (*wörtl.* nach dieser deiner Hilfe)
gemacht?

Nabil: Danach (nach ihr) aß ich in der Werkskantine zusammen
mit dem Oberingenieur Mittag. Es ist dort gewöhnlich gut
und billig. Um 14 Uhr wechselte ich meinen Arbeitsplatz.
Ich verließ das Werk (und ging) in eine Ingenieurschule für
Holzbearbeitung (*wörtl.* eine Schule speziell für Ingenieure
zum Studium der Holzsorten). Bis etwa um 17 Uhr blieb
ich dort. Nach Beendigung meiner Tätigkeit verließ ich die
Schule und kehrte mit dem Abendschnellzug nach Hause
zurück. Das ist in wenigen Worten (gesagt), was ich heute
getan habe.

Vater: Danke, Nabil und Muhammad (danke auch für dich, Muhammad), für die Berichte von euch (beiden). Jetzt aber
brauche ich einen (den) ruhigen Schlaf, weil ich heute sehr
viel zu tun gehabt habe (*wörtl.* wegen meiner vielen Arbeiten heute). Kinder, auf Wiedersehen morgen früh!

Grammatik

A   Die **Steigerungsformen** vieler Adjektive werden einheitlich gebildet, z. B.:

groß (*m/Sing.*)	[ka'bi:r]	كبير
größer (*m/Sing.*)	['**akbar**]	اكبر
der größte (*m/Sing.*)	[al-'akbar]	الاكبر
groß (*f/Sing.*)	[ka'bi:ra]	كبيرة
größer (*f/Sing.*)	['**akbar**]	اكبر
die größte (*f/Sing.*)	[al-'kubra:]	الكبرى
große (*Personen m*)	[ki'ba:r]	كبار
größer (*Personen m*)	['**akbar**]	اكبر
die größten (*Personen m*)	[al-a'ka:bir]	الاكابر
große (*Personen f*)	[kabi:'ra:t]	كبيرات
größer (*Personen f*)	['**akbar**]	اكبر
die größten (*Personen f*)	[al-kubra'ja:t]	الكبريات

Die 1. Steigerungsform lautet also stets gleich.

Das „als" des Vergleichs heißt im Arabischen [**min**] من, z. B.:

Muhammad ist **größer als** seine Schwester.

[Mu'ħammad **'akbar min** 'uxtihi:] محمد اكبر من اخته

Sie ist **kleiner als** er. ['hija **'åsɣar 'minhu:**] هى اصغر منه

Sie sind **größer als** ihre anderen Brüder.

[hum **'akbar min** ix'watihim al-a:xa'ri:n] هم اكبر من اخوتهم الآخرين

B Wird die 1. Steigerungsform **bestimmt**, geht sie in die **2. Steigerungsform** über, z. B.:

Muhammad ist **der größte** von ihnen.

[Mu'ħammad **ak'baruhum**] محمد اكبرهم

Diese Stadt ist **die größte** in unserem Land. هذه المدينة هى الكبرى فى بلادنا

['ha:ðihi: al-ma'di:na 'hija al-'kubra: fi: bi'la:dina:]

Die bestimmte 1. Steigerungsform ist also der 2. Steigerungsform in diesen Fällen gleichzusetzen.

Weitere Beispiele:

Muhammad, Nabil und Samir sind Brüder. Muhammad ist der kleinste von ihnen. محمد ونبيل وسمير اخوة . محمد اصغرهم

[Mu'ħammad wa Na'bi:l wa Sa'mi:r (hum) 'ixwa. Mu'ħammad ås-'ɣaruhum.]

Berlin ist die größte deutsche Stadt.

[Berlin 'akbar 'mudun Al'manja:] برلين اكبر مدن المانيا

Berlin ist die größte Stadt in Deutschland. برلين هى المدينة الكبرى فى المانيا

[Berlin 'hija al-ma'di:na al-'kubra: fi: Al'manja:]

(Letztere Stellung des gesteigerten Wortes ist selten.)

C Als **Prädikat** steht das Steigerungsadjektiv stets **nach** dem Bezugswort und bleibt unverändert, unabhängig von Genus und Numerus des Bezugswortes, z. B.:

Der Junge ist kleiner als das Mädchen.

[al-'walad 'åsɣar min al-bint] الولد اصغر من البنت

Die beiden Angestellten sind älter als der Chef.

[al-mu'wåzzåfa:n 'akbar min ar-ra'ʔi:s] الموظفان اكبر من الرئيس

Unser Garten ist schöner als der des Nachbarn.

[ħadi'qatuna: 'adʒmal min ħa'di:qat 'dʒa:rina:] حديقتنا اجمل من حديقة جارنا

Übungen – تمارين

1. Übersetzen und beantworten Sie zunächst die Fragen 1–9, dann die folgenden Fragen in Anlehnung an den Inhalt des Lektionstextes und des Gesprächs:

1. Sind Sie (schon) in ein arabisches Land gereist und wann?
2. Wo haben Sie gewöhnlich Ihren Reisepaß?
3. Was werden Sie dort tun?
4. Wo werden Sie wohnen?
5. Sprechen Sie Arabisch oder verstehen Sie etwas Arabisch?
6. Warum werden Sie dorthin reisen?
7. Wann werden Sie nach Deutschland zurückkehren?
8. Haben Sie Bücher über die arabische Welt gelesen?
9. Was heißt (= wie sagen Sie) „Bild" auf arabisch?
10. Was sagte die Bäuerin zu ihrem Mann, bevor sie am Morgen das Haus verließ?
11. Was antwortete ihr der Mann (darauf)?
12. Wie groß etwa ist die Entfernung von Berlin nach Beirut?
13. Worüber redete der Polizeipräsident?
14. Warum schliefen die Kinder ruhig?
15. Was fragten die Polizisten den Fahrer?
16. Was tat der Kranke vor dem Arztbesuch?
17. War der Junge größer als der Hund?
18. Trank die Familie etwas zum Abendbrot?
19. Wissen Sie, was Muhammad im Krankenhaus machte?
20. Wann kehrte er nach Hause zurück?
21. Wo war Nabil am gleichen Tag?
22. Was produziert die Fabrik?
23. Wo aß Nabil das Mittagbrot?
24. Was sagte der Vater am Schluß der Erzählungen von Muhammad und Nabil?
25. Warum brauchte der Vater Schlaf?

2. Übersetzen Sie und achten Sie auf die Unterschiede:

1. Heute war unsere Unterrichtsstunde leicht.
2. Gestern war unsere Unterrichtsstunde sehr leicht.
3. Unsere gestrige Unterrichtsstunde war leichter als die heutige.

4. Unsere gestrige Unterrichtsstunde war die leichteste von allen Stunden.
5. Gestern war unsere leichteste Unterrichtsstunde.
6. Muhammad, Nabil und Samir sind klein (jung).
7. Muhammad, Nabil und Samir sind meine kleinen Kinder.
8. Muhammad, Nabil und Samir sind die kleinsten von meinen Kindern.
9. Muhammad, Nabil und Samir sind jünger als deine drei Kinder.
10. Muhammad ist jünger als Nabil und Nabil jünger als Samir: Wer ist der Jüngste (*oder*: wer ist der jüngste von ihnen)? Muhammad ist es.
11. Die Medizin des Arztes schmeckte bitter.
12. Die Medizin des Arztes war die bitterste von allen Medizinen.
13. Ich trank die bittersten Medizinen.

14. Lektion
الدرس الرابع عشر

Die Konjunktion [an] ان und weitere funktionsähnliche Konjunktionen; der Konjunktiv nach ihnen; einfache Zwecksätze, [baʿḍ] بعض, [miθl] مثل, einige weitere unregelmäßige Verben

---

Text
في السوق

أردت أن أذهب إلى السوق صباح اليوم لشراء بعض الأشياء ، منها أطباق وصحون وسكاكين وملاعق وشوك ، كنت بحاجة إليها في مطبخ بيتنا الجديد ، فأخذت شنطتي الكبيرة وخرجت من البيت . ركبت السيارة لأذهب بها إلى سوق المدينة . قطعت الطريق إلى هناك في ربع ساعة تقريباً . لاحظت في الشارع العريض سيارات كثيرة جداً ، جاءت من جنوب إقليمنا وذهبت مثلي إلى المدينة الصناعية التجارية الكبيرة . لما وصلت إلى السوق كانت الساعة التاسعة تماماً . نزلت من السيارة فأغلقت بابها وتركتها في مكان ، كان فيه عدد السيارات قليلاً عادةً وكثيراً أحياناً . في تلك اللحظة قابلت جارتي . إبتسمت

وقالت بعد التحية إنها تريد أيضاً أخذ بعض البضائع من السوق، فطلبت مني
أن أذهب معها إلى المحلات المختلفة بالسوق، فهي أرادت أن تزور محلات
البقالين والقصابين والخبازين لشراء ما كانت هي وأسرتها بحاجة إليه. قلت
للمرأة إني أذهب معها إلى بعض هذه المحلات أيضاً لمدة قصيرة، ولكني ما أردت
أن أعود من السوق في تمام الساعة الثانية عشرة فقط مثلها، فإني كنت
مستعجلة أكثر منها دائماً. سألتني المرأة عن صحتي وصحة أسرتي، فأجبتها أننا
كلنا بخير وبصحة ممتازة، ثم أعدت نفس السؤال، فأجابت بمثل ما أجبته لها.
علمت منها فيا علمته خلال حديثنا هناك، أنها تريد أن تعيد زيارة السوق مرة
أخرى بعد غد. لاحظنا في السوق ناساً كثيرين جداً في كل مكان تقريباً.
هؤلاء أرادوا الشراء مثلنا. دخلت مع جارتي إلى محلات مختلفة وتحدثنا داخلها
مع التجاريين قليلاً، ثم أخذنا بعض ماكنا بحاجة إليه من البضائع. كانت
أثمان بعض الأشياء مثل الصحون والملاعق عالية وأثمان المواد الغذائية كانت
رخيصة بشكل عام. بعد ساعة تقريباً من بداية زيارتي للسوق غادرتها مسرورة
مع ما أخذته من البضائع. لما جئت إلى سيارتي، وقف بجانبها ولد كان عمره
عشر سنوات تقريباً. سألني أن آخذه معي إلى قريتي، ففعلت ذلك وفي طريق
العودة قال لي إنه يقيم في نفس القرية، ولكني ما عرفته قبل اليوم. لاحظت
أنه كان جائعاً، فناولته قليلاً من الخبز مع الزبدة. كان مسروراً بهذا الأكل
فقال إنه لا يريد أن يتمرن على الجوع، بل يريد أن يشبع دائماً. لما وصلت إلى
بيتي نزلت من السيارة والولد نزل معي، ثم – بعد الشكر والتحية – ذهب إلى
بيته ودخلت أنا إلى باب بيتي مسرورة لأني نجحت في أن أجهز مطبخنا الجديد
بأكثر ما كنت بحاجة إليه في صباح هذا اليوم.

مقتطفات من بعض الجرائد العربية اليومية

خبر سياسي: مدير مسئول في وزارة الخارجية الإسرائيلية سيصل إلى بلادنا غداً في زيارة رسمية مدتها خمسة أيام.

خبر إقتصادي: تقيم وزارة التجارة معرضاً عالمياً للالآت الزراعية المختلفة في العاصمة من تاريخ ١٩٨٠/٢/١١ حتى يوم ١٩٨٠/٢/١٨.

إعلان للبيع: أنواع مختلفة من الأثاث الخشبي والمعدني الحديث، جديدة تماماً، في حالة ممتازة (خزائن للمكاتب وكراسي) الهاتف ٢٠٩٧٠

محادثة – Gespräch

(فاطمة وزوجها سمير يجلسان في مطعم صغير مريح. سمير يقرأ الأخبار السياسية والإقتصادية في جريدة يومية كبيرة وزوجته تشرب فنجان قهوة وتنظر إلى باب المطعم. في نفس هذه اللحظة يدخل إلى الغرفة محمد وزوجته نبوية وهما صديقا فاطمة وسمير.)

فاطمة: السلام عليكما، يا نبوية ويا محمد. أهلاً وسهلاً. كيف أنتما؟

(نبوية ومحمد يجلسان إلى مائدة فاطمة وسمير.)

محمد: الحمد لله، نحن بخير، الله يبارك فيكما.

سمير: مرحباً بكما. نحن مسروران بهذه المقابلة هنا.

(يطلب من موظف المطعم زجاجة من الخمر الأبيض وقليلاً من الخبز مع الزبدة والجبن.)

نبوية: سمعت أنكما وجدتما عملاً جديداً، أليس كذلك؟

سمير: هذا صحيح، ستبدأ فاطمة عملها في المدرسة الواحدة والعشرين للبنات ووجدت كذلك عملا آخر في مكتب المعرض الصناعي التجاري.

محمد: متى تريدان أن تبدآ بعملكما؟

سمير: يمكن أن نبدأ به بعد أسبوعين تقريباً.

(كلهم يشربون من الخمر ويأكلون من الخبز خلال المحادثة.)

وأنتما، هل بعتما بيتكما؟ فأنا سمعت أنكما تريدان أن تبيعاه.

نبوية: لا، هذا خطأ. أراد بعض الناس منا أن نبيعه ولكننا سوف لا نفعل ذلك، لأن بيتنا الجميل أكثر مالنا.

(بعد ساعتين تقريباً من مثل تلك المحادثة.)

سمير لموظف المطعم: «تفضل بالحساب، يا سيد.» ثم يقول لصديقيه: «عملت كثيراً جداً في هذه الأيام ولهذا فإن حاجتي إلى النوم قوية. أنا آسف. أريد أن أذهب قريباً إلى البيت لأنام هناك نوماً هادئاً، فمن الممكن جداً أن يكون عملي صعباً غداً.»

فاطمة: تكون لنا مقابلة أخرى بعد يومين في نفس المطعم وفي نفس الساعة، أليست هذه الفكرة ممتازة؟

نبوية: لا بأس أن تكون لنا هذه المقابلة، إن شاء الله.

محمد : كانت المقابلة فرصة سعيدة، صحيح. إذن، فمع السلامة،

يا صديقي، حتى يوم الأربعاء ليلاً.

سمير : (بعد أن ناول موظف المطعم ما طلبه منه للدفع عن

كلهم) « طيب، في أمان الله حتى ذلك الوقت ».

(الأصدقاء الأربعة يغادرون المطعم مسرورين.)

Umschrift.

Text

fi: as-su:q

a'rattu an 'aðhab 'ila: as-su:q så'ba:ħ al-jaum li-ʃi'ra:ʔ baʕð al-aʃ'ja:ʔ,
minha: åt'ba:q wa so'ħu:n wa saka:'ki:n wa ma'la:ʕiq wa 'ʃuwak, 'kuntu
bi-'ħa:dʒa i'laiha: fi: 'måtbax 'baitina: al-dʒa'di:d, fa-a'xaðtu 'ʃantåti: al-
ka'bi:ra wa xa'radʒtu min al-bait. ra'kibtu as-sa'jja:ra li-'aðhab 'biha:
'ila: su:q al-ma'di:na. qa'tåʕtu åttå'ri:q 'ila: hu'na:k fi: rubʕ 'sa:ʕa
taq'ri:ban. la:'ħaztu fi: aʃ-'ʃa:riʕ al-'ʕa'ri:ð sajja:'ra:t ka'θi:ra 'dʒiddan,
'dʒa:ʔat min dʒa'nu:b iq'li:mina: wa 'ðahabat 'miθli: 'ila: al-ma'di:na ås-
sina:'ʕi:ja at-tidʒa:'ri:ja al-ka'bi:ra. 'lamma: wå'såltu 'ila: as-su:q 'ka:nat
as-'sa:ʕa at-'ta:siʕa ta'ma:man. na'zaltu min as-sa'jja:ra fa-aɣ'laqtu
'ba:baha: wa ta'raktuha: fi: ma'ka:n, ka:n 'fi:hi: 'ʕa:dad as-sajja:'ra:t
qa'li:lan 'ʕa:datan wa ka'θi:ran aħ'ja:nan. fi: 'tilka al-'laħzå qa:'baltu
'dʒa:rati:!

ib'tasamat wa 'qa:lat 'baʕda at-ta'ħi:ja, 'innaha: tu'ri:d 'aiðån axð baʕð
al-ba'ðå:ʔiʕ min as-su:q fa-'tålabat 'minni: an 'aðhab 'maʕaha: 'ila: al-
maħa'lla:t al-mux'talifa bis-su:q fa-'hija a'ra:dat an ta'zu:r maħa'lla:t al-
baqqa:'li:n wa al-qåsså:'bi:n wa al-xabba:'zi:n li-ʃi'ra:ʔ ma: 'ka:nat 'hija
wa us'ratuha: bi-'ħa:dʒa i'laihi:. 'qultu lil-'marʔa 'inni: 'aðhab 'maʕaha:
'ila: baʕð 'ha:ðihi: al-maħa'lla:t 'aiðån li-'mudda qå'si:ra wala:'kinni: ma:
a'rattu an a'ʕu:d min as-su:q fi: ta'ma:m as-'sa:ʕa aθ-'θa:nija 'ʕaʃara faqåt
'miθlaha: fa'inni: 'kuntu mus'taʕdʒila 'akθar 'minha: 'da:ʔiman.
sa'ʔa:latni: al-'marʔa ʕan 'siħħati: wa 'siħħat 'usrati: fa-a'dʒabtuha:
'annana: 'kullana: bi'xair wa bi'siħħa mum'ta:za, 'θumma a'ʕattu nafs as-
su'ʔa:l fa-a'dʒa:bat bi-miθl ma: a'dʒabtuhu: 'laha:. ʕa'limtu 'minha:
'fi:ma: ʕa'limtuhu: xi'la:la ħa'di:θina: hu'na:k, 'annaha: tu'ri:d an tu'ʕi:d
zi'ja:rat as-su:q 'marra 'uxra: 'baʕda ɣad. la:'ħåzna: fi: as-su:q 'na:san
kaθi:'ri:n 'dʒiddan fi: kull ma'ka:n taq'ri:ban. ha:'ʔu'la:'ʔi a'ra:du: aʃ-ʃi'ra:ʔ
'miθlana:. da'xaltu 'maʕa 'dʒa:rati: 'ila: maħa'lla:t mux'talifa wa
taħa'ddaθna: 'da:xilaha: 'maʕa at-tidʒa:'ri:'ji:n qa'li:lan 'θumma a'xaðna:
baʕð ma: 'kunna: bi-'ħa:dʒa i'laihi: min al-ba'ðå:ʔiʕ. 'ka:nat aθ'θa:ma:n baʕð

al-aʃ'ja:ʔ miθl âs-so'ħu:n wa al-ma'la:ˁiq 'ˁa:lija wa əθ'ma:n al-ma'wa:dd al-ɣaða:'i:ja 'ka:nat ra'xi:så bi-ʃakl ˁa:mm. 'baˁda 'sa:ˁa taq'ri:ban min bi'da:jat zi'ja:rati: lis-su:q ɣa:'dartuha: mas'ru:ra 'maˁa ma: a'xaðtuhu: min al-bå'ðå:ʔiˁ. 'lamma: 'dʒiʔtu 'ila: sa'jja:rati: 'waqaf bi'dʒa:nibiha: 'walad, ka:n 'ˁumruhu: ˁaʃr sana'wa:t taq'ri:ban. sa'ʔalani: an a:'xuðahu: (*vgl. Lautlehre, Abschn.* 2e) 'maˁi: 'ila: 'qarjati: fa-fa'ˁaltu 'ða:lik wa fi: tå'ri:q al-'ˁauda qa:l li: 'innahu: ju'qi:m fi: nafs al-'qarja wala:'kinni: ma: ˁa'riftuhu: 'qabla al-jaum. la:'ħåztu 'annahu: ka:n 'dʒə:ʔiˁan fa- na:'waltuhu: qa'li:lan min al-xubz 'maˁa az-'zubda. 'ka:n mas'ru:ran bi- 'ha:ða: al-akl fa'qa:l 'innahu: la: ju'ri:d an jata'marran 'ˁala: al-dʒu:ˁ, bal ju'ri:d an 'jaʃbaˁ 'da:ʔiman. 'lamma: wå'såltu 'ila: 'baiti:, na'zaltu min as-sa'jja:ra wa-al-'walad 'nazal 'maˁi:, 'θumma – 'baˁda aʃ-ʃukr wa at- ta'ħi:ja – 'ðahab 'ila: 'baitihi: wa da'xaltu 'ana 'ila: ba:b 'baiti: mas'ru:ra li- 'anni: na'dʒaħtu fi: an u'dʒahhiz måt'baxana: al-dʒa'di:d bi-'akθar ma: 'kuntu bi-'ħa:dʒa i'laihi: fi: så'ba:ħ 'ha:ða: al-jaum.

muqtåtå'fa:t min baˁð al-dʒa'ra:ʔid al-'ˁara'bi:ja al-jau'mi:ja

'xabar si'ja:si::	mu'di:r mas'ʔu:l fi: wi'za:rat al-xa:ri'dʒi:ja al- isra:ʔi:'li:ja sa'jåsil 'ila: bi'la:dina: 'ɣadan fi: zi'ja:ra ras'mi:ja, mu'ddatuha: 'xamsat a'jja:m.
'xabar iqti'så:di::	tu'qi:m wi'za:rat at-ti'dʒa:ra 'maˁriðån ˁa:la'mi:jan lil-a:'la:t az-zira:'ˁi:ja al-mux'talifa fi: al-'ˁa:sima min ta:'ri:x 11/2/1980 'ħatta: jaum 18/2/1980.
iˁ'la:n: lil-baiˁ:	an'wa:ˁ mux'talifa min al-a'θa:θ al-'xaʃabi: wa al-'maˁdini: al-ħa'di:θ, dʒa'di:da ta'ma:man, fi: 'ħa:la mum'ta:za (xa'za:ʔin lil-ma'ka:tib wa ka'ra:si:j) al-'ha:tif 20970.

Gespräch

('Få:tima wa 'zaudʒuha: Sa'mi:r jadʒli'sa:n fi: 'måtˁam så'ɣi:r mu'ri:ħ. Sa'mi:r 'jaqra? al-ax'ba:r as- sija:'si:ja wa al-iqtiså:'di:ja fi: dʒa'ri:da jau'mi:ja ka'bi:ra wa zau'dʒatuhu: 'taʃrab fin'dʒa:n 'qahwa wa 'tanzor 'ila: ba:b al-'måtˁam. fi: nafs 'ha:ðihi: al-'laħzå 'jadxul 'ila: al-'ɣurfa Mu'ħammad wa zau'dʒatuhu: 'Nabawi:ja wa 'huma: sådi:'qa: 'Få:tima wa Sa'mi:r)

'Få:tima:	as-sa'la:m ˁa'laikuma:, ja: 'Nabawi:ja wa ja: Mu'ħammad, 'ahlan wa 'sahlan! 'kaifa 'antuma:? ('Nabawi:ja wa Mu'ħammad jadʒli'sa:n 'ila: 'ma:ʔidat 'Få:tima wa Sa'mi:r)
Mu'ħammad:	al-'ħamdu li'lla:h; 'naħnu bi'xair, A'lla:h ju'ba:rik 'fi:kuma:!
Sa'mi:r:	'marħaban 'bikuma:! 'naħnu masru:'ra:n bi-'ha:ðihi: al-mu'qa:bala 'huna:!

('jåtlub min mu'wåzzåf al-'måtˁam zu'dӡaːdӡa min
al-xamr al-'abjåd wa qa'liːlan min al-xubz 'maˁa az-
'zubda wa al-dӡubn.)

'Nabawiːja: sa'miˁtu 'annakumaː wa'dӡattumaː 'ˁamalan
dӡa'diːdan, a 'laisa ka'ðaːlik?

Sa'miːr: 'haːða: så'ħiːħ, sa'tabda? 'Fåːtɨma ˁa'malaha: fiː al-
'madrasa al-'waːħida wa al-ˁiʃ'riːn lil-ba'naːt wa
wa'dӡattu ka'ðaːlik 'ˁamalan 'aːxar fi: 'maktab al-
'maˁrid ås-sɨ'naːˁiː at-ti'dӡaːriː.

Mu'ħammad: 'mata: turiː'daːn an'tabda?aː biˁa'malikumaː?

Sa'miːr: 'jumkin an 'nabda? 'bihiː 'baˁda usbu:'ˁain
taq'riːban.

('kulluhum jaʃra'buːn min al-xamr wa ja?ku'luːn min
al-xubz xi'laːla al-mu'ħaːdaθa)

wa 'antumaː, hal 'biˁtuma: 'baitakumaː? fa-'ana
sa'miˁtu 'annakumaː turiː'daːn an tabiː'ˁaːhuː!

'Nabawiːja: laː, 'haːða: 'xåtå?! a'raːd baˁd an-naːs 'minnaː an
na'biːˁahuː wala:'kinnanaː 'saufa laː 'nafˁal 'ðaːlik,
li'?anna 'baitana: al-dӡa'miːl 'akθar 'maːlinaː! ('baˁda
saːˁa'tain taq'riːban min miθl 'tilka al-mu'ħaːdaθa)

Sa'miːr
li-mu'wåzzåf
al-'måtˁam: ta'fåddål bil-ħi'saːb, ja: 'sajjid! 'θumma ja'quːl li-
sådi:'qaihiː:
ˁa'miltu ka'θiːran 'dӡiddan fi: 'haːðihi: al-a'jjaːm, wa
li-'haːðaː, fa'inna 'ħaːdӡatiː 'ila: an-naum qa'wiːja.
'ana 'aːsif. u'riːd an 'adhab qa'riːban 'ila: al-bait li-
a'naːm hu'naːk 'nauman 'haːdi?an, famin al-'mumkin
'dӡiddan, an ja'kuːn 'ˁamaliː 'såˁban 'ɣadan.

'Fåːtɨma: ta'kuːn 'lanaː mu'qaːbala 'uxra: 'baˁda jau'main fiː
nafs al-'måtˁam wa fi: nafs as-'saːˁa, a 'laisat 'haːðihiː
al-'fikra mum'taːza?

'Nabawiːja: la: ba?s, an ta'kuːn 'lanaː 'haːðihiː al-mu'qaːbala, in
'ʃa:?alla:h!

Mu'ħammad: 'kaːnat al-mu'qaːbala 'furså sa'ˁiːda, så'ħiːħ! 'iðan,
fa'maˁa as-sa'laːma, ja: sådiː'qaija, 'ħatta: jaum al-
arbiˁ'ˁaː? 'lailan.

Sa'miːr: ('baˁda an 'naːwal mu'wåzzåf al-'måtˁam ma:
'tålabahuː 'minhu: li-al-dafˁ ˁan 'kullihim): 'tåjjib, fi:
a'maːnilla:h, 'ħatta: 'ðaːlik al-waqt!
(al-åsdi'qaː? al-'arbaˁa juɣaːdi'ruːn al-'måtˁam
masruː'riːn).

Vokabeln – مفردات

daß	[an, ˈanna, ˈinna] ان		immer *Adv.*	[ˈda:ʔiman] دائما
Teil von etwas, einiges von	[baʕđ] بعض		Gesundheit	[ˈsiħħa] صحة
Teller	[ˈtåbaq] طبق		während	[xiˈla:la] خلال
(*Pl.*	[åtˈba:q] (اطباق)		Mal	[ˈmarra] مرة
Schüssel	[såħn] صحن		diese (*nur für Per-*	[ha:ʔuˈla:ʔi] هؤلاء
(*Pl.*	[soˈħu:n] (صحون)		*sonen Plur. m und f*)	
Messer	[siˈkki:n] سكين		innerhalb von	[ˈda:xil] داخل
(*Pl.*	[saka:ˈki:n] (سكاكين)		Handelsmann,	[tiˈdʒa:ri:] تجارى
Löffel	[ˈmilʕaqa] ملعقة		Geschäftsmann	
(*Pl.*	[maˈla:ʕiq] (ملاعق)		hoch	[ˈʕa:lin] عال
Gabel	[ˈʃauka] شوكة		(*Komp.*	[ˈaʕla:] (اعلى)
(*Pl.*	[ˈʃuwak] (شوك)		Seite	[ˈdʒa:nib] جانب
Tasche	[ˈʃantå] شنطة		(*Pl.*	[dʒaˈwa:nib] (جوانب)
(*Pl.*	[ˈʃunåt] (شنط)		hungrig	[ˈdʒa:ʔiʕ] جائع
Gebiet	[iqˈli:m] اقليم		sondern, vielmehr	[bal] بل
(*Pl.*	[aqa:ˈli:m] (اقاليم)		Auszug	[muqˈtåtåf] مقتطف
als	[ˈlamma:] لما		(*Pl.*	[muqtåtåˈfa:t] (مقتطفات)
vollständig, genau *Adv.*	[taˈma:man] تماما		Nachricht	[ˈxabar] خبر
manchmal *Adv.*	[aħˈja:nan] احيانا		(*Pl.*	[axˈba:r] (اخبار)
jene	[ˈtilka] تلك		Direktor	[muˈdi:r] مدير
verschieden	[muxˈtalif] مختلف		verantwortlich;	[masˈʔu:l] مسئول
Gemüsehändler,	[baˈqqa:l] بقال		Verantwortlicher	
Lebensmittelhändler			Kabinett;	[wiˈza:ra] وزارة
Fleischer	[qåˈsså:b] قصاب		Ministerium	
Bäcker	[xaˈbba:z] خباز		Außen-;	[ˈxa:ridʒi:] خارجى
Frau (*nicht*	[ˈmarʔa] مرأة		äußerlich	
in der Anrede!)			Israel	[isra:ˈʔi:l] اسرائيل
(*Pl.*	[niˈsa:ʔ] (نساء)		offiziell	[ˈrasmi:] رسمى
Zeitspanne, Weile	[ˈmudda] مدة		Metall	[ˈmaʕdin] معدن
aber, doch	[waˈla:kin] ولكن		(*Pl.*	[maˈʕa:din] (معادن)
	[wala:ˈkinna]		*Gespräch:*	
eilig, eilend	[musˈtaʕdʒil] مستعجل		das, jenes	[ˈða:lik] ذلك
			weil	[li-ˈanna] لأن
			möglich (*Part.*)	[ˈmumkin] ممكن

| Gedanke, Idee | فكرة ['fikra] | Bezahlen | دفع [dafˤ] |
| (*Pl.* | (افكار) [afˈkaːr] | | |

Verbformen

wollen

اراد [aˈraːd(a)] ، يريد [juˈriːd(i)] ، ارادة [iˈraːda]

gehen, weggehen

ذهب ['ðahab] ، يذهب ['jaðhab] ، ذهاب [ðaˈhaːb] ، اذهب ['iðhab!]

fahren; einsteigen; reiten

ركب ['rakib] ، يركب ['jarkab] ، ركوب [ruˈkuːb] ، اركب ['irkab!]

schneiden; durchmessen, zurücklegen (*Entfernung*)

قطع ['qåtåˤ] ، يقطع ['jaqtåˤ] ، قطع [qåtˤ] ، اقطع ['iqtåˤ!]

kommen

جاء [dʒaːʔ(i)] ، مجيء [jaˈdʒiːʔ(i)] ، مجيء [maˈdʒiːʔ] ،
جيٴ [dʒiʔ!] ، (جيئي) ['dʒiːʔiː] ، جيئوا ['dʒiːʔuː])

ankommen

وصل [wåsål] ، يصل ['jåsil] ، وصول [woˈsoːl]

aussteigen

نزل ['nazal] ، ينزل ['janzil] ، نزول [nuˈzuːl] ، انزل ['inzal!]

lassen, verlassen

ترك ['tarak] ، يترك ['jatruk] ، ترك [tark] ، اترك ['utruk!]

lächeln

ابتسم [ibˈtasam] ، يبتسم [jabˈtasim] ، ابتسام [ibtiˈsaːm] ، ابتسم [ibˈtasim!]

antworten

اجاب [aˈdʒaːb(a)] ، يجيب [juˈdʒiːb(i)] ، اجابة [iˈdʒaːba] ،
اجب ['adʒib!] ، (اجيبى) ، اجيبوا [aˈdʒiːbiː!] ، [aˈdʒiːbuː!])

wiederholen

اعاد [aˈˤaːd(a)] ، يعيد [juˈˤiːd(i)] ، اعادة [iˈˤaːda] ، اعد ['aˤid!]
(اعيدى) [aˈˤiːdiː!] ، اعيدوا [aˈˤiːduː!])

wissen, erfahren

علم ['ˤalim] ، يعلم ['jaˤlam] ، علم [ˤilm] ، اعلم ['iˤlam!]

stehen

وقف ['waqaf] ، يقف ['jaqif] ، وقوف [wuˈquːf] ، قف [qif!]

sich aufhalten, wohnen; veranstalten

اقام [aˈqaːm(a)] ، يقيم [juˈqiːm(i)] ،
اقامة [iˈqaːma] ، اقم ['aqim!] ، (اقيمى) [aˈqiːmiː!] ، اقيموا [aˈqiːmuː!])

geben

ناول ['naːwala] ، يناول [juˈnaːwil] ، مناولة [muˈnaːwala] ، ناول ['naːwil!]

sich üben

تمرن [taˈmarran] ، يتمرن [jataˈmarran] ، تمرن [taˈmarrun] ، تمرن [taˈmarran!]

satt sein *od.* werden

شبع ['ʃabiˤ] ، يشبع ['jaʃbaˤ] ، شبع [ʃabˤ] ، اشبع ['iʃbaˤ!]

ausrüsten

['dʒahhiz!] جهّز ، [tadʒ'hi:z] تجهيز ، [ju'dʒahhiz] يجهّز ، ['dʒahhaz] جهّز

hören   ['isma⁇!] اسمع ، [sam⁇] سمع ، ['jasma⁇] يسمع ، ['sami⁇] سمع

finden   [wu'dʒu:d] وجود ، ['jadʒid] يجد ، ['wadʒad] وجد

möglich sein   [im'ka:n] امكان ، ['jumkin] يمكن ، ['amkan] امكن (لـ)

verkaufen   ['bi⁇!] بع ، [bai⁇] بيع ، [ja'bi:⁇(i)] يبيع ، [ba:⁇(i)] باع
                                       (بيعى) ['bi:⁇i:!] ، بيعوا ['bi:⁇u!])

schlafen   [nam!] نم ، [naum] نوم ، [ja'na:m(a)] ينام ، [na:m(i)] نام ،
                                       (نامى) ['na:mi:!] ، ناموا ['na:mu:!])

Gespräch:

Redewendungen [⁇iba:'ra:t] عبارات

Willkommen!	['ahlan wa 'sahlan]	اهلا وسهلا
Gott sei Dank!	[al-'ħamdu li'lla:h]	الحمد لله
Allah segne dich!	[a'lla:h ju'ba:rik fi:k]	الله يبارك فيك
nicht wahr?	[a'laisa ka'ða:lik]	أليس كذلك؟
ist schon recht!, nicht übel!	[la: ba⁇s]	لا بأس
so Allah will	[in 'ʃa:⁇a'lla:h]	ان شاء الله
angenehm!, habe die Ehre!	['fursˁa sa'⁇i:da]	فرصة سعيدة
(*wörtl.* glückliche Gelegenheit)		

Text

Auf dem Markt

Heute morgen wollte ich auf den Markt fahren, um ein paar Sachen einzukaufen (*wörtl.* zum Kaufen von ein paar Sachen), z. B. Teller, Schüsseln,
Messer, Löffel und Gabeln, die ich in der neuen Küche unseres Hauses
brauchte. Ich nahm meine große Tasche und verließ das Haus. Ich stieg ins
Auto ein, um damit (= mit ihm) zum Markt der Stadt zu fahren. Den Weg
dorthin legte ich in etwa einer Viertelstunde zurück. Auf der breiten Straße
bemerkte ich sehr viele Autos, die aus dem Süden unseres Gebiets kamen
und wie ich in die große Industrie- und Handelsstadt fuhren. Als ich am
Markt ankam, war es genau neun Uhr. Ich stieg aus dem Auto, schloß die
Tür ab und ließ es an einer Stelle zurück, wo gewöhnlich wenige Autos,
manchmal aber viele Autos standen. In diesem Moment begegnete ich meiner Nachbarin. Sie lächelte und sagte nach der Begrüßung, daß sie
einige Waren vom Markt holen möchte. So bat sie mich, ich möchte mit ihr
in die verschiedenen Läden auf dem Markt gehen. Sie wollte die Läden der

Lebensmittelhändler, der Fleischer und der Bäcker aufsuchen, um einiges von dem zu kaufen, was sie und ihre Familie benötigten. Ich sagte zu der Frau, daß auch ich mit ihr einige dieser Läden für eine kurze Zeit aufsuchen würde, aber ich wollte nicht erst genau um zwölf vom Markt wie sie zurückkehren, denn ich hatte es stets eiliger als sie. Die Frau fragte mich nach meiner und meiner Familie Gesundheit, und ich antwortete ihr, daß es uns allen gut ginge und wir bei ausgezeichneter Gesundheit wären. Dann stellte ich (wiederholte ich) die gleiche Frage, und sie antwortete (genau) das, was ich ihr geantwortet hatte. Ich erfuhr unter anderem im Verlauf unseres Gesprächs dort, daß sie übermorgen den Markt wieder besuchen wollte. Wir bemerkten auf dem Markt fast überall sehr viele Leute. Sie wollten wie wir einkaufen. Mit meiner Nachbarin ging ich in verschiedene Läden hinein, und wir unterhielten uns darin ein wenig mit den Händlern, dann kauften wir einige von den Waren ein, die wir brauchten. Die Preise einiger Sachen, wie etwa Schüsseln und Löffel, waren hoch, die Preise der Lebensmittel allgemein niedrig. Etwa eine Stunde nach Beginn meines Marktbesuchs verließ ich diesen zufrieden mit den gekauften Waren (*wörtl.* mit dem, was ich an Waren gekauft hatte). Als ich zu meinem Auto kam, stand ein Junge daneben (*wörtl.* stand an dessen Seite ein Junge), der etwa 10 Jahre alt war. Er bat mich (fragte mich), ich möchte ihn mit in mein Dorf nehmen. Das tat ich. Auf dem Rückweg sagte er mir, er wohne im gleichen Dorf, aber ich hatte ihn nicht vor diesem Tag gekannt. Ich stellte fest, daß er hungrig war, da reichte ich ihm ein wenig Butterbrot. Er freute sich über dieses Essen und sagte, daß er sich nicht im Hungern üben, sondern stets satt werden wolle. An meinem Haus angekommen, stieg ich aus dem Auto aus, und der Junge mit mir. Dann – nach Dank und Gruß – ging er nach Hause und ich (ich aber) trat in die Tür meines Hauses zufrieden, weil ich erfolgreich dabei war, unsere neue Küche mit dem meisten von dem auszustatten, was ich am Morgen dieses Tages (noch) brauchte (*wörtl.* weil ich Erfolg dabei hatte, unsere neue Küche mit dem meisten auszurüsten, was ich am Morgen dieses Tages gebraucht hatte).

Auszüge aus einigen arabischen Tageszeitungen

Politische Nachricht: Verantwortlicher Direktor im israelischen Außenministerium wird morgen zu einem fünftägigen offiziellen Besuch in unserem Land eintreffen (*wörtl.* wird in unser Land morgen kommen, im (Rahmen eines) offiziellen Besuch(s), seine Dauer 5 Tage).

Wirtschaftsnachricht: Das Handelsministerium veranstaltet eine internationale Ausstellung für verschiedene Landwirtschaftsmaschinen in der Hauptstadt vom 11.2.1980–18.2.1980.

Verkaufsanzeige: Verschiedene Arten moderner Holz- und Metallmöbel; völlig neu; in ausgezeichnetem Zustand (Büroschränke und Sessel), Telefon: 20970.

Gespräch

(Fatima und ihr Mann Samir sitzen in einem kleinen gemütlichen Restaurant. Samir liest die politischen und Wirtschaftsnachrichten in einer großen Tageszeitung und seine Frau trinkt eine Tasse Kaffee und schaut (dabei) zur Tür des Restaurants. In diesem Augenblick kommen Muhammad und seine Frau Nabawija in den Raum hinein – die (beiden) Freunde von Fatima und Samir).

Fatima: Guten Abend (euch beiden), Nabawija und Muhammad. Willkommen! Wie geht's euch? (Nabawija und Muhammad setzen sich an den Tisch von Fatima und Samir).

Muhammad: Allah sei Dank, uns geht es gut; Allah segne euch!

Samir: Willkommen (euch)! Wir freuen uns über dieses Treffen hier! (Er bestellt beim Ober des Restaurants eine Flasche Weißwein und ein wenig Brot mit Butter und Käse).

Nabawija: Ich habe gehört, daß ihr eine neue Arbeit gefunden habt, nicht wahr?

Samir: Das stimmt. Fatima beginnt ihre Tätigkeit in der 21. Mädchenschule, und ich habe auch eine andere Arbeit im Büro der Industrie- und Handelsausstellung gefunden.

Muhammad: Wann wollt ihr mit eurer Arbeit anfangen?

Samir: Möglicherweise werden wir damit in etwa zwei Wochen beginnen. (Alle trinken vom Wein und essen vom Brot während der Unterhaltung). Und ihr? Habt ihr euer Haus verkauft? Ich habe gehört, ihr wollt es verkaufen.

Nabawija: Nein, das stimmt nicht (*wörtl.* das ist ein Fehler). Einige Leute wollten von uns, daß wir es verkaufen, das werden wir aber nicht tun, weil unser schönes Haus das meiste ist, was wir besitzen (*wörtl.* das meiste unseres Besitzes ist).

(2 Stunden etwa nach einer solchen Unterhaltung)

Samir: (zum Ober des Restaurants): Mein Herr, bitte die Rechnung.
Dann sagt er zu seinen Freunden: Ich habe diese Tage sehr viel gearbeitet, deshalb habe ich ein starkes Bedürfnis nach Schlaf. Es tut mir leid. Ich möchte bald nach Hause gehen, um dort ruhig zu schlafen, denn es ist sehr gut möglich, daß meine Arbeit morgen schwer sein wird.

Fatima: In zwei Tagen werden wir uns wieder treffen (*wörtl.* es wird sein für uns eine andere Begegnung nach zwei Tagen), im gleichen Restaurant und zur gleichen Stunde, ist diese Idee nicht ausgezeichnet?

Nabawija: Gut, daß wir dieses Treffen haben werden, hoffentlich (so Allah will)!

Muhammad: Das Treffen war ein froher Anlaß, das stimmt! Also, auf Wiedersehen, Freunde (meine beiden Freunde), bis zum Mittwoch, abends.

Samir: (nachdem er dem Ober des Restaurants gegeben hatte, was dieser für alle von ihm gefordert hatte):
Gut, auf Wiedersehen, bis zu dieser Zeit.
(Die vier Freunde verlassen zufrieden das Restaurant).

Grammatik

A **Die Konjunktion „daß"** wird im Arabischen durch verschiedene Wörter ausgedrückt:

1. Folgt unmittelbar ein konjugiertes Verb, so lautet das Wort [an] ان, z. B.: Es ist nicht möglich, **daß** du heute das tust, was dein Vater gestern getan hat. ‏لا يمكن ان تفعل اليوم ما فعله ابوك امس .

[la: ˈjumkin **an** ˈtafʕal al-jaum ma: ˈfaʕalahu: aˈbu:k ams]

Die **verneinte** Form „daß nicht" lautet [ˈalla:] الا (aus an + la: vgl. Lautlehre, 2e), nicht zu verwechseln mit [ˈilla:] (vgl. Lektion 11, Abschn. K), z. B.: Wir baten seine Mutter, ihn **nicht** im Garten zurückzulassen.

‏طلبنا من امه الا تتركه فى الحديقة .

[tåˈlabna: min ˈummihi:, ˈalla: tatˈrukahu: fi: al-ħaˈdi:qa]

2. Folgen unmittelbar Personalsuffixe oder Substantive, lautet das Wort [ˈanna] انَّ, z. B.: Ich hörte, **daß** er den Ausstellungsleiter nicht treffen werde.

‏سمعت انه سوف لا يقابل رئيس المعرض

[saˈmiʕtu ˈannahu: ˈsaufa la: juˈqa:bil raˈʔi:s al-ˈmaʕriđ]

Er schrieb, **daß** der Vater krank sei.

‏كتب ان الاب مريض [ˈkatab ˈanna al-ab maˈri:đ]

3. Nach [qa:l] قال lautet „daß" stets [ˈinna], z. B.: Er sagte, daß er bald ins Ausland reisen wolle.

‏قال انه يريد السفر الى خارج البلاد قريبا .

[qa:l ˈinnahu: juˈri:d as-safar ˈila: ˈxa:ridʒ al-biˈla:d qaˈri:ban]

3. Auch auf [wala:ˈkin(na)] ولكن und [liˈʔanna] لأن folgen die Personalpronomen bzw. Substantive unmittelbar, z. B.: Ich fragte ihn, doch er antwortete nicht. ‏سألته ولكنه ما اجاب.

[saˈʔaltuhu: wala:ˈkinnahu: ma: aˈdʒa:b]

Er arbeitet gut, aber der Direktor ist nicht zufrieden.

‏يعمل جيدا ولكن المدير ليس بمسرور

[ˈjaʕmal ˈdʒajjidan, waˈla:kin al-muˈdi:r ˈlaisa bi masˈru:r]

Er kann (kennt) Arabisch, weil er sich im Libanon aufhielt.

‏يعرف العربية لأنه اقام فى لبنان .

[ˈjaʕrif al-ʕaraˈbi:ja, li-ˈannahu: aˈqa:m fi: Lubˈna:n]

Das Wetter ist heute schön, weil die Sonne stark scheint (ist).

‏الطقس جميل اليوم لأن الشمس قوية .

[åt-tåqs dʒaˈmi:l al-jaum li-ˈanna aʃ-ʃams qaˈwi:ja]

B   Das Verb steht nach [an] اِنْ und [ˈalla:] الّا gewöhnlich im **Konjunktiv**, dessen Formen im wesentlichen gleich denen des verneinten Imperativs (vgl. Lekt. 12, Abschn. C) sind, z. B.:

Ich bitte dich (*f*), das zu tun.

اطلب منك ان تفعلي ذلك   [ˈåṭlub ˈminki, **an** ˈtafˤali: ˈða:lik]

Ich bitte dich (*f*), das nicht zu tun.

اطلب منك الا تفعلي ذلك   [ˈåṭlub ˈminki, **alla:** ˈtafˤali: ˈða:lik]

Ich werde sie bitten, das zu tun.

اطلب منهم ان يفعلوا ذلك   [ˈåṭlub ˈminhum, **an** ˈjafˤalu: ˈða:lik]

Ich werde sie bitten, das nicht zu tun.

اطلب منهم الا يفعلوا ذلك   [ˈåṭlub ˈminhum, **alla:** ˈjafˤalu: ˈða:lik]

Ich bitte euch (*m*), das zu tun.

اطلب منكم ان تفعلوا ذلك   [ˈåṭlub ˈminkum, **an** ˈtafˤalu: ˈða:lik]

Ich bitte euch, das nicht zu tun.

اطلب منكم الا تفعلوا ذلك   [ˈåṭlub ˈminkum **alla:** ˈtafˤalu: ˈða:lik]

C   Maskuline Substantive im unbestimmten Zustand bekommen nach [ˈanna] اِنَّ, [li-ˈanna] لأنّ und [waˈla:kin] ولكن häufig die Endung [-**an**] اً, z. B.:

Ich hörte, daß Muhammad in der Hauptstadt sei.

سمعت ان محمدا فى العاصمة   [saˈmiˤtu ˈanna Muˈħammad**an** fi: al-ˈˤa:sima]

Ich sagte ihr das, weil Nabil schon seit langem in Libyen war.

قلت لها ذلك لأن نبيلا كان فى ليبيا منذ وقت بعيد .

[ˈqultu ˈlaha: ˈða:lik, li-ˈanna Naˈbi:l**an** ka:n fi: ˈLi:bija: ˈmunðu waqt baˈˤi:d]

Ich weiß das schon, aber Samir weiß es nicht!

انا اعرف ذلك ولكن سميرا لا يعرفه

[ˈana ˈaˤrif ˈða:lik, waˈla:kin Saˈmi:r**an** la: jaˤˈrifuhu:]

D   Von den übrigen Konjunktionen, die den Konjunktiv des Verbs nach sich haben, ist [li] لِ in der Bedeutung von „**um zu, damit**" die wichtigste. Mit ihr werden die häufigsten **Zwecksätze** eingeleitet. Wir haben das Wortteilchen [-li] لِ bereits wiederholt in der Kombination [li] لِ + Infinitiv kennengelernt, z. B.:

Lektion 9, Gespräch am Telefon:

Sie beide werden in zwei Tagen nach Europa **zum Studium** fahren.

سيسافران بعد يومين الى اوروبا للدراسة

[sajusa:fiˈraːn ˈbaˤda jauˈmain ˈila: Uˈruːba: **lid-diˈraːsa**]

Lektion 10, Gespräch:

Auf, ins Büro des Schulleiters, um nach meinem Monatsgehalt zu fragen!

هيا بنا الى مكتب رئيس المدرسة للسؤال عن راتبى الشهرى

[ˈhajja: ˈbina: ˈila: ˈmaktab raˈʔiːs al-ˈmadrasa **lis-suˈʔaːl** ˤan ˈraːtibi: aʃ-
ˈʃahri:]

Lektion 12, Gespräch:

(Herr Lehrer,) ich bin bereit, an die Wand zu schreiben!

انا مستعد للكتابة على الحائط

[ˈana mustaˈˤidd **lil-kiˈtaːba** ˈˤala: al-ːħaːˈʔit]

Lektion 13, Textsatz 5:

Ich werde in wenigen Augenblicken das Haus verlassen, zum Postamt, um
ein Telegramm an deinen ältesten Bruder zu schicken.

سأغادر البيت بعد لحظات الى مكتب البريد لارسال برقية الى اكبر اخوتك .

[saʔuˈɣaːdir al-bait ˈbaˤda laħaˈzâːt ˈila: ˈmaktab al-baˈriːd **li-irˈsaːl** bar-
ˈqija ˈila: ˈakbar ixˈwatiki]

Lektion 13, Gespräch:

Ich verließ das Haus auch am Nachmittag, um einen Freund von mir im
Stadtkrankenhaus zu besuchen.

غادرت انا البيت كذلك فى العصر لزيارة صديق لى فى المستشفى البلدى

[ˈɣaːdartu ˈana al-bait kaˈðaːlik fiː al-ˤasr **li-ziˈjaːrat**
sâˈdiːq li: fiː al-musˈtaʃfa: al-ˈbaladi:]

Diese Infinitivkonstruktionen sind nun beliebig durch die entsprechenden
konjugierten Verbformen mit [li] ل zu ersetzen, drei Beispiele mögen genügen:

Lektion 10, Gespräch:

هيا بنا الى مكتب رئيس المدرسة لنسأل عن راتبى الشهرى

[ˈhajja: ˈbina: ˈila: ˈmaktab raˈʔiːs al-ˈmadrasa **li-ˈnasʔal** ˤan ˈraːtibi:
aʃ-ˈʃahri:]

Lektion 13, Textsatz 5:

سأغادر البيت بعد لحظات الى مكتب البريد لارسل برقية الى اكبر اخوتك

[saʔuˈɣaːdir al-bait ˈbaˤda laħaˈzâːt ˈila: ˈmaktab al-baˈriːd **li-ˈursil** bar-
ˈqija ˈila: aˈkbar ixˈwatiki]

Lektion 13, Gespräch:

غادرت انا البيت كذلك فى العصر لأزور صديقا لى فى المستشفى البلدى .

[γa:'dartu 'ana al-bait ka'ða:lik fi: al-ⁱasr li-a'zu:r så'di:qan li: fi: al-mus-
                                              'taʃfa: al-'baladi:]

Die Bedeutungen beider Konstruktionen sind gleich, im gehobenen Schriftarabisch wird indessen die erste Konstruktion häufiger verwendet.

E   [baⁱd] بعض und [miθl] مثل

[baⁱd] بعض, eigentlich „Teil von", steht meistens im bestimmten Zustand,
also mit Artikel oder als Leitwort einer Substantivverbindung, wird dem-
nach wie [kull] كل (vgl. Lekt. 8, Abschn. J) und [nafs] نفس (vgl. Lekt. 10,
Abschn. E) behandelt, z. B.:

Ich wollte heute früh auf den Markt fahren, um **einige Sachen** (*wörtl.* den
Teil von den Sachen) zu kaufen.

اردت ان اذهب الى السوق صباح اليوم لشراء بعض الاشياء .

[a'rattu an 'aðhab 'ila: as-su:q sa'ba:ħ al-jaum li-ʃi'ra:ʔ **baⁱd al-aʃ'ja:ʔ**]

Wir kauften **einige der Waren**, die wir benötigten (*wörtl.* wir kauften **einen
Teil dessen**, was wir von den Waren brauchten).

اخذنا بعض ما كنا بحاجة اليه من البضائع .

[a'xaðna: **baⁱd ma:** 'kunna: bi-'ħa:dʒa i'laihi: min al-bå'ðå:ʔiⁱ]

Einige (*oder* einer!) **von ihnen** ging(en) heute nachmittag ins Büro.

ذهب بعضهم الى المكتب بعد ظهر اليوم .

['ðahab **baⁱdohum** 'ila: al-'maktab 'baⁱda zohr al-jaum]

Auch [miθl] مثل, eigentlich „ein Gleiches wie", wird häufig in der gleichen
Konstruktionsweise wie [baⁱd] verwendet, z. B.:

Sie (die Autos) fuhren **wie ich** (gleich mir) in die große Industrie- und Handelsstadt.   ذهبت مثلى الى المدينة الصناعية التجارية الكبيرة .

['ðahabat **miθli:** 'ila: al-ma'di:na ås-sina:'ⁱi:ja at-tidʒa:'ri:ja al-ka'bi:ra]

... aber ich wollte vom Markt nicht erst genau um zwölf Uhr **wie sie** zurückkehren.   ولكنى ما اردت ان اعود من السوق فى تمام الثانية عشرة فقط مثلها .

[wala:'kinni: ma: a'rattu an a'ⁱu:d min as-su:q fi: ta'ma:m aθ-'θa:nija
                                         'ⁱaʃrata 'faqåt 'miθlaha:]

Ich wiederholte die **gleiche Frage**, und sie antwortete **das Gleiche, was**
(*wörtl.* mit dem Gleichen dessen, was) ich ihr geantwortet hatte.

اعدت نفس السؤال فاجابت بمثل ما اجبته لها .

[a'ⁱattu nafs as-su'ʔa:l fa-a'dʒa:bat **bi-'miθl ma:** a'dʒabtuhu: 'laha:]

... sie wollten **wie wir** einkaufen (*wörtl.* sie wollten das Einkaufen gleich uns).   [aˈraːdu: aʃ-ʃiˈraːʔ ˈmiθlana:]   ارادوا الشراء مثلنا.

F   Einige Verben mit و am Anfang verlieren dieses و in Formen für **fortlaufende** Handlungen, z. B.:

er kam an [ˈwåså̊l] وصل / er **kommt** an [ˈjå̊s̊il] يصل
sie standen [ˈwaqafu:] وقفوا / sie **stehen** [jaqiˈfu:n] يقفون
wir fanden [waˈdʒadna:] وجدنا / wir **finden** [ˈnadʒid] نجد

G   Wie bei den Verben [qa:l] قال, [ka:n] كان, [za:r] زار, [ˤa:d] عاد, [dʒa:ˤ] جاع und [ma:t] مات aus Lektion 12 kommt es auch bei den Verben mit ا im Innern, nämlich [dʒa:ʔ] جاء, [ba:ˤ] باع und [na:m] نام, also in der Kombination Konsonant + ا + Konsonant, sowie bei den Verben mit zusätzlichem ا am Anfang, also [aˈra:d] اراد, [aˈdʒa:b] اجاب, [aˈˤa:d] اعاد und [aˈqa:m] اقام zu Lautänderungen bei der Konjugation.

In bestimmten Personen und Verbformen für **abgeschlossene** und **fortlaufende** Handlungen treten Vokal**kürzungen** und Vokalqualitätsänderungen ein (vgl. Konjugation von [ka:n] كان und [jaˈku:n] يكون in Lekt. 12, Abschn. A), und zwar **stets bei den gleichen Personen wie im Schema [ka:n] – [jaˈku:n]**.

Im Wörterverzeichnis wird der typische Vokalwandel zunächst für die Formen für **abgeschlossene**, danach für **fortlaufende** Handlungen angegeben, z. B.:

kommen	[dʒa:ʔ (i), jaˈdʒi: (i)]	جاء يجيء،
	[maˈdʒi:ʔ, dʒiʔ!]	مجيء، جيء،
	([ˈdʒi:ʔi:, ˈdʒi:ʔu:]	(جيئي، جيئوا
also Vokalwandel **a: – i** bzw. **i: – i**		

wollen	[aˈra:d(a), juˈri:d(i), iˈra:da]	اراد، يريد، ارادة
also Vokalwandel **a: – a** bzw. **i: – i**		

Übungen – تمارين

1. Übersetzen Sie:

1. Es ist möglich, daß ihr das Studium des Arabischen in einer anderen Schule wiederholt.

2. Der Vater verlangte von seinen Kindern, als er in sein Auto einstieg, sie sollten ihm nicht im Wege stehen (daß sie nicht stehen in seinem Weg).

3. Die Schüler (*Subjekt voran*) finden die Unterrichtsstunde recht schwierig.

4. Wir erhielten die Nachricht (es kam zu uns die Nachricht), daß der Kabinettschef erst in einer Woche in der Hauptstadt eintreffen würde.

5. Sie (*f*) wollten sich im Deutschsprechen üben.

6. Beide wollen ihr Haus nicht verkaufen (*zwei Möglichkeiten!*).

7. Beide dachten lange darüber nach, ihr Haus zu verkaufen.

8. Arbeitet, damit ihr im Winter nicht hungert!

9. Ich sagte dir das, damit du darüber nachdenkst.

10. Viele Menschen kamen aus ihren Dörfern in die Stadt, um ihre Verwandten zu den Feiertagen zu besuchen.

11. Es ist möglich, daß die Bauern unseres Gebiets die Aussaat (das Säen) nicht vor dem Monat April beginnen werden, weil das Wetter im Winter sehr kalt gewesen ist.

12. Wir wollen, daß sie alle diese wichtigen Nachrichten in der heutigen Zeitung lesen. *Aber*:

13. Wir wollen alle diese wichtigen Nachrichten in der heutigen Zeitung lesen.

14. Sie (*f*) sagen, ich (*f*) sei nicht zufrieden mit meinem Gehalt.

15. Sie sagen, sie seien unzufrieden mit ihrem Direktor.

2. Übersetzen Sie die folgenden Sätze und formen Sie sie dann – soweit sinnvoll – in den Plural um! Benutzen Sie dabei den Infinitiv! (*Bei allen Sätzen Subjekt jeweils an die erste Stelle!*):

1. Meine Freundin macht das, um Erfolg in ihrem Studium zu haben.

2. Der neue ausländische Direktor kam in unsere Fabrik, um deren Produktion zu überprüfen (zum Schauen in . . .)

3. Ich möchte den Buchauszug gut verstehen.

4. Ich stelle fest (bemerke), daß er seine Arbeit ganz genau (vollständig, *Adv.*) kennt.

5. Der Ingenieur kam in mein Zimmer, um das Ergebnis meines Telefongesprächs zu erfahren.

6. Ich bat sie, ihren Namen auf die erste Seite meines Heftes in schöner arabischer Schrift zu schreiben.

7. Willst du etwa jetzt dein ganzes Mobiliar verkaufen?

8. Nein, ich will nur einen Teil davon verkaufen.

9. Willst du morgen früh mit dem Zug in die Gebietshauptstadt fahren?

10. Nein, ich will mit dem Auto dorthin fahren.

3. Übersetzen und beantworten Sie folgende Fragen zum Lektionstext:

1. War der Stadtmarkt weit vom Dorf entfernt?

2. Was wollte die Nachbarin auf dem Markt?

3. Wann wollte sie den Markt wieder besuchen?

4. Wie waren die Preise von einigen Waren dort?

5. Wie alt war das Kind?

15. Lektion

الدرس الخامس عشر

[lan] لَنْ und [lam] لَمْ; Ausdrücke für „können, mögen, sollen, müssen, dürfen"; Wortbindungen im Satz

Text

١ ‏ سيداتي وسادتي، السلام عليكم. الساعة هي الواحدة بعد الظهر. هذا هو العرض الثالث لنشرة الأخبار من إذاعة الكويت، يقرأه محمد سليم. في هذه النشرة ‏ وصول الأستاذ . . . رئيس الوزارة اللبنانية الجديدة إلى مطار العاصمة صباح اليوم في رحلة رسمية مدتها أربعة أيام. ‏ يوم الثقافة العلمية في معاهد كلية العلوم لجامعة الكويت ‏ أثر إعلان رأي حكومة العدو الأخير في أمن الإقليم ‏ خدمات جديدة للموظفين الحكوميين وعمال البلدية وعلماء كل معاهد جامعة الكويت ‏ مدير مجلة «القرن العشرين» يستقبل عدداً من كبار علماء الإقتصاد الألمانيين في مكتبه في ساعة متأخرة من مساء اليوم ‏ عودة السيد . . . رئيس المصرف الوطني، إلى الكويت في ساعة

مبكرة من صباح اليوم من زيارة موفقة للسعودية – هذا، وفي النشرة
أخبار أخرى من الوطن ومن الخارج وفي نهاية نشرة الأخبار عرض
لحالة الطقس في الأيام القليلة القادمة.

٢ – كان لي مذياع ممتاز، بعته في السنة الماضية لأني كنت بحاجة شديدة
إلى مال كثير. أخذه صديق لي، أتمنى له أن يكون مسروراً بهذا
الجهاز دائماً.

٣ – جلست وحدي إلى كرسي ضيق غير مريح في حديقة مطعم، فسمعت
من داخله أصواتا صاخبة لرجال، ثم صوتاً هادئاً حلواً لمرأة أجنبية.

٤ – فكر العالم طويلاً قبل أن قال جملته المشهورة عن حاضر الوطن
السياسي والإقتصادي.

٥ – ترجم موظف مكتب المعرض رسالة طويلة من العربية إلى الألمانية
على مهل، ولذلك كانت ترجمته بدون أي خطأ.

٦ – يا أبي، متى بدأت العمل اليوم وفي أية ساعة عدت منه؟

محادثة – Gespräch

(السيد سمير محمد نبيل والسيد محمد سمير علي يعملان في مكتب مدير مصرف
كبير في العاصمة الكويتية وهي مدينة الكويت.
هما صديقان منذ وقت شبابهما وعمر كل واحد منهما خمس وثلاثون سنة تقريباً.
الساعة هي الرابعة بعد الظهر تماماً ومعنى ذلك، أن نهاية عملهما لهذا اليوم
قريبة. هما موظفان خبيران بحسابات المصرف. السيد سمير يقرأ في كتاب
كبير للحسابات ويذكر للسيد محمد بعض الأرقام من الكتاب. محمد يكتبها في
دفتر خاص ومن وقت إلى آخر يقطعان هذا العمل ويتحدثان في غير أمور
المصرف.)

سمير : « يا محمد، هل سمعت نشرة أخبار إذاعتنا ظهر اليوم، لما كنت في مطعم المصرف ؟ »

محمد : « لا، يا سمير، لم أنتبه إلى ما جاء في النشرة من أخبار لأني كنت مشغولاً في تلك اللحظات بمحادثة مدير المصرف الثاني عن أمور مهنية مهمة جداً. إذن، قل لي، هل سمعت شيئاً مهماً خلال إذاعة النشرة ؟ »

سمير : « نعم، يا صديقي، سمعت أن اليوم هو يوم الثقافة العلمية في معاهد كلية العلوم لجامعتنا وأن بعض العلماء المشهورين من المواطنين والأجانب سيتحدثون أمام الطلاب عن أمور خاصة بالتدريبات الدراسية العلمية، وذلك مساء اليوم في بعض معاهد كلية العلوم. سمعت أيضاً في النشرة أنه يجوز لكل من يحبون الدراسة هناك قريباً ‒ وليس للطلاب فقط ‒ أن يذهبوا إلى المعاهد لمعرفة ما يقوله العلماء شخصياً. أحب أن أذهب إلى هناك في مساء اليوم وأتمنى أن تستطيع الذهاب معي. ما رأيك ؟ »

محمد : « يا سمير، أنا آسف جداً. لن أذهب معك لأن زوجتي مريضة في البيت ويجب أن أعود إليها سريعاً بعد نهاية عملي اليوم. »

سمير : « آه، أنا آسف أيضاً. أتمنى لزوجتك أن تعود إلى الصحة تماماً بعد مدة قليلة. أفهم جيداً أنه يجب عليك العودة إلى البيت بكل سرعة في هذه الحالة. »

محمد : « كلامك صحيح، يا سمير، ينبغي ألا أترك زوجتي الحبيبة في البيت بدون مساعدة. سأخابر الطبيب ليذهب معي ولينظر في مرض

زوجتي، فيجوز جداً أنه سيجب عليها الذهاب إلى المستشفى. »

سمير : « طيب، يا صديقي، إفعل ما هو الأطيب في رأيك ورأيي أيضاً. سلاماتي للسيدة زوجتك. تفضل، قل لها إني لن أزورها مساء اليوم، لأنه من الممكن أن يزورها الطبيب في نفس الوقت. ينبغي لها أن يكون مساؤها هادئاً. ولكن ــ على فكرة ــ لما لم تقل لي شيئاً عن مرض زوجتك حتى الآن؟ »

محمد : « يا صديقي، هي مريضة منذ ليلة أمس فقط. أغادر المصرف الآن في هذه الساعة المبكرة من يوم عملي فسأعمل مدة أطول يوم الغد، إن شاء الله. في أمان الله، يا سمير، أحب أن أسمع منك شيئاً غداً في المكتب عما تحدث عنه العلماء بالمعاهد بشكل عام وأن تقول لي رأيك في أحاديثهم. »

(محمد يأخذ معطفه وقبعته السوداء من خزانة المكتب، ثم يخرج سريعاً من باب الغرفة. سمير يعود إلى الكتابة في دفتره وفي خلال ذلك الوقت يخابره مدير المصرف الأول من خارج المدينة.)

سمير : آلو، من يتكلم؟

آه، السلام عليكم يا سيد المدير. كيف أنتم؟

يا سيدي كلنا بخير بالمصرف والحمد لله، الله يبارك فيكم.

لا، يا سيدي، السيد محمد سمير علي ليس في المكتب الآن. خرج منذ لحظات فقط. وجب عليه مغادرة المكتب بسرعة بعد أن خابرته زوجته من البيت بأنها مريضة جداً وقال لي إنه لن يعود إلى العمل اليوم وقال لي أيضاً إنه يجوز ألا يعمل بالمكتب يوم الغد نظراً إلى حالة زوجته الرديئة.

حاضر، يا سيدي، لم أعرف ذلك إلا بعد ظهر اليوم. أي خدمة

أخرى؟ أتمنى لكم إقامة طيبة.

كيف؟ لن تعودوا إلى المصرف قبل نهاية الشهر؟ لم تقولوا لي شيئاً

عن ذلك لما غادرتم المدينة في الأسبوع الماضي.

طيب، لن أفعل هذا ولم يفعله الموظفون الآخرون في المصرف.

حاضر، يا سيدي، ولكن السيد نبيل علي سمير لن يستطيع

إستقبالكم في المطار في ذلك الوقت لأنه لن يكون عندنا في المصرف

بل سيكون في الخارج مثلكم.

لا بأس، في هذه الحالة يجب علي أن أستقبلكم وهل تجيئون

وحدكم؟

كيف؟ لم أسمع عنه شيئاً منذ وقت بعيد.

إذن، فلن يقابلكم بالمطار السيد نبيل علي سمير، بل سأستقبلكم

شخصياً، أليس كذلك؟

أهلاً وسهلاً، يا أستاذ، فهمتكم تماما.

السيد مدير المصرف الوطني السعودي يكون معكم؟ فرصة سعيدة

جداً، يا سيد المدير.

نعم، دائماً وتماماً.

إذن، فإلى اللقاء في نهاية الشهر، في تاريخ ٣٠/٣.

Umschrift:

Text

1. sajji'da:ti: wa 'sa:dati:, as-sa'la:m ʕa'laikum, as-'saːʕa 'hija al-'waːħida
'baʕda ǻz-zohr. 'haːða: 'huwa al-ʕarð aθ-'θaːliθ li-'naʃrat al-axˈbaːr min
i'ðaːʕat al-Ku'wait, jaq'raʔuhu: Muˈħammad Saˈliːm. fi: 'haːðihi: an-
'naʃra:

woˈsoːl al-usˈtaːð . . ., raˈʔiːs al-wiˈzaːra al-lubnaːˈniːja al-dʒaˈdiːda ˈila:
måˈtåːr al-ˈʕaːsima såˈbaːħ al-jaum fiː ˈriħla rasˈmiːja muˈddatuha:
ˈarbaʕat aˈjjaːm. – jaum aθ-θaˈqaːfa al-ˈʕilˈmiːja fiː maˈʕaːhid kuˈlliːjat
al-ʕuˈluːm li-ˈdʒaːmiʕat al-Kuˈwait – ˈaθar iˈʕlaːn raˈʔj ħuˈkuːmat al-
ʕaˈduːw al-aˈxiːr fiː amn al-iqˈliːm – xadaˈmaːt dʒaˈdiːda lil-
muwåzzåˈfiːn al-ħukuːmiːˈjiːn wa ʕuˈmmaːl al-balaˈdiːja wa ʕulaˈma:ʔ
kull maˈʕaːhid ˈdʒaːmiʕat al-Kuˈwait – muˈdiːr maˈdʒallat al-qarn al-
ʕiʃˈriːn jasˈtaqbil ˈʕadadan min kiˈbaːr ʕulaˈma:ʔ al-iqtiˈsåːd al-
almaːniːˈjiːn fiː makˈtabihiː fiː ˈsaːʕa mutaˈʔaxxira min maˈsa:ʔ al-jaum
– ˈʕaudat as-ˈsajjid . . . raˈʔiːs al-ˈmåsrif al-ˈwåtåni: ˈila: al-Kuˈwait fiː
ˈsaːʕa muˈbakkira min såˈbaːħ al-jaum min ziˈjaːra muˈwaffaqa lis-
Saʕuːˈdiːja – ˈhaːðaː, wa fiː an-ˈnaʃra axˈbaːr ˈuxra: min al-ˈwåtån wa
min al-ˈxaːridʒ wa fiː niˈhaːjat ˈnaʃrat al-axˈbaːr ʕardʼ li-ˈħaːlat åt-taqs
fiː al-aˈjjaːm al-qaˈliːla al-ˈqaːdima.

2. kaːn liː miðˈjaːʕ mumˈtaːz, ˈbiʕtuhu: fiː as-ˈsana al-ˈmåːðija, li-ˈʔanni:
ˈkuntu bi-ˈħaːdʒa ʃaˈdiːda ˈila: maːl kaˈθiːr. ˈaxaðahu: såˈdiːq liː
ataˈmanna: ˈlahu: an jaˈkuːn masˈruːran biˈhaːða: al-dʒiˈhaːz ˈda:ʔiman.

3. dʒaˈlastu ˈwaħdi: ˈila: ˈkursiːj ˈðåjjiq ɣair muˈriːħ fiː ħaˈdiːqat ˈmåtʕam
fa-saˈmiʕtu min daːˈxilihi: åsˈwaːtan ˈsåːxiba li-riˈdʒaːl, ˈθumma ˈsåutan
ˈhaːdiʔan ˈħulwan li-ˈmarʔa adʒnaˈbiːja.

4. ˈfakkar al-ˈʕaːlim tåˈwiːlan ˈqabla an qaːl dʒumˈlatahu: al-maʃˈhuːra
ʕan ˈħaːdʼir al-ˈwåtån as-siˈjaːsiːj wa al-iqtiˈsåːdiːj.

5. ˈtardʒam muˈwåzzåf ˈmaktab al-ˈmaʕriðʼ riˈsaːla tåˈwiːla min al-
ʕaraˈbiːja ˈila: al-almaːˈniːja ˈʕala: mahl, wa liˈðaːlik ˈkaːnat
tardʒaˈmatuhu: biˈduːn aij ˈxåtåʔ.

6. ja: ˈabiː, ˈmata: baˈdaʔta al-ˈʕamal al-jaum, wa fiː ˈaijat ˈsaːʕa ˈʕutta
ˈminhu: ?

Gespräch

(as-ˈsajjid Saˈmiːr Muˈħammad Naˈbiːl wa as-ˈsajjid Muˈħammad Saˈmiːr
ʕAˈli: jaʕmaˈlaːn fiː ˈmaktab muˈdiːr ˈmåsrif kaˈbiːr fiː al-ˈʕaːsima al-
kuwaiˈtiːja wa ˈhija maˈdiːnat al-Kuˈwait.
ˈhuma: sådiˈqaːn ˈmunðu waqt ʃaˈbaːbihima: wa ʕumr kull ˈwaːħid
ˈminhuma: xams wa θalaːˈθuːn ˈsana taqˈriːban. as-ˈsaːʕa ˈhija ar-ˈraːbiʕa
ˈbaʕda åz-zohr taˈmaːman wa ˈmaʕna: ˈðaːlik, ˈanna niˈhaːjat
ʕaˈmalihima: li-ˈhaːða: al-jaum qaˈriːba. ˈhuma: muwåzzåˈfaːn xabiːˈraːn
bi-ħisaːˈbaːt al-ˈmåsrif. as-ˈsajjid Saˈmiːr ˈjaqraʔ fiː kiˈtaːb kaˈbiːr lil-
ħisaːˈbaːt wa ˈjaðkur lis-ˈsajjid Muˈħammad baʕdʼ al-arˈqaːm min al-
kiˈtaːb. Muˈħammad jakˈtubuha: fiː ˈdaftar xåːss wa min waqt ˈila: ˈaːxar
jaqtåˈʕaːn ˈhaːða: al-ˈʕamal wa jataħaddaˈθaːn fiː ɣair uˈmuːr al-ˈmåsrif).

Saˈmiːr: ˈja: Muˈħammad, hal saˈmiʕta ˈnaʃrat axˈbaːr
                           iðaːˈʕatina: zohr al-jaum, ˈlamma: ˈkuntu fiː ˈmåtʕam
                           al-ˈmåsrif ?

Muˈħammad: laː, jaː Saˈmiːr, lam anˈtabih ˈila: maː dʒaːʔ fiː an-
ˈnaʃra min axˈbaːr liˈanni: ˈkuntu maʃˈɣuːlan fiː ˈtilka
al-laħaːˈʐåːt bi-muˈħaːdaθat muˈdiːr al-ˈmåsrif aθ-
ˈθaːniː ˁan uˈmuːr mihˈniːja muˈhimma ˈdʒiddan.
ˈiðan, qul liː, hal saˈmiˁta ˈʃaiʔan muˈhimman xiˈlaːla
iˈða:ˁat an-ˈnaʃra ?
Saˈmiːr: ˈnaˁam, jaː såˈdiːqiː, saˈmiˁtu ˈanna al-jaum ˈhuwa
jaum aθ-θaˈqaːfa al-ˁilˈmiːja fiː maˈˁaːhid kuˈlliːjat al-
ˁuˈluːm li-dʒaˈmiˁatina: wa ˈanna baˁđ al-ˁulaˈmaːʔ
al-maʃhuːˈriːn min al-muwåːtˈɨˈniːn wa al-aˈdʒaːnib
sajataħaddaˈθuːn aˈmaːma åt-toˈllaːb ˁan uˈmuːr
ˈxåːsså bit-tadriːˈbaːt ad-diraːˈsiːja al-ˁilˈmiːja, wa
ˈðaːlik maˈsaːʔ al-jaum fiː baˁđ maˈˁaːhid kuˈlliːjat al-
ˁuˈluːm. saˈmiˁtu ˈaiđån fiː an-ˈnaʃra ˈannahuː
jaˈdʒuːz li-kull man juħiˈbbuːn ad-diˈraːsa huˈnaːk
qaˈriːban – wa ˈlaisa lɨt-toˈllaːb faqåt – an ˈjaðhabu:
ˈila: al-maˈˁaːhid li-ˈmaˁrifat maː jaˈquːluhu: al-
ˁulaˈmaːʔ ʃaxˈsɨːjan. uˈħibb an ˈaðhab ˈila: huˈnaːk fiː
maˈsaːʔ al-jaum wa ataˈmanna: an tastaˈtɨːˁ að-ðaˈhaːb
ˈmaˁiː. maː ˈraʔjuk ?
Muˈħammad: jaː Saˈmiːr, ˈana ˈaːsif ˈdʒiddan! lan ˈaðhab ˈmaˁak, li-
ˈanna ˈzaudʒati: maˈrïːđå fiː al-bait wa ˈjadʒib an
aˈˁuːd iˈlaiha: saˈriːˁan ˈbaˁda niˈhaːjat ˈˁamali: al-
jaum.
Saˈmiːr: ˈaːh, ˈana ˈaːsif ˈaiđån! ataˈmanna: li-zauˈdʒatik an
taˈˁuːd ˈila: ås-ˈsɨħħa taˈmaːman ˈbaˁda ˈmudda
qaˈliːla. ˈafham ˈdʒajjidan ˈannahuː ˈjadʒib ˁaˈlaik al-
ˈˁauda ˈila: al-bait bi-kull ˈsurˁa fiː ˈhaːðihi: al-ˈħaːla.
Muˈħammad: kaˈlaːmuk såˈħiːħ, jaː Saˈmiːr, janˈbaɣi: ˈalla: ˈatruk
ˈzaudʒati: al-ħaˈbiːba fiː al-bait biˈduːn muˈsaːˁada.
saʔuˈxaːbir åt-tåˈbiːb li-ˈjaðhab ˈmaˁi: wa li-ˈjanzor fiː
ˈmaråđ ˈzaudʒati: fa-jaˈdʒuːz ˈdʒiddan, ˈannahuː
saˈjadʒib ˁaˈlaiha: að-ðaˈhaːb ˈila: al-mustaˈʃfa:.
Saˈmiːr: ˈtåjjib, jaː såˈdiːqiː, ˈifˁal maː ˈhuwa al-ˈåtjab fiː
ˈraʔjik wa ˈraʔji: ˈaiđån! salaˈmaːti: lis-ˈsajjida
zauˈdʒatik. taˈfåđđål, qul ˈlaha: ˈinni: lan aˈzuːraha:
maˈsaːʔ al-jaum, li-ˈannahu: min al-ˈmumkin an
jaˈzuːraha: åt-tåˈbiːb fiː nafs al-waqt. janˈbaɣi: ˈlaha:
an jaˈkuːn maˈsaːʔuha: ˈhaːdiʔan. waˈlaːkin – ˈˁala:
ˈfikra – ˈlima: lam ˈtaqul li: ˈʃaiʔan ˁan ˈmaråđ
zauˈdʒatik ˈħatta: al-aːn ?
Muˈħammad: jaː såˈdiːqiː, ˈhija maˈriːđå ˈmunðu ˈlailat ams ˈfaqåt.
uˈɣaːdir al-ˈmåsrif al-aːn fiː ˈhaːðihi: as-ˈsaːˁa al-
muˈbakkira min jaum ˈˁamaliː, fasaˈʔaˁmal ˈmudda

ˈåtwal jaum al-ɣad, in ˈʃaːʔallaːh. fi: aˈmaːnillaːh, jaː
Saˈmiːr, uˈħibb an ˈasmaˤ ˈminka ˈʃaiʔan ˈɣadan fi: al-
ˈmaktab ˈˤamma: taˈħaddaθ ˈˤanhu: al-ˤulaˈma:ʔ bil-
maˈˤaːhid bi-ʃakl ˤaːmm wa an taˈquːl li: ˈraʔjak fi:
aħaːˈdiːθihim! (Muˈħammad ˈjaʔxuð miˤˈtåfahu: wa
qubbaˈˤatahu: as-sauˈda:ʔ min xiˈzaːnat al-ˈmaktab,
ˈθumma ˈjaxrudʒ saˈriːˤan min baːb al-ˈɣurfa. Saˈmiːr
jaˈˤuːd ˈila: al-kiˈtaːba fi: dafˈtarihi: wa fi: xilaːla
ˈðaːlik al-waqt juxa:ˈbiruhu: muˈdiːr al-ˈmåsrif al-
ˈawwal min ˈxaːridʒ al-maˈdiːna)

Umschriftabschnitt mit Wortbindung:

Saˈmiːr: ˈaːluː, man jataˈkallam?

– aːh, as-saˈlaːm ˤaˈlaikum, ja: ˈsajjidal-muˈdiːr! ˈkaifa
ˈantum?

– ja: ˈsajjidiː, ˈkulluna: biˈxair bil-ˈmåsrif wal-ˈħamdu
liˈllaːh, Aˈllaːh juˈbaːrik ˈfiːkum!

– laː, ja: ˈsajjidiː, as-ˈsajjid Muˈħammad Saˈmiːr ˤAˈli:
ˈlaisa fil-ˈmaktabal-aːn. ˈxaradʒ ˈmunðu laħaˈzåːt
ˈfaqåt. ˈwadʒab ˤaˈlaihi: muˈɣaːdaratal-ˈmaktab bi-
ˈsurˤa ˈbaˤda an xaːbaˈrathu: zauˈdʒatuhu: minal-
bait bi-ˈannaha: maˈriːðå ˈdʒiddan wa qaːl li: ˈinnahu:
lan jaˈˤuːd ˈilal-ˤamalal-jaum wa qaːl li: ˈaiðån,
ˈinnahu: jaˈdʒuːz ˈalla: ˈjaˤmal bil-ˈmaktab jaumal-
ɣad ˈnåzåran ˈila: ˈħaːlat zauˈdʒatihir-raˈdiːʔa.

– ˈħaːdɨr, ja: ˈsajjidiː, lam ˈaˤrif ˈðaːlik ˈillaː ˈbaˤda zohr
al-jaum. aij ˈxidma ˈuxra:ʔ ataˈmanna: ˈlakum
iˈqaːma ˈtåjjiba!

– ˈkaifa? lan taˈˤuːdu: ˈilal-ˈmåsrif ˈqabla niˈhaːjat
aʃ-ʃahr? lam taˈquːlu: li: ˈʃaiʔan ˤan ˈðaːlik ˈlamma:
ɣaːˈdartumal-maˈdiːna fil-usˈbuːˤal-ˈmåːðiː.

– ˈtåjjib, lan ˈafˤal ˈħaːðaː wa lam jaʃˈˤalhul-
muwåzzåˈfuːnal-a:xaˈruːn fil-ˈmåsrif.

– ˈħaːdɨr, ja: ˈsajjidiː, waˈlaːkinnas-ˈsajjid Naˈbiːl ˤAˈli:
Saˈmiːr lan jastaˈtɨːˤistiqˈbaːlakum fil-måˈtår fi:
ˈðaːlikal-waqt li-ˈannahu: lan jaˈkuːn ˈˤindana: fil-
ˈmåsrif bal sajaˈkuːn fil-ˈxaːridʒ ˈmiθlakum.

– laː baʔs, fi: ˈhaːðihil-ˈħaːla ˈjadʒib ˤaˈlaija an
astaqˈbilakum wa hal tadʒiːʔˈuːn ˈwaħdakum?

– ˈkaifa! lam ˈasmaˤ ˈˤanhu: ˈʃaiʔan ˈmunðu waqt
baˈˤiːd!

– ˈiðan, falan juˈqaːbilakum bil-måˈtår as-ˈsajjid Naˈbiːl
ˤAˈli: Saˈmiːr bal saʔastaqˈbilukum ʃaxˈsɨːjan, a ˈlaisa
kaˈðaːlik?

- 'ahlan wa 'sahlan, ja: us'ta:ð! fa'himtukum ta'ma:man!
- as-'sajjid mu'di:ṟal-'mâsṟifal-'wâtânis-sa'ʕu:di: ja'ku:n 'maʕakum ? 'fursâ sa'ʕi:da 'dʒiddan, ja: 'sajjid al-mu'di:r!
- 'naʕam, 'da:ʔiman wa ta'ma:man!
- 'iðan, fa-'ilal-li'qa:ʔ fi: ni'ha:jataʃ-ʃahr, fi: ta:'ri:x 30/3! (θala:'θi:n θa'la:θa)

Vokabeln – مفردات

1. Verlautbarung, ['naʃra] نشرة
   Bulletin
   Rundfunk, [i'ða:ʕa] اذاعة
   Sendung
   Professor; Meister, [us'ta:ð] استاذ
   Lehrer; *allgemein Anrede für*
   prominente Persönlichkeiten
   im öffentlichen Leben
   (*Pl.* [a'sa:tiða] (اساتذة
   Flughafen [mâ'tâ:r] مطار
   (*Pl.* [mâtâ:'ra:t] (مطارات
   Reise, Fahrt ['riħla] رحلة
   Bildung, [θa'qa:fa] ثقافة
   Kultur
   Wissen; Wissenschaft [ʕilm] علم
   (*Pl.* [ʕu'lu:m] (علوم
   Institut ['maʕhad] معهد
   (*Pl.* [ma'ʕa:hid] (معاهد
   Fakultät [ku'lli:ja] كلية
   Universität; ['dʒa:miʕa] جامعة
   Liga
   Einfluß, Spur ['aθar] اثر
   Folge; Altertum (*arch.*)
   (*Pl.* [a:'θa:r] (آثار
   Ansicht, Meinung [raʔj] رأى
   (*Pl.* [a:'ra:ʔ] (آراء
   Regierung [ħu'ku:ma] حكومة

   Feind [ʕa'du:w] عدو
   (*Pl.* [aʕ'da:ʔ] (اعداء
   letzter, *hier*: neuester [a'xi:r] اخير
   Sicherheit [amn] امن
   Dienst, ['xidma] خدمة
   Dienstleistung
   Arbeiter, ['ʕa:mil] عامل
   Mitarbeiter
   (*Pl.* [ʕu'mma:l] (عمال
   Stadtverwal- [bala'di:ja] بلدية
   tung
   Wissenschaftler, ['ʕa:lim] عالم
   Gelehrter; wissend
   (*Komp.* ['aʕlam] (اعلم
   (*Pl.* [ʕula'ma:ʔ] (علماء
   Zeitschrift [ma'dʒalla] مجلة
   Jahrhundert [qarn] قرن
   (*Pl.* [qu'ru:n] (قرون
   spät, [muta'ʔaxxir] متأخر
   verspätet
   Vaterland, Nation ['wâtân] وطن
   früh [mu'bakkir] مبكر
   erfolgreich [mu'waffaq] موفق
   kommend, zu- ['qa:dim] قادم
   künftig; ankommend von
2. Rundfunkgerät [mið'ja:ʕ] مذياع
   (*Pl.* [maða:'ji:ʕ] (مذاييع

vergangen	[ˈmå:ɖin] ماض		5. in Ruhe,	[ˈˁala: mahl] على مهل
stark, heftig	[ʃaˈdi:d] شديد		gemächlich *Adv.*	
(*Komp.*	[aˈʃadd] أشد)		welcher, was für	[aij] اى
3. allein (*nur mit*	[ˈwaħdi:] وحدى		ein?; irgendein	
Personalsuffixen gebraucht)			*Gespräch*:	
	[ˈwaħdak] وحدك			
	[ˈwaħdahu:] وحده *usw.*		Krankheit	[ˈmaråɖ] مرض
eng	[ˈɖåjjiq] ضيق		(*Pl.*	[aɯˈrå:ɖ] (امراض
(*Komp.*	[ˈåɖjaq] اضيق)		warum	[liˈma:] لما
laut, lärmend	[ˈså:xib] صاخب		schlecht	[raˈdi:ʔ] ردىء
süß, *auch im*	[ħulw] حلو		(*Komp.*	[ˈardaʔ] أردأ)
übertragenen Sinn			*Übungen*:	
(*Komp.*	[ˈaħla:] احلى)			
4. Gegenwart;	[ˈħa:ɖir] حاضر		Algerien	[al-dʒaˈza:ʔir] الجزائر
auch Ausruf, etwa:			Marokko	[al-ˈmaɣrib] المغرب
jawohl, wird gemacht!			Tripolis	[tåˈra:bulus] طرابلس

Verbformen

empfangen

[isˈtaqbil!] استقبل ، [istiqˈba:l] استقبال ، [jasˈtaqbil] يستقبل ، [isˈtaqbal] استقبل

wünschen   [taˈmannin] تمن ، [jataˈmanna:] يتمنى ، [taˈmanna:] (ل) تمنى

übersetzen

[ˈtardʒim!] ترجم ، [ˈtardʒama] ترجمة ، [juˈtardʒim] يترجم ، [ˈtardʒam] ترجم

erwähnen, nennen   [ˈuðkur!] اذكر ، [ˈðikr] ذكر ، [ˈjaðkur] يذكر ، [ˈðakar] ذكر

wahrscheinlich, möglich, gestattet sein

[dʒaˈwa:z] جواز ، [jaˈdʒu:z] يجوز ، [dʒa:z] جاز

mögen, gern haben, lieben   [ħubb] حب ، [juˈħibb] يحب ، [aˈħabb] احب

können   [istiˈtå:ˁa] استطاعة ، [jaståˈti:ˁ] يستطيع ، [iståˈtå:ˁ] استطاع

notwendig sein für   [wuˈdʒu:b] وجوب ، [ˈjadʒib] يجب ، [ˈwadʒab] وجب

wünschenswert sein; sollen   [janˈbaɣi:] ينبغى ، [inˈbaɣa:] (ل) انبغى

Text

1. Guten Tag, meine Damen und Herren! Es ist 13 Uhr. Hier ist die dritte
   Sendung (Angebot, Darbietung) des Nachrichtenbulletins von Radio
   Kuwait; es liest (sie) Muhammad Salim. Inhaltsübersicht (in diesem Bul-
   letin):

Ankunft von . . ., dem Chef des neuen libanesischen Kabinetts, auf dem Flughafen der Hauptstadt heute morgen in (im Rahmen) einer offiziellen Reise von 4 Tagen Dauer. – Tag der wissenschaftlichen Bildung an den Instituten der naturwissenschaftlichen Fakultät der Universität. – Die Folgen (Spur, Auswirkung) der Bekanntgabe der jüngsten Ansicht der Regierung des Feindes zur Sicherheit (in) der Region. – Neue Dienstleistungen für die Regierungsbeamten, die Arbeiter bei der Stadtverwaltung und die Wissenschaftler aller Institute der Universität Kuwait. – Der Direktor der Zeitschrift ,,Das 20. Jahrhundert" wird heute am späten Abend (zu einer späten Stunde vom heutigen Abend) in seinem Büro (eine Anzahl) von den bedeutenden deutschen Wirtschaftswissenschaftlern empfangen. – Rückkehr von Herrn . . ., dem Leiter der Nationalbank, nach Kuwait, heute am frühen Morgen, von einem erfolgreichen Besuch in Saudi-Arabien. – Soweit (der Überblick). Im Bulletin sind weitere (andere) Nachrichten (enthalten), über das (aus dem) Vaterland und über das Ausland. Am Schluß des Nachrichtenbulletins (folgt) die Darlegung des Wetterzustandes für die kommenden (paar) Tage.

2. Ich besaß einen ausgezeichneten Rundfunkempfänger, den ich im vergangenen Jahr verkaufte, weil ich dringend viel Geld brauchte. Ein Freund von mir nahm ihn, dem ich wünsche, daß er mit diesem Gerät stets zufrieden sein möge.

3. Ich setzte mich allein auf einen engen, unbequemen Stuhl im Garten eines Restaurants. Da hörte ich aus dessen Innern lärmende Männerstimmen und darauf die ruhige angenehme (süße) Stimme einer ausländischen Frau.

4. Der Gelehrte dachte lange nach, bevor er seinen berühmten Satz über die politische und wirtschaftliche Gegenwart des Vaterlandes äußerte.

5. Der Angestellte im Messebüro übersetzte in Ruhe einen langen Brief aus dem Arabischen ins Deutsche, deshalb war seine Übersetzung ohne irgendeinen Fehler.

6. Vater, wann hast du heute zu arbeiten begonnen und wann (zu welcher Stunde) bist du (von ihr) zurückgekehrt?

Gespräch

(Herr Samir Muhammad Nabil und Herr Muhammad Samir Ali arbeiten im Büro des Direktors einer großen Bank in der kuwaitischen Hauptstadt, nämlich der Stadt Kuwait. Sie sind Freunde seit der Jugend; jeder von ihnen ist ungefähr 35 Jahre alt. Es ist genau 16 Uhr, und das heißt, daß der Arbeitsschluß von beiden für heute nahe bevorsteht. Sie sind Fachangestellte für die Abrechnungen der Bank (etwa: Buchhalter). Herr Samir liest in einem großen Rechnungsbuch und sagt Herrn Muhammad einige Zahlen daraus. Muhammad schreibt sie in ein besonderes Heft. Von Zeit zu Zeit unterbrechen sie diese Tätigkeit und unterhalten sich über (etwas anderes als) die Bankangelegenheiten).

Samir: Muhammad, hast du die Nachrichtensendung unseres Rundfunks heute mittag gehört, als ich in der Bankkantine war?

Muhammad:	Nein, Samir, ich habe auf die Nachrichten der Sendung nicht achtgegeben (*wörtl.* ich gab nicht acht auf das, was im Bulletin kam an Nachrichten), weil ich gerade da (in jenen Augenblicken) mit dem zweiten Direktor unserer Bank über sehr wichtige Berufsangelegenheiten sprach (*wörtl.* ich war beschäftigt in jenen Augenblicken mit dem Gespräch mit . . .). Also, sag (mir), hast du etwas Wichtiges während der Nachrichtensendung gehört?
Samir:	Ja, mein Freund. Ich hörte, daß heute der Tag der (natur-)wissenschaftlichen Bildung an den Instituten der naturwissenschaftlichen Fakultät unserer Universität ist und daß einige bekannte Gelehrte (Landsleute und Ausländer) vor den Studenten über Dinge sprechen werden, die das naturwissenschaftliche Studienpraktikum betreffen, und zwar heute abend in einigen von den Instituten der naturwissenschaftlichen Fakultät. Ich hörte auch in der Sendung, daß alle, die dort bald studieren möchten – nicht nur die (derzeitigen) Studenten – in die Institute gehen können, um persönlich zu erfahren, was die Wissenschaftler sagen. Ich möchte gern heute abend dahin gehen und wünsche (mir), daß du mit mir gehen kannst. Was meinst du (*wörtl.* was ist deine Ansicht)?
Muhammad:	Samir, es tut mir sehr leid. Ich werde nicht mit dir gehen, weil meine Frau krank zu Hause ist, und ich muß nach dem Schluß meiner Arbeit heute schnell zu ihr zurück(kommen).
Samir:	Oh, das tut mir auch leid. Ich wünsche deiner Frau, daß sie (schon) nach kurzer Zeit (einer kleinen Weile) wieder vollständig gesund wird (*wörtl.* daß sie zur Gesundheit vollständig zurückkehrt). Ich verstehe gut, daß du in diesem Fall ganz schnell nach Hause mußt (*wörtl.* daß dir obliegt die Rückkehr ins Haus mit ganzer Geschwindigkeit in dieser Lage).
Muhammad:	Richtig (deine Rede ist richtig)! Samir, ich sollte meine geliebte Frau nicht zu Hause ohne Hilfe zurücklassen. Ich werde mit dem Arzt telefonieren, damit er mit mir geht und die Krankheit meiner Frau prüft, denn es ist sehr wahrscheinlich, daß sie ins Krankenhaus gehen muß.
Samir:	Gut, mein Freund, tue, was nach deiner und auch meiner Ansicht das Beste ist. Meine Grüße an deine Frau Gemahlin! Sage ihr bitte, daß ich sie heute abend nicht besuchen werde, da sie möglicherweise (da es vom Möglichen ist, daß sie) der Arzt zur gleichen Zeit besuchen wird. Ihr Abend sollte ruhig sein. Übrigens, aber warum hast du mir denn bis jetzt nichts von der Krankheit deiner Frau gesagt?
Muhammad:	(Mein) Freund, sie ist doch erst seit gestern nacht krank. Ich werde jetzt die Bank „in dieser frühen Stunde meines Arbeitstages" verlassen, denn ich werde morgen länger arbeiten, vielleicht (so Allah will). Auf Wiedersehen,

Samir, morgen möchte ich gern im Büro etwas von dir
hören, worüber die Wissenschaftler in den Instituten im
allgemeinen gesprochen haben, und was du davon hältst
(*wörtl.* und daß du mir deine Ansicht sagst über ihre
Gespräche). (Muhammad nimmt Mantel und schwarzen
Hut aus dem Büroschrank, dann geht er eilig zur Zimmer-
tür hinaus. Samir schreibt weiter in sein Heft (*wörtl.* kehrt
zurück zum Schreiben in sein Heft), da ruft ihn der erste
Direktor der Bank von außerhalb der Stadt an).

Samir: Hallo, wer spricht?

– Ah, guten Tag, Herr Direktor, wie geht es Ihnen?

– Mein Herr, gottlob geht es uns allen gut in der Bank. Allah
segne Sie!

– Nein, mein Herr, Herr Muhammad Samir Ali ist jetzt nicht
im Büro. Vor wenigen Augenblicken ging er weg. Er mußte
das Büro schnell verlassen, nachdem ihm seine Frau von zu
Hause Bescheid gegeben hat, sie sei sehr krank, und er
sagte zu mir, daß er heute (bestimmt) nicht mehr zur
Arbeit zurückkommen werde. Er sagte mir auch (noch), daß
er morgen vielleicht nicht im Büro arbeiten werde, wegen
des schlechten Zustands seiner Frau (*wörtl.* mit Blick auf
. . .).

– Ist schon recht, mein Herr! Das habe ich erst heute
nachmittag erfahren. Was steht noch zu Diensten? Ich
wünsche Ihnen einen angenehmen Aufenthalt.

– Wie, Sie werden erst am Monatsende in die Bank zurückkehren? Sie haben mir nichts davon gesagt, als Sie in der
vergangenen Woche die Stadt verließen.

– Gut, das werde ich nicht tun, und die anderen Angestellten
in der Bank haben es auch nicht getan.

– Jawohl! Mein Herr, aber Herr Nabil Ali Samir wird Sie in
dieser Zeit nicht auf dem Flughafen empfangen können,
weil er nicht bei uns in der Bank, sondern wie Sie im
Ausland sein wird.

– Macht nichts, in diesem Fall muß ich Sie empfangen.
Werden Sie allein kommen?

– Wie das? Von ihm habe ich lange Zeit nichts gehört.

– Also: Nicht Herr Nabil Ali Samir wird Sie auf dem Flughafen treffen, sondern ich persönlich werde Sie empfangen,
nicht wahr?

– Einverstanden (willkommen), ich habe Sie genau verstanden.

– Der Herr Direktor der Saudiarabischen Nationalbank wird
mit Ihnen (kommen)? Sehr angenehm (eine sehr frohe
Gelegenheit), Herr Direktor!

– Ja, immer und genau!

– Also, auf Wiedersehen am Monatsende, am (Datum des)
30.3.!

Grammatik

A   Neben der **Verneinung einer zukünftigen Handlung** durch [ˈsaufa la:] + Verbform für f o r t l a u f e n d e Handlungen (vgl. Lekt. 8, Abschn. G) gibt es auch die Möglichkeit, [lan] لن mit dem Konjunktiv der Verbformen für f o r t l a u f e n d e Handlungen (vgl. Lekt. 14, Abschn. B) zu kombinieren, z. B.:

Dieses Jahr **werde ich** meine Heimat (bestimmt) **nicht verlassen.**

[**lan** uˈɣa:dir ˈwåtåni: ˈhå:ðihiˈssana]   لن اغادر وطنى هذه السنة

Du (f) **wirst** in dieser Nacht (bestimmt) **nicht** ruhig **schlafen**!

لن تنامى نوما هادئا هذه الليلة .

[**lan** taˈna:mi: ˈnauman. ˈha:diʔan ˈha:ðihiˈllaila]

Diese Männer **werden** uns **nicht verstehen.**

[ha:ʔuˈla:ʔirriˈdʒa:l **lan** jafhaˈmu:na:]   هؤلاء الرجال لن يفهمونا.

B   Häufiger im Schriftarabisch als die Verneinung [ma:] ما + Verbform für a b g e s c h l o s s e n e Handlungen (vgl. Lekt. 7, Abschn. H) ist die Kombination [**lam**] لم + **Verbform** für **fortlaufende** Handlungen bzw. für den v e r n e i n t e n Imperativ (vgl. Lekt. 12, Abschn. C), z. B.:

er schrieb nicht	[lam ˈjaktub]	لم يكتب
sie schrieb nicht	[lam ˈtaktub]	لم تكتب
du (m) schriebst nicht	[lam ˈtaktub]	لم تكتب
du (f) schriebst nicht	[lam ˈtaktubi:]	لم تكتبى
ich schrieb nicht	[lam ˈaktub]	لم اكتب
sie (m) schrieben nicht	[lam ˈjaktubu:]	لم يكتبوا
sie (f) schrieben nicht	[lam jakˈtubna]	لم يكتبن
ihr (m) schriebt nicht	[lam ˈtaktubu:]	لم تكتبوا
ihr (f) schriebt nicht	[lam takˈtubna]	لم تكتبن
wir schrieben nicht	[lam ˈnaktub]	لم نكتب
sie (beide) schrieben nicht (m)	[lam ˈjaktuba:]	لم يكتبا
sie (beide) schrieben nicht (f)	[lam ˈtaktuba:]	لم تكتبا
ihr (beide) schriebt nicht	[lam ˈtaktuba:]	لم تكتبا

Beim Antreten von Personalsuffixen an die 2. *und* 3. *Pers. Plur. m* fällt auch hier das ا weg, z. B.:

sie fragten ihn nicht   [lam jasʔaˈlu:hu:]   لم يسألوه

C   Die Ausdrücke für „können, mögen, sollen, müssen" und „dürfen" werden am häufigsten folgendermaßen gebildet:

1. können

a) [istå'tå:ς] استطاع + [an] ان + 2. Verb, z. B.:

Der Arbeiter **konnte** den schwierigen Satz fehlerlos schreiben.

استطاع العامل ان يكتب الجملة الصعبة بدون خطأ

[istå'tå:ςal-'ςa:mil an 'jaktubal-'dʒumlå'ssåςba bi'du:n 'xåtå?]

Ich **kann** nicht mehr als das essen.   لا استطيع ان آكل اكثر من ذلك

[la: astå'ti:ς an 'a:kul (*aus* ['a?kul]!) 'akθar min 'ða:lik]

b) [istå'tå:ς] استطاع + Infinitiv, z. B.:

Kannst du (*f*) vor zehn Uhr abends zu uns zurückkehren?

هل تستطيعين العودة الينا قبل العاشرة مساء؟

[hal taståti:'ςi:nal-'ςauda (*Infinitiv*) i'laina: 'qablal-'ςa:ʃira ma'sa:?an]

2. mögen

a) [a'ħabb] احب + [an] ان + 2. Verb, z. B.:

Möchtest du (*m*) gern eine Tasse Kaffee trinken?

هل تحب ان تشرب فنجانا من القهوة

[hal tu'ħibb an 'taʃrab fin'dʒa:nan minal-'qahwa]

b) [a'ħabb] احب + Infinitiv, z. B.

Möchtest du (*m*) gern eine Tasse Kaffee trinken?

[hal tu'ħibb ʃurb fin'dʒa:n minal-'qahwa]   هل تحب شرب فنجان من القهوة

Bei der Konjugation dieses Verbs ist folgendes zu beachten:

Wenn bei bestimmten Personen Endungen antreten, würde eine Dreifachkonsonanz entstehen, die aber durch Hilfsvokale „aufgesprengt" wird, also:

er mag gern	[ju'ħibb]	يحب
sie mag gern	[tu'ħibb]	تحب
du (*m*) magst gern	[tu'ħibb]	تحب
du (*f*) magst gern	[tuħi'bbi:n]	تحبين
ich mag gern	[u'ħibb]	احب
	[juħi'bbu:n]	يحبون
	[juħ'bibna]	يحببن
	[tuħi'bbu:n]	تحبون
	[tuħ'bibna]	تحببن
	[nu'ħibb]	نحب

sie mögen gern (*Dual m*)	[juħiˈbbaːn]	يحبان
sie mögen gern (*Dual f*)	[tuħiˈbbaːn]	تحبان
ihr mögt gern (*Dual*)	[tuħiˈbbaːn]	تحبان
er mochte gern	[aˈħabb]	احب
sie mochte gern	[aˈħabbat]	احبت
du (*m*) mochtest gern	[aħˈbabta]	احببت
du (*f*) mochtest gern	[aħˈbabti]	احببت
ich mochte gern	[aħˈbabtu]	احببت
sie mochten gern (*m*)	[aˈħabbuː]	احبوا
sie mochten gern (*f*)	[aħˈbabna]	احببن
ihr mochtet gern (*m*)	[aħˈbabtum]	احببتم
ihr mochtet gern (*f*)	[aħbabˈtunna]	احببتن
wir mochten gern	[aħˈbabnaː]	احببنا
sie mochten gern (*Dual m*)	[aˈħabbaː]	احبا
sie mochten gern (*Dual f*)	[aˈħabbataː]	احبتا
ihr mochtet gern (*Dual*)	[aħˈbabtumaː]	احببتما

3. sollen, müssen

a) [ˈwadʒab] وجب + [an] ان + 2. Verb, z. B.:

Jetzt **müßt ihr** in das Auto einsteigen.　　　يجب ان ‏تركبوا السيارة الآن.

[ˈjadʒib an ˈtarkabussaˈjjaːral-ˈaːn]

Sie müssen viel arbeiten, damit sie schließlich Erfolg haben.

يجب ان يعملوا كثيرا لينجحوا اخيرا .

[ˈjadʒib an ˈjaʕmaluː kaˈθiːran li-ˈjandʒaħuː aˈxiːran]

b) [ˈʕalaː] على + Personalsuffix + [an] ان + konjugiertes Verb (od. Infinitiv), z. B.:

Er sagte zu Ihnen: „**Ihr sollt** die Rede des Präsidenten gut verstehen.‟

قال لهم عليكم ان تفهموا خطاب الرئيس جيدا

[qaːl ˈlahum: ʕaˈlaikum an ˈtafhamuː xiˈt̊aːˈbarraˈʔiːs ˈdʒajjidan]

c) Auch die Kombination von a) und b) ist sehr häufig, z. B.:

Die Mutter sagte zu ihrem Sohn: „**Du sollst nicht schnell essen!**‟

قالت الام لابنها يجب عليك الا تأكل بسرعة .

[ˈqaːlatil-umm ˈlibnihaː: ˈjadʒib ʕaˈlaik ˈallaː ˈtaʔkul biˈsurʕa!]

d) Schwächer als [ˈwadʒab] وجب ist [inˈbaɣaː] انبغى „**wünschenswert sein, sollen**‟ [inˈbaɣaː] انبغى + [an] ان + 2. Verb, z. B.:

Er **sollte** heute nicht ins Büro gehen, weil er krank ist.

ينبغى الا يذهب اليوم الى المكتب لأنه مريض .

[jan'baɣiː: 'alla: 'jaðhabal-jaum 'ilal-'maktab li'ʔannahu: ma'riːd̪]

Ihr solltet alle Ausdrücke dieses schwierigen Satzes richtig übersetzen.

ينبغى (عليكم) ان تترجموا كل عبارات هذه الجملة الصعبة صحيحا .

[jan'baɣiː: (ʕa'laikum)   an   tu'tardʒimu: kull   ʕiba:'raːt   'ha:ðihil-
                                                         'dʒumlå'ssåʕba så'ħiːħan]

4. **dürfen** [dʒaːz] جاز + [an] ان + 2. Verb, z. B.:

Ihr dürft eure Koffer nicht vor dem Hoteleingang zurücklassen.

لا يجوز ان تتركوا حقائبكم امام مدخل الفندق .

[la: ja'dʒuːz an 'tatruku: ħaqa:'ʔibakum a'maːma 'madxalal'funduq]

[dʒaːz]جاز in positiver Konstruktion wird üblicherweise im Sinne von „**es ist wahrscheinlich**" gebraucht, im Sinne von „dürfen" wird gewöhnlich zusätzlich die Präposition [li] ل gebraucht, z. B.

Die Ingenieure **können/dürfen** das Büro des Werkleiters zu jeder Zeit betreten.

يجوز للمهند سين ان يدخلوا الى مكتب رئيس المعمل فى اى وقت.

[ja'dʒuːz lilmuhandi'siːn an 'jadxulu: 'ila: 'maktab ra'ʔiːsal'maʕmal fi:
                                                                      aij waqt]

D   Zu den Hauptmerkmalen der **Wortbindung im arabischen Satz** gehören die Aufgabe von festen Stimmeinsätzen und das Verkürzen von langen Vokalen zwischen Wörtern, auch am Schluß von Sinnabschnitten und Sätzen.

Ein Vergleich zwischen arabischer Schriftform und der bisherigen Umschrift einerseits und der in einem Teil des Textes dieser Lektion eingeführten Umschrift mit Berücksichtigung der Wortbindung zeigt konkret, wo diese Erscheinung im Satz anzutreffen ist (Unterstreichungen). Ob der Lernende mit oder ohne Beachtung der Wortbindung liest oder frei spricht, er wird von einem gebildeten Araber verstanden werden. Freilich ist es für das Hörverständnis eines Anfängers leichter, die Wortbindung zunächst nicht zu beachten, da dieser so die einzelnen Wörter im Satz besser erfassen und unterscheiden kann.

Die Wortbindung wird bei den grammatischen Beispielsätzen von dieser Lektion an in der Umschrift beachtet.

E   Der einfache **Berichtssatz** läßt sich allgemein in zwei Betonungs-
abschnitte einteilen:

1. **Subjekt** mit seinen Bestimmungen,

2. **Prädikat** mit seinen Bestimmungen.

Der 1. Abschnitt wird gewöhnlich mit Satztonhebung artikuliert, der 2. Abschnitt mit seiner Senkung.

Im einfachen allgemeinen **Fragesatz** mit [hal] wird der 1. Abschnitt mit
Tonsenkung, der 2. mit Tonhebung artikuliert.

Auch wenn das Subjekt nach dem Prädikat steht, gilt dies; in s p e z i e l l e n
Fragesätzen mit anderen Fragewörtern wie [maː] ما, [man] مَن, ['aina] اَين,
['mataː] مَتى u. ä. wird gewöhnlich nur das Fragewort selbst mit Tonhebung
artikuliert.

Übungen – تمارين

١ - تفضلوا بترجمة الجمل الخمس عشرة من الألمانية إلى العربية

1. Hast du denn nicht (*mit a*!) deine Familie besucht, als du das letzte Mal
   in der Hauptstadt warst?

2. Ich wünsche dir, daß es deinem Sohn im Ausland gutgehe.

3. Du mußt die Tür gut abschließen, bevor du in den Garten hinausgehst,
   denn heute ist das Wetter draußen (außerhalb des Hauses) sehr kalt.

4. Möchtet ihr gern dieses Inserat in der Zeitung ins Deutsche übersetzen
   oder das andere auf der vierten Seite?

5. Der Bauer sollte jetzt sein Land nicht ohne Aussaat lassen, denn der
   Frühling ist sehr nahe.

6. Möglicherweise wird sein Aufenthalt in Algerien lange währen.

7. Schüler, paßt gut auf, denn in der kommenden Woche könnte der neue
   Lehrer seinen ersten Besuch in unserer Schule machen!

8. Wir müssen heute zum Informationsbüro, um unsere Eisenbahnfahr-
   karten für die Reise nach Marokko abzuholen.

9. Der Angestellte dort sagte mir gestern früh, es wäre wünschenswert,
   daß wir sie heute vor 4 Uhr nachmittags holen, denn danach wird er das
   Büro schließen.

10. Er hatte es nicht sehr gern, seinen Freunden zu erzählen, was er auf der Arbeit mache.

11. Die Mutter sagte zu ihrer Tochter: „Ich werde dir nicht den großen braunen Koffer für die Reise geben! Nimm deine kleine weiße Tasche!"

12. Dein Bruder wird mit seinen Taten nicht so bekannt werden wie dein Vater mit seinen Gedanken.

13. Dieses Mal haben wir uns nicht geirrt: Sein Auto ist blau und nicht rot!

14. Die neue Fabrik wird vor Ende des nächsten Jahres keine Möbel produzieren.

15. Der Bürodirektor sagte zu dem Angestellten: „Haben Sie nichts von den neuen Maschinen und Geräten gehört? Hoffentlich (ich wünsche) bekommen wir sie bald (kommen sie bald bei uns an)."

٢ - ترجموا الأسئلة العشر واجيبوا عليها بالعربية

1. Zu welcher Stunde war die dritte Nachrichtensendung von Radio Kuwait?

2. Wie lange dauerte der Besuch des neuen libanesischen Kabinettschefs in Kuwait?

3. Was macht der Direktor der Zeitschrift „Das zwanzigste Jahrhundert"?

4. Aus welchem Land kehrte der Leiter der Nationalbank zurück?

5. Warum hast du deinen ausgezeichneten neuen Rundfunkempfänger verkauft und wer hat ihn genommen?

6. Was hörtest du vor dem Gasthaus?

7. Was bedeutet „tardʒam" auf Deutsch?

8. Haben Sie alle Sätze im ersten Teil der 15. Lektion gut verstanden?

9. Welcher Teil der Lektion war schwerer, der erste oder der zweite?

10. Warum wollen Sie jetzt arabisch sprechen?

16. Lektion
الدرس السـادس عشر

Text

١ – ولد عالم الإقتصاد الكبير في القرن الماضي ا وكان والده صرافاً ا تعلم عنه الكثير من أمور الإقتصاد البسيطة والصعبة.

٢ – طلب الرجل عند شباك التذاكر حجز مقعدين في ملهى الباخرة ا فحجزا طبعاً بكل سرعة.

٣ – رأى الولد في مكتب البريد كثيراً من طوابع البريد الجديدة. سأل الموظف وراء الشباك عن أسعارها ا فأعطى بعض الطوابع هديةً. اا وبعد عودته إلى البيت أرى والديه الطوابع المهداة، ا فكانا زعلين منه ا لأنه عاد متأخراً جداً إلى المنزل.

٤ – قلت للصراف بالمصرف اا «تفضل، ا يا سيد، تعال وصرف لي مئة مارك ا ومئتي فرانك فرنسي». اا وبعد لحظات أعطاني المبلغين المطلوبين، ا ثم خرجت من المصرف سريعاً ا لأن الوقت كان متأخراً ا ولأن المحلات التجارية ستغلق بعد نصف ساعة فقط. اا أردت ا أن أشتري في محل بقال قريب ا كيلوغراماً من السكر ا وقليلاً من الشاي الأخضر. اا إشتريت ذلك هناك ا وبعد أن إنتهيت من الشراء في السوق ا إستأجرت سيارة أجرة صفراء ا أردت ا أن يذهب بي سائقها إلى منزلي البعيد عن السوق. اا ووقفنا في طريق العودة أمام السفارة الفرنسية ا لأطلب تأشيرة فرنسية ا ولكني نسيت ا أن السفارة تكون مغلقة بعد ظهر أيام الخميس. اا فقلت لنفسي اا «حسناً، ا لن أسافر

بعد أسبوع ׀ بل بعد أسبوعين تقريباً ׀׀ فحتى ذلك الوقت سأعطى تأشيرةً فرنسيةً طبعاً. ׀׀ لما كنا قريبين جداً من منزلي ׀ إنتهى وقود سيارة الأجرة العتيقة ׀ فغادرتها ׀ بعد أن أعطيت السائق أجرته المطلوبة ׀ فقال ׀׀ «شكراً، ׀ يا سيدي، ׀ تشرفت بخدمتك، ׀ فإلى اللقاء قريباً.» ׀׀ وصلت إلى منزلي ׀ بعد لحظات فقط من خروجي من السيارة. ׀׀ فتحت الباب ׀ ودخلت إليه تعبان بعض الشيء. ׀׀ كانت أكثر أعمالي هذا اليوم ׀ غير ملائمة لصحتي الضعيفة ׀ ففكرت في ألا أشتغل غداً إشتغالي اليوم في مكتب المعرض ׀ بل أردت ׀ أن أغادر المكتب في ساعة مبكرة غداً ׀ لأن الجمعة يوم عطلة في بلادنا عادةً.

Gespräch – محادثة

(مقابلة لسمير ونادية عند مكتب إستعلامات مطار القاهرة)

سمير: السلام عليك، ׀ يا نادية، ׀ كيف أنت؟

نادية: وعليك السلام. ׀׀ أنا بخير، ׀ شكراً.

سمير: هل تريدين ׀ أن تسافري إلى الخارج بالطائرة؟

نادية: أجل، ׀ يا سمير. ׀׀ أحب ׀ أن أسافر غداً إلى ألمانيا ׀ لأشتغل في معهد علمي وأعمل هناك تدريباً عملياً. ׀׀ أعطيت قبل أيام تأشيرة من سفارة ألمانيا الغربية بالقاهرة.

سمير: قولي لي، ׀ هل أنت مسافرة لأول مرة إلى ألمانيا؟

نادية: لا، ׀ يا سمير. ׀׀ زرت ألمانيا الشرقية قبل عشر سنوات تقريباً.

سمير: وهل تفهمين الألمانية؟

نادية :   أفهمها قليلاً ا وأهديت كتاباً سهلاً لتعلم الألمانية قبل مدة قليلة . ‖
سأتكلم في ألمانيا مع كثير من الناس في المعهد بالإنكليزية . ‖ وماذا
تريد أنت هنا ؟

سمير :   خوبرت قبل أربعت أيام ا بأن إني عائد إلى الوطن غداً أو بعد
غد، ا فأردت أن ا أعرف هنا في مكتب إستعلامات المطار ا متى
تصل طائرته .

(يتحدث إلى الموظف الجالس وراء شباك المكتب قائلاً له) ‖
تفضل، ا يا سيدي، ا قل لي ا ما هو وقت وصول الطائرة الألمانية
غداً أو بعد غد ؟

الموظف : يا سيدي، ا أنا مشغول جداً بعمل مهم في هذه اللحظات . ‖
تفضل، ا خذ هذا الكتاب الصغير أمامك ا فستجد فيه كل شيء
مكتوباً . ‖

(يناول سميراً الكتاب)

سمير :   شكراً، ا يا سيدي . ‖

(يفتح الكتاب ويقرأ فيه غير منتبه إلى نادية ا ولا سامعاً قولها)

نادية :   يا سمير، ا أنا مستعجلة جداً، ا إلى اللقاء .

مفردات – Vokabeln

1. Kassierer, Geldwechsler	صراف [så'rra:f]
2. Fenster, Schalter	شباك [ʃuˈbba:k]
(Pl.	(شبابيك [ʃaba:ˈbi:k])
Sitz, Platz	مقعد [ˈmaqˁad]
(Pl.	(مقاعد [maˈqa:ˁid])

Vergnügungs-stätte, Kabarett	ملهى [ˈmalhan]
(Pl.	(ملاه [maˈla:hin])
Dampfer	باخرة [ˈba:xira]
(Pl.	(بواخر [baˈwa:xir])
natürlich, selbstverständlich! Adv.	طبعا [ˈtåbˁan]

3. (Brief-)Marke;   [ˈtå:biʕ] طابع
   Drucker
   (*Pl.*   [tåˈwa:biʕ] طوابع)
   Preis   [siʕr] سعر
   (*Pl.*   [asˈʕa:r] اسعار)
   ärgerlich,   [ˈzaʕil] زعل
   böse, ungehalten
   (*Komp.*   [ˈazʕal] ازعل)
   Wohnung   [ˈmanzil] منزل
   (*Pl.*   [maˈna:zil] منازل)
4. Zucker   [ˈsukkar] سكر
   grün   [ˈaxđår] اخضر
   (*f*   [xåđˈra:ʔ] خضراء)
   (*Pl.*   [xođr] خضر)

gelb   [ˈåsfar] اصفر
(*f*   [såfˈra:ʔ] صفراء)
(*Pl.*   [sofr] صفر)
Botschaft   [siˈfa:ra] سفارة
(*Gebäude*)
Visum   [taˈʃi:ra] تأشيرة
schön, gut   [ˈħasan] حسن
(*Komp.*   [ˈaħsan] احسن)
Treib-, Heizstoff   [waˈqu:d] وقود
alt, veraltet   [ʕaˈti:q] عتيق
müde   [taʕˈba:n] تعبان
passend,   [muˈla:ʔim] (ل) ملائم
geeignet, dienlich
Kairo   [al-ˈQa:hira] القاهرة
Englisch [al-inkili:ˈzi:ja] الانكليزية

Verbformen

belegen, reservieren
حجز [ˈħadʒaz]، [ˈjaħdʒiz] يحجز، حجز، احجز [ħadʒz, ˈiħdʒiz!]

geboren werden
ولد [ˈwulid]، [ˈju:lad] يولد، ولادة [wiˈla:da]

lernen
تعلم [taˈʕallam]، [jataˈʕallam] يتعلم، تعلم [taˈʕallum]، تعلم [taˈʕallam!]

sehen
رأى [ˈraʔa:]، [ˈjara:] يرى، رأى [raʔj]

geben
اعطى [ˈaʕtå:]، [ˈjuʕtɨ:] يعطى، اعطاء [iʕˈtå:ʔ]، اعط [ˈaʕtɨ!]

zeigen
ارى [ˈara:]، [ˈjuri:] يرى، اراء [ˈari!]، ار [iˈra:ʔ]

komm her!, auf!
تعال [taˈʕa:la!]، [taˈʕa:lai] (تعالى)، تعالوا [taˈʕa:lau])

wechseln
صرف [ˈsårraf]، [juˈsårrif] يصرف، تصريف [tåsˈri:f]، صرف [ˈsårrif!]

kaufen   اشترى [iʃˈtara:]، [jaʃˈtari:] يشترى، اشتراء [iʃtiˈra:ʔ]، اشتر [iʃˈtari!]

zu Ende sein   انتهى [inˈtaha:]، [janˈtahi:] ينتهى، انتهاء [intiˈha:ʔ]

sich mieten   استأجر [isˈtaʔdʒar]، [jasˈtaʔdʒir] يستأجر،
استئجار [istiʔˈdʒa:r]، استأجر [istiʔˈdʒir!]

vergessen   ['insa!] أنس ، [nis'ja:n] نسيان ، ['jansa:] ينسى ، ['nasij] نسى

sich beehren   [ta'ʃarruf] تشرف ، [jata'ʃarraf] يتشرف ، [ta'ʃarraf] تشرف

arbeiten, beschäftigt sein

                   [iʃ'taɣil!] اشتغل ، [iʃti'ɣa:l] اشتغال ، [jaʃ'taɣil] يشتغل ، [iʃ'taɣal] اشتغل

Text

1. Der große Gelehrte der Ökonomie wurde im vergangenen Jahrhundert
   geboren. Sein Vater war ein Geldwechsler, von dem er viele einfache und
   schwierige wirtschaftliche Dinge erlernte.
2. Der Mann am Fahrkartenschalter bat, zwei Plätze im Kasino des Dampf-
   fers zu reservieren; natürlich wurden sie ganz schnell reserviert.
3. Der Junge sah auf dem Postamt viele neue Briefmarken. Er fragte den
   Beamten hinter dem Schalter nach ihren Preisen, da bekam er (wurden
   ihm gegeben) ein paar Marken als Geschenk. Nach seiner Heimkehr
   zeigte er seinen Eltern die geschenkten Marken. Sie waren ärgerlich darüber, daß er sehr spät in die Wohnung zurückgekommen war.
4. Ich sagte zum Kassierer in der Bank: „Bitte (mein) Herr, kommen Sie
   (her) und wechseln Sie mir 100 Mark und 200 französische Francs." Nach
   wenigen Augenblicken gab er mir die gewünschten Beträge. Dann verließ ich eilig die Bank, weil es (schon) spät war und die Geschäfte schon in
   einer halben Stunde schließen würden. Ich wollte in einem nahen Le-
   bensmittelladen ein Kilo Zucker und ein wenig grünen Tee kaufen. – Ich
   kaufte das dort, und nachdem ich mit dem Einkauf auf dem Markt fertig
   war, nahm ich mir (mietete ich für mich) ein gelbes Taxi, und ich wollte,
   daß mich sein Fahrer zu meiner Wohnung fahre, die weit weg vom Markt
   lag. Auf dem Rückweg (zur Wohnung) hielten wir vor der französischen
   Botschaft, damit ich ein französisches Visum erbitte, doch ich hatte vergessen, daß die Botschaft an Donnerstagnachmittagen geschlossen ist.
   Ich sagte zu mir: Gut, ich werde nicht in einer Woche, sondern ungefähr
   in zwei Wochen reisen, und bis dann werde ich natürlich ein französisches
   Visum bekommen (wird mir gegeben werden).
   Als wir schon sehr nahe bei der Wohnung waren, ging der Treibstoff des
   alten Autos zu Ende. Ich verließ es, nachdem ich dem Fahrer die gefor-
   derte Gebühr gegeben hatte. Er sagte: „Danke, mein Herr, Ihnen zu dienen war mir eine Ehre (*wörtl.* ich habe mich beehrt durch den Dienst an
   Ihnen), auf Wiedersehen bald."
   Nur ein paar Augenblicke, nachdem ich das Auto verlassen hatte (*wörtl.*
   nach Augenblicken nur von meinem Herausgehen aus dem Auto), kam
   ich an meiner Wohnung an. Ich öffnete die Tür und betrat sie ein wenig
   müde. Meine meisten Tätigkeiten heute waren meiner schwachen Gesundheit nicht dienlich, so dachte ich daran, morgen nicht wie (solange
   wie) heute im Messebüro zu arbeiten, sondern wollte morgen das Büro
   früh verlassen, da ja der Freitag in unserem Land gewöhnlich ein arbeits-
   freier Tag ist.

Gespräch

(Begegnung von Samir und Nadija am Informationsbüroschalter des Flughafens von Kairo)

Samir: Guten Tag, Nadija, wie geht es dir?

Nadija: Guten Tag, danke, mir geht es gut.

Samir: Willst du mit dem Flugzeug ins Ausland reisen?

Nadija: Ja, Samir. Morgen will ich nach Deutschland fahren, um dort an einem wissenschaftlichen Institut ein Praktikum zu absolvieren (*wörtl.* in Form eines Praktikums zu arbeiten). Vor ein paar Tagen wurde mir von der westdeutschen Botschaft in Kairo ein Visum gegeben.

Samir: Sag mir, reist du das erste Mal nach Deutschland (*wörtl.* bist du eine Reisende *od.* reisend)?

Nadija: Nein, Samir. Vor etwa 10 Jahren habe ich Ostdeutschland besucht.

Samir: Verstehst du Deutsch?

Nadija: Ich verstehe es ein wenig. Vor kurzem wurde mir ein leichtes Buch zum Erlernen des Deutschen geschenkt.
In Deutschland werde ich mit vielen Leuten im Institut englisch sprechen. Und was willst du hier?

Samir: Vor vier Tagen wurde ich benachrichtigt, daß mein Sohn morgen oder übermorgen (*wörtl.* ins Vaterland zurück) heimkommen werde; so wollte ich hier im Informationsbüro des Flughafens erfahren, wann sein Flugzeug ankommt. (Er spricht den Angestellten an, der hinter der Schalterscheibe sitzt, *wörtl.* redet zum Angestellten, dem sitzenden hinter der Scheibe des Büros, sagend zu ihm): „Bitte, mein Herr, sagen Sie mir, wann kommt das deutsche Flugzeug heute oder morgen an (*wörtl.* was ist die Zeit der Ankunft . . .)?"

Angestellter: Mein Herr, ich bin jetzt gerade mit etwas sehr Wichtigem beschäftigt. Bitte, nehmen Sie das kleine Buch da vor Ihnen. In ihm werden Sie alles geschrieben finden. (Er reicht Samir das Buch).

Samir: Danke, mein Herr!
(Er schlägt das Buch auf und liest darin, weder auf Nadija achtend, noch hörend ihre Rede):

Nadija: Samir, ich habe es sehr eilig (*wörtl.* ich bin eine Eilende im Ernst), auf Wiedersehen!

Grammatik

A   Die bildbaren **Passivformen** aller Verben unterscheiden sich von denen des Aktivs nur durch eine veränderte Vokalfolge.

a) Gegenüberstellung der Lautungen Aktiv – Passiv für die Formen für **ab-geschlossene Handlungen**, z. B.:

er schrieb	['katab]	كتب	(a – a)
es wurde geschrieben	['kutib]	كتب	(u – i)
er änderte	['ɣajjar]	غير	(a – a)
es wurde geändert	['ɣujjir]	غير	(u – i)
er benachrichtigte	['xa:bar]	خابر	(a: – a)
er wurde benachrichtigt	['xu:bir]	خوبر	(u: – i)
er sandte	['arsal]	ارسل	(a – a)
er wurde gesandt	['ursil]	ارسل	(u – i)
er sprach	[ta'kallam]	تكلم	(a – a – a)
es wurde gesprochen	[tu'kullim]	تكلم	(u – u – i)
er paßte auf	[in'tabah]	انتبه	(i – a – a)
es wurde aufgepaßt	[un'tubih]	انتبه	(u – u – i)
er empfing	[is'taqbal]	استقبل	(i – a – a)
er wurde empfangen	[us'tuqbil]	استقبل	(u – u – i)

b) Lautung Aktiv – Passiv der Formen für **fortlaufende Handlungen**, z. B.:

er schreibt	['jaktub]	يكتب	(a – u)
es wird geschrieben	['juktab]	يكتب	(u – a)
er ändert	[ju'ɣajjir]	يغير	(u – a – i)
es wird geändert	[ju'ɣajjar]	يغير	(u – a – a)
er benachrichtigt	[ju'xa:bir]	يخابر	(u – a: – i)
er wird benachrichtigt	[ju'xa:bar]	يخابر	(u – a: – a)
er sendet	['jursil]	يرسل	(u – i)
er wird gesandt	['jursal]	يرسل	(u – a)
er spricht	[jata'kallam]	يتكلم	(a – a – a – a)
es wird gesprochen	[juta'kallam]	يتكلم	(u – a – a – a)
er paßt auf	[jan'tabih]	ينتبه	(a – a – i)
es wird aufgepaßt	[jun'tabah]	ينتبه	(u – a – a)
er empfängt	[jas'taqbil]	يستقبل	(a – a – i)
er wird empfangen	[jus'taqbal]	يستقبل	(u – a – a)

B   Das **persönliche** Passiv wird seltener als im Deutschen verwendet. Im heutigen Sprachgebrauch wird der Handlungsurheber gewöhnlich mit der Präposition [**min**] من eingeführt, z. B.:

der Brief wurde von Muhammad geschrieben

['kutibatirri'sa:la **min** Mu'ħammad]   كتبت الرسالة من محمد

Besser jedoch wird der Handlungsurheber nach dem Muster der folgenden
Konstruktion eingeführt oder überhaupt die Passivkonstruktion vermieden, z. B.:

der Brief wurde geschrieben; es schrieb ihn Muhammad

['kuttibatirri'sa:la; 'katabaha: Mu'ħammad]   كتبت الرسالة، كتبها محمد

Gleichwertig sind etwa die folgenden Konstruktionen:

Der Ausstellungsdirektor wurde gestern auf dem Flughafen der Hauptstadt

empfangen.   استقبل مدير المعرض فى مطار العاصمة امس .

[us'tuqbil mu'di:**ral**-'maˤriđ fi: mậ'tậ:**ral**'ˤa:sima ams]

Man empfing (*wörtl.* sie empfingen) den Ausstellungsdirektor gestern auf
dem Flughafen der Hauptstadt.   استقبلوا مدير المعرض فى مطار العاصمة امس.

[is'taqbalu: mu'di:**ral**'maˤriđ fi: mậ'tậ:**ral**'ˤa:sima ams]

Die Endung [an] | der maskulinen unbestimmten Substantive bleibt auch
im Passiv erhalten, z. B.:

Aktiv

er gab ihm ein Buch   [aˤ'tậ:hu: ki'ta:ban]   اعطاه كتابا

z. B. bei Verben des Gebens

Passiv

ihm wurde ein Buch gegeben   ['uˤŧija ki'ta:ban]   اعطى كتابا

C   **Unpersönliche Passive** sind häufiger, z. B.:

es heißt, daß . . .   [ju'qa:l 'inna . . .]   يقال ان

(*wörtl.* es wird gesagt, daß . . .)

ein Mann mit dem Namen . . .   ['radʒul ju'qa:l 'lahu: . . .]   رجل يقال له

(*wörtl.* ein Mann, zu dem gesagt wird . . .)

es ist möglich . . .   [justa'tậ:ˤ]   يستطاع

(*wörtl.* es wird gekonnt . . .)

es ist damit gemeint . . .   [ju'ra:d 'bihi: . . .]   يراد به

(*wörtl.* es wird damit gewollt . . .)

es ist gültig   ['juˤmal 'bihi:]   يعمل به

(*wörtl.* es wird damit gearbeitet)

daraus läßt sich entnehmen   ['jufham 'minhu: . . .]   يفهم منه

(*wörtl.* von ihm wird verstanden . . .) usw.

D   Fast alle **Partizipien** werden durch Voranstellen von [miːm] م +
[u] gebildet, z. B.:

er stattet aus	[juˈdʒahhiz]	يجهز
ausstattend	[muˈdʒahhiz]	مجهز
ausgestattet	[muˈdʒahhaz]	مجهز
er benachrichtigt	[juˈxaːbir]	يخابر
benachrichtigend	[muˈxaːbir]	مخابر
benachrichtigt	[muˈxaːbar]	مخابر
er sendet	[ˈjursil]	يرسل
sendend	[ˈmursil]	مرسل
gesandt	[ˈmursal]	مرسل
er spricht	[jataˈħaddaθ]	يتحدث
sprechend	[mutaˈħaddiθ]	متحدث
gesprochen	[mutaˈħaddaθ]	متحدث
er beschäftigt sich	[jaʃˈtaɣil]	يشتغل
sich beschäftigend	[muʃˈtaɣil]	مشتغل
beschäftigt	[muʃˈtaɣal]	مشتغل
er empfängt	[jasˈtaqbil]	يستقبل
empfangend	[musˈtaqbil]	مستقبل
empfangen	[musˈtaqbal]	مستقبل

Viele Aktiv- und Passivpartizipien unterscheiden sich also nur im letzten
Kurzvokal (Aktiv **i**, Passiv **a**).

Die Verben des Typs Konsonant + [a] + Konsonant + [a/i/u] + Konsonant bilden ihre Partizipien jedoch anders:

er schrieb	[ˈkatab]	كتب
schreibend	[ˈkaːtib]	كاتب
geschrieben	[makˈtuːb]	مكتوب

Partizip Aktiv: Konsonant + [aː] + Konsonant + [i] + Konsonant
Partizip Passiv: [ma] + Konsonant + Konsonant + [uː] + Konsonant

E Sämtliche Partizipien können wie Substantive behandelt werden, z. B.:

[al'ka:tib]	الكاتب	(vgl. Lekt. 2, Abschn. D)
['ka:tiba]	كاتبة	(vgl. Lekt. 2, Abschn. A)
[ka:ti'bu:n]	كاتبون	(vgl. Lekt. 3, Abschn. A)
[ka:ti'ba:t]	كاتبات	(vgl. Lekt. 3, Abschn. C)
[ka:'tibuhu:]	كاتبه	(vgl. Lekt. 3, Abschn. D)
['ka:tibal-'dʒumla]	كاتب الجملة	(vgl. Lekt. 4, Abschn. A)
['ka:tibul'ʕiba:'ra:t]	كاتبو العبارات	(vgl. Lekt. 9, Abschn. D)

F Alle Partizipien sind praktisch mehrfach zeitbestimmt. Je nach Satzzusammenhang können sie Vergangenheits-, Gegenwarts- oder Zukunftsbedeutung haben, z. B.: ['ana 'ka:tibarri'sa:la] انا كاتب الرسالة kann heißen: ich bin es, der den Brief geschrieben hat (*wörtl.* ich bin der den Brief geschrieben Habende)

oder: ich schreibe (jetzt gerade) den Brief

oder: ich werde den Brief (gleich) schreiben.

G Viele Wörter, die ihrer Bildung nach und damit formal gesehen Partizipien sind, können ins Deutsche oft nur sinnvoll als Substantive oder Adjektive übersetzt werden, z. B.

Gehalt	['ra:tib]	راتب
Wand	['ħa:ʔɨt]	حائط
Straße	['ʃa:riʕ]	شارع
(Brief-)Marke	['ťå:biʕ]	طابع
deutlich, klar	['wå:ɖɨħ]	واضح
heiß	['sa:xin]	ساخن
Telefon	['ha:tif]	هاتف
Fräulein	['a:nisa]	آنسة
Universität	['dʒa:miʕa]	جامعة
Geruch	['ra:ʔiħa]	رائحة
Hauptstadt	['ʕa:sɨma]	عاصمة
Lehrer	[mu'darris]	مدرس
früh	[mu'bakkir]	مبكر
geeignet, dienlich	[mu'la:ʔim]	ملائم
wichtig	[mu'himm]	مهم
spät	[muta'ʔaxxir]	متأخر

Getränk	[maʃˈruːb]	مشروب
verantwortlich	[masˈʔuːl]	مسئول
bunt, farbig	[muˈlawwan]	ملون
Sprecher	[mutaˈħaddiθ]	متحدث
Zukunft	[musˈtaqbal]	مستقبل

H   Partizipien, gleich ob aktive oder passive, können die Haupthandlung eines Satzes näher erläutern und werden dann oft mit einem Neben-
satz übersetzt. Wenn sie die Haupthandlung näher beschreiben, erhalten
maskuline Partizipien die Endungen [-an] ‏ا‎, bzw. [-iːn] ‏ين‎ oder [-ain] ‏ين‎,
z. B.:   [saˈʔalanil-muˈdiːr ˈqaːʔilan] ‏سألى المدير قائلا‎
der Direktor fragte mich (*wörtl.* es fragte mich der Direktor als ein Sagen-
der) *oder*: der Direktor fragte mich folgendes.
Werdet ihr von der Fabrik zum Markt gehen?

‏هل تغادرون المعمل ذاهبين الى السوق؟‎
[hal tuɣaːdiˈruːnal-ˈmaʕmal ðaːhiˈbiːn ˈilaˈssuːq]
(*wörtl.* werdet ihr die Fabrik als zum Markt Gehende verlassen?)

I   Die gebräuchlichsten stark **unregelmäßigen Verben** werden folgendermaßen konjugiert:

er vergaß	[ˈnasijᴶ]	نسى
sie vergaß	[ˈnasijat]	نسيت
du (*m*) vergaßt	[naˈsijta]	نسيت
du (*f*) vergaßt	[naˈsijti]	نسيت
ich vergaß	[naˈsijtu]	نسيت
er vergißt	[ˈjansaː]	ينسى
sie vergißt	[ˈtansaː]	تنسى
du (*m*) vergißt	[ˈtansaː]	تنسى
du (*f*) vergißt	[tanˈsain]	تنسين
ich vergesse	[ˈansaː]	انسى
sie (*m*) vergaßen	[ˈnasuː]	نسوا
sie (*f*) vergaßen	[naˈsijna]	نسين
ihr (*m*) vergaßt	[naˈsijtum]	نسيتم
ihr (*f*) vergaßt	[nasijˈtunna]	نسيتن
wir vergaßen	[naˈsijnaː]	نسينا

sie (*m*) vergessen	[jan'saun]	ينسون
sie (*f*) vergessen	[jan'sain]	ينسين
ihr (*m*) vergeßt	[tan'saun]	تنسون
ihr (*f*) vergeßt	[tan'sain]	تنسين
wir vergessen	['nansa:]	ننسى
sie (*Dual m*) vergaßen	['nasija:]	نسيا
sie (*Dual f*) vergaßen	['nasijata:]	نسيتا
ihr (*Dual*) vergaßt	[na'sijtuma:]	نسيتما
sie (*Dual m*) vergessen	['jansaja:n]	ينسيان
sie (*Dual f*) vergessen	['tansaja:n]	تنسيان
ihr (*Dual*) vergeßt	['tansaja:n]	تنسيان
er sah	['ra?a:]	رأى
sie sah	['ra?at]	رأت
du (*m*) sahst	[ra'?aita]	رأيت
du (*f*) sahst	[ra'?aiti]	رأيت
ich sah	[ra'?aitu]	رأيت
er sieht	['jara:]	يرى
sie sieht	['tara:]	ترى
du (*m*) siehst	['tara:]	ترى
du (*f*) siehst	[ta'rain]	ترين
ich sehe	['ara:]	ارى
sie (*m*) sahen	['ra?au]	رأوا
sie (*f*) sahen	[ra'?ain]	رأين
ihr (*m*) saht	[ra'?aitum]	رأيتم
ihr (*f*) saht	[ra?ai'tunna]	رأيتن
wir sahen	[ra'?aina:]	رأينا
sie (*m*) sehen	[ja'raun]	يرون
sie (*f*) sehen	[ja'rain]	يرين
ihr (*m*) seht	[ta'raun]	ترون
ihr (*f*) seht	[ta'rain]	ترين
wir sehen	['nara:]	نرى

sie (*Dual m*) sahen	['raʔaja:]	رأيا
sie (*Dual f*) sahen	['raʔajata:]	رأيتا
ihr (*Dual*) saht	[ra'ʔaituma:]	رأيتما
sie (*Dual m*) sehen	['jaraja:n]	يريان
sie (*Dual f*) sehen	['taraja:n]	تريان
ihr (*Dual*) seht	['taraja:n]	تريان
er zeigte	['ara:]	اری
sie zeigte	['arat]	ارت
du (*m*) zeigtest	[a'raita]	اريت
du (*f*) zeigtest	[a'raiti]	اريت
ich zeigte	[a'raitu]	اريت
er zeigt	['juri:]	يری
sie zeigt	['turi:]	تری
du (*m*) zeigst	['turi:]	تری
du (*f*) zeigst	[tu'ri:n]	ترين
ich zeige	['uri:]	اری
sie (*m*) zeigten	['arau]	اروا
sie (*f*) zeigten	[a'raina]	ارين
ihr (*m*) zeigtet	[a'raitum]	اريتم
ihr (*f*) zeigtet	[arai'tunna]	اريتن
wir zeigten	[a'raina:]	ارينا
sie (*m*) zeigen	[ju'ru:n]	يرون
sie (*f*) zeigen	[ju'ri:n]	يرين
ihr (*m*) zeigt	[tu'ru:n]	ترون
ihr (*f*) zeigt	[tu'ri:n]	ترين
wir zeigen	['nuri:]	نری
sie (*Dual m*) zeigten	['araja:]	اريا
sie (*Dual f*) zeigten	['arajata:]	اريتا
ihr (*Dual*) zeigtet	[a'raituma:]	اريتما
sie (*Dual m*) zeigen	['jurija:n]	يريان
sie (*Dual f*) zeigen	['turija:n]	تريان
ihr (*Dual*) zeigt	['turija:n]	تريان

er schenkte	[ˈahda:]	اهدی
er gab	[ˈaʕtå:]	اعطی
er schenkt	[ˈjuhdi:]	یهدی
er gibt	[ˈjuʕti:]	یعطی

werden nach Analogie von [ˈara:] اری, [ˈjuri:] یری konjugiert. Die Lautungen der Personalvorsilben bzw. -nachsilben von

| er *kam zu Ende* | [inˈtaha:] | انتهی |
| er *kommt zu Ende* | [janˈtahi:] | ینتهی |

sowie von

| er *kaufte* | [iʃˈtara:] | اشتری |
| er *kauft* | [jaʃˈtari:] | یشتری |

gleichen denen von [ˈara:] اری, [ˈjuri:] یری. Nur bei den Formen für die **fortlaufende** Handlung steht bei den Personal**vor**silben der beiden letzten Verben **a** statt **u**.

Übungen – تمارین

۱ – ترجموا إلى العربیة

1. Ich wurde aufgefordert, ihm all mein Geld zu geben.
2. Diese Zeilen sind mit schwarzer Farbe geschrieben worden.
3. Wir wurden allein im Haus unserer Eltern zurückgelassen.
4. Wirst du am Monatsende im Büro des Direktors gefragt werden, was du im Verlauf des Monats gearbeitet hast?
5. Sie wurden beobachtet, als sie mit dem grünen Auto zurückfuhren.
6. Als ich den Ingenieur treffen wollte, wurde mir gesagt, daß er heute abend ins Ausland abreisen werde.
7. Alle diese Waren wurden in unserem Werk hergestellt.
8. Der Brief ist in Frankreich geschrieben und auch dort abgeschickt worden.
9. Der Chef des neuen libyschen Kabinetts wird morgen auf dem Flughafen unserer Hauptstadt empfangen werden.
10. Diese Maschinen und Geräte werden nicht im Ausland gekauft werden, weil unser Handel mit dem Ausland gegenwärtig unterbrochen ist.

٢ - إجيبوا على الأسئلة العشر

1. Wann (*genaues Datum*!) und wo wurden Sie geboren?
2. Welchen Beruf üben Sie aus (in welchem Beruf beschäftigen Sie sich)?
3. Ist Ihr Beruf allen Leuten bekannt?
4. Ist Ihr Arbeitsgesuch in diesem Werk schon geprüft worden?
5. Wurden Sie im Büro des Werkleiters nach Ihrem derzeitigen Aufenthaltsort gefragt?
6. Ist Ihre Fabrik mit den neuesten Maschinen und Geräten ausgestattet?
7. Wurden Sie zu uns mit dem Auto mitgenommen?
8. Werden Sie nach Ihrem Besuch in unserer Fabrik mit dem Auto in die Stadt zurückgebracht werden?
9. Wurde Ihnen schon Nachricht gegeben über die Ergebnisse der Gespräche unseres Werkleiters mit den Verantwortlichen im Ministerium?
10. Ist das, was in Ihrer Werkskantine zum Mittagessen verkauft wird, eß- und trinkbar (wird es gegessen und getrunken)?

3. Übersetzen Sie folgende Sätze unter Verwendung von Partizipien:

1. Wer sind die Käufer (Kaufenden) dieser alten Autos?
2. Ihm Erfolg wünschend, verließ ich das Büro.
3. Der Lehrer sagte dem Schüler, ihm sein Heft zurückgebend: „Was du geschrieben hast, war alles ausgezeichnet!"
4. Ich will nicht hungrig in der Stadt ankommen. Deshalb steige ich hier aus und werde etwas in diesem Gasthaus essen.
5. Die Sonne war heute den ganzen Morgen nicht zu sehen, weil es heftigen Regen gab (der Regen heftig war).
6. Die Mutter sah ihr Kind schlafend im Bett und freute sich darüber.
7. Die Mutter, die ihre Töchter liebte, wollte ihnen allen schnell helfen.
8. Wer ist der Spender (Schenkende) dieser schönen Blumen?
9. Alle Waren waren schon vor dem Abend jenes Tages verkauft.
10. Wir fanden sie alle das Schreiben der arabischen Buchstaben übend.
11. Wir verstehen den Brief nicht (vor)gelesen, sondern nur geschrieben, denn das Verstehen von etwas Geschriebenem ist leichter als von etwas schnell Vorgelesenem.
12. Kennt ihr ihre Namen?
13. Ja, ihre Namen sind bei der Polizei bekannt.
14. Wird nach diesen Sorten Holzmöbel im Ausland gefragt?

15. Ja, sie sind sehr gefragt, weil sie in diesem Jahr auf der internationalen Messe von Tripolis ausgestellt waren.
16. Wer ist der Mieter (Mietende) dieser großen Wohnung?
17. Wer wird jetzt beginnen (wer ist der Beginnende jetzt)?
18. Der Sprecher (Sprechende) des Außenministeriums gab bekannt, daß die Botschaft des libyschen Präsidenten gegenwärtig geprüft werde.
19. Diese Eß- und Trinkwaren sind aus der Kantine der Bank genommen worden.
20. Die Mutter sagte zu ihrer jüngsten Tochter: ,,Du mußt die Speisen den Gästen gekocht anbieten.''

4. Übersetzen Sie die folgenden Sätze und verwandeln Sie sie danach ins Passiv!

1. Sie fragten ihn nach seiner früheren Berufstätigkeit im Ausland.
2. Die Angestellte im Informationsbüro fragte sie (*Plur. f*) nach ihren Reisepässen und Flugkarten.
3. Die libanesische Regierung forderte die Beamten der irakischen Botschaft auf, das Land binnen (während) 24 Stunden zu verlassen.
4. Die Ingenieure stellen viele Holzhäuser im Wald nahe der Fabrik auf.
5. Die Ingenieure der Fabrik helfen den neuen Arbeitern.

5. Bilden Sie von den folgenden Verben die Aktiv- und Passivpartizipien Singular maskulin und versuchen Sie, deren Bedeutung anzugeben:

arbeiten, nehmen, anziehen, hören, säen, verstehen, öffnen, wissen, schließen, herstellen, antworten, veranstalten, wiederholen, kaufen, können.

٦ - ترجموا هذه المحادثة إلى العربية

- Guten Tag, Fatima, wie geht es dir?
- Guten Tag, Muhammad, mir geht es gut, danke!
- Wohin gehst du jetzt gerade (*Partizip*!)?
- Ich gehe jetzt zur westdeutschen Botschaft, um meinen Reisepaß zu holen – hoffentlich mit dem Visum darin.
- Du liebst das Reisen, nicht wahr?
- Ja, ich liebe das Reisen sehr, Gott sei Dank!
- Wohin willst du denn fahren, und wann?
- Ich möchte zu Beginn des nächsten Monats zuerst nach Frankreich und

dann nach Westdeutschland fahren. Nach Frankreich brauche ich kein
Visum, denn meine Mutter ist Französin. Du weißt das ja.
- Ich war schon viermal in Frankreich und dreimal in Westdeutschland, in
  Berufsangelegenheiten. Was wirst du dort tun?
- Ich werde in den beiden Ländern Freunde besuchen. Möglicherweise
  werde ich von dort auch noch in andere Länder Europas fahren.
- Ich wünsche dir eine erfolgreiche Reise, Fatima!

17. Lektion
الدرس السابع عشر
Relativsätze

Text

١ – عن مجلة المصور المصرية، اا عدد ٥ أكتوبر ١٩٧٩
بعض العناوين بالخط العريض
– ماذا ترى بعد غد في العرض العسكري لقواتنا المسلحة ؟
الطائرات الجديدة التي تظهر في العيد السادس لمعارك أكتوبر .
المصور يعرض اليوم اا ولأول مرة اا الطائرات الصينية والأمريكية التي
يقودها الطيارون المصريون اا إلى جانب الطائرات الروسية والفرنسية .
– القرار الإستراتيجي الخطر الذي إتخذه البعث السوري، اا بقلم سياسي
عربي .
– ماذا حدث ا بعد أن دخلت صناعة الألومنيوم إلى نجع حمادي؟
خدمات إجتماعية كثيرة ساعدت على جودة الإنتاج .
– الإسماعيلية مدينة اتمتاز بالجمال ا وهي حقاً عاصمة منطقة القناة .

من إعلان تجاري

– ما تصممه شركة ... وتبنيه ، تدعمه وتسانده

مقتطف من إعلان تجاري أيضاً

– ... ، أجود ما يمكن شراؤه من تبغ

إعلان

– في الذكرى السادسة لمعركة أكتوبر التي خاضها جنودنا الأبطال تتشرف جمعية نقل البضائع بالسيارات بمحافظة سوهاج بتحية التقدير لجيشنا العظيم الذي حرر الأرض.

٢ – عن جريدة الأخبار القاهرية ال، عدد ١٩٧٩/١٠/١١

بعض العناوين بالخط العريض

– مصرع عدد كبير من رجال الحرس الحكوي الإيراني ا في كمين الل نصبه الثوار الأكراد

– يحتفل التليفزيون على القناة (٥) طوال اليوم بيوم المهندس ، الل فيبدأ إرساله في الساعة العاشرة صباحاً ا وتنقل وقائع الإحتفال بعيد المهندس من نقابة المهندسين ا الذي يحضره الرئيس السادات .

إعلان تجاري

– شركة مصر للطيران ا – الخطوط المصرية العالمية إستشيروا مكاتب السياحة ا ونحن دائماً في خدمتكم ا من خلال مكاتبنا المنتشرة في مصر والخارج . مكاتب البضائع – مطار القاهرة – الإسكندرية

إستعلامات مصر للطيران والمطار ...

يسعدنا سماع أية ملاحظات في ... – رحلات موفقة بإذن الله – مصر للطيران

الإذاعة ١، من البرنامج العام

المسلمون والإسلام في ١٤٠٠ عام – عالم غريب – حياتنا الثقافية – دنيا السياحة – الصحافة العربية والعالمية – رأي الدين – آراء حرة – العلم والحياة – لغتنا الجميلة – القرآن الكريم

من برنامج التليفزيون

نشرة الأخبار الأولى – فلم عروس النيل – حول العالم – مسلسل

٣ – بعض علامات المرور

قف – ممنوع الإنتظار – طريق مسدود – طريق ذو إتجاه واحد – خفف السرعة – ممنوع الوقوف – إنتبه ! ، أعمال صيانة – ممنوع التجاوز – منعطف خطر

لافتات عامة

ممنوع الدخول – قاعة الإنتظار – مخرج الطوارىء – قسم الودائع ١ (بالمطار ١ أو بمحطة السكة الحديدية) – دورة المياه – موقف سيارات الأجرة – عيادة جراحية – ممنوع التدخين

٤ – رسالة لمهندس سوري إلى زوجته

ميونخ في ١٩٨٠/٩/٢٠

عزيزتي سميرة ،

تحياتي وأشواقي وبعد

وصلت إلى ميونخ في الموعد المقرر تماماً ا وكانت رحلتي الجوية مع شركة الطيران الألمانية مريحة جداً. ١١ إستقبلني بالمطار بعض مهندسي الشركة التي سأدرب فيها ا وصحبوني إلى بيت ضيافة الشركة في مركز المدينة. ١١ أنا جالس الآن في غرفة من غرفه النظيفة والهادئة ا وأفكر في مستقبل أيامي في ألمانيا ا فإني أتمنى ا أن تكون إقامتي المهنية هذه موفقة ومفيدة لوطني الحبيب. أتمنى لك ا ألا تثقل عليك فترة غيابي عنك أكثر من اللازم ١١ وآمل في أن أعود إليك بعد المدة المقررة لتدريبي العملي بسلامة وعافية تامتين. ١١ لا تؤاخذيني على قصر هذه الرسالة ا ولكني تعبان بعض الشيء بعد الرحلة ا وعلى كل حال أعدك ا بأن تصلك مني رسالة أطول قريباً ا وحتى ذلك الوقت أقبلك وأتمنى لك ولأولادنا الأحباء السعادة

زوجك الأمين محمد

Vokabeln – مفردات

1. das Illu-	[al-moˈsåwwar]	المصور
strierte (*Name der Zeitschrift*)		
Parade	[ˁarđ]	عرض
(*Pl.*	[ˁuˈroːđ]	(عروض
militärisch	[ˈˁaskari:]	عسكرى
Kraft, Macht	[ˈqu:wa]	قوة
(*Pl.*	[ˈquwan]	(قوى
bewaffnet	[muˈsallaħ]	مسلح
Kampf, Schlacht	[ˈmaˁraka]	معركة
(*Pl.*	[maˈˁa:rik]	(معارك
China	[åˈssi:n]	الصين
Pilot	[ťåˈjja:r]	طيار
russisch	[ˈru:si:]	روسى
Beschluß	[qaˈra:r]	قرار
(*Pl.*	[qaraˈra:t]	(قرارات

strategisch

   [istara:'ti:dʒi:] استراتيجي

gefährlich   ['xåtir] خطر

   (*Komp.*   ['axtår] (اخطر

die Baath(partei)   [al-baʕθ] البعث

Aluminium

   [al-alu:'miniju:m] الالومنيوم

Nadsch Ḥamadi

   [Nadʒʕ ḥa'ma:di:] نجع حمادى

   (*Ort in Oberägypten*)

Qualität, Güte   ['dʒauda] جودة

Ismailija

   [al-Isma:ʕi:'li:ja] الاسماعيلية

   (*Stadt am Suezkanal*)

Schönheit   [dʒa'ma:l] جمال

wahrhaftig,   ['ḥaqqan] حقا

   wirklich *Adv.*

Zone, Region   ['mintåqa] منطقة

   (*Pl.*   [ma'nå:tiq] (مناطق

Kanal   [qa'na:t] قناة

   (*Pl.*   [qana'wa:t] (قنوات

Firma,   ['ʃarika] شركة

   Unternehmen

besser, am besten   ['adʒwad] اجود

   (*Komp. von*   ['dʒajjid])

Tabak   [tibγ] تبغ

Jahrestag;   ['ðikra:] ذكرى

   Gedenken, Erinnerung

   (*Pl.*   [ðikra'ja:t] (ذكريات

Soldat   ['dʒundi:] جندى

   (*Pl.*   [dʒu'nu:d] (جنود

Held   ['båtål] بطل

   (*Pl.*   [ab'tå:l] (ابطال

Gesellschaft   [dʒam'ʕi:ja] جمعية

   (*Unternehmen*)

Transport;   [naql] نقل

   Übertragung

Gouvernorat   [mu'ḥa:fåzå] محافظة

   (*Verwaltungsbezirk in Ägypten*)

Sohag   [So:'ha:g] سوهاج

   (*Stadt in Oberägypten*)

Würdigung,   [taq'di:r] تقدير

   Wertschätzung

Heer, Armee   [dʒaiʃ] جيش

   (*Pl.*   [dʒu'ju:ʃ] (جيوش

2. Tod, Umkommen ['måsraʕ] مصرع

Wache, Garde   ['ḥaras] حرس

iranisch   [i:'ra:ni:] ايرانى

Hinterhalt   [ka'mi:n] كمين

Aufständischer   ['θa:ʔir] ثائر

   (*Pl.*   [θu'wwa:r] (ثوار

Kurde   ['kurdi:] كردى

   (*Pl.*   [ak'ra:d] (اكراد

im Verlauf   [ti'wa:la] طوال

   von, während

Ereignis,   ['wa:qiʕa] واقعة

   Geschehnis

   (*Pl.*   [wa'qa:ʔiʕ] (وقائع

Gewerkschaft,   [ni'qa:ba] نقابة

   Berufsverband

Flugwesen,   [tåja'ra:n] طيران

   Luftfahrt

Tourismus,   [si'ja:ḥa] سياحة

   Reisewesen

verteilt,   [mun'taʃir] منتشر

   verstreut

Hören,   [sa'ma:ʕ] سماع

   Vernehmen

Erlaubnis,   [iðn] اذن

   Genehmigung

Programm   [bar'na:madʒ] برنامج

   (*Pl.*   [ba'ra:midʒ] (برامج

Muslim   ['muslim] مسلم

Islam   [is'la:m] اسلام

Jahr	عام [ʕa:m]		(Pl.	طوارىء) [tˤåˈwa:riʔ]
um ... herum;	حول [ˈħaula]		Abteilung	قسم [qism]
über (übertr.)			(Pl.	اقسام) [aqˈsa:m]
seltsam, fremd	غريب [ɣaˈri:b]		Aufbewah-	وديعة [waˈdi:ʕa]
(Komp.	اغرب) [ˈaɣrab]		rungsgut	
Leben	حياة [ħaˈja:t]		(Pl.	ودائع) [waˈda:ʔiʕ]
Welt	دنيا [ˈdunja:]		Station,	محطة [maˈħåttå]
Presse	صحافة [sɨˈħa:fa]		Haltestelle	
Religion	دين [di:n]		Toilette	
(Pl.	ادیان) [adˈja:n]			دورة المياه [ˈdauratalmiˈja:h]
Koran	القرآن [al-qurˈʔa:n]		Haltepunkt;	موقف [ˈmauqif]
Film	فلم [film]		Standpunkt	
(Pl.	افلام) [afˈla:m]		(Pl.	مواقف) [maˈwa:qif]
Braut	عروس [ʕaˈru:s]		Ambulanz	عيادة [ʕiˈja:da]
Nil	النيل [an-ni:l]		chirurgisch	جراحى [dʒiˈra:ħi:]
Serie, Reihe	مسلسل [muˈsalsal]		Rauchen	تدخين [tadˈxi:n]
(Sendung)			4. lieb, teuer, wert	عزيز [ʕaˈzi:z]
(Pl. [musalsaˈla:t] مسلسلات)			(Komp.	اعز) [aˈʕazz]
3. Zeichen	علامة [ʕaˈla:ma]		Sehnsucht	شوق [ʃauq]
Verkehr	مرور [muˈru:r]		(Pl.	اشواق) [aʃˈwa:q]
verboten	ممنوع [mamˈnu:ʕ]		Zeitpunkt,	موعد [ˈmauʕid]
Parken, Warten	انتظار [intiˈzˤå:r]		Termin	
versperrt,	مسدود [masˈdu:d]		(Pl.	مواعد) [maˈwa:ʕid]
blockiert			beschlossen,	مقرر [muˈqarrar]
Einbahn-(straße)	ذو اتجاه واحد		festgelegt	
[ðu: ittiˈdʒa:h ˈwa:ħid]			Luft-, Klima-,	جوى [ˈdʒauwi:]
mindere die Geschwindigkeit!			Wetter-	
[ˈxaffifaˈssurʕa] خفف السرعة			Gastfreundschaft;	ضيافة [ɖɨˈja:fa]
Pflege,	صيانة [sɨˈja:na]		Gästeunterbringung	
Unterhaltung			Zentrum	مركز [ˈmarkaz]
Überholen	تجاوز [taˈdʒa:wuz]		(Pl.	مراكز) [maˈra:kiz]
Kurve	منعطف [munˈʕatˤåf]		Zukunft	مستقبل [musˈtaqbal]
(Pl. [munʔatˤåˈfa:t] منعطفات)			nützlich	مفيد [muˈfi:d]
(Hinweis-)Schild	لافتة [ˈla:fita]		Zeit(spanne)	فترة [ˈfatra]
Saal, Raum	قاعة [ˈqa:ʕa]		Abwesenheit	غياب [ɣiˈja:b]
unvorhergesehene	طارئة [ˈtˤåˈriʔa]		notwendig, nötig	لازم [ˈla:zim]
Situation			(Komp.	الزم) [ˈalzam]

Unversehrtheit, Gesundheit	[sa'la:ma] سلامة
Gesundheit, Wohlbefinden	['ʕa:fija] عافية
vollständig	[ta:mm] تام
(*Komp.*	[a'tamm] اتم)

Kürze	قصر ['qiṣår]
auf jeden Fall	على كل حال ['ʕala: kull ħa:l]
treu, zuverlässig	امين [a'mi:n]
(*Komp.*	آمن) ['a:man]

Verbformen

erscheinen, sich zeigen   ظهر [ẓåhar]، يظهر ['jåẓhar]، ظهور [ẓo'hu:r]

steuern, lenken, führen   قاد [qa:d]، يقود [ja'qu:d]، قيادة [qi'ja:da]،
قد [qud!]، (قودى ['qu:di:!]، قودوا ['qu:du:!])

fassen; unternehmen; ergreifen
اتخذ [i'ttaxað]، يتخذ [ja'ttaxið]، اتخاذ [itti'xa:ð]، اتخذ [i'ttaxið!]

sich ereignen   حدث ['ħadaθ]، يحدث ['jaħduθ]، حدوث [ħu'du:θ]

sich auszeichnen   امتاز [im'ta:z]، يمتاز [jam'ta:z]، امتياز [imti'ja:z]

entwerfen, projektieren
صمم ['såmmam]، يصمم [jo'såmmim]، تصميم [tås'mi:m]، صمم ['såmmim!]

bauen, aufbauen   بنى ['bana:]، بنى ['jabni:]، بناء [bi'na:ʔ]، ابن [ibni!]

stärken   دعم ['daʕʕam]، يدعم [ju'daʕʕim]، تدعيم [tad'ʕi:m]، دعم ['daʕʕim!]

stützen, unterstützen
ساند ['sa:nad]، يساند [ju'sa:nid]، مساندة [mu'sa:nada]، ساند ['sa:nid!]

sich hineinstürzen   خاض [xå:ḍ]، يخوض [ja'xo:ḍ]، خوض [xauḍ]،
خض [xoḍ!]، (خوضى ['xo:ḍi:!]، خوضوا ['xo:ḍu:!])

befreien   حرر ['ħarrar]، يحرر [ju'ħarrir]، تحرير [taħ'ri:r]، حرر ['ħarrir!]

legen; errichten, aufrichten
نصب ['nåsåb]، ينصب [jansob]، نصب [nåsb]، انصب ['unsob!]

feiern   احتفل [iħ'tafal]، يحتفل [jaħ'tafil]، احتفال [iħti'fa:l]، احتفل [iħ'tafil!]

transportieren; übertragen
نقل ['naqal]، ينقل [jan'qul]، نقل [naql]، انقل ['unqul!]

anwesend sein, beiwohnen
حضر ['ħåḍår]، يحضر ['jaħḍor]، حضور [ħo'ḍo:r]، احضر ['oħḍor!]

um Rat fragen, sich beraten mit

استشار [istaˈʃaːr] ، يستشير [jastaˈʃiːr] ، استشارة [istiˈʃaːra] ، اسنشر [isˈtaʃir!] ،
(استشيرى [istaˈʃiːriː!] ، استشيروا [istaˈʃiːruː!])

glücklich, froh machen

اسعد [ˈasˤad] ، يسعد [ˈjusˤid] ، اسعاد [isˈˤaːd] ، اسعد [ˈasˤid!]

begleiten صحب [ˈsˤaħab] ، يصحب [ˈjasħab] ، صحب [sˤħb] ، اصحب [ˈisħab!]

belasten, erschweren

اثقل [ˈaθqal] ، يثقل [ˈjuθqil] ، اثقال [iθˈqaːl] ، اثقل [ˈaθqil!]

hoffen امل [ˈamal] ، يأمل [ˈjaʔmul] ، امل [ˈamal]

übelnehmen آخذ [ˈaːxað] ، يؤآخذ [juˈʔaːxið] ، مؤآحذة [muˈʔaːxaða]

versprechen وعد [ˈwaˤad] ، يعد [ˈjaˤid] ، وعد [waˤd] ، عد [ˤid!]

küssen قبل [ˈqabbal] ، يقبل [juˈqabbil] ، تقبيل [taqˈbiːl] ، قبل [ˈqabbil!]

Text

1. Aus der ägyptischen Zeitschrift „al-Musawwar", Nummer vom 5. Oktober 1979

einige Schlagzeilen
Was werden Sie morgen auf der (Militär-)Parade unserer bewaffneten Kräfte sehen?
Die neuen Flugzeuge, die sich zum 6. Jahrestag der Oktoberkämpfe zeigen werden.
„al-Musawwar" stellt heute – und zum ersten Mal – die chinesischen und amerikanischen Flugzeuge vor, die die ägyptischen Piloten (an der Seite) neben den russischen und französischen Flugzeugen steuern.
Der gefährliche strategische Beschluß (Entschluß), den die syrische Baath gefaßt hat – von (mit dem Bleistift von) einem arabischen Politiker (Pseudonym).
Was ist geschehen, nachdem die Aluminiumherstellung(-industrie) nach Nadsch Hamadi gekommen ist (Eingang gefunden hat)?
Viele soziale Dienstleistungen, die die (gute) Qualität der Produktion begünstigen (unterstützen).
Ismailija – eine Stadt, die sich durch Schönheit auszeichnet; sie ist wahrhaftig die Hauptstadt der (Suez-)Kanalzone.

Aus einer kommerziellen Anzeige
Was die Firma . . . entwirft und baut, das stärkt und unterstützt sie (auch).

Auszug aus einer anderen kommerziellen Anzeige
. . . – das Beste, was man an Tabak kaufen kann!

Anzeige

Zum 6. Jahrestag der Oktoberschlacht, in die sich unsere heldenhaften (Helden) Soldaten stürzten, beehrt sich die Gesellschaft für den Autowarentransport im Gouvernorat Sohag, unserer großartigen Armee, die das Land befreit hat, einen Gruß der Würdigung entgegenzubringen.

2. Aus der Kairoer Zeitung „al-Achbar", Nummer vom 11.10.1979

einige Schlagzeilen

Tod einer großen Anzahl von den Männern der iranischen Regierungsgarde in einem Hinterhalt, den die kurdischen Aufständischen gestellt hatten.

Das Fernsehen feiert auf Kanal (5) im Verlauf des heutigen Tages den Tag des Ingenieurs. Seine Ausstrahlung beginnt um 10 Uhr morgens und der Ablauf (die Ereignisse) der Feier zum Festtag des Ingenieurs wird vom Berufsverband der Ingenieure übertragen, zu der Präsident Sadat anwesend sein wird.

Kommerzielle Anzeige

Die Ägyptische Fluggesellschaft (die Gesellschaft Ägyptens für das Flugwesen) – die Ägyptischen Internationalen (Luft-)Linien. Konsultieren Sie die Touristikbüros – (und) wir stehen stets zu Ihren Diensten – über unsere in Ägypten und im Ausland verstreuten Büros. Waren(fracht)büros – Flughafen Kairo – Alexandria – Auskunft der Ägyptischen Fluggesellschaft und des Flughafens . . . Wir hören gern Ihre (alle) Bemerkungen auf (Telefonnummer) . . . (*wörtl.* es macht uns froh das Hören aller Bemerkungen in . . .). – Erfolgreiche Reisen mit Genehmigung Allahs – Ägyptische Fluggesellschaft.

Rundfunk; aus dem allgemeinen Programm.

Die Muslime und der Islam in 1400 Jahren – Eine seltsame Welt – Unser kulturelles Leben – Die Welt des Tourismus – Die arabische und internationale Presse – Die Meinung der Religion – Freie Ansichten – Die Wissenschaft und das Leben – Unsere schone Sprache – Der verehrungswurdige Koran.

Aus dem Fernsehprogramm

(1.) Nachrichtensendung – Film: Die Braut des Nils – Um die Welt – Fortsetzungsreihe.

3. **Einige Verkehrszeichen**

Halt! – Parken verboten – Sackgasse (versperrter Weg) – Einbahnstraße (Weg– der mit einer Richtung!) – Mindere die Geschwindigkeit! – Halten verboten – Paß auf! Instandsetzungsarbeiten (Pflegearbeiten) – Überholen verboten – Gefährliche Kurve.

Allgemeine Hinweisschilder

Eingang verboten – Wartesaal – Notausgang – Abteilung für Aufbewahrungsgut (*auf dem Flughafen oder in der Bahnstation*) – Toilette – Mietwagenstand – Chirurgische Ambulanz – Rauchen verboten.

4. Brief eines syrischen Ingenieurs an seine Frau

München, 20.9.1980

Meine liebe Samira!

Meine Grüße und Sehnsüchte – und danach:

Genau zum festgesetzten Zeitpunkt bin ich in München angekommen. Meine Luftreise mit der deutschen Fluggesellschaft war sehr angenehm. Es empfingen mich auf dem Flughafen einige Ingenieure der Firma, bei der ich ausgebildet werde, und sie begleiteten mich zum Gästehaus der Firma im Zentrum der Stadt. Jetzt sitze ich gerade (bin ich sitzend) in einem von dessen sauberen und ruhigen Zimmern und denke an die Zukunft meiner Tage in Deutschland, denn ich wünsche (ja), daß dieser mein beruflicher Aufenthalt erfolgreich und nutzbringend für mein geliebtes Vaterland wird. Ich wünsche Dir, daß Dich die Zeit meiner Abwesenheit nicht mehr als notwendig belaste, und ich hoffe, daß ich nach der für mein Praktikum festgesetzten Zeit völlig gesund und wohlbehalten (mit vollständiger Unversehrtheit und vollständigem Wohlbefinden) zu Dir zurückkommen werde. Nimm mir die Kürze dieses Briefes nicht übel, doch ich bin ein wenig müde nach der Reise. Auf jeden Fall verspreche ich Dir, daß Dich bald ein längerer Brief von mir erreicht und bis zu jener Zeit küsse ich Dich und wünsche Dir und unseren geliebten Kindern Glück.

Dein treuer Mann Muhammad

Grammatik

A   Wir haben bereits in vorausgegangenen Lektionen Beispiele kennengelernt, die im Deutschen am besten mit Relativsätzen wiedergegeben werden, z. B.:

Lektion 3, Übung 1:

Sie sind Schülerinnen, die sehr beschäftigt in ihrer schönen Schule und in ihrem Haus sind, das nahe bei ihr liegt.

هن تلميذات مشغولات جدا فى مدرستهن الجميلة وفى بيتهن القريب منها

['hunna tilmi:'ða:t maʃɣu:'la:t 'dʒiddan fi: madra'satihi**nnal**dʒa'mi:la wa
fi: 'baitihi**nnal**qa'ri:b 'minha:]

Lektion 7, Textsatz 13:

Die Ingenieurin wohnte in einem Haus, das nah bei ihrer (*Sing. f*) Fabrik lag.

سكنت المهندسة فى بيت قريب من معملها

['sakana**til**mu'handisa fi: bait qa'ri:b mi**mma**ʕ'maliha:]

Wird also ein Adjektiv oder Partizip, das ein Satzglied näher beschreibt, selbst noch z. B. durch Ortsbestimmungen erweitert, muß diese Erweiterung gewöhnlich als **Relativsatz** übersetzt werden.

Weitere Beispiele:

Ich begegnete dem Direktor, der morgen ins Ausland reisen wird, in der

Kantine der Bank.   قابلت المدير المسافر غدا الى الخارج فى مطعم المصرف

['qa:baltulmu'di:ralmu'sa:fir 'ɣadan 'ilal'xa:ridʒ fi: 'mâtˁâmal'mâsrif]

Wir kennen weder denjenigen, der den Brief geschrieben, noch den, der ihn
abgesandt hat. (*Wörtl.* Wir kennen nicht den Schreiber des Briefes und

nicht den Absender von ihm.)   لا نعرف كاتب الرسالة ولا مرسلها

[la: 'naˁrif 'ka:tibarri'sa:la wa la: mur'silaha:]

Wer wird unsere Angelegenheiten prüfen? (*Wörtl.* Wer ist es, der unsere
Angelegenheiten prüfen wird?)

[man 'huwa'nnâ:zir fi: u'mu:rina:]   من هو الناظر فى امورنا؟

Er redete mit dem Beamten, der hinter dem Schalter saß. (*Wörtl.* Er redete
mit dem hinter dem Schalter(fenster) sitzenden Beamten.)

تحدث مع الموظف الجالس وراء الشباك

[ta'ħaddaθ 'maˁalmu'wâzzâfal'dʒa:lis wa'ra:ʔaʃʃu'bba:k]

B   In den Beispielen von Abschnitt A fehlt ein Relativpronomen ge-
nauso wie in den folgenden Konstruktionen, z. B.:

Lektion 7, Textsatz 3:
Die Schwester sandte einen Brief, in dem sich Geld befand, an ihr gelieb-

tes armes Kind.   الاخت ارسلت رسالة فيها مال الى ولدها الحبيب الفقير

[al'uxt 'arsalat ri'sa:la 'fi.ha: ma:l 'ila: wa'ladihalħa'bi:balfa'qi:r]

Lektion 7, Textsatz 5:
Das ist eine nette und billige Sache, die Frau Fatima für mich schickte.

هذا شىء لطيف ورخيص ارسلته لى السيدة فاطمة

['ha:ða: ʃaiʔ lâ'ti:f wa ra'xi:s arsa'lathu: li'ssajjida 'Fâ:tima]

Lektion 9, Gespräch:
Ich habe ein Auto, das ich von meinen Eltern nehmen werde.

[li: sa'jja:ra sa'ʔa:xuðha: min wa:li'daija]   لى سيارة سآخذها من والدى

Lektion 11, Textsatz 4:
Er ist ein Mann, der durch seinen Beruf überall in der Stadt bekannt gewor-

den ist.   هو رجل اشتهر بمهنته فى كل محل فى المدينة

['huwa 'radʒuliʃ'tahar bimih'natih fi: kull ma'ħall fil-ma'di:na]

Lektion 11, 1. Satz der Einleitung:

Im Informationsbüro eines großen Werkes, das Schwarz-Weiß- und Farbfernsehgeräte herstellt . . .

فى مكتب استعلامات معمل كبير ينتج اجهزة تليفزيون ابيض اسود وملون

[fi: ˈmaktabistiˤlaːˈmaːt ˈmaˤmal kaˈbiːr ˈjuntidʒ ˈadʒhizat tiliːfizˈjuːn
ˈabjåđ ˈaswad wa muˈlawwan]

dito, vorletzter Satz:

. . . ein hochgewachsener Mann, der eine braune Hose und ein schwarzes
Hemd trägt. رجل طويل يلبس سروالا اسمر وقميصا اسود

[radʒul tåˈwiːl ˈjalbis sirˈwaːlan ˈasmar wa qaˈmiːsån ˈaswad]

Lektion 13, Text, 1. Sätzeabschnitt:

Du verlangst von mir Waren einzukaufen, die jetzt nicht auf dem Markt
sind. تطلب منى اخذ بضائع ليست فى السوق الآن

[ˈtåtlub ˈminni: axð båˈđaːʔiˤ ˈlaisat fiˈssuːqalˈaːn]

Lektion 13, Gespräch, 5. Satz der Einleitung:

Vor jedem von ihnen steht eine Tasse, in der sich ein heißes Getränk befindet. امام كل واحد منهم فنجان فيه مشروب ساخن

[aˈmaːma kull ˈwaːħid ˈminhum finˈdʒaːn ˈfiːhi: maʃˈruːb ˈsaːxin]

Lektion 13, Gespräch:

Diese Fabrik stellt speziell viele Maschinen und Geräte aus Eisen und Edel-
hölzern her, die Industrie und Landwirtschaft unseres Landes brauchen.

انتاج هذا المعمل خاص بآلات واجهزة كثيرة من الحديد والاخشاب الثمينة تكون صناعة بلادنا
وزراعتها بحاجة اليها

[inˈtaːdʒ ˈhaːðalˈmaˤmal xåss biˈʔaːˈlaːt wa ˈadʒhiza kaˈθiːra minalħa-
ˈdiːd walaxˈʃaːbaθθaˈmiːna taˈkuːn siˈnaːˤat biˈlaːdina: wa ziraːˈˤatuha:
biˈħaːdʒa iˈlaiha:]

Lektion 14, 4. Textsatz:

Ich bemerkte auf der breiten Straße sehr viele Autos, die aus dem Süden unseres Gebietes kamen und wie ich in die große Industrie- und Handelsstadt
fuhren.

لاحظت فى الشارع العريض سيارات كثيرة جاءت من جنوب اقليمنا وذهبت مثلى الى المدينة
الصناعية التجارية الكبيرة

[laːˈħaztu fiˈʃʃaːriˤilˤaˈriːđ sajjaːˈraːt kaˈθiːra ˈdʒaːʔat min dʒaˈnuːb iqˈliː-
mina: wa ˈðahabat ˈmiθli: ˈilalmaˈdiːnåssina:ˈˤiːjattidʒaˈriːjalkaˈbiːra]

Lektion 14, 16. Textsatz:

Als ich zu meinem Auto kam, stand neben ihm ein Junge, der etwa zehn
Jahre alt war.   لما جئت الى سيارتى وقف بجانبها ولد كان عمره عشر سنوات تقريبا

['lamma: 'dʒiʔtu 'ila: sa'jja:rati: 'waqaf bidʒa:'nibiha: 'walad ka:n 'ʕum-
                    ruh ʕaʃr sana'wa:t taq'ri:ban]

Lektion 14, politische Nachricht:

Ein verantwortlicher Direktor im israelischen Außenministerium wird
morgen in unserem Land eintreffen, im Rahmen eines offiziellen Besuches,
der fünf Tage dauern wird.

مدير مسئول فى وزارة الخارجية الاسرائيلية سيصل الى بلادنا غدا فى زيارة رسمية مدتها خمسة ايام

[mu'di:r mas'ʔu:l fi: wi'za:ratilxa:ri'dʒi:**jali**sra:ʔi:'li:ja sa'jàsil 'ila: bi'la:-
          dina: 'ɣadan fi: zi'ja:ra ras'mi:ja mu'ddatuha: 'xamsat a'jja:m]

Lektion 15, Text, 2. Sätzeabschnitt:

Ich besaß einen ausgezeichneten Rundfunkempfänger, den ich im vergangenen Jahr verkaufte, weil ich dringend viel Geld brauchte. Ein Freund von
mir, dem ich wünsche, daß er mit diesem Gerät stets zufrieden sein möge,
hat es gekauft.

كان لى مذياع ممتاز بعته فى السنة الماضية لأنى كنت بحاجة شديدة الى مال كثير . اخذه صديق لى
اتمنى له ان يكون مسرورا بهذا الجهاز دائما .

[ka:n li: mi'ja:ʕ mum'ta:z 'biʕtuhu: **fi**'ssanal'må:ɖija li'ʔanni: 'kuntu
bi'ħa:dʒa ʃa'di:da 'ila: ma:l ka'θi:r. a'xaðahu: så'di:q li: ata'manna:
              'lahu: an ja'ku:n mas'ru:ran bi'ha:ðaldʒi'ha:z 'da:ʔiman]

Lektion 16, 1. Textsatz:

Sein Vater, von dem er viel über einfache und schwierige wirtschaftliche
Dinge lernte, war Geldwechsler.

كان والده صرافا تعلم عنه الكثير من امور الاقتصاد البسيطة والصعبة

[ka:n wa:'liduhu: så'rra:fan ta'ʕallam 'ʕanhulka'θi:r min u'mu:**riliq**ti-
                        'sa:**dil**ba'si:tå wå'ssåʕba]

Nach arabischem Sprachverständnis besteht zwischen allen Teilsätzen der
Beispiele ein enger Sinnzusammenhang; eine getrennte Übersetzung wie et-
wa: ,,Du verlangst von mir Waren einzukaufen. Sie sind jetzt nicht auf dem
Markt.'' (Lekt. 13, Text, 1. Sätzeabschn.) ist falsch!

Der näher beschreibende Nachsatz eines solchen Satzgefüges hat oft ein
rückweisendes Pronomen beim Verb, z. B.:

هذا شيء لطيف ورخيص ارسلته لى السيدة فاطمة

['ha:ða: ʃaiʔ lå'ti:f wa ra'xi:s arsa'lat**hu**: **li**'ssajjida 'Få:tima]

wörtl.: Das ist eine nette und billige Sache, die (sie) schickte für mich Frau
Fatima. كان لى مذياع ممتاز بعته فى السنة الماضية

[ka:n li: miðˈjaːʕ mumˈtaːz ˈbiʕtuhu: fiˈssanalˈmaːdɨja]
Ich besaß einen ausgezeichneten Rundfunkempfänger, den ich (ihn) im vergangenen Jahr verkaufte.

C Häufig ist auch nach [**ma:**] ما und [**man**] من in der Bedeutung „*das,
was*" bzw. „*derjenige, welcher*" ein rückweisendes Pronomen am Verb. Mit
diesen Wörtern können **verallgemeinernde Relativsätze** gebildet werden,
die im modernen Schriftarabisch oft vorkommen, z. B.:

Lektion 8, Gespräch:
Ich werde prüfen, was (es) die Ingenieure fordern.

[saˈadrus ma: jåtˈlubuhulmuhandiˈsuːn] سأدرس ما يطلبه المهندسون

Lektion 9, Übung 1:
Wir verstanden gut, was wir (es) dort lernten.

[faˈhimna: ˈdʒajjidan ma: darasˈnaːhuː huˈnaːk] فهمنا جيدا ما درسناه هناك

Lektion 10, 11. Textsatz:
Meine Grüße für Dich, geliebter Bruder, und an alle diejenigen, die ich (sie)
von deinen Freunden in Deinem Ort kenne.

تحياق لك ، يا اخى الحبيب ، والى كل من اعرفهم من اصدقائك فى بلدك
[taħiːˈjaːti: lak, ja: ˈaxilħaˈbiːb, wa ˈila: kull man aʕˈrifuhum min åsdiˈqa:-
ˀik fi: ˈbaladik]

Lektion 12, Text, 2. Sätzeabschnitt:
Du hast doch keine Ahnung davon, was für köstliche Speisen die (Ehe)-
Frauen kochen. *Wörtl.*: Denn nicht ist für dich Kenntnis von dem, was ko-
chen (es) die Ehefrauen von köstlichen Speisen.

فلا معرفة لك بما تطبخه الزوجات من اطعمة لذيذة
[faˈla: ˈmaʕrifa lak ˈbima: tatˈbaxuhuzzaudʒaːt min ˈåtʕima laˈðiːða]

Lektion 12, Gespräch:
Frage mich nicht danach, was ich heute (es) getan habe.

[la: tasˈʔalni: ˈʕamma: faˈʕaltuhuljaum] لا تسألنى عما فعلته اليوم

Lektion 12, Gespräch:
Nabawija und Muhammad, paßt auf, was euch der Lehrer sagt! *Wörtl.*: . . .

paßt auf das auf, was sagt (es) euch (beiden) der Lehrer (von euch beiden).

يا نبوية ويا محمد، انتبها الى ما يقوله لكما مدرسكما

[ja: ʼNabawi:ja wa ja: Muʼħammad, inʼtabiha: ʼila: ma: jaʼqu:luhu: ʼlaku-
ma: mudaʼrrisukuma:]

Lektion 14, Text:

Wir kauften einige von den benötigten Waren. *Wörtl.*: Wir nahmen einen
Teil von dem, was wir von den Waren brauchten.

اخذنا بعض ما كنا بحاجة اليه من البضائع

[aʼxaðna: baˁđ ma: ʼkunna: biʼħa:dʒa iʼlaihi: minalbåˀđåːʔiˁ]

Lektion 15, Gespräch:

Ich achtete nicht auf die Nachrichten in der Sendung. *Wörtl.*: Ich achtete
nicht auf das, was kam in der Sendung von (den) Nachrichten.

لم انتبه الى ما جاء فى النشرة من اخبار

[lam anʼtabih ʼila: ma: dʒa:ʔ flʼnnaʃra min axʼbu:r]

Die beiden letzten Beispielsätze zeigen, daß eine nähere Erläuterung zu
„*das, was*" oder „*derjenige, welcher*" oft durch einen mit dem bekannten
distributiven oder partitiven [min] من (vgl. Lekt. 4, Grammatik, Abschn.
H) angeschlossenen Ausdruck gegeben wird.

D   Ist das Bezugswort durch Artikel oder Possessivpronomen oder
als Bestandteil einer Substantivverbindung bestimmt (vgl. Lekt. 2, Grammatik, Abschn. D; Lekt. 3, Grammatik, Abschn. D; Lekt. 4, Grammatik,
Abschn. A), so sind stets besondere Wörter zur Einleitung des Nachsatzes
notwendig, die wir als **Relativpronomen** übersetzen. Sie lauten:

	derjenige, der	[aʼllaði:]	الذى
	diejenige, die	[aʼllati:]	التى
immer	**diejenigen, die**	[allaʼði:n]	الذين
unverändert	(*m, nur für Pers.*)		
	diejenigen, die	[allaʼwa:ti:]	اللواتى
	(*f, nur für Pers.*)		
	diejenigen, die (*m/Dual*)	[allaʼða:n]	اللذان
	diejenigen, die (*f/Dual*)	[allaʼta:n]	اللتان
nach Präpositionen bzw. bei Abhängigkeit von Verben			
	diejenigen, die (*m/Dual*)	[allaʼðain]	اللذين
	diejenigen, die (*f/Dual*)	[allaʼtain]	اللتين

Beachten Sie die unterschiedliche Schreibweise der Wörter: Singular *m* und
f sowie Plural *m* nur mit einem l, Plural *f* sowie sämtliche Dualformen hingegen mit doppeltem l!
Selbstverständlich gelten auch für die Relativpronomen die bekannten Regeln für den Bezug auf Substantive (vgl. Lekt. 4, Grammatik, Abschn. E).

Beispiele:

Hast du nicht die Übung geschrieben, die der Professor gestern von uns verlangte?   ألم تكتب التمرين الذى طلبه منا الاستاذ امس؟
[a (*bei verneinten Fragesätzen stets a, niemals hal*!) a lam ˈtaktubattam-
ˈriːnaˈllaðiː tåˈlabahuː ˈminnalˀusˈtaːð ams]

wörtl.: Hast du nicht die Übung geschrieben, (von der gilt:) gefordert hat
sie von uns gestern der Professor.

Ich möchte die Expertin treffen, die vor etwa zwei Wochen ins Ministerium
gekommen ist, um dort zu arbeiten.

اريد مقابلة الخبيرة التى جاءت الى الوزارة قبل اسبوعين تقريبا للعمل فيها .
[uˈriːd muˈqaːbalatalxaˈbiːraˈllatiː ˈdʒaːʔat ˈilalwiˈzaːra ˈqabla usbuː-
ˈʕain taqriːban lilˈʔamal ˈfiːhaː]

Wir werden alle Verantwortlichen, die vor zwei Tagen in Kairo angekommen sind, heute abend sehen.

سنرى كل المسئولين الذين وصلوا الى القاهرة قبل يومين فى مساء اليوم .
[saˈnaraː ˈkullalmasʔuːˈliːnallaˈðiːn ˈwåsåluː ˈilalˈqaːhira ˈqabla jauˈmain
fiː maˈsaːʔalˈjaum]

Hast du (*f*) die Damen gekannt (erkannt), die vor (wenigen) Augenblicken
das Kabarett verließen?   هل عرفت السيدات اللواتى غادرن الملهى قبل لحظات
[hal ʕaˈriftissajjiˈdaːtallaˈwaːtiː ˈɣaːdarnalˈmalhaː ˈqabla laħaˈʑåːt]

Es sind die beiden Schlüssel, die ich heute vormittag brauchte.

هما المفتاحان اللذان كنت بحاجة اليهما قبل ظهر اليوم
[ˈhumalmiftaːˈħaːnallaˈðaːn ˈkuntu biˈħaːdʒa iˈlaihimaː ˈqabla zohral-
ˈjaum]

Es sind die beiden Zeitschriften, die wir gestern nacht auf dem Flughafen
von Damaskus kauften.   هما المجلتان اللتان اشتريناهما فى مطار دمشق ليلة امس
[ˈhumalmadʒallaˈtaːnallaˈtaːniʃtaˈrainaːhuma: fiː måˈtåːr Diˈmaʃq ˈlailat
ams]

Das eben angeführte Beispiel zeigt, daß im Unterschied zum Deutschen in
Satzgefügen, die relativisch übersetzt werden, Personalsuffixe Verwendung

finden (hier: [huma:] هما), die auf das Bezugswort des Hauptsatzes ([ma-
dʒallaˈta:n] مجلتان) zurückweisen.

Wörtl.: Es sind die beiden Zeitschriften, von denen gilt: wir kauften sie auf
dem Flughafen von Damaskus gestern nacht.

Ich werde die beiden Kinder benachrichtigen, deren Vater heute starb.

سأخابر الولدين الذين مات ابوهما اليوم

[saʔuˈxa:biralwalaˈdainallaˈðain ma:t aˈbu:humalˈjaum]

(Also auch bei Nichtübereinstimmung mit dem Bezugswort des Hauptsatzes stets die **gleiche** Form des Relativpronomens, nicht wie im Deutschen:
derjenige, der / derjenige, dessen / demjenigen, dem usw.).

Wirst du (*f*) mit den beiden Frauen des Direktors der Nationalbank reisen,
die dieses Gebiet in Kürze besuchen möchten?

هل تسافرين مع زوجتي مدير المصرف الوطني اللتين تريدان ان تزورا هذا الاقليم قريبا؟

[hal tusa:fiˈri:n ˈmaˤa zaudʒaˈtai muˈdi:ralˈmåsrifalˈwåtånillaˈtain turi:-
ˈda:n an taˈzu:ra: ˈha:ðalʔiqˈli:m qaˈri:ban]

Übungen – تمارين

١ – ترجم الجمل إلى العربية ولاحظ الفروق بينها

1. Das waren Lektionen, die leicht für uns waren.
   Das waren die Lektionen, die leicht für uns waren; die nächsten werden
   sehr schwer für uns sein.
2. Das ist eine Übung, die ich gut kenne.
   Das sind die Übungen, die nur einer von unseren Studenten richtig
   machte.
3. Ich sah im Zimmer des Schuldirektors eine Zeitung, die ich nicht
   kannte.
   Hier sind die Nummern der arabischen Zeitungen, die in dieser Woche
   in unserem Institut ankamen.
4. Das ist ein geeignetes Zimmer für eine junge Dame, die gut kocht.
   Diese Schränke gehören alle den jungen Damen, die im Gästehaus der
   Fakultät wohnen.
5. Ich ließ zwei schwere Koffer in der Aufbewahrungsabteilung zurück,
   die ich nach einer Stunde nicht finden konnte.

Wir nahmen die drei Koffer in unser Auto, die vom Flughafen geschickt worden waren.

6. Das sind zwei Bleistifte, die ich jetzt nicht brauche.

Der Angestellte händigte mir die beiden Bleistifte aus, die ich vor wenigen Augenblicken auf seinem Schreibtisch zurückgelassen hatte.

7. Der Professor fragte den Studenten nach zwei wichtigen Sprachen, die in dieser Region früher verbreitet waren.

Der Student antwortete: „Herr Professor, ich kenne die beiden Sprachen nicht, nach denen Sie mich fragten."

8. Das sind Frauen, die nicht sehr gern in solche Gaststätten gehen.

Wir fragten die Töchter unseres Freundes, die vor dem Eintrittskartenschalter des Kabaretts standen: „Wollt ihr gern heute abend in dieses große berühmte Kabarett gehen?"

9. Von allen Anschriften meiner Freunde habe ich nur zwei vergessen, die ich nicht in mein Reiseheft geschrieben hatte.

Wir finden in allen diesen Zeitschriften nicht die Anschriften, über die der Oberingenieur gestern früh mit uns gesprochen hatte.

10. In diesem Gebiet fanden sie kein trinkbares Wasser (Wasser, das getrunken wird).

In diesen Gebieten, in denen nur ein paar arme Bauern wohnten, fanden sie nicht viele eßbare Dinge (Dinge, die gegessen werden).

2. Übersetzen Sie folgende Sätze zunächst mit Partizipien, dann mit Relativpronomen:

1. Der Leiter der Firma wird seinen Gast, der jetzt das Automobilwerk besucht, heute nachmittag in seinem Zentralbüro empfangen.

2. Sie wird ihren Geliebten heute abend treffen, der morgen mittag ins Ausland reisen wird.

3. Kennst du den Herrn, der dort gerade einen Brief schreibt?

4. Er beehrte sich, dem Politiker zu dienen, der seit zwei Monaten in der Botschaft seines Landes arbeitete.

5. Der Beamte antwortete dem Arbeiter nicht, der von ihm mehr Geld forderte.

3. Setzen Sie in den folgenden Sätzen das richtige Relativpronomen ein und übersetzen Sie dann:

١ – ما . . . . تعرفه عن إقتصاد العالم العربي؟

٢ - ..... من يتحدث في سفارة ألمانيا الغربية عن حياة بلاده الثقافية؟

٣ - هل زرت القريتين ...... مات أكثر الناس فيهما قبل سنتين؟

٤ - ألم أقل لك أن الأطباء ...... كانوا في العيادة الجراحية ليسوا هنا الآن؟

٥ - ألم ينظر الطبيبان ...... يعملان في المستشفى الحكومي عملاً حراً في مرض السيدتين ...... وصلتا إليه ليلة أمس؟

٦ - ألم تريدي أن تشتري السروالين الجميلين والرخيصين ...... طلب منك أبوك شراءها؟

٤ - ترجم الجمل العشرين ولاحظ الفروق بينها

1. Ich möchte gern mit der Eisenbahn nach Frankreich reisen, weil die Fahrt (in ihr) wirklich bequem ist.

2. Ich wollte gern mit der Eisenbahn nach Frankreich reisen, von der es heißt (von der sie sagen), daß die Fahrt in ihr (mit ihr) wirklich bequem ist.

3. Sie müssen in diesen Fabriken eine lange Zeit arbeiten, bevor sie in ihre Heimat zurückkehren können.

4. Wir kennen die Fabriken gut, in denen sie eine lange Zeit arbeiten müssen, bevor sie in ihre Heimat zurückkehren können.

5. Diese armen Leute brauchen dringend mehr Geld.

6. Die Regierung unterstützte diese armen Leute nicht, die dringend mehr Geld brauchten.

7. Der Gast bestellte beim Angestellten des Hotels zwei Tassen leichten Tee.

8. Der Hotelangestellte kam nicht mit den beiden Tassen leichten Tee, die der Gast bei ihm bestellte.

9. Telefone sind für fast alle Berufe notwendig.

10. Ich kenne fast alle Berufe genau, die dringend Telefone benötigen.

11. Das ist ein sehr gutes Buch, das ich in den Sommerferien lesen werde.

12. Er kauft heute nachmittag viele gute Bücher, um sie in den Sommerferien zu lesen.

13. Er schaute zum Fernsehapparat ein paar Augenblicke, doch das Programm war sehr schlecht.

14. Er schaute nur ein paar Augenblicke zum Fernsehapparat hin, dessen Programm sehr schlecht war.

15. Alle Sachen auf dem Markt sind dieser Tage recht teuer.

16. Wir kauften nicht alle Sachen, die dieser Tage auf dem Markt recht teuer waren.

17. Alle diese Länder sind reich an Wasser (mit Wasser) und ihr Boden (ihre Erde) ist gut.

18. Er studiert alle diese Länder, deren guter Boden sehr viel Wasser braucht.

19. Die Mütter lieben stets ihre Kinder.

20. Die Mütter lieben stets ihre Kinder, die manchmal nicht das tun, um was die Mütter sie bitten.

18. Lektion

الدرس الثامن عشر

Einige Besonderheiten der Wortstellung und Möglichkeiten der näheren Beschreibung verbaler Aussagen

---

Text

مقتطفات من جريدة تشرين السورية، ا عدد ٥ شباط ١٩٨٠

إسم الجريدة ا تشرين

شعارها ا « حرية العرب في قوتهم »

يومية سياسية ا تصدر في دمشق عن مؤسسة تشرين للصحافة والنشر

من عناوين الصفحة الأولى بالخط العريض

القائد الأسد يتبادل مع فرنجية الآراء حول تطورات لبنان والمنطقة ويستجيب لرغبة لبنان بتأجيل سحب قوات الردع من بيروت.

الرئيس الأسد يبحث مع الأمير عبد الله أوضاع المنطقة.

خدام وعرفات بحثا الأوضاع في المنطقة وتعزيز العلاقات.

الأحمر يصل إلى موسكو ا لإجراء مباحثات حول الشرق الأوسط والعلاقات الوطيدة.

البيان المشترك مع برلين – اا تمتين التعاون لمصلحة النضال المشترك.

إيران تحتفل بانتصار ثورة الشعب.

من باب إعلانات الجريدة

تعلن شركة الكرنك للنقل والسياحة عن إجراء مسابقة ا لإنتقاء عدد من المحاسبين من أصحاب الخبرة وممن يحملون الإجازة في العلوم التجارية، ا قسم المحاسبة.

بشرى سارة

يسر الشركة السورية للنقل والتسويق السياحي ا أن تعلن عن خط سياحي بين دمشق وحمص – تدمر يومياً ا وذلك من تاريخ ١٩٨٠/٢/٢ للمزيد من الإستعلامات يرجي الإتصال بمكاتب الشركة اا هاتف ٦٦٧٠٥٠ اا أو بمكتب الحجز الكائن في أول مدخل شارع القوتلي.

مطلوب كاتبة

مكتب تجاري بحاجة إلى كاتبة ا تجيد اللغة الإنكليزية والضرب على الآلة الكاتبة. للإستعلام يرجى الإتصال ا – دمشق هاتف ٣٣٤١٦٢

تعلن الشركة الأهلية للمنتجات المطاطية بـدمشـق عن توفر الرقـائق البلاستيكية الخاصة باكساء البيوت الزراعية لديها ا وباسعار مناسبة. على الراغبين في الشراء ا مراجعة مكتب البيع التابع للشركة بمقرها الكائن في شارع غسان، ا صندوق البريد ٧٩٥، ا هاتف ٢٢٢٣٩٠ .

مقتطفـات من بعض الكتب المدرسية السورية
من نوادر جحا وحميره العشرة

إشترى جحا عشرة حمير. اا فرح بها وساقها أمامه اا ثم ركب واحداً منها. وفي الطريق عد حميره وهو راكب اا فوجدها تسعة. اا ثم نزل وعدها ا فرآها عشرة فقال ا « أمشى وأكسب حماراً أفضل من أن أركب وأخسر. »

الولد والطبل

طلب ولد من أبيه ا أن يشتري له طبلاً صغيراً ا فرفض الوالد وقال له « يا إبني ، ا بعد أن أشتري لك طبلاً ا سوف تزعجنا بصوته. » أجاب له الولد اا « لا تغضب، ا يا أبي. اا لا أطبل به ا إلا وأنت نائم. »

آثارنا العربية

قدم عامر إلى أمه بطاقة لامعة ا عليها صورة ملونة باجمل الألوان. اا قال عامر اا « أنظرى، يا أمي، ا هذه بطاقة ا حملها إلي البريد من عمي محمد. اا تناولت الأم البطاقة **مبتسمة** وقالت اا « حقاً، ا هي بطاقة لطيفة. اا ولكن ا ما هذه الصورة التي عليها؟ » أجاب عامر اا « هي صورة مدينة تدمر العظيمة التي بناها العرب منذ مئات السنوات. » قالت الأم ا « وأنت يا عامر اا ماذا سترسل إلى عمك؟ » قال عامر اا « سأرسل اليه هذه البطاقة، ا يا أمي، ا أ

ليست بجميلة؟ » ‖ نظرت الأم إلى البطاقة **مسرورة** ‖ **قائلة** « عرفت، يا
عامر، ‖ ماذا تختار. ‖ وهل أجمل من صورة مدينة البتراء التي نحتها العرب في
الصخر؟ »

أمـة عربيـة واحـدة

دخل مدرسنا إلى الصف ‖ **وفي يده حزمة من العيدان الخشبية**، ‖ ثم أعطى
تلميذاً عوداً **طالباً منه** ‖ أن يكسره ‖ فكسره. ‖ أخذ المدرس بعد ذلك حزمة
من العيدان ‖ **طالباً من** نفس التلميذ ‖ أن يكسرها، ‖ فلم يستطع. ‖ بعده
قال المدرس ‖ « يا تلاميذي، ‖ العود الواحد المنفرد ‖ **يسهل كسره**، ‖ ولكن
الحزمة القوية ‖ **يصعب كسرها**. ‖ والعرب اليوم ‖ **دولهم متعددة** ‖ فهم مثل
العيدان المتفرقة، ‖ اذن، ‖ فمـاذا يجب أن نعمل ‖ لنكون أقوياء؟ » أجاب
التلاميذ « يجب أن نتحد في دولة واحدة ‖ لأننا أمة عربية واحدة ».

الذهب الأسود

لوطننا العربي ثروات عظيمة من النفط، ‖ وهو مادة ضرورية في عصرنا ‖
تستخرج منها أنواع كثيرة ‖ لازمة للمعامل والسيارات والآلات ولتوليد
الكهرباء – ‖ قوة العرب في نفطهم ‖ فلهم مادة مهمة جداً في عصرنا
الحديث.

الجرائـد اليوميـة

بائع الجرائد ‖ يسمعه الإنسان في الصباح ‖ **معلنـا عنهـا** ‖ فيعطيه ثمنها ليعطيه
البـائع الجريدة التي يقرأها دائماً. ‖ فهل تعرف ‖ يا تلميذ ‖ كل الأعمـال التي

بذلت حتى وصلت الجريدة إلى يد قارئها؟ يخرج مندوب الجريدة في الصباح ا **ذاهباً** إلى هنا وهناك **وباحثاً عن** أخبار الوطن في الوزارات ا ويتعرف الأحداث في أمكنتها المختلفة. اا **ومصور الجريدة** ا **يرسله** مدير الجريدة إلى هذه الأمكنة أيضاً ا وهو يحمل آلة التصوير ا **مسجلاً** ما يراه مهما للقارئين. اا بعد ذلك يبدأ الطابع عمله ا **مركباً** الحروف والأسطر. ا **والموضوعات المختلفة** ا **يرتبها** موظف في مكانها المناسب في الجريدة. اا ثم تطبع المطبعة بعض العناوين والصور باللون الأحمر اا ثم تعود **طـابعة** الأخبار باللون الأسود. اا **وأكداس الجرائد الجاهزة** ا **تنقلها** السيارات إلى مناطق بلادنا المختلفة ا والطائرات تنقلها إلى قارئيها في الخارج .

من كتاب ا « **السودان،** ا **بلد النيلين** » ا **دليل للسائح**
كيف تسافر إلى السودان؟
يمكن للسائح ا أن يصل إلى السودان عن طريق الجو ا أو البر ا أو البحر
١ – الخطوط الجوية
مطار الخرطوم الدولي نقطة التقاء ا لعدد كبير من خطوط الطيران العربيـة والعالمية، ا منها مثلاً شركة مصر للطيران – لوفتهانزا – شركة طيران الشرق الأوسط اللبنـانية – الخطوط الجوية الإيطالية – الخطوط الجوية السوفيتية.
٢ – الطرق البحريـة
يمكن الوصول إلى السودان بالطرق البحرية، ا وذلك إلى ميناء بور سودان على البحر الأحمر اا والبواخر قادمة إلى هناك من كل مناطق العالم تقريباً.

٣ – بالبر

يمكن لكل مسافر براً من كينيا ويوغندا أو الكنغو ا أن يصل إلى تمولي
ببواخر السكة الحديدية لشرق أفريقيا ا ومنها بالسيارات إلى جوبا ا
وفي فصل الجفاف يمكن السفر براً من يوغندا إلى الخرطوم . اا وهناك
أيضاً رحلات برية بين مدينة كسلا في شرق السودان وأثيوبيا اا ويمكن
الوصول إلى الخرطوم من كسلا عن طريق السكة الحديدية ا وكذلك
يمكن للقادمين من صعيد مصر ا أن يأخذوا القطار من حلفا إلى
الخرطوم .

Vokabeln – مفردات

In Syrien und Irak übliche Monats-	Veröffentlichung,	نشر [naʃr]
bezeichnungen:	Verlagswesen	
Januar ['kaːnuːnaˈθθaːni:] كانون الثاني	Führer,	قائد ['qaːʔid]
Februar [ʃuˈbaːt] شباط	Befehlshaber	
März [aːˈðaːr] آذار	*Name des*	الاسد [al-ˈAsad]
April [niːˈsaːn] نيسان	*syrischen Staatspräsidenten*	
Mai [aˈjjaːr] ايار	*Name des*	فرنجية [Faranˈdʒiːja]
Juni [ħaziːˈraːn] حزيران	*libanesischen Staatspräsidenten*	
Juli [taˈmmuːz] تموز	Entwicklung	تطور [tåˈtåwwur]
August [aːb] آب	(*Pl.*	tåtåwwuˈraːt] تطورات)
September [aiˈluːl] ايلول	Wunsch	رغبة [ˈrayba]
Oktober [tiʃˈriːnalˈawwal] تشرين الاول	Verzögern,	تأجيل [taʔˈdʒiːl]
November	Aufschieben	
تشرين الثاني [tiʃˈriːnaˈθθaːni:]	Abziehen	سحب [saħb]
Dezember	Abhalten, Trennen	ردع [radʕ]
كانون الاول [kaːˈnuːnalˈawwal]	(*von streitenden Parteien*)	
Losung, Schlagwort [ʃiˈʕaːr] شعار	Emir, Fürst	امير [aˈmiːr]
(*Pl.* [ʃiʕaːˈraːt] شعارات)	(*Pl.*	umaˈraːʔ] (امراء)
Freiheit [ħuˈrriːja] حرية	*Name eines*	عبدالله [ʕAbˈdallaːh]
Unternehmen, [muˈʔassasa] مؤسسة	*Mitglieds des saudiarabischen*	
Firma, Organisation	*Herrscherhauses*	

Lage, Situation وضع [wåđˤ]
(Pl. أوضاع [au'đå:ˤ])
Name des خدام [Xa'dda:m]
syrischen Außenministers
Name des عرفات [ˤAra'fa:t]
Vorsitzenden der PLO
Verstärkung, تعزيز [taˤ'zi:z]
Festigung
Beziehung, علاقة [ˤa'la:qa]
Verbindung
Name des الاحمر [al-'Aħmar]
stellvertretenden Generalsekretärs
der Baathpartei
Moskau موسكو ['Mu:sku:]
Durchführen; اجراء [idʒ'ra:ʔ]
Führen; Maßnahme
(Pl. اجراءات [idʒra:'ʔa:t])
Verhandlung مباحثة [mu'ba:ħaθa]
mittlerer اوسط ['ausåt]
fest, solide وطيد [wå'tɨ:d]
(Komp. اوطد ['autåd])
Erklärung, بيان [ba'ja:n]
Kommuniqué
gemeinsam مشترك [muʃ'tarak]
Festigung تمتين [tam'ti:n]
Zusammenarbeit تعاون [taˤ'a:wun]
Nutzen, Wohl, مصلحة ['måslaħa]
Interesse
(Pl. مصالح [må'så:liħ])
Kampf نضال [nɨ'đå:l]
Sieg انتصار [inti'så:r]
(Pl. انتصارات [intiså:'ra:t])
Revolution, Erhebung ثورة ['θaura]
Name الكرنك [al-'Karnak]
einer Firma
Wettbewerb مسابقة [mu'sa:baqa]
(Pl. مسابقات [musa:ba'qa:t])

Auswählen, انتقاء [inti'qa:ʔ]
Auswahl
Buchhalter, محاسب [mu'ħa:sib]
Rechnungsführer
Besitzer von, صاحب ['så:ħib]
Begleiter, Freund
(Pl. اصحاب [ås'ħa:b])
Erfahrung خبرة ['xibra]
Zeugnis, Diplom; اجازة [i'dʒa:za]
Erlaubnis, Urlaub
Buchführung, محاسبة [mu'ħa:saba]
Rechnungsführung
frohe Nachricht, بشرى f ['buʃra:]
Kunde
erfreulich سار [sa:rr]
Absatz, تسويق [tas'wi:q]
Vermarktung
Homs حمص [ħɨms]
(Stadt in Mittelsyrien)
Palmyra تدمر ['Tadmur]
(Ruinenstadt in der syrischen
Wüste)
mehr (an, von) مزيد [ma'zi:d (min)]
Name eines القوتلي [al-'Quwatli:]
früheren syrischen Staats-
präsidenten
Schlagen ضرب [đårb]
National-, national اهلي ['ahli:]
Erzeugnis منتج ['muntadʒ]
(Pl. منتجات [munta'dʒa:t])
Gummi مطاط [må'ttå:t]
reichliches توفر [ta'waffur]
Vorhandensein
Folie رقيقة [ra'qi:qa]
(Pl. رقائق [ra'qa:ʔiq])
Plastik, البلاستيك [al-bi'la:sti:k]
Kunststoff

Bedecken	[ikˈsa:ʔ] اكساء	Bündel	[ˈħuzma] حزمة
angemessen,	[muˈna:sib] مناسب	(Pl.	[ˈħuzam] حزم)
geeignet		Stock	[ˈʕu:d] عود
wünschend	[ˈra:ɣib] راغب	(Pl.	[ʕi:ˈda:n] عيدان)
Konsultieren,	[muˈra:dʒaʕa] مراجعة	getrennt,	[munˈfarid] منفرد
Rücksprache		allein, isoliert	
zugehörig	[ˈta:biʕ] تابع	Staat	[ˈdaula] دولة
Sitz, ständiger Platz	[ıuaˈqarr] مقر	(Pl.	[ˈduwal] دول)
(Pl.	[maˈqa:rr] مقار)	zahlreich	[mutaˈʕaddid] متعدد
männl. Name	[ɣaˈssa:n] غسان	verstreut	[mutaˈfarriq] متفرق
Kasten	[sonˈdu:q] صندوق	Gold	[ˈðahab] ذهب
(Pl.	[såna:ˈdi:q] صناديق)	Reichtum	[ˈθarwa] ثروة
Witz,	[ˈna:dira] نادرة	Erdöl	[naft] نفط
Anekdote		Stoff, Material	[ˈma:dda] مادة
(Pl.	[naˈwa:dir] نوادر)	(Pl.	[maˈwa:dd] مواد)
Name einer	[ˈDʒuħa:] جحا	Elektrizität	[kahruˈba:ʔ] كهرباء
arab. Eulenspiegelfigur		Mensch	[inˈsa:n] انسان
Esel	[ħiˈma:r] حمار	Berichterstatter,	[manˈdu:b] مندوب
(Pl.	[ħaˈmi:r] حمير)	Vertreter	
besser	[ˈafðål] افضل	Ereignis,	[ˈħadaθ] حدث
Trommel	[tåbl] طبل	Geschehnis	
(Pl.	[toˈbu:l] طبول)	(Pl.	[aħˈda:θ] احداث)
Vater	[ˈwa:lid] والد	Fotoreporter	[moˈsåwwir] مصور
Amir	[ˈʕA:mir] عامر	Fotografieren	[tåsˈwi:r] تصوير
Karte	[biˈtå:qa] بطاقة	aufzeichnend	[muˈsadʒdʒil] مسجل
glänzend	[ˈla:miʕ] لامع	zusammen-	[muˈrakkib] مركب
(Komp.	[ˈalmaʕ] الع)	setzend	
Farbe	[laun] لون	Thema,	[mauˈðo:ʕ] موضوع
(Pl.	[alˈwa:n] الوان)	Gegenstand	
Petra (archa-	[al-Batˈra:ʔ] البتراء	(Pl.	[mauðo:ˈʕa:t] موضوعات)
ische Stadt in Südjordanien)		Druckerei	[ˈmåtbaʕa] مطبعة
Felsen, Gestein	[såxr] صخر	(Pl.	[måˈtå:biʕ] مطابع)
(Pl.	[soˈxu:r] صخور)	Stapel	[kuds] كدس
Nation	[ˈumma] امة	(Pl.	[akˈda:s] اكداس)
(Pl.	[ˈumam] امم)	Sudan	[al-Suˈda:n] السودان
Klasse, Reihe	[såff] صف	Führer	[daˈli:l] دليل
(Pl.	[soˈfu:f] صفوف)	(Buch od. Fremdenführer);	

Beweis, Hinweis		Uganda	[Juːˈɣanda:] يوغندا
(*Pl.*	[adiˈlla:ʔ] ادلاء)	Kongo	[al-ˈKonɣo] الكنغو
Tourist, Reisender	[ˈsa:ʔiħ] سائح	Namule	[Naˈmu:li:] نمول
(*Pl.*	[suˈwwa:ħ] سواح)	(*Ort im Südsudan*)	
Luft, Wetter, Klima	[dʒauw] جو	Juba	[ˈDʒu:ba:] جوبا
(*Pl.*	[adʒˈwa:ʔ] اجواء)	(*Ort im Südsudan*)	
(Fest-)Land	[barr] بر	Jahreszeit	[fåsl] فصل
international	[ˈduwali:] دولى	(*Pl.*	[foˈso:l] فصول)
Punkt	[ˈnuqtå] نقطة	Trockenheit	[dʒaˈfa:f] جفاف
(*Pl.*	[niˈqaːt] نقاط)	Chartum	[al-Xurˈtoːm] الخرطوم
Treffen, Begegnung	[iltiˈqa:ʔ] التقاء	Kassala	[ˈKasala:] كسلا
sowjetisch	[su:fiˈja:ti:] سوفياتى	Äthiopien	[Aθˈju:bija:] اثيوبيا
Hafen	[miːˈna:ʔ] ميناء	Ober-	[saˈʕi:d] صعيد
(*Pl.*	[maˈwa:ni?] موانى)	(Wadi) Halfa	[ˈħalfa:] حلفا
Port Sudan [Buːr Suːˈda:n] بور سودان		*Grammatik*:	
Kenia	[ˈKiːnija:] كينيا	gegen	[ˈdɪdda] ضد

Verbformen

erscheinen

صدر [ˈsådar]، يصدر [ˈjåsdur]، صدور [soˈdu:r]

tauschen

تبادل [taˈbaːdal]، يتبادل [jataˈbaːdal]، تبادل [taˈbaːdul]، تبادل! [taˈbaːdal!]

entsprechen, entgegenkommen

استجاب [istaˈdʒa:b]، يستجيب [jastaˈdʒi:b]، استجابة [istiˈdʒa:ba]،

استجب! [isˈtadʒib!]، (استجبى [istaˈdʒi:bi:!]، استجيبوا [istaˈdʒi:bu:!])

(unter)suchen, erörtern

بحث [baħaθ]، يبحث [ˈjabħaθ]، بحث [baħθ]، ابحث! [ˈibħaθ!]

bekanntgeben

اعلن [aˈʕlan]، يعلن [ˈjuʕlin]، اعلان [iʕˈla:n]، اعلن! [ˈaʕlin!]

tragen, besitzen

حمل [ˈħamal]، يحمل [ˈjaħmil]، حمل [ħaml]، احمل! [ˈiħmil!]

erfreuen

سر [sarr]، يسر [jaˈsurr]، سرور [suˈru:r]

wünschen, bitten

رجا [ˈradʒa:]، يرجو [ˈjardʒu:]، رجاء [raˈdʒa:ʔ]، ارج! [ˈurdʒu!]

sich in Verbindung setzen

اتصل [iˈttåsål]، يتصل [jaˈttåsil]، اتصال [ittɪˈsåːl]، اتصل! [iˈttåsɪl!]

gut können   ، [iˈdӡa:da] اجادة ، [juˈdӡi:d] يجيد ، [aˈdӡa:d] اجاد
([aˈdӡi:du!] اجيدوا ، [aˈdӡi:di!] اجيدى) ، [aˈdӡid!] اجد

sich freuen   [ˈifraħ!] افرح ، [ˈfaraħ] فرح ، [ˈjafraħ] يفرح ، [ˈfariħ] فرح

führen, lenken, steuern   ، [siˈja:qa] سياقة ، [jaˈsu:q] يسوق ، [sa:q] ساق
([ˈsu:qu!] سوقوا ، [ˈsu:qi] سوقى) ، [suq!] سق

zählen   [ˈʕudda!] عد ، [jaˈʕudd] يعد ، [ʕadd] عد ، [ˈʕadd] عد

gehen   [ˈimʃi!] امش ، [jamʃi:] يمشى ، [maʃj] مشى ، [ˈmaʃa:] مشى

gewinnen, erwerben
[ˈiksib!] اكسب ، [kasb] كسب ، [ˈjaksib] يكسب ، [ˈkasab] كسب

verlieren   [ˈixsar!] اخسر ، [xaˈsa:ra] خسارة ، [ˈjaxsar] يخسر ، [ˈxasir] خسر

ablehnen, verweigern
[ˈirfåɖ!] ارفض ، [rafɖ] رفض ، [ˈjarfiɖ] يرفض ، [ˈrafåɖ] رفض

stören, beunruhigen
[ˈazˁɑdӡ!] ازعج ، [izˈˁa:dӡ] ازعاج ، [juzˁidӡ] يزعج ، [ˈazˁɑdӡ] ازعج

zornig, böse sein
[ˈiɣɖåb!] اغضب ، [ˈɣåɖåb] غضب ، [ˈjaɣɖåb] يغضب ، [ˈɣåɖib]غضب

trommeln   [ˈtåbbil!] طبل ، [tåtˈbi:l] تطبيل ، [joˈtåbbil] يطبل ، [ˈtåbbal] طبل

vorlegen, überreichen
[ˈqaddim!] قدم ، [taqˈdi:m] تقديم ، [juˈqaddim] يقدم ، [ˈqaddam] قدم

nehmen, einnehmen (*Mahlzeit*)
[taˈna:wal!] تناول ، [taˈna:wul] تناول ، [jataˈna:wal] يتناول ، [taˈna:wal] تناول

auswählen, wählen   ، [ixtiˈja:r] اختيار ، [jaxˈta:r] يختار ، [ixˈta:r] اختار
([ixˈta:ru!] اختاروا ، [ixˈta:ri:!] اختارى) ، [ˈixtar!] اختر

aushauen, meißeln
[ˈunħut!] انحت ، [naħt] نحت ، [ˈjanħut] ينحت ، [ˈnaħat] نحت

brechen, zerbrechen
[ˈiksar!] اكسر ، [kasr] كسر ، [ˈjaksir] يكسر ، [ˈkasar] كسر

leicht sein   [suˈhu:la] سهولة ، [ˈjashul] يسهل ، [ˈsahul] سهل

schwer sein   [soˈˁu:ba] صعوبة ، [ˈjåsˁub] يصعب ، [ˈsåˁub] صعب

sich vereinen
[iˈttaħid!] اتحد ، [ittiˈħa:d] اتحاد ، [jaˈttaħid] يتحد ، [iˈttaħad] اتحد

gewinnen, extrahieren   ، [jasˈtaxridʒ] يستخرج ، [isˈtaxradʒ] استخرج
                     [isˈtaxridʒ!] استخرج ، [istixˈra:dʒ] استخراج

erzeugen   [ˈwallid!] ولد ، [tauˈli:d] توليد ، [ˈjuwallid] يولد ، [ˈwallad] ولد

aufwenden   [ˈubðul!] ابذل ، [baðl] بذل ، [ˈjabðul] يبذل ، [ˈbaðal] بذل

erforschen, zu erkennen suchen, sich bekannt machen mit

[taˈʕarraf!] تعرف ، [taˈʕarruf] تعرف ، [jataˈʕarraf] يتعرف ، [taˈʕarraf] تعرف

ordnen   [ˈrattib!] رتب ، [tarˈti:b] ترتيب ، [juˈrattib] يرتب ، [ˈrattab] رتب

drucken   [ˈitbaʕ!] اطبع ، [tåbʕ] طبع ، [ˈjåtbaʕ] يطبع ، [ˈtabaʕ] طبع

Text

Auszüge aus der syrischen Zeitung „Tischrin", Nummer vom 5. Februar 1980

Name der Zeitung   „Tischrin"
Ihre Losung   „Die Freiheit der Araber liegt in ihrer Stärke"
Politische Tageszeitung, erscheint in Damaskus bei der Organisation „Tischrin" für Presse- und Verlagswesen.

(Von den) Schlagzeilen der ersten Seite

Der Führer al-Asad tauscht mit Frangieh die Ansichten über die Entwicklungen im Libanon und der Region aus und entspricht dem Wunsch des Libanon, den Abzug der Schlichtungstruppen aus Beirut aufzuschieben.
Präsident al-Asad erörtert mit Emir Abdullah die Situation in der Region.
Khaddam und Arafat erörterten die Situation in der Region und die Festigung der Beziehungen.
al-Ahmar trifft in Moskau ein, um Beratungen über den Mittleren Osten und die soliden Beziehungen zu führen.
Das gemeinsame Kommuniqué mit Berlin: Festigung der Zusammenarbeit zum Nutzen des gemeinsamen Kampfes.
Iran feiert den Sieg der Revolution des Volkes.

Aus der Anzeigenrubrik der Zeitung

Das Transport- und Reiseunternehmen al-Karnak gibt bekannt, daß ein Wettbewerb zur Auswahl einiger Buchhalter durchgeführt wird, die Erfahrung haben und Besitzer des Diploms der Handelswissenschaften, Sektion Buchführung, sein sollen.

Eine frohstimmende Nachricht:
Es erfreut die Syrische Gesellschaft für Transport und touristischen Absatz, (die Eröffnung) einer neuen Reisestrecke zwischen Damaskus und Homs – Palmyra täglich (befahren) bekanntzugeben, und zwar ab 2.2.1980.
Wegen weiterer (für mehr an) Informationen wird gebeten, sich mit den Büros der Firma, Telefon 667050, oder mit dem Reservierungsbüro ganz am Eingang zur al-Quwatli-Straße in Verbindung zu setzen.

Gesucht: Sekretärin
Kaufmännisches Büro benötigt Sekretärin, die gut die englische Sprache und das Schreiben (= Schlagen) auf der Schreibmaschine beherrscht. Wegen (weiterer) (für) Information wird gebeten, sich in Verbindung zu setzen: Damaskus, Telefon 33 41 62.

Die Nationale Gesellschaft für Gummierzeugnisse in Damaskus gibt bekannt, daß reichlich Plastikfolien vorhanden sind, speziell zum Abdecken von Gewächshäusern, (und zwar) zu angemessenen Preisen. Es obliegt denjenigen, die den Kauf wollen, das zur Firma gehörende Verkaufsbüro zu konsultieren, an seinem Sitz in der Chassan-Straße, Postfach 795, Telefon 22 23 90.

Auszüge aus einigen syrischen Schulbüchern

Von den Anekdoten Dschohas und seiner zehn Esel
Dschoha kaufte zehn Esel. Er freute sich über sie und führte sie vor sich her, dann ritt er auf einem von ihnen. Unterwegs zählte er seine Esel und war dabei reitend – da fand er, daß es neun waren. Darauf stieg er ab und zählte sie; da sah er, daß es zehn waren. Nun sprach er: ,,Ich gehe zu Fuß und gewinne einen Esel ist besser, als daß ich reite und verliere."

Der Junge und die Trommel
Ein Junge bat seinen Vater, daß er ihm eine kleine Trommel kaufen solle. Doch der Vater lehnte ab und sprach zu ihm: ,,Mein Sohn, nachdem ich dir eine Trommel gekauft habe, wirst du uns mit ihrer Stimme stören!" Der Junge antwortete: ,,Mein Vater, sei nicht zornig! Ich werde nur mit ihr trommeln, wenn du gerade schläfst!"

Unsere arabischen Altertümer
Amir legte seiner Mutter eine glänzende Ansichtskarte vor, auf der ein buntes Bild in schönsten Farben war. Amir sagte: ,,Schau, Mutter! Das ist eine Karte, die mir die Post von meinem Onkel Muhammad gebracht hat." Die Mutter nahm die Karte lächelnd und antwortete: ,,Wirklich, es ist eine nette Karte. Doch was ist das für ein Bild, das auf ihr ist?" Amir sagte: ,,Es ist das Bild der großartigen Stadt Palmyra, die die Araber vor Hunderten von Jahren erbauten." Die Mutter antwortete: ,,Und du, Amir, was wirst du deinem Onkel schicken?" Amir antwortete (darauf): ,,Mutter, ich werde ihm diese Karte schicken, ist sie nicht schön?" Die Mutter blickte zufrieden auf die Karte und sagte dabei: ,,Amir, ich habe erkannt, was du auswählst. Gibt es (= ist) denn etwas Schöneres als das Bild der Stadt Petra, die die Araber in den Fels gehauen haben?"

Eine arabische Nation
Unser Lehrer kam in die Klasse herein und hatte dabei in seiner Hand ein Bündel Holzstäbe. Dann gab er einem Schüler einen Stab und forderte ihn auf, ihn zu zerbrechen. Und er zerbrach ihn. Danach nahm der Lehrer ein Bündel von den Stäben, wobei er den gleichen Schüler aufforderte, es zu zerbrechen. Und er konnte es nicht. Danach (= nach dem) sagte der Lehrer: ,,Meine Schüler, der eine, isolierte Stab – es ist leicht, ihn zu zerbrechen; aber das starke Bündel – es ist schwer, es zu zerbrechen, und die Araber heute – ihre Staaten sind zahlreich, und so sind sie wie die verstreu-

ten Stäbe. Also, was müssen wir tun, um stark zu sein?" Die Schüler ant-
worteten: „Wir müssen uns vereinen in einem Staat, weil wir **eine** arabische
Nation sind."

Das schwarze Gold
Unser arabisches Vaterland besitzt gewaltige Reichtümer an Erdöl. Es ist
ein notwendiger Stoff in unserem Zeitalter, aus dem viele Sorten (von Dingen) gewonnen werden, die für die Fabriken und Autos und Maschinen sowie zur Erzeugung von Elektrizität notwendig sind. – Die Stärke der Araber liegt in ihrem Erdöl, denn sie besitzen einen Stoff, der sehr wichtig in unserem modernen Zeitalter ist.

Die Tageszeitungen
Der Zeitungsverkäufer – es hört ihn der Mensch am Morgen, wie er sie aus-
ruft. Da gibt er ihm den Preis dafür, damit ihm der Verkäufer die Zeitung
gibt, die er stets liest. Weißt du, Schüler, welche Arbeiten verrichtet wurden (*wörtl.* kennst du alle Arbeiten, die aufgewandt wurden), bis die Zeitung
in die Hand ihres Lesers gelangt? – Der Berichterstatter der Zeitung geht
am Morgen hinaus, sich da- und dorthin wendend und in den Ministerien
nach den Nachrichten über das Vaterland forschend, und er sucht nach den
Ereignissen an ihren verschiedenen Stellen. Der Fotoreporter der Zeitung –
auch ihn schickt der Direktor der Zeitung dorthin – (und er) trägt den Foto-
apparat, aufzeichnend was er für die Leser als wichtig ansieht. Danach beginnt der Drucker seine Arbeit, die Buchstaben und Zeilen zusammenset-
zend. Und die verschiedenen Themen – es ordnet sie ein Angestellter an
ihrem geeigneten Platz in der Zeitung an. Dann druckt die Druckerei einige
Überschriften und Bilder mit der roten Farbe, darauf (kehrt sie zurück,
druckend) die Nachrichten mit der schwarzen Farbe. Und die Stapel der
fertigen Zeitungen – es transportieren sie die Autos in die verschiedenen Re-
gionen unseres Landes, und die Flugzeuge transportieren sie zu ihren Le-
sern im Ausland.

Aus dem Buch „Der Sudan – Land des weißen und des blauen Nils" (*Dual
von Nil!*), **Führer für den Touristen**
Wie reisen Sie in den Sudan?
Der Tourist kann in den Sudan gelangen auf dem Luftweg, zu Lande oder
zu Wasser.
1. Luftlinien
   Der internationale Flughafen von Khartum ist Treffpunkt für eine große
   Anzahl von arabischen und internationalen Luftlinien, dazu (gehören)
   z. B. die Ägyptische Luftfahrtgesellschaft – Lufthansa – die libanesische
   Mittelostfluggesellschaft – die Italienische Luftlinie – die Sowjetische
   Luftlinie.
2. Seewege
   Auf den Seewegen kann man in den Sudan gelangen, und zwar bis zum
   Hafen von Port Sudan am Roten Meer. Die Dampfschiffe kommen dort
   aus fast allen Gegenden der Welt an.
3. Auf dem Landweg
   Jeder Reisende auf dem Landweg von Kenia, Uganda oder vom Kongo
   kann nach Namule mit den Dampfschiffen der Ostafrika-Eisenbahn ge-

langen, von dort mit Autos nach Juba. In der Trockensaison kann man
(ganz) auf dem Landweg von Uganda bis Khartum reisen. Es gibt auch
Landreise(routen) zwischen der Stadt Kassala im Osten des Sudan und
Äthiopien. Von Kassala kann man nach Khartum mit der Eisenbahn ge-
langen, auch können die aus Oberägypten Kommenden den Zug von
(Wadi) Halfa nach Khartum nehmen.

Grammatik

A   Die übliche **Wortfolge** im einfachen bzw. einfach erweiterten Aussagesatz ist Verb + Substantiv als Subjekt + Substantiv als Objekt +
Orts-, Zeit- und/oder Umstandsbestimmung, z. B.:

١ ـ ارى الرجل الولد فلما جميلا فى حديقة بيته امس

['ara'rrad͡ʒulal'walad 'filman d͡ʒa'mi:lan fi: ħa'di:qat 'baitihi: ams]

Der Mann zeigte dem Kind einen schönen Film im Garten seines Hauses gestern abend.

٢ ـ لم يتعلم الخبراء هذه الامور فى كل فترتهم الدراسية

[lam jata'ʕallamalxuba'ra:ʔ 'ha:ðihilʔu'mu:r fi: kull fat'ratihimaddira:'si:-
ja]

Die Experten haben diese Dinge in ihrer gesamten Studienzeit nicht gelernt.

٣ ـ هل تريدين ان تفتحى زجاجة الدواء الآن؟

[hal turi:'di:n an 'taftaħi: zu'd͡ʒa:d͡ʒatadda'wa:ʔal'ʔa:n]

Willst du die Arzneiflasche jetzt öffnen?

٤ ـ ألا تحب ان تترك سترتك العتيقة فى البيت؟

[a la: tu'ħibb an 'tatruk sut'ratakalʕa'ti:qa fil'bait]

Möchtest du nicht gern deinen alten Anzug zu Hause lassen?

Soll ein Satzteil besonders hervorgehoben werden, so kann er an den Satzanfang gestellt werden. An die ursprüngliche Stelle des Satzteils tritt dann
ein entsprechendes rückverweisendes Suffix, z. B.:

١ ـ الولد اراه الرجل . . .

[al'walad a'ra:hu'rrad͡ʒul . . .]

wörtl.: **Das Kind**, es zeigte **ihm** der Mann . . .

٢ ـ هذه الامور لم يتعلمها الخبراء . . .

['ha:ðihilʔu'mu:r lam jataʕa'llamhalxuba'ra:ʔ . . .]

wörtl.: **Diese Dinge**, nicht haben **sie** gelernt die Experten . . .

٣ ـ زجاجة الدواء هل تريدين ان تفتحيها

[zu'd͡ʒa:d͡ʒatadda'wa:ʔ hal turi:'di:n an tafta'ħi:ha:]

wörtl.: **Die Arzneiflasche,** willst du, daß du **sie** öffnest?

؟ سترتك العتيقة ألا تحب ان تتركها فى البيت؟ ـ ء

[sat'ratukal⁵a'ti:qa a la: tu'ħibb an tat'rukaha: fɪl'bait]

wörtl.: **Dein alter Anzug,** magst du nicht gern, daß du **ihn** zu Hause läßt?

Auf die gleiche Weise kann auch das erste Glied einer Substantivverbindung nachgestellt werden.

Übliche, ursprüngliche Wortfolge:

مدرس نبيل وكريم و سمير اجنبى

[Mu'darris Na'bi:l wa Ka'ri:m wa Sa'mi:r 'adʒnabi:]

Der Lehrer von **Nabil, Karim und Samir** (zweiter Teil der Substantivverbindung) ist Ausländer.

Lektion 3, Textsatz 9:

نبيل وكريم وسمير مدرسهم اجنبى

[Na'bi:l wa Ka'ri:m wa Sa'mi:r mu'darrisuhum 'adʒnabi:]

wörtl.: Nabil, Karim und Samir – **ihr** Lehrer ist Ausländer.

Lektion 7, Textsatz 7:

[åttå'bi:b mih'natuhu: ⁵a'zɨ:ma] الطبيب مهنته عظيمة

wörtl.: Der Arzt – **sein** Beruf ist großartig.

Übliche Wortfolge:

['mihnatattå'bi:b ⁵a'zɨ:ma] مهنة الطبيب عظيمة

Der Beruf des Arztes ist großartig.

An die ursprüngliche Stelle des zweiten Gliedes der Substantivverbindung tritt auch hier das passende Suffix, das auf das vorangestellte Satzglied zurückweist.

Diese Art der Heraushebung von Satzgliedern, übrigens auch in Fragesätzen möglich, ist besonders im Zeitungsstil bei Nachrichtenschlagzeilen gebräuchlich, z. B.:

رئيس الوزارة الجديدة تبدأ مباحثاته مع المسئولين الالمانيين يوم السبت القادم

[ra'ʔi:salwi'za:raldʒa'di:da 'tabdaʔ muba:ħa'θa:tuhu: 'ma⁵almasʔu:'li:n alʔalma:ni:'ji:n jauma'ssabtal'qa:dim]

wörtl.: Der Chef des neuen Kabinetts, **seine** Verhandlungen beginnen mit den deutschen Verantwortlichen am kommenden Samstag.

Übliche Wortfolge:

تبدأ مباحثات رئيس الوزارة الجديدة مع المسئولين الالمانيين يوم السبت القادم

['tabdaʔ muba:ħa'θa:t ra'ʔi:salwi'za:raldʒa'di:da 'ma⁵almasʔu:'li:nalʔalma:ni:'ji:n jauma'ssabtal'qa:dim]

Es beginnen die Verhandlungen des Chefs des neuen Kabinetts mit den
deutschen Verantwortlichen am kommenden Samstag.

معركة خاسرة خاضها جنود العدو ضد الثوار فى منطقة الجبال

['ma ͨraka 'xa:sira 'xå:ðåha: dʒu'nu:dal ͨa'du:w 'ɖidda θθu'wwa:r fi: min'tå-
qataldʒi'ba:l]

wörtl.: Ein verlustreicher Kampf, es stürzten sich in **ihn** die Soldaten des
Feindes gegen die Aufständischen im Gebiet der Berge.

خاض جنود العدو معركة خاسرة ضد الثوار فى منطقة الجبال

[xå:ɖ dʒu'nu:dal ͨa'du:w 'ma ͨraka 'xa:sira 'ɖidda θθu'wwa:r fi: min'tåqat-
aldʒi'ba:l]

übliche Wortfolge: Es stürzten sich die Soldaten des Feindes in einen verlust-
reichen Kampf gegen die Aufständischen im Gebiet der Berge.

B   Bereits in Lektion 8, Abschn. D und I wurden Möglichkeiten beschrieben, die Verbaussage zu erläutern und zu erweitern, nämlich durch
das Nachstellen des Infinitivs im unbestimmten Zustand oder von Adjektiven und Substantiven mit der Endung ا, ebenso meist im unbestimmten
Zustand, z. B.:

Lektion 8, Textsatz 13:

سوف لا يعرفون هذه اللغة الصعبة معرفة ممتازة فى هذه السنة

['saufa la: ja ͨri'fu:n 'ha:ðihi'llu ɣå'sså ͨba 'ma ͨrifa mum'ta:za fi: 'ha:ðihi's-
sana]

Sie werden diese schwierige Sprache in diesem Jahr nicht ausgezeichnet
kennen (lernen).

Lektion 11, Textschluß:

['a ͨmal 'huna: ' ͨamalan 'ħurran]   اعمل هنا عملا حرا

Ich bin hier freiberuflich tätig.

dito, Gesprächsende:

فمن كتب هذا الكتاب اخطأ خطأ كبيرا

[fa'man 'katab 'ha:ðalki'ta:b 'axtå ʔ 'xåtå ʔan ka'bi:ran]

Wer dieses Buch geschrieben hat, hat einen großen Fehler gemacht.

Lektion 14, Gesprächsende:

اريد ان اذهب قريبا الى البيت لأنام هناك نوما هادئا

[u'ri:d an 'aðhab qa'ri:ban 'ilal'bait li ʔa'na:m hu'na:k 'nauman 'ha:di ʔan]

Ich möchte bald nach Hause gehen, um dort ruhig zu schlafen.

Die Endung ا ist das wichtigste Kennzeichen für Ausdrücke, die wir gewöhnlich **adverbial** übersetzen. Echte Adverbien gibt es aber im Arabischen nicht. Die Endung ׀ erfüllt sehr vielseitige Aufgaben im Satz mit Verb.

1. Ein Wort mit dieser Endung kann eine Handlung im qualitativen Sinn näher bestimmen, z. B.:

Lektion 7, Textsatz 2:

عمل كثيرا جدا فى مكتب السكة الحديدية

['ˁamil ka'θi:ran 'dʒiddan fi: 'maktaba'ssikkalħadi:'di:ja]

Er hat sehr viel im Eisenbahnbüro gearbeitet.

2. Es kann die **Zeit der Handlung** festlegen, z. B.:

Lektion 8, Textsatz 1:

تبدأ ام محمد عملها فى المكتب صباحا

['tabdaʔ umm Mu'ħammad ˁa'malaha: fil'maktab så'ba:ħan]

Die Mutter von Muhammad beginnt ihre Büroarbeit morgens.

تعمل ام محمد وتطبخ فى كل ايام السنة ، صيفا وشتاء

['taˁmal umm Mu'ħammad wa 'tåtbax fi: kull a'jja:ma'ssana, 'såifan wa ʃi-
'ta:ʔan]

Die Mutter von Muhammad arbeitet und kocht an allen Tagen des Jahres, Sommer wie Winter.

Lektion 12, Textsatz 4:

[ka:**na**lfa'lla:ħ ma'ri:ɗån 'waqtan tå'wi:lan . . .]   كان الفلاح مريضا وقتا طويلا

Der Bauer war lange Zeit krank . . .

3. Es kann die **Art und Weise** der Handlung näher bestimmen, z. B.:

Lektion 15, Gesprächsende:

[. . . sa astaq'bilukum ʃax'sɨ:jan . . .]   سأستقبلكم شخصيا

Ich persönlich werde sie empfangen . . .

dito, Gesprächsende:

[fa'himtukum ta'ma:man]   فهمتكم تماما

Ich habe Sie ganz und gar verstanden.

C   Oft werden **Partizipien** im Aktiv oder Passiv verwendet, um eine verbale Aussage näher zu beschreiben, ihre maskuline Singularform erhält dann ebenso die Endung ׀, ihre maskuline Pluralform die Endung [-i:n] بن bzw. die maskuline Dualform die Endung [-ain] بن, die feminine Singularform bleibt unverändert, z. B.:

Lektion 14, Text:

بعد ساعة تقريبا من بداية زيارتي للسوق غادرتها مسرورة

['ba^cda 'sa:^ca taq'ri:ban min bi'da:jat zi'ja:rati: li'ssu:q ɣa:'dartuha:
mas'ru:ra]

Etwa eine Stunde nachdem ich meinen Marktbesuch begonnen hatte, verließ ich diesen zufrieden.

Lektion 14, Gesprächsende:

الاصدقاء يغادرون المطعم مسرورين

[al^ʔâsdi'qa:^ʔ juɣa:di'ru:nal'mâtˤˤâm masru:'ri:n]

Die Freunde verlassen die Gaststätte zufrieden.

Lektion 16, Textsatz 3:

كانا زعلين منه لأنه عاد متأخرا جدا الى المنزل

['ka:na: za^ci'lain minhu: li'ʔannahu: ˤa:d muta'ʔaxxiran 'dʒiddan
'ilal'manzil]

Sie beide waren ärgerlich über ihn, weil er sehr verspätet (spät) nach Hause
kam.

Lektion 16, Gespräch:

يتحدث الى الموظف الجالس وراء شباك المكتب قائلا له

[jata'ħaddaθ 'ilalmu'wâzzâfal'dʒa:lis wa'ra:ʔa ʃu'bba:kal'maktab
'qa:ʔilan 'lahu:]

Er redet mit dem hinter dem Büroschalter sitzenden Angestellten, indem er
ihm folgendes sagt . . .

Lektion 16, Gespräch:

[. . . sa'tadʒid 'fi:hi: kull ʃaiʔ mak'tu:ban] ستجد فيه كل شيء مكتوبا

Sie werden darin alles geschrieben finden.

Sowohl Adjektive und Substantive als auch Partizipien stehen **hinter** den
Wörtern, die sie näher bestimmen.

Anm.: Die Beispiele für die Heraushebung von Satzteilen und für den
adverbiellen Gebrauch sind in diesem Lektionstext fettgedruckt.

D   Anstelle von Wörtern mit der Endung ا können oft auch andere
Ausdrücke mit der gleichen Bedeutung verwendet werden, z. B.:

ذهبت سريعا الى النافذة
[ðaˈhabtu saˈriːˈʕan ˈilaˈnnaːfiða]
(*Adjektiv*)
Ich ging schnell zum Fenster
ذهبت بسرعة الى النافذة
[ðaˈhabtu biˈsurʕa ˈilaˈnnaːfiða]
(*Präposition + Substantiv*)
Ich ging mit Schnelligkeit zum Fenster

[ˈsaːˈʕadalˈwalad ˈʕummahuː masˈruːran] ساعد الولد امه مسرورا
(*Part. Pass.*)

Das Kind half seiner Mutter gern.

[ˈsaːˈʕadalˈwalad ˈummahuː bisuˈruːr] ساعد الولد امه بسرور
(*Präp. + Subst.*)

Das Kind half seiner Mutter mit Freude.

[ˈantadʒalˈʕaːmilalbiˈdåːˈʕa mumˈtaːzan] انتج العامل البضاعة ممتازا
(*Part. Akt.*)

Der Arbeiter stellte die Ware ausgezeichnet her.

انتج العامل البضاعة بشكل ممتاز (بصورة ممتازة)
[ˈantadʒalˈʕaːmilalbiˈdåːˈʕa biˈʃakl mumˈtaːz (biˈsoːra mumˈtaːza)]
(*Präp. + Subst.*)

Der Arbeiter stellte die Ware ausgezeichnet (in ausgezeichneter Weise) her.

E Substantive bzw. Infinitive mit der Endung ‌ا können in Sätzen mit Verben nachgestellt werden, um eine **Bewegungsrichtung**, einen **Beweggrund**, den **Zweck**, die **Art und Weise** anzugeben, z. B.:

قطعنا الشارع يسارا
[qaˈtåˈʕnaˈʃʃaːriʕ jaˈsaːran] =
قطعنا الشارع الى اليسار
[qaˈtåˈʕnaˈʃʃaːriʕ ˈilaljaˈsaːr]

Wir überquerten die Straße nach links.

درس بالجامعة طلبا للعلم ولا طلبا للمال فقط
[ˈdaras bilˈdʒaːmiʕa ˈtalaban lilˈʕilm wa laː ˈtålaban lilˈmaːl ˈfaqåt]

Er studierte an der Universität, um nach Wissen zu streben, und nicht nur nach Geld. *Wörtl.*: Er studierte an der Universität im Streben nach der Wissenschaft und nicht nur im Streben nach dem Geld.

فعلت ذلك عملا لمصلحة مواطنيها

['fa ͨalat 'ða:lik 'ͨamalan li'mâslaħat muwå:ti'ni:ha:]

Sie machte das, um etwas für das Wohl ihrer Landsleute zu tun.
Wörtl.: Sie machte das als Tat für das Wohl ihrer Landsleute.

F   Werden einige maskuline Wörter im **unbestimmten** Zustand in **Ausrufen** gebraucht, so erhalten sie ebenso die Endung ﺍ, z. B.:

Danke!	['ʃukran]	شكرا
Verzeihung! *oder*: Keine Ursache!	['ͨafwan]	عفوا
Genau!	[ta'ma:man]	تماما

usw. Sie können dann auch unabhängig davon, ob der Satz ein Verb enthält oder nicht, am Anfang des Satzes stehen.

Übungen – تمارين

1. **Formen Sie die 2., 3. und letzte Schlagzeile der Zeitung „Tischrin", wie in Abschnitt A des Grammatikteils beschrieben, um!**

2. **Formen Sie die fettgedruckten Beispiele in die übliche Wortfolge um!**

3. **Übersetzen Sie:**

   1. Die Hitze in unserem südlichen Gebiet ist manchmal stark, besonders im Sommer und Herbst.

   2. In den Flüssen dieser großen Insel ist im Winter gewöhnlich kein Wasser.

   3. In den vergangenen Jahrhunderten gab es viele Bäume in unseren Bergen; heute stimmt das Gegenteil: ihre Zahl ist sehr gering.

   4. Der Geruch der trockenen Fische in der Sonne war wirklich unangenehm.

   5. In diesen Tagen will ich weder Obst im allgemeinen, noch Äpfel im besondern auf dem Markt kaufen, denn deren Qualität ist schlecht und die Preise hoch.

   6. Auch die Preise für das Gemüse sind jetzt in unserem Dorf allgemein viel billiger.

7. Wir wollten nicht, daß unser lieber ausländischer Gast in unserem Haus hungere (oder) und dürste. Deshalb ging meine Frau am Tag vor seinem Besuch morgens in die Stadt, um das Notwendige einzukaufen.

8. Wie heißen die Monate des Jahres in Syrien und im Irak?

9. Das Gehalt seiner Schwester ist in diesem Jahr höher als im vergangenen.

10. Welche Vokabeln, die ihr in den früheren Lektionen lerntet, habt ihr vergessen? Wir haben von ihnen zum Beispiel vergessen: Tasse, Bleistift, Wand, Teil, Möbel, Hand, Auge und Schlüssel.

4. Übersetzen und beantworten Sie folgende Fragen zu den Texten von Lektion 17 und 18:

1. Was wurde auf der Militärparade gezeigt, die am 7. Oktober 1979 in der ägyptischen Hauptstadt veranstaltet wurde?

2. Wie hieß die Zeitschrift, die die Nachricht von der Militärparade veröffentlichte?

3. Was hat zur guten Qualität der Produktion bei der Herstellung von Aluminium im Nadsch Hamadi beigetragen?

4. Was war die Schlagzeile der Kairoer Zeitung „al-Achbar“, die die kurdischen Aufständischen im Iran betraf?

5. Welchen Tag feierte das ägyptische Fernsehen, und wann begann seine Ausstrahlung zu diesem Ereignis?

6. Was wünschte die ägyptische Fluggesellschaft in ihrer Anzeige?

7. Wie heißt die Institution, bei der die syrische Zeitung „Tischrin“ erscheint?

8. Was war der Hauptgegenstand der Unterredungen der Präsidenten Asad und Frangieh?

9. Mit wem erörterte Präsident Asad die Situation in der Region?

10. Was feierte der Iran?

5. Formen Sie die fettgedruckten Ausdrücke der Konstruktion (wa + Pron. + Verb in der Form für die fortlaufende Handlung) in entsprechende Partizipialkonstruktionen um, und umgekehrt! (Beide Konstruktionen sind bedeutungsgleich!)

19. Lektion
الدرس التـاسع عشر

> Gebrauch des Teilchens [li] لِ (Überblick); einfache Bedingungssätze
> der Wirklichkeit

Text
نبذة عـامة عن العـالم العربي

ينتشر العرب في أراض واسعة جنوباً للبحر الأبيض المتوسط ١ يحدها غرباً
المحيط الأطلسي ١ وجنوباً الصحراء الكبرى وغابات المناطق الإستوائية ١ ومن
الجهة الجنوبية الشرقية يحدها المحيط الهندي ١ ويشكل الخليج الفارسي
وسلاسل جبال إيران وتركيا حدودها الشرقية. ويفصل البحر الأحمر شطري
العـالم العربي حاجزاً طبيعياً ١ ومن الملاحظ ١ عدم وجود حواجز طبيعية
أخرى تذكر بين أكثر البلدان العربية.

المسافات بين المغرب والمشرق العربي بعيدة جداً ١ فهي تبلغ عدة آلاف
كيلومتر ١ يقطعها المسافر بالسيارة أو بالقطار في رحلة طويلة وشاقة أحيانا ١
ليصل إلى الجهة المطلوبة بعد أيام كثيرة ١ أو حتى بعد أسابيع.

واذا سافر الإنسان في تلك المناطق الواسعة، ١ وجد ١ أن أكثر النـاس هناك
تجمعهم لغة واحدة ١ وهي اللغة العربية الفصحى ١ التى يفهمونها إلى حدما ولكَنهم
لا يتحدثون بها عادة ١ بل يتحدثون في لهجاتهم المحلية ١ وبينها وبين اللغة
العربية الفصحى ١ التى تكتب وتقرأ في الكتب والجرائد فرق كبير. ويطلق
بعض العلمـاء والسياسيين على العرب مصطلح الأمة ١ نظراً إلى وجود بعض
العوامل الموضوعية ١ التى تؤثر على العرب ١ منها لغة الكتابة ١ يعنى العربية
الفصحى ١ ودين الإسلام ١ والتقاليد التـاريخية والثقافية المشتركة ١ والأحوال
الإقتصادية والإجتماعية المتشابهة.

هذا ا وإضافة إلى ما سبق ذكره من العوامل المؤثرة في شعوب العالم العربي ينبغي ذكر عامل الجو الحار ا الذي يؤثر على الحياة العامة والخاصة في بلاد شمال أفريقيا والمشرق العربي في الصيف ا فالحرارة شديدة هناك في هذا الفصل ا والجفاف يسود على كل المنطقة تقريباً ا في أكثر فصول السنة وبصورة عامة . ويفهم كل من يتأمل في خريطة للعالم ا أن مجموعة الدول العربية الواسعة لها أهمية عظيمة لكون بعض هذه الدول ا تقع في نقطة الإلتقاء لثلاث قارات ا وهي إفريقيا وآسيا وأوروبا اا ولهذا السبب ا فإن العالم العربي ا فيه مقتطع خطوط جوية كثيرة لشركات عالمية مهمة ا ومن الواضح أيضاً ا أن قناة ألسويس ا التي تفصل ما بين المشرق والمغرب العربي ا هي من الشرايين الحيوية ا للملاحة الدولية ا وبصورة خاصة لناقلات النفط ا التي تمر بها ا وهي في طريقها من دول الخليج الفارسي إلى أوروبا الغربية .

لا ينتشر سكان الدول الأعضاء في الجامعة العربية ا (عددها أكثر من عشرين) في كل جهات العالم العربي بصورة متساوية ا فهم يزدحمون في مناطق محدودة مثل منطقة وادي النيل ا ويقلون في أكثر الجهات الأخري، ا لأن ظروف الطبيعة تحول دون إنتشار متساو للسكان ا فهناك مساحات واسعة جداً ا يعيش فيها ناس قليلون جداً ا نظراً إلى أمطارها القليلة وعدم وجود أنهر فيها أيضاً. وخلاصة القول ا إن مجموعة الدول العربية واسعة ا وثرواتها الطبيعية كثيرة ا ومنها بصورة خاصة النفط ومعادن ثمينة . ا مساحة مجموعة الدول العربية اوسع من مساحة أوروبا كلها ا بما في ذلك الجزء الغربي من الإتحاد السوفياتي ا ولكن عدد سكانها يبلغ ١٢٠ مليون فقط ا أو أكثر بقليل .

محادثة – Gespräch

(يجريها صديقان سوريان من مدينة حلب ا يلتقيان صدفة في مقهي من المقاهي الكثيرة حول قلعة المدينة القديمة والمشهورة جداً.)

لبيب: السلام عليك، يا منير، ا أنت هنا؟ فرصة سعيدة فعلاً. لم أرك منذ وقت بعيد. كيف حالك ا – بخير إن شاء الله؟

منير: وعليك السلام، ا يا صديقي الأمين. أنا بخير ا والحمد لله. ا أنا ايضا سعيد حقاً بمقابلتك طبعاً ا وأود بهذه المناسبة ا أن أعتذر لك من إنقطاع أخباري عنك، يا عزيزي، ولكن بعض الظروف القاهرة حالت دون مقابلتك ا وحتى مراسلتك. كنت مشغولا جداً في الوقت الأخير.

لبيب: إعتذارك مقبول طبعاً ا فما ألذي شغلك عن زيارتي ومخابرتي؟

منير: كلفتني المؤسسة الحكومية ا التي أشتغل فيها ا بأن أصحب بعض خبرائها في مهمة مسح منطقة في بادية الشام ا فلم أستطع خلال وجودي هناك أن أتصل بأقاربي وبك أنت لكثرة الأعمال ولبعد تلك المنطقة عن حلب.

لبيب: لا بأس، ألاحظ ا أنك عدت بالسلامة من هناك ا وأنك عدت متمتعماً بوقت فراغك أيضاً ا والدليل على صحة ملاحظتي ا هو وجودك في هذا المقهى.

(يطلبان من النادل كأسين من الجعة ا ثم يتابعان حديثهما.)

لبيب: على فكرة، ا أتابع دراسة التاريخ والأدب بجامعة مدينتنا ا وأود ا أن أتخصص بعصر الفتوحات الإسلامية الأولى في المغرب العربي، ا اذا كان ذلك ممكناً. وتمهيداً لذلك ا أريد زيارة قطرنا

الشقيق الجزائر ا والإطلاع على بعض المدن القديمة الأثرية هناك ا
مثل مدينة تلمسان ا **وإذا** صحبتني في تلك الرحلة سأكون ا
مسروراً وسعيداً فعلاً.

منير :   بكل سرور، ا سآخذ إجازتي السنوية بعد قليل ا ولى أتم الإستعداد
ا **لأسافر** معك إلى بلد آخر من بلدان الوطن العربي الواسع. ا
أحب ا أن أتعرف بالجزائر ا فهي أكبر دولة عربية مساحةً وسكاناً
في المغرب.

لبيب :   لا شك ا في أن رحلتنا تكون ممتعة ومفيدة ا **إذا** إستعددنا **لها**
إستعداداً حسنـــاً.

منير :   سأساعدك في كل الترتيبات اللازمة **للسفر** **إذا** أردت ذلك. ا
أقترح ا أن نركب باخرة ا **ل**قطع الشوط الأول **لل**رحلة البعيدة ا
وذلك من ميناء اللاذقية إلى ميناء بني غازي في ليبيـــا ا
ويستحسن بعده ا أن نتابع السفر على الطريق البري الشاطئي
مروراً بعاصمتي ليبيا وتونس. والشوط الثالث ا فالأفضل قطعه
بالطائرة من تونس إلى الجزائر العاصمة. اا هل توافق على خطي
المقترح يا عزيزي؟

لبيب :   أوافق عليه جملة ا والتفاصيل ا فلا شك ا أن يكون **لنا** حديث
آخر طويل فيها.

منير :   إذن، ا إتفقنا، ا فإلى اللقاء في بيتك قريباً، يا لبيب.

لبيب :   وهو كذلك، مع السلامة، يا منير.

Vokabeln – مفردات

kurze Darstellung, Skizze	[ˈnubða] نبذة	Dialekt	[ˈlahdʒa] لهجة
(Pl.	[ˈnubað] نبذ)	Terminus, Fachausdruck	[mosˈṭålaħ] مصطلح
weit, geräumig	[ˈwaːsiʕ] واسع	(Pl.	[mostålaˈħaːt] مصطلحات)
(Komp.	[ˈausaʕ] اوسع)	Überlieferung, Tradition	[taqˈliːd] تقليد
Mittel-, mittlerer	[mutaˈwassiṭ] متوسط	(Pl.	[taqaːˈliːd] تقاليد)
Ozean	[muˈħiːṭ] محيط	Zustand, Verhältnis, Lage	[ħaːl] حال
atlantisch	[ˈåṭlasiː] اطلسى	(Pl.	[aħˈwaːl] احوال)
Wüste	[såħˈraːʔ] صحراء	einander ähnelnd	[mutaˈʃaːbih] منشابه
(Pl.	[såˈħaːra] صحارى)	Ergänzung, Zusatz	[iˈɖåːfa] اضافة
tropisch	[istiˈwaːʔiː] استوائى	Karte	[xaˈriːṭå] خريطة
Seite, Richtung, Gegend	[ˈdʒiha] جهة	(Pl.	[xaˈraːʔiṭ] خرائط)
indisch	[ˈhindiː] هندى	Gruppe	[madʒˈmuːʕa] مجموعة
Golf	[xaˈliːdʒ] خليج	Bedeutung	[ahaˈmmiːja] اهمية
(Pl.	[xulˈdʒaːn] خلجان)	Kontinent	[ˈqaːrra] قارة
persisch	[ˈfaːrisiː] فارسى	Schnittpunkt, Kreuzung	[muqˈtåtåʕ] مقتطع
Kette	[ˈsilsila] سلسلة	(Pl.	[muqtåtåʕˈaːt] مقتطعات)
(Pl.	[saˈlaːsil] سلاسل)	Ader	[ʃirˈjaːn] شريان
Türkei	[ˈTurkijaː] تركيا	(Pl.	[ʃaraːˈjiːn] شرايين)
Hälfte, Teil	[ʃåtr] شطر	Schiffahrt	[miˈlaːħa] ملاحة
Hindernis, Sperre, Barriere	[ˈħaːdʒiz] حاجز	Mitglied	[ʕoɖw] عضو
(Pl.	[ħaˈwaːdʒiz] حواجز)	(Pl.	[aʕˈɖåːʔ] اعضاء)
Natur	[ṭåˈbiːʕa] طبيعة	gleichmäßig	[mutaˈsaːwin] متساو
Nicht(vorhanden)sein	[ˈʕadam] عدم	Tal	[ˈwaːdin] واد
(arabischer) Osten	[ˈmaʃriq] مشرق	(Pl.	[ˈaudija] اودية)
einige	[ˈʕidda] عدة	Umstand, Verhältnis, Lage	[ẓårf] ظرف
anstrengend, beschwerlich	[ʃaːqq] شاق	(Pl.	[ẓoˈruːf] ظروف)
wenn (in Bedingungssätzen)	[ˈiða] اذا	Fläche	[miˈsaːħa] مساحة
Hocharabisch	اللغة العربية الفصحى	Extrakt, Quintessenz	[xuˈlåːså] خلاصة
[(alˈluɣa) alʕaraˈbiːjjalˈfosħaː]			

Sowjetunion الاتحاد السوفياتي
[al?itti'ħa:dassu:fi'ja:ti:]

Gespräch:

Aleppo حلب ['ħalab]

zufällig صدفة ['sodfa(tan)]

Kaffeehaus مقهى ['maqhan]

(*Pl.* مقاه [ma'qa:hin]

Festung, Zitadelle قلعة ['qalʕa]

(*Pl.* قلاع [qi'la:ʕ]

alt قديم [qa'di:m]

(*Komp.* اقدم ['aqdam]

Labib (*Männername*) لبيب [La'bi:b]

Munir (*Männername*) منير [Mu'ni:r]

tatsächlich!, فعلا ['fiʕlan]
in der Tat!

froh, glücklich سعيد [sa'ʕi:d]

(*Pl.* سعداء [suʕa'da:ʔ]

(*Komp.* اسعد ['asʕad]

Gelegenheit مناسبة [mu'na:saba]

Abbrechen (*intr.*) انقطاع [inqi'tå:ʕ]

zwingend قاهر ['qa:hir]

Korrespondenz مراسلة [mu'ra:sala]

angenommen, مقبول [maq'bu:l]
akzeptiert

wichtige Angele- مهمة [mu'himma]
genheit; Bedarf, Ausrüstung

Vermessen مسح [masħ]

Syrische بادية الشام ['ba:dijata'ʃʃa:m]
Wüste

Vielheit, Vielsein كثرة ['kaθra]

Fernsein بعد [buʕd]

genießend متمتع [muta'mattiʕ]

Freizeit وقت الفراغ [waqtalfa'ra:ɣ]

Kellner نادل ['na:dil]

(*Pl.* ندل ['nudul]

Becher, Glas كأس [ka?s]

(*Pl.* كؤوس [ku'?u:s]

Bier جعة ['dʒiʕa]

Literatur ادب ['adab]

(*Pl.* آداب [a:'da:b]

Eroberungen فتوحات [futu:'ħa:t]

Einleitung, تمهيد [tam'hi:d]
Vorbereitung

(*Pl.* تمهيدات [tamhi:'da:t]

Landesteil قطر [qotr]
(*Begriff besonders in der
Ideologie der Baathpartei*)

(*Pl.* اقطار [aq'tå:r]

Bruder-, Bruder شقيق [ʃa'qi:q]

(*Pl.* اشقاء [aʃi'qqa:?]

Kennen- اطلاع (على) [itti'la:ʕ ('ʕala:)]
lernen, Sich informieren

Tlemcen تلمسان [Tilim'sa:n]

Zweifel شك [ʃakk]

(*Pl.* شكوك [ʃu'ku:k]

genußvoll, ممتع ['mumtiʕ]
angenehm

Abschnitt, Etappe شوط [ʃaut]

(*Pl.* اشواط [aʃ'wå:t]

Latakia اللاذقية [al-'La:ðiqi:ja]

Benghazi بنى غازي ['Bani: 'ɣa:zi:]

Ufer, Strand شاطئ ['ʃå:ti?]

(*Pl.* شواطئ [ʃa'wå:ti?]

Einzelheit تفصيل [taf'si:l]

(*Pl.* تفاصيل [tafå:'si:l]

einver- وهوكذلك ['wahwa ka'ða:lik]
standen! (*wörtl.*
und es ist so wie jenes)

Verbformen

sich verbreiten, ausbreiten

انتشر [in'taʃar] ، ينتشر [jan'taʃir] ، انتشار [inti'ʃa:r] ، انتشر [in'taʃir!]

begrenzen   حد [ħadd] ، يحد [ja'ħudd] ، حد [ħadd]

bilden, formen, gestalten

شكل ['ʃakkal] ، يشكل [ju'ʃakkil] ، تشكيل [taʃ'ki:l] ، شكل ['ʃakkil!]

trennen, scheiden   ['ifsal!] افصل ، [fåsl] فصل ، [jafsil] يفصل ، ['fåsål] فصل

sammeln, (ver)einen

جمع ['dʒamaˁ] ، يجمع [jad͜ʒmaˁ] ، جمع [dʒamˁ] ، اجمع ['idʒmaˁ!]

bezeichnen, benennen

اطلق ['åtlaq] ، يطلق ['jotliq] ، اطلاق [it'la:q] ، اطلق ['åtliq!]

beeinflussen   اثر ['attar] ، يؤثر [ju'ʔattir] ، تأثير [ta'ti:r] ، أثر ['attir!]

vorausgehen, vorher sein

سبق ['sabaq] ، يسبق ['jasbiq] ، سبق [sabq] ، اسبق ['isbaq!]

beherrschen, herrschen über   ساد [sa:d] ، يسود [ja'su:d] ، سيادة [si'ja:da]

سد [sud!] ، (سودى ['su:di:!] ، سودوا ['su:du:!])

betrachten

تأمل [ta'ʔammal] ، يعأمل [jata'ʔammal] ، تأمل [ta'ʔammul] ، تأمل [ta'ʔammal!]

fallen, liegen   وقع ['waqaˁ] ، يقع ['jaqaˁ] ، وقوع [wu'qu:ˁ] ، قع [qaˁ!]

passieren, vorübergehen

مر [marr] ، يمر [ja'murr] ، مرور [mu'ru:r] ، مر ['murra!]

sich drängen

ازدحم [iz'daħama] ، يزدحم [jaz'daħim] ، ازدحام [izdi'ħa:m] ، ازدحم [iz'daħim!]
(vgl. Lautlehre, Abschn. 2 e: z + t)

wenig sein   قل [qall] ، يقل [ja'qill] ، قلة ['qilla]

verhindern   حال (دون) [ħa:l ('du:na)] ، يحول [ja'ħu:l] ، حيلولة [ħai'lu:la]

leben   عاش [ˁa:ʃ] ، يعيش [ja'ˁi:ʃ] ، عيش [ˁaiʃ] ، عش [ˁiʃ!] ،
(عيشى ['ˁi:ʃi:!] ، عيشوا ['ˁi:ʃu:!])

führen, durchführen

اجرى ['adʒra:] ، يجرى ['judʒri:] ، اجراء [idʒ'ra:ʔ] ، اجر ['adʒri!]

sich treffen   التقى [il'taqa:] ، يلتقى [jal'taqi:] ، التقاء [ilti'qa:ʔ] ، التق [il'taqi!]

mögen, wollen [ja'wadd, wudd] ، ود، يود، [wadd] ود

sich entschuldigen

[iˤ'taðir!] اعتذر، [iˤti'ða:r] اعتذار، [jaˤ'taðir] يعتذر، [iˤ'taðar] اعتذر

abhalten jmd. von

[ˈʃaɣɣil!] شغل، [taʃ'ɣi:l] تشغيل، [ju'ʃaɣɣil] يشغل، [ˈʃaɣɣal] (ˤan)] شغل (عن)

beauftragen [ˈkallif!] كلف، [tak'li:f] تكليف، [ju'kallif] يكلف، [ˈkallaf] كلف

fortsetzen

[ˈta:biˤ!] تابع، [mu'ta:baˤa] متابعة، [ju'ta:biˤ] يتابع، [ˈta:baˤ] تابع

sich spezialisieren [jata'xåssås] يتخصص، [ta'xåssås] تخصص،

[ta'xåssås!] تخصص، [ta'xåssos] تخصص

sich vorbereiten, bereit sein

[ista'ˤidda!] استعد، [istiˤ'da:d] استعداد، [jasta'ˤidd] يستعد، [ista'ˤadd] استعد

vorschlagen

[iq'tariħ!] اقترح، [iqti'ra:ħ] اقتراح، [jaq'tariħ] يقترح، [iq'taraħ] اقترح

für richtig od. zweckmäßig halten

[is'taħsan] استحسن، [jas'taħsin] يستحسن، [istiħ'sa:n] استحسان،
[is'taħsin!] استحسن

zustimmen

[ˈwa:fiq!] وافق، [mu'wa:faqa] موافقة، [ju'wa:fiq] يوافق، [ˈwa:faq] وافق

sich einig sein

[i'ttafiq!] اتفق، [itti'fa:q] اتفاق، [ja'ttafiq] يتفق، [i'ttafaq] اتفق

Text

Eine Überblicksdarstellung von der arabischen Welt

Die Araber leben über weite Gebiete südlich des Mittelmeers verstreut, die
im Westen vom Atlantischen Ozean, im Süden von der Großen Sahara und
den Wäldern der tropischen Gebiete sowie im Südosten durch den Indi-
schen Ozean begrenzt werden; der Persische Golf und die Bergketten des
Iran und der Türkei bilden deren östliche Grenzen. Das Rote Meer scheidet
als natürliches Hindernis die Hälften der arabischen Welt. Bemerkenswert
ist das Fehlen von weiteren erwähnenswerten natürlichen Barrieren zwischen den meisten arabischen Ländern.
Die Entfernungen zwischen dem arabischen Westen und Osten sind sehr
groß. Betragen sie doch einige Tausend Kilometer, die der Reisende mit
dem Auto oder mit dem Zug auf einer langen Fahrt zurücklegt, manchmal
auch beschwerlich, um nach vielen Tagen oder sogar Wochen in der ange-
strebten Gegend anzukommen.

Wenn man in diesen weiten Gebieten reist, dann wird man feststellen, daß die meisten Menschen dort **eine** Sprache eint, und zwar die arabische Hochsprache, die sie bis zu einer gewissen Grenze verstehen. Aber sie sprechen sie gewöhnlich nicht, sondern reden in ihren örtlichen Dialekten, und zwischen ihnen und der arabischen Hochsprache, die in Büchern und Zeitungen geschrieben und gelesen wird, besteht ein großer Unterschied. Einige Wissenschaftler und Politiker bezeichnen die Araber mit dem Terminus Nation, in Hinblick auf einige objektive Faktoren, die die Araber beeinflussen, davon (etwa) die Schriftsprache, d. h. das Hocharabische, die Religion des Islam, die gemeinsamen geschichtlichen und kulturellen Traditionen und die einander ähnelnden wirtschaftlichen und sozialen Verhältnisse.

Zusätzlich zu den bereits erwähnten Faktoren, die auf die Völker der arabischen Welt Einfluß ausüben, sollte auch der Faktor des heißen Klimas erwähnt werden, der auf das öffentliche und private Leben in den Ländern Nordafrikas und des arabischen Ostens im Sommer Einfluß ausübt, denn die Hitze ist dort in dieser Jahreszeit stark und die Trockenheit herrscht fast über die gesamte Region, in den meisten Jahreszeiten und allgemein.

Jeder, der eine Weltkarte betrachtet, wird verstehen, daß der Gruppe der weiträumigen arabischen Staaten eine sehr große Bedeutung zukommt, weil einige dieser Staaten am Punkt des Zusammentreffens dreier Kontinente liegen, nämlich von Afrika, Asien und Europa. Aus diesem Grund liegt in der arabischen Welt auch der Schnittpunkt vieler Luftlinien von wichtigen internationalen Gesellschaften, und es ist auch klar, daß der Suezkanal, der den arabischen Osten vom arabischen Westen trennt, zu den lebensnotwendigen Adern der internationalen Schiffahrt zählt, besonders für die Öltransporter, die ihn auf ihrem Weg von den Staaten des Persischen Golfes nach Westeuropa passieren.

Die Einwohner der Mitgliedstaaten der Arabischen Liga (ihre Zahl beträgt mehr als 20) sind nicht gleichmäßig auf alle Gegenden der arabischen Welt verteilt. So drängen sie sich in eng begrenzten Gebieten wie der Niltalzone und sind nur sehr wenig in den meisten anderen Gegenden, weil die natürlichen Bedingungen ein gleichmäßiges Verbreitetsein der Einwohner verhindern. Es gibt also sehr weite Flächen, auf denen sehr wenig Menschen leben, in Hinblick auf die geringen Regenfälle dort und auch des Fehlens von Flüssen wegen.

Kurzum, die Gruppe der arabischen Staaten ist weitflächig und ihre Naturreichtümer sind zahlreich, besonders an Erdöl und wertvollen Metallen. Die Fläche der Gruppe der arabischen Staaten ist größer als die ganz Europas, eingeschlossen den westlichen Teil der Sowjetunion, aber die Zahl ihrer Einwohner beträgt nur 120 Millionen oder ein wenig mehr.

Gespräch

(Das Gespräch führen zwei syrische Freunde aus der Stadt Aleppo, die sich zufällig in einem der vielen Kaffeehäuser rund um die alte und sehr berühmte Zitadelle der Stadt treffen).

Labib: Guten Tag, Munir! Du hier? Das freut mich aber wirklich! Ich habe dich lange Zeit nicht mehr gesehen. Wie geht es dir? Doch gut hoffentlich?

Munir: Guten Tag, mein treuer Freund! Mir geht es gut, Allah sei Dank. Auch ich bin natürlich wirklich froh, dich zu treffen und möchte mich gern bei dieser Gelegenheit bei dir dafür entschuldigen, mein Lieber, daß du nichts mehr von mir gehört hast (*wörtl.* wegen des Abbrechens meiner Nachrichten von dir), doch einige zwingende Umstände verhinderten es, dich zu treffen, ja sogar, dir zu schreiben. Ich war in letzter Zeit sehr beschäftigt.

Labib: Deine Entschuldigung wird natürlich akzeptiert! Was hat dich denn davon abgehalten, mich zu besuchen oder mir Nachricht zu geben?

Munir: Die staatliche Organisation, bei der ich arbeite, beauftragte mich, einige ihrer Spezialisten bei der Vermessung eines Gebietes in der syrischen Wüste zu begleiten. Ich konnte, während ich dort war, weder zu meinen Angehörigen noch zu dir Kontakt aufnehmen, wegen der vielen Arbeit und wegen der Entfernung dieses Gebietes von Aleppo.

Labib: Das macht doch nichts! Ich stelle fest, daß du wohlbehalten von dort zurückgekommen bist und auch deine Freizeit wieder genießt. Der Beweis dafür, daß meine Feststellung richtig ist, ist ja deine Anwesenheit in diesem Kaffeehaus. (Sie bestellen beim Kellner zwei Gläser Bier und setzen dann ihr Gespräch fort).

Labib: Übrigens, ich setze das Studium der Geschichte und Literatur an der Universität unserer Stadt fort und möchte mich gern auf das Zeitalter der ersten islamischen Eroberung im arabischen Westen spezialisieren, wenn das möglich ist. Als Vorbereitung darauf möchte ich unser Bruderland Algerien besuchen und einige von den alten, archäologisch (interessanten) Städten dort besuchen, z. B. die Stadt Tlemcen. Wenn du mich auf dieser Reise begleitest, werde ich wirklich zufrieden und froh sein.

Munir: Sehr gern! Bald werde ich meinen Jahresurlaub nehmen, und ich bin sehr gern bereit, mit dir in ein anderes Land des großen arabischen Vaterlandes zu fahren. Ich möchte gern Algerien kennenlernen, ist es doch der größte arabische Staat nach Fläche und Einwohnern im Maghreb.

Labib: Ohne Zweifel wird unsere Reise genußbringend und nützlich werden, wenn wir uns gut auf sie vorbereiten.

Munir: Ich werde dich bei allen notwendigen Vorkehrungen für die Fahrt unterstützen, wenn du das möchtest. Ich schlage vor, daß wir mit einem Schiff fahren, um die erste Etappe der weiten Reise zurückzulegen, und zwar vom Hafen von Latakia bis zum Hafen von Benghazi in Libyen. Danach wäre es empfehlenswert, daß wir die Fahrt auf dem Landweg an der Küste fortsetzen, und dabei die Hauptstädte Libyens und Tunesiens passieren. Am besten ist es, die dritte Etappe mit dem Flugzeug von Tunis nach Algier, der Hauptstadt, zurückzulegen. Mein Lieber, bist du mit meiner vorgeschlagenen Route einverstanden?

Labib: Ich stimme ihr insgesamt zu. Über die Einzelheiten werden wir
ohne Zweifel noch ein anderes langes Gespräch haben.
Munir: Also, wir sind uns einig geworden! Auf Wiedersehen bald, in
deinem Haus, Labib!
Labib: So soll es sein, auf Wiedersehen, Munir!

Grammatik

A   **Das Wortteilchen** [li] لِ kommt im modernen Hocharabisch sehr
häufig vor. Bei seinem Gebrauch sind im wesentlichen zwei Hauptfunktio-
nen zu unterscheiden:
a) zum Bezeichnen einer **Zugehörigkeit** oder eines **Eigentums** sowie zur näheren Bestimmung von Substantiven in ihrem Verhältnis zu anderen.
1. Wir haben in Lektion 4, Abschn. A die wichtigsten Bestimmungsverhält-
nisse von Substantiven untereinander kennengelernt, z. B.:

die Tür **eines** Hauses	[ba:b bait]	باب بيت
die Tür **des** Hauses (die Haustür)	[ba:bal'bait]	باب البيت

Was heißt nun **eine Tür des Hauses**?
Hier wird eine Umschreibung mit لِ verwendet:

$$\text{[ba:b lil'bait]} \quad باب للبيت$$

eine Tür des Hauses, *wörtl.* eine Tür für das Haus
Ist also das Leitwort der zu bildenden Substantivverbindung **unbestimmt,**
dann wird gewöhnlich لِ als Anschlußteilchen gebraucht. In diesem Sinn
sind zum Beispiel zu verstehen

Lektion 7, Gespräch:

$$\text{[ða'habtu 'ila: så'di:qa li:]} \quad ذهبت الى صديقة لى$$

Ich ging zu **einer** Freundin von mir.

Lektion 16, Gespräch:

$$\text{[mu'qa:bala liSa'mi:r wa 'Na:dija]} \quad مقابلة لسمير و نادية$$

(Eine) Begegnung von Samir und Nadija

Die entsprechenden **bestimmten** Ausdrücke würden lauten:

$$\text{[ða'habtu 'ila: så'di:qati:]} \quad ذهبت الى صديقتى$$

Ich ging zu meiner Freundin.

$$\text{[mu'ba:balat Sa'mi:r wa 'Na:dija]} \quad مقابلة سمير ونادية$$

Das Treffen von Samir und Nadija

Die eben behandelte Konstruktion kann auch durch eine umständlichere
ersetzt werden, nämlich:

[ba:b min ab'wa:bal'bait] باب من ابواب البيت

eine Tür von den Türen des Hauses

مقابلة من مقابلات سمير ونادية

[mu'qa:bala min muqa:ba'la:t Sa'mi:r wa 'Na:dija]

eine Begegnung von den Begegnungen von Samir und Nadija

2. Das Wortteilchen ل wird auch verwendet, wenn der Leitbegriff einer
Substantivverbindung bereits selbst eine Substantivverbindung ist und
diese als fester Begriff nicht verändert werden soll, z. B.:

المجلس الدائم لجامعة الدول العربية

[al'madʒlisa'dda:ʔim li'dʒa:miʕ ata'dduwalal'ʕara'bi:ja]

Der Ständige Rat der Liga der Arabischen Staaten

Wenn überhaupt die Möglichkeit besteht, daß eine Substantivverbindungs-
kette unübersichtlich oder mißverständlich wird, kann sie durch Einschal-
ten von ل getrennt werden, z. B.:

Lektion 10, Gespräch:

[kull almufra'da:tal'ʕara'bi:ja lidu'ru:sina:] كل المفردات العربية لدروسنا

statt:

[kull mufra'da:t du'ru:sinal'ʕara'bi:ja] كل مفردات دروسنا العربية

Letztere Konstruktion könnte sowohl „alle Vokabeln unserer arabischen
Lektionen" als auch „alle arabischen Vokabeln unserer Lektionen" bedeuten.

Lektion 15, Rundfunknachricht:

يوم الثقافة العلمية فى معاهد كلية العلوم لجامعة الكويت

[jaumaθθa'qa:fal'ʕil'mi:ja fi: ma'ʕa:hid ku'lli:jatal'ʕu'lu:m li'dʒa:miʕatal-
Ku'wait]

statt:

يوم الثقافة العلمية فى معاهد كلية علوم جامعة الكويت

[jaumaθθa'qa:fal'ʕil'mi:ja fi: ma'ʕa:hid ku'lli:jat ʕu'lu:m 'dʒa:miʕatal Ku-
'wait]

Kette aus 5 Gliedern!

3. Auch die Stellung von ل im Satz kann bedeutungsunterscheidend sein,
z. B.:

Es ist ein Garten von dir.   ['hija ħa'di:qa lak] هى حديقة لك

aber:

Du besitzt einen Garten.   [lak (*oder* 'ʕindak) ħa'di:qa] لك (عندك) حديقة

4. ل wird nicht nur im engeren Sinn zur Besitzbezeichnung verwendet, sondern kann auch ein Behaftetsein mit, eine **ständige Eigenschaft** ausdrücken, zumal auch bei abstrakten Begriffen, z. B.:

Lektion 4, Textsatz 8:

لها اسم جميل   [ˈlaha: ism dʒaˈmiːl]

Sie hat einen schönen Namen. (*ständige Eigenschaft*)

Lektion 5, Textsatz 7:

للمدرس نجاح كبير   [lilmuˈdarris naˈdʒaːħ kaˈbiːr]

Der Lehrer hat großen Erfolg.

5. Häufig steht ل vor Infinitiven zur **Zweck- oder Zielangabe**, wobei zuweilen Doppeldeutigkeiten entstehen können, z. B.:

اشتريت هذا الكتاب السهل لتعلم الالمانية

[iʃtaˈraitu ˈhaːðalkiˈtaːbaˈssahl litaˈʕallumalˀalmaːˈniːja]

entweder: Ich kaufte dieses leichte Buch zum (Selbst-)Erlernen des Deutschen. (*allgemein*)

oder: Ich kaufte dieses leichte Buch, damit ich Deutsch lerne.

6. Hat ein Infinitiv ein Possessivsuffix oder ist er Teil einer Substantivverbindung, so wird ein Objekt oft mit ل angeschlossen, z. B.:

Lektion 10, Textsatz 4:

قرأت الام الجزء الاول من الكتاب فى الاسبوع الثانى من زيارتها لألمانيا

[ˈqaraˀatalˈˀummaldʒuzˀalˈawwal minalkiˈtaːb filˀusˈbuːʕaˈθθaini: min ziˈjaːˈratiha: liˀAlˈmanja:]

Die Mutter las den ersten Teil des Buches in der zweiten Woche ihres Deutschlandbesuches.

b) **Vor** konjugierten Verben sowie **nach** konjugierten Verben, Infinitiven oder Partizipien steht [li] ل:

1. zur **Ziel- oder Zweckangabe** (**vor** konjugierten Verben), vgl. Lektion 14, Abschnitt D.

2. **Nach** konjugierten Verben und ihren Infinitiven oder Partizipien steht auch häufig das Wortteilchen ل als obligatorischer Bestandteil von Objektkonstruktionen. Folgende dieser Verben, die mit ل konstruiert werden, kamen in den bisherigen Lektionen vor:

sagte (zu jmd.)   قال لـ   [qa:l (li)]

der Vater sagte zu seinem Sohn   قال الاب لابنه   [qa:lalˀab ˈlibnihi:]

wünschte (jmd.)　　　　　　　　　　　　[taˈmanna: (li)] ‏ لـ تمنّى‏

Ich wünsche ihm, daß er mit dem Gerät zufrieden sein wird.

‏اتمنّى له ان يكون مسرورا بالجهاز‏

[ataˈmanna: ˈlahu: an jaˈkuːn masˈruːran bildʒiˈhaːz]

war möglich (für jmd.)　　　　　　　　　[ˈamkan (li)] ‏ لـ امكن‏

‏يمكن للسائح ان يصل الى السودان عن طريق ميناء بور سودان‏

[ˈjumkin liˈssaːʔiħ an ˈjåṣil ˈilassuːˈdaːn ʕan ṭåriːq miːˈnaːʔ Buːr Suːˈdaːn]

Der Reisende kann in den Sudan über den Hafen von Port Sudan kommen.

war gestattet, durfte　　　　　　　　　　[dʒaːz (li)] ‏ لـ جاز‏

‏لا يجوز له ان يسافر الى هذه الدولة الآن‏

[la: jaˈdʒuːz ˈlahu: an juˈsaːfir ˈila: ˈhaːðihiˈddaulalˈʔaːn]

Er darf in diesen Staat jetzt nicht reisen.

war wünschenswert (für jmd.), **sollte**　　[inˈbaɣa: (li)] ‏ لـ انبغى‏

‏ينبغي لها ان يكون مساؤها هادئا‏

[janˈbaɣi: ˈlaha: an jaˈkuːn masaːʔuha: ˈhaːdiʔan]

Sie sollte einen ruhigen Abend haben.

kam entgegen, entsprach (jmd.)　　　　　[istaˈdʒaːb (li)] ‏ لـ استجاب‏

[istaˈdʒaːbarraˈʔiːs liˈraɣbataˈʃʃaʕb] ‏ استجاب الرئيس لرغبة الشعب‏

Der Präsident entsprach dem Volkswillen.

B　　　Das gebräuchlichste Wort zur Einleitung von **Bedingungssätzen der Wirklichkeit** lautet:

[ˈiða:] ‏ اذا‏ *wenn* (nicht zu verwechseln mit [ˈiðan] ‏ اذن‏ *also*), z. B.:

‏اذا سافر الانسان فى تلك المناطق الواسعة وجد ان اكثر الناس هناك تجمعهم لغة واحدة‏

[ˈiða: ˈsaːfaralʔinˈsaːn fi: ˈtilkalmaˈnåṭiqalˈwaːsiʕa, ˈwadʒad ˈanna ˈakθarannaːs huˈnaːk tadʒˈmaʕuhum ˈluɣa ˈwaːhida]

Wenn man (*wörtl.* der Mensch) in jene weiten Gebiete reist, so wird man feststellen, daß die meisten Menschen dort **eine** Sprache eint.

‏اود ان اتخصص بعصر الفتوحات الاسلامية الاولى فى المغرب العربى اذا كان ذلك ممكنا‏

[aˈwadd an ataˈxåssås biˈʕåsralfutuːˈħaːtalʔislaːˈmiːjalˈʔuːla: filˈmaɣribalˈʕarabiː, ˈiða: kaːn ˈðaːlik ˈmumkinan]

Ich möchte mich gern auf das Zeitalter der ersten islamischen Eroberungen im arabischen Westen spezialisieren, **wenn** das möglich ist.

واذا صحبتني في تلك الرحلة سأكون مسرورا وسعيدا فعلا

[wa'iða: så'ħabtani: fi: 'tilka'rriħla sa?a'ku:n mas'ru:ran wa sa'ʕi:dan fiʕlan]

Wenn du mich auf dieser Reise begleitest, werde ich wirklich zufrieden und froh sein.

لا شك في ان رحلتنا تكون ممتعة ومفيدة اذا استعددنا لها استعدادا حسنا

[la: ʃakk fi: 'anna riħ'latana: ta'ku:n 'mumtiʕa wa mu'fi:da, 'iðasta-
ʕ'dadna:'lahastiʕ'da:dan 'ħasanan]

Ohne Zweifel wird unsere Reise genußbringend und nützlich werden, **wenn** wir uns gut auf sie vorbereiten.

Wie aus den Beispielen ersichtlich, steht das Verb in den mit اذا eingeleiteten **bejahenden** Bedingungssätzen der Wirklichkeit stets in der Form für die vollendete Handlung, ganz gleich, ob der anschließende Satz auf Vorzeitigkeit, Gleichzeitigkeit oder Nachzeitigkeit weist.

Beispielsatz 1:

| Satz mit اذا | = Verbform für **abgeschlossene** Handlung |
| Folgesatz | = Verbform für **abgeschlossene** Handlung |

Beispielsatz 2:

| Vorsatz | = Verbform für **fortlaufende** Handlung |
| Satz mit اذا | = Verbform für **abgeschlossene** Handlung |

Beispielsatz 3:

| Satz mit اذا | = Verbform für **abgeschlossene** Handlung |
| Folgesatz | = Verbform für **fortlaufende** Handlung |

Die mit اذا eingeleiteten Bedingungssätze können also sowohl am Anfang als auch am Schluß des Satzgefüges stehen, wie im Deutschen.

Auch die Folge: **Satz mit** اذا + ف + **Imperativ** ist häufig, z. B.

اذا قابلتموهم فخابرونا حالا   ['iða: qa:baltu'mu:hum faxa:bi'ru:na: 'ħa:lan]

Wenn ihr sie trefft, dann gebt uns gleich Bescheid (per Telefon).

Sollen Bedingungssätze der Wirklichkeit **verneint** werden, so wird die Konstruktion اذا + Verbform für abgeschlossene Handlung durch لم + اذا + **Verbform für fortlaufende Handlung** ersetzt, im Folgesatz steht dann ebenso لم + **Verbform** für fortlaufende Handlung oder لن, لا oder ليس, z. B.

اود ان اتخصص بعصر ما قبل الاسلام اذا لم يكن التخصص بعصر الفتوحات الاسلامية الاولى فى
المغرب العربى ممكنا

[a'wadd an ata'xâssâs bi'ςâsr ma: 'qablal?is'la:m, 'iða: lam 'jakun**atta**'xâs-
sos bi'ςâsr**alfutu:**'ħa:tal?isla:'mi:jal'?u:la: fil'maɣrib**al**'ςarabi: 'mumkinan]

Ich möchte mich gern auf das vorislamische Zeitalter spezialisieren, **wenn**
die Spezialisierung auf das Zeitalter der ersten islamischen Eroberungen im
arabischen Westen **nicht** möglich ist.

واذا لم تصحبنى فى تلك الرحلة لن اكون مسرورا ولا سعيدا

[wa'iða: lam tâs'ħabni: fi: 'tilka'rriħla lan a'ku:n mas'ru:ran 'wala: sa'ςi:dan]

Wenn du mich **nicht** auf dieser Reise begleitest, werde ich (gewiß) weder zufrieden noch froh sein.

لن اساعدك فى كل الترتيبات اللازمة للسفر اذا لم ترد ذلك

[lan u'sa:ςidak fi: 'kull**atta**rti:'ba:ta'lla:zima li'ssafar, 'iða: lam 'turid 'ða:-
lik]

Ich werde dich bei allen notwendigen Reisevorbereitungen nicht unterstützen, **wenn** du das **nicht** willst.

Übungen - تمارين

1. Übersetzen Sie und verneinen Sie anschließend den Satz:

1. Wenn du mir den Teller Suppe gibst, gebe ich dir den Becher mit Milch.
2. Wenn ihr (*f*) beschäftigt seid, so ist es besser, daß wir morgen früh wie-
   derkommen.
3. Wenn übermorgen schönes Wetter ist, werden wir an den Strand des
   Mittelmeeres fahren.
4. Wenn das Wetter schön ist, werden wir dort Sonnenbäder nehmen.
5. Wenn dieses Essen gut ist, werden wir mehr davon bestellen.
6. Wir brauchen diese Möbel, wenn sie neu und modern sind.
7. Wenn du an dieser Stelle fällst, wirst du dir den Fuß brechen.
8. Wenn sie in diesem Monat aus dem Ausland zurückkommen, werden
   wir eine schöne Feier anläßlich ihrer Rückkehr veranstalten.
9. Wenn du (*f*) den Geschmack dieser Äpfel gut findest, so kaufe sie.
10. Wenn ihr mit dem Bau dieses Hauses in einem Monat fertig seid, wer-
    det ihr viel Geld bekommen (nehmen).

2. Geben Sie eine kurze schriftliche Zusammenfassung in Arabisch zum Text der 19. Lektion!

3. Übersetzen und beantworten Sie folgende Fragen:

1. Werden Sie diesen Sommer nach Ägypten reisen, wenn Sie Zeit haben?
2. Werden Sie etwas von der schweren arabischen Sprache verstehen, wenn Sie mit dem Studium dieses Buches zu Ende sind?
3. Was werden Sie sagen, wenn Sie Ihre Freunde nach diesem Buch fragen?
4. Sind alle Übungen dieses Buches nützlich, wenn sie der Lernende langsam und aufmerksam übersetzt?
5. Werden Sie etwas verstehen, wenn sie eine Sendung in arabischer Hochsprache in Ihrem Rundfunkempfänger hören?

4. Übersetzen und beantworten Sie folgende Fragen zum Gespräch in der 19. Lektion:

1. Wo liegt das Kaffeehaus, in dem sich die beiden syrischen Freunde zufällig treffen?
2. Warum hat Labib lange Zeit nichts von Munir gehört?
3. In welchem Teil von Syrien liegt die Syrische Wüste?
4. Was bestellen die beiden Freunde beim Kellner?
5. Wohin möchte Labib reisen und warum?
6. Was schlägt Munir als Route für ihre Reise vor?
7. Welche Länder werden die beiden unterwegs sehen?

20. Lektion
الدرس العشرون

Zur Wortstruktur und -bildung; Wörterbuchbenutzung

Text

مقتطفات من باب إعلانات جريـدة الأهرام ‖ المصريـة الصـادرة بالقـاهرة ‖

في عدد سبتمبر من الهلال ‖ – مجلة الفكر العربي للجميع ‖ – تقرأ:

سر الفتنة بين المرأة والرجل ا – لماذا صمت شعراء المقاومة؟ – أمن الخليج والإستراتيجية العربية الشاملة ا – مختارات هيتشكوك ا – حكاية إنسانية، ا وأبواب أخرى مثيرة. ا مع الباعة، ا الثمن ١٥ قرشاً.

هيئة الطاقة الذرية، ا قسم تكنولوجية الإشعاع، ا تعلن عن مناقصة عامة بين القطاع العام والخاص ا عن توريد أجهزة ومهمات علمية. ا جلسة البت في ١٩٧٧/١٠/١، ا الساعة الثانية عشرة ظهراً، ا فعلى من يرغب الإشتراك في هذه المناقصة ا التقدم إلى المركز الحصول على نسخة من الشروط والمواصفات، ا نظير سداد مبلغ جنيهين لا غير بموجب حوالة بريدية أميرية بإسم الهيئة.

مدارس قيادة السيارات. ١١

مدرسة نبيل لقيادة السيارات ا تعلمك بـ ٤ جنيهات قيادة السيارات ا وتؤهلك لإستخراج الرخصة المصرية والأجرة والدولية.

مطلوب شراء

عظيم عربي يشتري. ١١ مطلوب سجاد عجمي كاشان، بخارة، وساعة ذهبية قديمة ومبخرة وكؤوس فضية وجالية مفارش – بدون وسطاء – الهاتف ٧٣١٦٥٤٩

من باب الأخبار المحلية المتفرقة

نميري يستقل سيارة أجرة ويدفع ٥٠ جنيهاً للتوصيلة

إستقل الرئيس السوداني جعفر محمد النميري سيارة أجرة في الإسكندرية

يوم الأحد الماضي، ا عندما تعطلت سيارته الخاصة ا التي قادها شخصياً بدون حراسة ا وهو في طريقه من الإسكندرية إلى العجمي . اا منح الرئيس الفيري سائق سيارة الأجرة ا الذي تنبه إلى شخصية الرئيس بعد عدة أمتار ا ٥٠١ جنيهاً مقابل التوصيلة .

من نشرة لنشرات أخبار إذاعة المملكة العربية السعودية

إذاعة المملكة العربية السعودية والساعة فيها الآن ا تمام التاسعة مساءً اا السلام عليكم ورحمة الله وبركاته ا وإليكم النشرة الرابعة لأخبار اليوم، ا يقرأها الليلة حسن التهـــامي

مستهل النشرة

صاحب السمو الملكي ا الأمير عبد الله بن عبد العزيز، ا النائب الثاني لرئيس مجلس الوزراء ورئيس الحرس الوطني ا يقوم اليوم بزيارة تفقدية لمجمع مباني الحرس الوطني الجديدة في طريق خبر ا الذي أوشك العمل فيه على الإنتهاء – صاحب السمو الملكي ا الأمير نائف بن عبد العزيز، ا وزير الداخلية ا يرعى مساء اليوم حفلة تخريج الدورة السادسة والثلاثين من طلاب كلية قوى الأمن الداخلي – معالي الدكتور محمد عبده يماني، ا وزير الإعلام، ا يعود مساء اليوم إلى الرياض ا قادماً من باريس ا بعد إنتهاء زيارته للولايات المتحدة الأمريكية ا التي إستغرقت ستة أيام – اللجنة الوزارية الخاصة بأفغانستان ا والتي شكلها المؤتمر الحادي عشر لوزراء خارجية الدول الإسلامية ا تعقد أول إجتماع لها في طهران ا يوم الاربعاء القادم – الحكومة الكوبية تجري مشاورات مع دول عدم الإنحياز الأخرى ا بشأن عقد مؤتمر وزاري إستثنائي ا لحركة عدم الإنحياز في هافانا في يوليو (تموز) القادم – وفي النشرة طائفة

أخرى من الأخبار ا وإليكم التفصيل اا . . . هذه الأخبار تذاع من إذاعة المملكة العربية السعودية . . . لا زالت هذه الأخبار تأتيكم من إذاعة المملكة العربية السعودية . . .

أيها السادة، ا في نهاية نشرة الأخبار النشرة الجوية الطقس خلال الأربع وعشرين ساعة القادمة: طقس صيفي حار على معظم مناطق المملكة ا ويميل إلى الاعتدال ا على المرتفعات الغربية والجنوبية والغربية ا حيث تتواجد كميات من السحب الركامية المنثورة ا تمتد إلى أجزاء من المناطق الغربية والشمالية والوسطى، ا والرياح سطحية شمالية إلى شمالية شرقية، ا معتدلة إلى نشطة السرعة ا تثير الغبار والأتربة على المناطق الداخلية والساحل الغربي، وحالة البحر في المياه الإقليمية معتدل إلى متوسط الموج ا ودرجات الحرارة المتوقعة هذه الليلة ونهار الغد في مدن المملكة كالآتي:

الرياض ٤٠، الصغرى ٢٩ – مكة المكرمة ٤٥-٣٠، جدة ٤٢-٢٩، الظهران ٤٠-٢٥، المدينة المنورة ٤١-٢٦، تبوك ٣٩-٢٦، نجران ٣٨-٢١، كما بلغت درجات الحرارة في بعض عواصم الدول العربية والعالمية كالآتي:

الكويت ٤٢، أبو ظبي ٣٦، البحرين ٣٤، الشارقة ٣٥، الدوحة ٤١، بغداد ٤٠، عمان ٣٧، دمشق ٣٨، بيروت ٣٣، القاهرة ٤١، تونس ٢٥، الجزائر ٢١، الرباط ٢٤، كراتشي ٣٨، طهران ٢٩، بمباي ٣٢، أنقرة ٢٦، لندن ١٠، باريس ١٠، جنيف ١٣، روما ٢٠، برلين ١٥، أثينا ٢٦، مدريد ٢٤، كوبنهاجن ١٥، أوسلو ١٣، اوستوكهولم ١٤، أمستردام ١٤، فيينا ١٣، موسكو ٢١.

Vokabeln – مفردات

Name der [al-Ah'ra:m] الاهرام
größten ägyptischen Tageszei-
tung, „die Pyramiden"
Name eines [al-Hi'la:l] الهلال
ägyptischen Magazins, „der
Halbmond"
Denken [fikr] فكر
Gesamtheit; [dʒa'mi:ʕ] جميع
ganz, alle
Geheimnis [sirr] سر
(*Pl.* [as'ra:r] (اسرار
Zauber, Verlockung ['fitna] فتنة
(*Pl.* ['fitan] (فتن
Dichter ['ʃa:ʕir] شاعر
(*Pl.* [ʃuʕa'ra:ʔ] (شعراء
Widerstand [mu'qa:wama] مقاومة
umfassend ['ʃa:mil] شامل
Geschichte, [ħi'ka:ja] حكاية
Erzählung
erregend, aufregend [mu'θi:r] مثير
Piaster [qirʃ] قرش
(*Pl.* [qu'ru:ʃ] (قروش
Behörde; Gesellschaft ['haiʔa] هيئة
Energie ['tå:qa] طاقة
Atom- ['ðarri:] ذرى
Technologie
[tiknu:'lu:dʒija:] تكنولوجيا
Strahlung [iʃ'ʕa:ʕ] اشعاع
Ausschreibung [mu'na:qåså] مناقصة
Sektor, [qi̱'ta:ʕ] قطاع
Bereich, Abschnitt
(*Pl.* [qi̱ta:'ʕa:t] (قطاعات
Einfuhr; Lieferung [tau'ri:d] توريد
Sitzung ['dʒalsa] جلسة
Entscheidung [batt] بت

Teilnahme [iʃti'ra:k] اشتراك
das sich [ta'qaddum] تقدم
Wenden an; Vorangehen,
Fortschritt
Erhalten, [ħu'so:l] حصول
Bekommen
Exemplar ['nusxa] نسخة
(*Pl.* ['nusax] (نسخ
Bedingung [ʃart] شرط
(*Pl.* [ʃu'ro:t] (شروط
Spezifizierung [mu'wå:såfa] مواصفة
für (*als Gegenleistung*) [nå'zi̱:r] نظير
Bezahlung, [sa'da:d] سداد
Begleichung
(ägypt.) Pfund [gi'ne:h] جنيه
(*Pl.* [gine:'ha:t] (جنيهات
auf Grund [bi'mu:dʒib] بموجب
von; kraft; durch
Scheck [ħa'wa:la] حوالة
staatlich, öffentlich [a'mi:ri:] اميرى
Erlaubnis; ['ruxså] رخصة
Zertifikat
(*Pl.* ['ruxås] (رخص
Teppiche *koll.* [sa'dʒa:d] سجاد
persisch; ['ʕadʒami:] عجمى
nichtarabisch
Name einer [ka:'ʃa:n] كاشان
Teppichsorte
Name einer [bu'xa:ra] بخارة
Teppichsorte
Räuchergefäß ['mibxara] مبخرة
(*Pl.* [ma'ba:xir] (مباخر
Silber ['fi̱ḍḍå] فضة
Satz ['dʒa:liyat ma'fa:riʃ] جالية مفارش
Tischdecken *od.* Bettwäsche

Vermittler, Makler [wa'si:t] وسيط
(Pl. [wuså'tå:ʔ] (وسطاء)
Familienname [Nu'mairi:] النميرى
des sudanesischen Präsidenten
das (einmalige) [tau'si:la] توصيلة
Hinbringen
männl. Name ['Dʒaʕfar] جعفر
als ['ʕindama:] عندما
Wache, Bewachung [ħi'ra:sa] حراسة
Ort in [al-'ʕAdʒma:] العجمى
Unterägypten
Persönlichkeit [ʃax'si:ja] شخصية
Meter [mitr] متر
(Pl. [am'ta:r] (امتار)
für [mu'qa:bil] مقابل
(als Gegenleistung)
Königreich ['mamlaka] مملكة
(Pl. [ma'ma:lik] (ممالك)
Gnade ['raħma] رحمة
Segnung ['baraka] بركة
männl. Name ['ħasan] حسن
Nachname [at-Ti'ha:mi:] التهامى
Anfang; [musta'hall] مستهل
hier: Resumée
Hoheit (Titel) [su'mu:w] سمو
König ['malik] ملك
(Pl. [mu'lu:k] (ملوك)
männl. [Abdalʕa'zi:z] عبد العزيز
Vorname
Stellvertreter ['na:ʔib] نائب
(Pl. [nu'wwa:b] (نواب)
Rat (Institution) ['madʒlis] مجلس
(Pl. [ma'dʒa:lis] (مجالس)
Minister [wa'zi:r] وزير
(Pl. [wuza'ra:ʔ] (وزراء)
Inspektion [ta'faqqud] تفقد
(Pl. [tafaqqu'da:t] (تفقدات)

Komplex [mu'dʒammaʕ] مجمع
(Pl. [mudʒammaʕ'a:t] (مجمعات)
Gebäude ['mabnan] مبنى
(Pl. [ma'ba:nin] (مبان)
Stadt in ['Xubar] خبر
Nordost-Saudi-Arabien
männl. Name ['Na:ʔif] نائف
Feier ['ħafla] حفلة
Ausbildung [tax'ri:dʒ] تخريج
(Abschluß)
Kursus, Lehrgang ['daura] دورة
Hoheit [ma'ʕa:lin] (Pl.!) معال
(Titel)
Dr. [dak'tu:r] دكتور
(Pl. [da'ka:tira] (دكاترة)
männl. Name ['ʕAbduh] عبده
Nachname [Ja'ma:ni:] يمانى
Information [iʕ'la:m] اعلام
Riad [ar-Ri'jå:đ] الرياض
Paris [Ba:'ri:s] باريس
USA الولايات المتحدة الامريكية
[alwila:'ja:talmu'ttaħidalʔami-
ri:'ki:ja]
Kommission ['ladʒna] لجنة
(Pl. [li'dʒa:n] (لجان)
Afghanistan [Af'ɣa:nista:n] افغانستان
Kongreß, [muʔ'tamar] مؤتمر
Konferenz
(Pl. [muʔtama'ra:t] (مؤتمرات)
Versammlung [idʒti'ma:ʕ] اجتماع
(Pl. [idʒtima:'ʕa:t] (اجتماعات)
Teheran [tåh'ra:n] طهران
kubanisch ['ku:bi:] كوبى
Konsultation, [mu'ʃa:wara] مشاورة
Beratung
Paktgebundenheit [inħi'ja:z] انحياز

Sache, Angelegenheit [ʃaʔn] شأن	erwartet [mutaˈwaqqaʕ] متوقع
(Pl. [ʃuˈʔuːn] (شؤون)	Tag [naˈhaːr] نهار
außerordent- [istiθˈnaːʔiː] استثنائي	wie [ka] كـ
lich; Ausnahme-	Mekka [ˈMakka] مكة
Bewegung [ˈħaraka] حركة	Beiname [al-muˈkarrama] المكرمة
Havanna [Haːˈfaːnaː] هافانا	von Mekka
Teil; [ˈtåːʔifa] طائفة	Dschidda [ˈDʒidda] جدة
Anzahl; Gruppe	Dhahran [åz-Zåhˈraːn] الظهران
(Pl. [taˈwaːʔif] (طوائف)	Medina [al-Maˈdiːna] المدينة
Anredewort [ˈajjuhaː] ايها	Beiname [al-muˈnawwara] المنورة
größter Teil [ˈmuʕzåm] معظم	von Medina
Ausgeglichenheit, [iʕtiˈdaːl] اعتدال	Tabuk [Taˈbuːk] تبوك
Mäßigung	Nadschran [Nadʒˈraːn] نجران
Erhebung, Höhe [murˈtafaʕ] مرتفع	Abu Dhabi [ˈAbuː ˈZåbiː] ابو ظبى
(Pl. [murtafaʕaːt] (مرتفعات)	Bahrain [al-Baħˈrain] البحرين
wo rel. [ˈħaiθu] حيث	Schariqa [aʃ-ˈʃaːriqa] الشارقة
Menge [kaˈmmiːja] كمية	Doha [ad-ˈDauħa] الدوحة
Wolke [saˈħaːba] سحابة	Rabat [ar-Riˈbåːt] الرباط
(Pl. [ˈsuħub] (سحب)	Karatschi [Kaˈraːtiʃiː] كراتشى
Haufen- [ruˈkaːmi] ركامى	Bombay [ˈBambaːj] بمباى
verstreut [manˈθuːr] منثور	Ankara [ˈAnqara] انقره
Oberfläche [såtħ] سطح	London [ˈLandan] لندن
(Pl. [soˈtuːħ] (سطوح)	Genf [Dʒiˈniːf] جنيف
lebhaft [ˈnaʃit] نشط	Rom [ˈRuːmaː] روما
(Komp. [ˈanʃat] (انشط)	Athen [Aˈθiːnaː] اثينا
Staub [ɣuˈbaːr] غبار	Madrid [Madˈriːd] مدريد
Staub [tuˈraːb] تراب	Kopenhagen
(Pl. [ˈatriba] (اتربة)	[Kuːbanˈhaːdʒin] كوبنهاجن
Küste [ˈsaːħil] ساحل	Oslo [ˈUslu] اوسلو
(Pl. [saˈwaːħil] (سواحل)	Stockholm [Istuːkˈhuːlim] استوكهولم
Wellen koll. [maudʒ] موج	Amsterdam [Amistarˈdaːm] امستردام
(Pl. [amˈwaːdʒ] (امواج)	Wien [Fiˈjiːnaː] فيينا
Grad [ˈdaradʒa] درجة	

Verbformen

schweigen   صَمَتَ [ˈsåmat] ، [ˈjåsmut] يَصمُت ، صَمت [såmt] ، اصمت [ˈosmut!]

wünschen etw.   رغب [ˈraɣib] ، [ˈjarɣab] يرغب ، رغبة [ˈraɣba] ، ارغب [ˈirɣab!]

lehren   علم [ˈʕallam] ، [juˈʕallim] يعلم ، تعليم [taʕˈliːm] ، علم [ˈʕallim!]

ausbilden; geeignet machen   اهل [ˈʔahhal] ، [juˈʔahhil] يؤهل ، تأهيل [taʔˈhiːl] ، اهل [ˈʔahhil!]

besteigen, einsteigen; unabhängig sein   استقل [istaˈqall] ، [jastaˈqill] يستقل ، استقلال [istaqˈlaːl] ، استقل [istaˈqilla!]

zahlen   دفع [ˈdafaʕ] ، [ˈjadfaʕ] يدفع ، دفع [dafʕ] ، ادفع [ˈidfaʕ!]

defekt werden   تعطل [taˈʕåttål] ، [jataˈʕattål] يتعطل ، تعطل [taˈʕattol]

schenken, gewähren   منح [ˈmanaħ] ، [ˈjamnaħ] يمنح ، منح [manħ] ، امنح [ˈimnaħ!]

aufmerksam werden   تنبه [taˈnabbah] ، [jataˈnabbah] يتنبه ، تنبه [taˈnabbuh] ، تنبه [taˈnabbah!]

unternehmen   قام (بِ) [qaːm (bi)] ، [jaˈquːm] يقوم ، [qiˈjaːm] قيام ، قم [qum!] ،
(قومى) [ˈquːmiː!] ، قوموا [ˈquːmuː!]

nahe daran, im Begriff sein   اوشك [ˈauʃak] ، [juˈʃik] يوشك ، وشك [waʃk]

Schutzherrschaft übernehmen   رعى [ˈraʕaː] ، [ˈjarʕaː] يرعى ، رعاية [riˈʕaːja]

dauern   استغرق [isˈtaɣraq] ، [jasˈtaɣriq] يستغرق ، استغراق [istiɣˈraːq]

einberufen   عقد [ˈʕaqad] ، [ˈjaʕqid] يعقد ، عقد [ʕaqd] ، اعقد [ˈiʕqad!]

ausstrahlen, senden   اذاع [aˈðaːʕ] ، [juˈðiːʕ] يذيع ، اذاعة [iˈðaːʕa] ،
اذع [ˈaðiʕ!] ، (اذيعى) [aˈðiːʕiː!] ، اذيعوا [aˈðiːʕuː!]

aufhören   زال [zaːl] ، [jaˈzuːl] يزول ، زوال [zaˈwaːl]

kommen   اتى [ˈataː] ، [ˈjaʔti] يأتى ، اتيان [ʔitˈjaːn]

neigen zu   مال [maːl] ، [jaˈmiːl] يميل ، ميل [mail] ، مل [mil!] ، (ميلى) [ˈmiːliː!] ، ميلوا [ˈmiːluː!]

sich einfinden, vorhanden sein   تواجد [taˈwaːdʒad] ، [jataˈwaːdʒad] يتواجد ، تواجد [taˈwaːdʒud]

sich erstrecken, ausdehnen   امتد [imˈtadd] ، [jamˈtadd] يمتد ، امتداد [imtiˈdaːd]

erregen, *hier*: aufwirbeln   ، [iˈθaːra] اثارة ، [juˈθiːr] يثير ، [aˈθaːr]اثار
[aˈθiːruː!] اثيروا ، [aˈθiːriː!] (اثيرى) ، [ˈaθir!] اثر

Text

Auszüge aus der Anzeigenrubrik der ägyptischen Zeitung „al-Ahram", die in Kairo erscheint:
In der Septembernummer des „Hilal" – der Zeitschrift des arabischen Denkens für jedermann – lesen Sie:
Das Geheimnis der Versuchung zwischen Frau und Mann – Warum schwiegen die Dichter des Widerstandes? – Die Sicherheit des Golfes und die umfassende arabische Strategie – Hitchcock-Auswahl – Eine menschliche Erzählung – und viele andere anregende Rubriken. Jetzt im Verkauf (*wörtl.* mit den Verkäufern), Preis 15 Piaster.
Die Atomenergiebehörde, Abteilung Strahlungstechnologie, gibt eine öffentliche Ausschreibung für (zwischen) den staatlichen und privaten (Wirtschafts-)Sektor zwecks Lieferung von wissenschaftlichen Geräten und Ausrüstungen bekannt. Die Entscheidungssitzung (darüber) am 1.10.1977, 12 Uhr mittags. Wer wünscht, an der Ausschreibung teilzunehmen, soll sich an die Zentrale wenden, zum Empfang eines Exemplars (mit den) Bedingungen und Spezifikationen, als Gegenleistung für die Entrichtung eines Betrages von 2 Pfund (nichts anderes), und zwar durch einen amtlichen Postscheck auf (im) den Namen der Behörde.

Fahrschulen
Die Fahrschule Nabil lehrt Sie für 4 Pfund das Autofahren (*wörtl.* das Autosteuern) und bildet Sie zur Erlangung der (allgemeinen) ägyptischen, der Mietwagen- und der Internationalen (Fahr-)Erlaubnis aus.

Zu kaufen gesucht
Arabische Persönlichkeit kauft – sucht Perserteppiche (Kaschan, Buchara), alte goldene Uhr, Räucherfaß, Silberbecher – Satz Bettwäsche – ohne Vermittler – Telefon 7 31 65 49.

Aus der Rubrik „Verstreute lokale Nachrichten"
Numairi besteigt ein Mietauto und bezahlt 50 Pfund fürs Hinbringen.
Der sudanesische Präsident Dschaafar Muhammad al-Numairi stieg am vergangenen Sonntag in Alexandria in einen Mietwagen ein, nachdem sein Privatauto defekt geworden war, das er persönlich fuhr – ohne Begleitwache – als er unterwegs von Alexandria nach al-Adschma war.
Präsident Numairi gab dem Fahrer des Mietwagens, der nach einigen Metern (schon) auf die Persönlichkeit des Präsidenten aufmerksam geworden war, 50 Pfund fürs Bringen (ans Ziel).

Aus einer Nachrichtensendung des Rundfunks des Königreichs Saudi-Arabien
(Hier ist) der Rundfunk des Königreichs Saudi-Arabien. Die Stunde in ihm ist jetzt genau die neunte abends. Friede sei mit euch, und die Gnade Allahs und seine Segnungen! (Nun) für euch das 4. Bulletin der heutigen Nachrichten, heute abend liest es Hasan al-Tihami.

Kurzfassung des Bulletins:
Seine Königliche Hoheit, Emir Abdullah ibn Abd al-Aziz, zweiter Stellvertreter des Vorsitzenden des Ministerrates und Chef der Nationalgarde, unternimmt heute einen Inspektionsbesuch im Komplex der neuen Gebäude für die Nationalgarde an der Straße nach Chobar, der bereits fast fertiggestellt ist. –
Seine Königliche Hoheit, Emir Naif ibn Abd al-Aziz, der Innenminister, nimmt heute abend die Feier zum Ausbildungsabschluß des 36. Kurses der Studenten der Fakultät für die Kräfte der inneren Sicherheit unter seine Schirmherrschaft. –
Seine Exzellenz, Dr. Muhammad Abduh Jamani, Minister für Information, kehrt heute abend nach Riad aus Paris kommend zurück, nach dem Ende seines Besuches der Vereinigten Staaten von Amerika, der sechs Tage dauerte. –
Die Ministerkommission für Afghanistan, die der 11. Kongreß der Außenminister der islamischen Staaten bildete, beruft ihre erste Zusammenkunft für kommenden Mittwoch nach Teheran ein. –
Die kubanische Regierung hält Konsultationen mit den übrigen nichtpaktgebundenen Staaten ab, zwecks (wegen) Einberufung einer außerordentlichen Ministerkonferenz der Bewegung des Nichtpaktgebundenseins nach Havanna im kommenden Juli. –
Im Bulletin (folgt noch) eine weitere Gruppe von Nachrichten. Nun für euch die ausführlichen (Nachrichten) . . . Diese Nachrichten werden vom Rundfunk des Königreichs Saudi-Arabien ausgestrahlt . . . Diese Nachrichten kommen weiter zu euch (*wörtl.* haben nicht aufgehört zu kommen) vom Rundfunk des Königreichs Saudi-Arabien . . .
Meine Herren! Zum Schluß des Nachrichtenbulletins der Wetterbericht (Klimabulletin). Das Wetter im Verlauf der kommenden 24 Stunden: Heißes Sommerwetter über den meisten Gebieten des Königreichs. Es neigt zur Mäßigung über den westlichen und südwestlichen Höhen, wo sich (gewisse) Mengen von verstreuten Haufenwolken befinden, die sich auf Teile der westlichen, nördlichen und mittleren Gebiete erstrecken. Nördliche bis nordöstliche Oberflächenwinde von mäßiger bis lebhafter Geschwindigkeit. Sie wirbeln Staub über den inneren Gebieten und der westlichen Küste auf. Zustand des Meeres in den Territorialgewässern: mäßige bis mittlere Wellen. Diese Nacht und am kommenden Tag zu erwartende Wärmegrade in den Städten des Königreiches wie (das Kommende) folgt:
Riad 40, Minimum 29 – Mekka 45/30, Dschidda 42/29, Dhahran 40/25, Medina 41/26, Tabuk 39/26, Nadschran 38/21.
(Ebenso betrugen) die Wärmegrade in einigen Hauptstädten der arabischen Staaten und der Welt wie folgt:
Kuwait 42, Abu Dhabi 36, Bahrain 34, Schardscha 35, Doha 41, Bagdad 40, Amman 37, Damaskus 38, Beirut 33, Kairo 41, Tunis 25, Algier 21, Rabat 24, Karatschi 38, Teheran 29, Bombay 32, Ankara 26, London 10, Paris 10, Genf 13, Rom 20, Berlin 15, Athen 26, Madrid 24, Kopenhagen 15, Oslo 13, Stockholm 14, Amsterdam 14, Wien 13, Moskau 21.

Grammatik

A   Die große Mehrzahl der arabischen Wörter besteht aus **mindestens drei Konsonanten.**

Nehmen wir z. B. das Wort „in ihrer Schule" [bimadraˈsatihim] بمدرستهم
Was ist die **Wurzel** dieses Worts?

Zunächst trennen wir das Possessivsuffix هم und die Präposition بَ ab, dann das Femininzeichen ة und schließlich den Konsonanten م. Es bleibt die **Wurzel**, die drei Konsonanten hat, د ر س

Diese drei Konsonanten in ihrer typischen Reihenfolge د ر س haben den allgemeinsten Bedeutungsinhalt „*lernen, studieren*".

Die ganze Vielfalt der Wortbildungsmöglichkeiten und die genaue Festlegung von Bedeutung, Wortart und grammatischer Kategorie wird aber erst gewissermaßen durch die „Verkleidung" dieser Wurzelbuchstaben erreicht, die ja so „nackt" nur als Abstraktion bestehen. Das stets Unveränderliche ist je nach Wort die Zahl und die Reihenfolge der Wurzelbuchstaben. Die Möglichkeiten der Abwandlung und damit der Konkretisierung nach Bedeutung, Wortart und grammatischer Aufgabe sollen die Ableitungen von der gleichen Wurzel zeigen; die indes nicht vollständig sind:

1. er lernte, studierte	[ˈdaras]	درس
2. er lehrte	[ˈdarras]	درس
3. er lernte zusammen mit jmd.	[ˈdaːras]	دارس
4. miteinander genau studieren etw.	[taˈdaːras]	تدارس
5. Unterrichtsstunde	[dars]	درس
6. Studium	[diˈraːsa]	دراسة
7. Studien-, Schul-, Lehr-	[diˈraːsiː]	دراسى
8. eifrig Lernender, Studierender	[daˈrraːs]	دراس
9. Schule	[ˈmadrasa]	مدرسة
10. Schul-, schulmäßig	[ˈmadrasiː]	مدرسى
11. Unterrichtstätigkeit	[tadˈriːs]	تدريس
12. Lehrer	[muˈdarris]	مدرس

Betrachten wir bei den aufgeführten Beispielen im einzelnen, wie die abstrakte Wurzel د ر س „verkleidet" wird:

1. 1. Wurzelbuchstabe + Kurzvokal **a** + 2. Wurzelbuchstabe + Kurzvokal **a** + 3. Wurzelbuchstabe = **Verb (abgeschlossene Handlung)** *3. Pers. Sing. m.*

2. 1. Wurzelbuchstabe + Kurzvokal a + 2. (gelängter!) Wurzelbuchstabe + Kurzvokal a + 3. Wurzelbuchstabe = **Verb (abgeschlossene Handlung)** *3. Pers. Sing. m.*

3. 1. Wurzelbuchstabe + Langvokal a: + 2. Wurzelbuchstabe + Kurzvokal a + 3. Wurzelbuchstabe = **Verb (abgeschlossene Handlung)** *3. Pers. Sing. m.*

4. „Hilfsbuchstabe" t + Kurzvokal a + 1. Wurzelbuchstabe + Langvokal a: + 2. Wurzelbuchstabe + Kurzvokal a + 3. Wurzelbuchstabe = **Verb (abgeschlossene Handlung)** *3. Pers. Sing. m.*

5. 1. Wurzelbuchstabe + Kurzvokal a + 2. Wurzelbuchstabe + 3. Wurzelbuchstabe = **Substantiv** *Sing. m.*

6. 1. Wurzelbuchstabe + Kurzvokal i + 2. Wurzelbuchstabe + Langvokal a: + 3. Wurzelbuchstabe + Femininzeichen = **Substantiv** *Sing. f.*

7. 1. Wurzelbuchstabe + Kurzvokal i + 2. Wurzelbuchstabe + Langvokal a: + 3. Wurzelbuchstabe + Langvokal i: = **Adjektiv** *Sing. m.*

8. 1. Wurzelbuchstabe + Kurzvokal a + 2. (gelängter!) Wurzelbuchstabe + Langvokal a: + 3. Wurzelbuchstabe = **Substantiv (oder Adjektiv)** *Sing. m.*

9. „Hilfsbuchstabe" m + Kurzvokal a + 1. Wurzelbuchstabe + 2. Wurzelbuchstabe + Kurzvokal a + 3. Wurzelbuchstabe + Femininzeichen = **Substantiv** *Sing. f.*

10. „Hilfsbuchstabe" m + Kurzvokal a + 1. Wurzelbuchstabe + 2. Wurzelbuchstabe + Kurzvokal a + 3. Wurzelbuchstabe + Langvokal i: = **Adjektiv** *Sing. m.*

11. „Hilfsbuchstabe" t + Kurzvokal a + 1. Wurzelbuchstabe + 2. Wurzelbuchstabe + Langvokal i: + 3. Wurzelbuchstabe = **Substantiv** *Sing. m.*

12. „Hilfsbuchstabe" m + Kurzvokal u + 1. Wurzelbuchstabe + Kurzvokal a + 2. (gelängter!) Wurzelbuchstabe + Kurzvokal i + 3. Wurzelbuchstabe = **Partizip Aktiv** *Sing. m.*

Die Aufreihung zeigt bereits wesentliche **Mittel der Wortbildung**, nämlich „Einsetzen" von Kurz- und Langvokalen (1, 3, 5, 6, 7), zusätzlich Konsonantenlängung (2, 8, 12) sowie außerdem Vorsetzen von Hilfsbuchstaben vor den 1. Wurzelbuchstaben (4, 9, 10, 11, 12). Ändert sich auch nur ein Element, so erhält das Wort sogleich eine andere Bedeutung bzw. geht in eine andere grammatische Kategorie über.

Vereinfachend läßt sich sagen, daß die Elemente nach dem 3. Wurzelbuchstaben, also die verschiedenen Suffixe, die in den vorausgegangenen Gram-
matikteilen behandelt wurden, hauptsächlich für die Bestimmung der Wortart und der grammatischen Kategorien (etwa Zeit, Zahl) von Bedeutung
sind, weniger für die allgemeine Wortbedeutung.

Nun gibt es auch noch Möglichkeiten, „Hilfsbuchstaben" nach dem 1.
Wurzelbuchstaben von Wörtern zur Bedeutungsänderung einzuschieben,
z. B.:

er beschäftigte sich	[iʃˈtaɣal]	اشتغل
Wurzelkonsonanten: 1. ش 2. غ 3. ل		
von: er beschäftigte jmd.	[ˈʃaɣal]	شغل
er war bekannt, berühmt	[iʃˈtahar]	اشتهر
Wurzelkonsonanten: 1. ش 2. ه 3. ر		
von: er machte bekannt, berühmt	[ˈʃahar]	شهر
er erstreckte sich, dehnte sich aus	[imˈtadda]	امتد
Wurzelkonsonanten: 1. م 2. د 3. د		
von: er dehnte aus, streckte	[ˈmadda]	مد

Die regelmäßige Zuordnung von „Hilfsbuchstaben", Vokalen und Wurzelbuchstaben ist es also, durch die sich ein Wort vom anderen unterscheidet.
Es gibt besonders häufig wiederkehrende sogenannte **Modellstrukturen**, in
die praktisch beliebig die Wurzelbuchstaben eingesetzt werden können, je-
desmal mit anderer Bedeutung, aber doch mit Gemeinsamkeiten in Bezug
auf Wortart und **allgemeinen** Aussagegehalt, z. B. **R1, R2, R3** = Zeichen
für die abstrakten Wurzelkonsonanten.

R1	+	Kurzvokal	+	R2	+	Kurzvokal	+	R3	=	Verb*
d +		a	+	r +		a	+	s	=	er lernte
f +		a	+	ʕ +		a	+	l	=	er tat
k +		a	+	t +		a	+	b	=	er schrieb
ʃ +		a	+	r +		i	+	b	=	er trank
s +		a	+	h +		u	+	l	=	es war leicht

* **abgeschlossene Handlung,** *3. Pers. Sing. m.*

m +	a +	R1 +	R2 +	a/i +	R3 =	**Substantiv,** das oft den **Ort einer Handlung** bezeichnet
m +	a +	k +	t +	a +	b =	Ort, wo geschrieben wird **(Büro; Schreibtisch)**
m +	a +	ʕ +	m +	a +	l =	Ort, wo gearbeitet wird **(Fabrik, Werkstatt)**
m +	a +	d +	x +	a +	l =	Ort, wo man hineingeht **(Eingang)**
m +	a +	x +	r +	a +	dʒ =	Ort, wo man herauskommt **(Ausgang)**

oder:

R1 +	**Langvokal a:** +	R2 +	i +	R3 =	**Partizip Aktiv** *Sing. m*	
ʕ +		a: +	m +	i +	l =	**arbeitend; Arbeiter**
d +		a: +	r +	i +	s =	**lernend, studierend**
dʒ +		a: +	l +	i +	s =	**sitzend**

a +	R1 +	R2 +	**Langvokal a:** +	R3 =	typische Modellstruktur für einen der vielen lexikalischen **Plurale**
a +	x +	b +		a: +	r **Nachrichten**

Weitere Beispiele vgl. Lektion 5, Abschn. A, Typ 3

B   Abgesehen davon, daß dem Lernenden durch das allmähliche Bewußtwerden der wichtigsten Modellstrukturen der Vokabellernprozeß immer leichter fällt, haben das Erfassen der Modellstrukturen, in die sich fast der gesamte Wortschatz aufteilen läßt, sowie das „Herausschälen" der Wurzelkonsonanten aus den Textwörtern große Bedeutung für jedes selbständige Arbeiten mit Wörterbuchbenutzung.

Gewiß, ein gängiges arabisches Wörterbuch hat die rein alphabetische Anordnung (Langenscheidts Taschenwörterbuch der arabischen und deutschen Sprache, I. Teil), die Wörter werden hier wie in Wörterbüchern anderer (europäischer) Sprachen angeführt, was dem Anfänger das Aufsuchen sicher erleichtert, z. B. werden dort die Wörter der Modellstruktur $m + a + R1 + R2 + a/i + R3$ unter m eingeordnet, nicht unter dem jeweiligen ersten Wurzelkonsonanten. Doch die Mehrzahl der arabischen Wörterbücher, so auch „Arabisches Wörterbuch für die Schriftsprache der Gegenwart" (Hans Wehr) folgt bei der Wortanordnung dem etymologischen Prinzip, d. h. der Anordnung der Wörter nach der Reihenfolge ihrer Wurzelkonsonanten. Auch solche Wörterbücher sollte der Lernende gelegentlich benutzen, schon um einen ungefähren Eindruck von den mannigfaltigen Möglichkeiten der Wörterzuordnung innerhalb gebräuchlicher Wurzeln zu bekommen, was hier nur an einem Beispiel (Wurzel **d - r - s**) vorgeführt werden sollte.

Dazu ein paar praktische Hinweise:

Es empfiehlt sich, beim „Herausschälen" der Wurzelkonsonanten am Wortende zu beginnen, denn zunächst können die verschiedenen grammatischen Endungen abgetrennt werden. Im Wortinnern kann **t** bisweilen nicht zur Wurzel gehören (vgl. Abschn. A, „Hilfsbuchstaben" nach 1. Wurzelbuchstaben). Die meistgebrauchten Hilfsbuchstaben am Wortanfang sind beim Verb **t, n, s, j,** bei Adjektiv und Substantiv sowie Partizip **m.**

Übungen – تمارين

1. Bestimmen Sie die Wurzel folgender Wörter:

إستخرج – بمجمع – علامة – مخرج – بمجموعة – علم – خرج – جمعية – تعلم

إجتماع – تخريج – إستعلام – جميع – خارج – جامعة – عالم – جمع – أعلام

مكتب – طابع – نظارة – كتابة – طبيعة – إنتظار – مجلس – إستقبل –

مقاومة – منظر – جلس – مقبول – مطبعة – كتاب – مقابلة – نظر –

جلسة – طبع – كتب – نظير – طبعا – قبل

2. Schlagen Sie die Bedeutung der Wörter im alphabetischen Wörterverzeichnis nach und versuchen Sie, Gruppen von bedeutungsähnlichen Wörtern zusammenzustellen!

3. Übersetzen Sie (Gesamtwiederholung):
 1. Warum hast du deine Bücher zu Hause gelassen?
 2. Kennst du alle Ingenieure dieser Autofabrik?
 3. Wem gehören diese 14 Hefte auf dem Tisch?
 4. Fatima, gehe mit unseren kleinen Kindern in den Garten!
 5. Nabil, frage mich doch nicht nach dem, was ich nicht weiß!
 6. Samir wird dieses Jahr (gewiß) nicht nach Deutschland fahren.
 7. Muhammad, warum hast du Labib gar nichts davon gegeben?
 8. Der Besuch des Außenministers im Königreich Saudi-Arabien, der vier Tage dauerte, war erfolglos.
 9. Der Arzt sagte zum Kranken: ,,Ich bin kein Spezialist für Ihre Krankheit. Bitte, gehen Sie zu einem anderen Arzt, einem Freund von mir, damit er Sie (Ihren Zustand) untersucht.''
10. Der Informationsminister kehrte am gleichen Tag in die Heimat zurück, an dem der Kabinettschef den wichtigen Beschluß seiner Regierung bekanntgab.
11. Wenn ihr die 19. Lektion aufmerksam (mit Aufmerksamkeit) lest, werdet ihr einige nützliche Dinge über die arabische Welt erfahren.
12. Bitte, meine Dame, wie spät ist es jetzt? – Es ist jetzt 20⁴⁷.
13. Was wirst du heute anziehen, deinen schwarzen oder deinen braunen Anzug?
14. Möglicherweise werde ich nicht ins Kabarett mit dir gehen können, denn ich werde zu dieser Zeit viel zu tun haben.
15. Kairo ist die größte Stadt des Mittleren Ostens und Afrikas.
16. Samir war jünger als Nadija, und Nadija älter als ihr Bruder Munir.
17. Ich möchte gern wie du heute abend im Restaurant einige Freunde treffen.
18. Konntet ihr alle Sätze auf der ersten Seite verstehen?
19. Nein, wir konnten nur einen Teil davon verstehen.
20. Ich möchte, daß du (f) ihn nicht noch einmal besuchst.

Alphabetisches Arabisch-Deutsches Wörterverzeichnis

Die Zahlen verweisen auf die Lektionen.
T = Text, G = Grammatik, Ü = Übung

ا

Frageteilchen (14T)	أ
Vater (9T)	اب
August (18T)	آب
lächeln (14T)	ابتسم
April (11G)	ابريل
Sohn (9T)	ابن
Abu Dhabi (20T)	ابو ظبی
weiß (11T)	ابيض
sich vereinigen (18T)	اتحد
durchführen, unternehmen (17T)	اتخذ
Kontakt aufnehmen (18T)	اتصل
sich einigen (19T)	اتفق
kommen (20T)	اتى
Möbel; Innenausstattung (5T)	اثاث
aufwirbeln, erregen (20T)	اثار
Spur, Einfluß; beeinflussen (15T, 19T)	اثر
belasten, schwer sein für (17T)	اثقل
zwei (10T)	اثنان
Athen (20T)	اثينا
Äthiopien (18T)	اثيوبيا
antworten (14T)	اجاب

beherrschen; gut machen (18T)	اجاد
Zeugnis, Diplom; Urlaub (18T)	اجازة
Versammlung, Zusammenkunft (20T)	اجتماع
gesellschaftlich, sozial (6T)	اجتماعی
Gebühr, Porto; Lohn (6T)	اجرة
Durchführung (18T)	اجراء
durchführen (19T)	اجرى
ja (1T)	اجل
Ausländer; ausländisch (3T)	اجنبی
besser (17T)	اجود
lieben, gern mögen (15T)	احب
feiern (17T)	احتفل
rot (11T)	احمر
manchmal (14T)	احيانا
Bruder (9T)	اخ
Schwester (4T)	اخت
auswählen (18T)	اختار
nehmen (7T)	اخذ
übelnehmen (17T)	آخذ
anderer (9T)	آخر
grün (16T)	اخضر
Fehler machen (11T)	أخطأ
letzter (15T)	اخير

Literatur (19T)	ادب	ein-, besteigen (20T)	استقل
wenn (19T)	اذا	tropisch (19T)	استوائی
März (18T)	آذار	Stockholm (20T)	استوکهولم
ausstrahlen, senden (20T)	اذاع	Israel (14T)	اسرائیل
Sendung, Rundfunk (15T)	اذاعة	Familie (9T)	اسرة
Ohr; also; Erlaubnis (6G, 9T, 17T)	اذن	froh, glücklich machen (17T)	اسعد
		bedauernd (3T)	اسف
wollen (14T)	اراد	Islam (17T)	اسلام
vier (10T)	اربعة	Name (4T)	اسم
vierzig (11T)	اربعون	braun (11T)	اسمر
senden, schicken (7T)	ارسل	schwarz (11T)	اسود
Land, Boden, Erde (10T)	ارض	Teilnahme, Beteiligung (20T)	اشتراك
zeigen (16T)	اری	Sozialismus (6T)	اشتراکیة
sich drängen (19T)	ازدحم	kaufen (16T)	اشتری
blau (11T)	ازرق	sich beschäftigen, arbeiten (16T)	اشتغل
stören (18T)	ازعج		
Woche (10T)	اسبوع	bekannt, berühmt sein (11T)	اشتهر
Professor (15T)	استاذ	Strahlung (20T)	اشعاع
sich mieten (16T)	استأجر	gelb (16T)	اصفر
Sonder-, außerordentlich (20T)	استثنائی	Zusatz; zusätzlich (19T)	اضافة
		atlantisch (19T)	اطلسی
jmd. entsprechen, willfahren (18T)	استجاب	nennen, bezeichnen (19T)	اطلق
		Information, Überblick (19T)	اطلاع
für gut halten (19T)	استحسن	wiederholen (14T)	اعاد
fördern, gewinnen (18T)	استخرج	Ausgeglichenheit (20T)	اعتدال
strategisch (17T)	استراتیجی	sich entschuldigen (19T)	اعتذر
sich beraten bei (17T)	استشار	ledig (12T)	اعزب
können (15T)	استطاع	geben (16T)	اعطی
bereit sein zu (19T)	استعد	Information (20T)	اعلام
Information (11T)	استعلام	Anzeige, Bekanntmachung (10T)	اعلان
dauern (20T)	استغرق	bekanntgeben (18T)	اعلن
empfangen (15T)	استقبل		

August (11G)	اغسطس		Dienstag (11G)	الثلاثاء
schließen (9T)	اغلق		Algier, Algerien (15Ü)	الجزائر
besser (18T)	افضل		Freitag (11G)	الجمعة
Afghanistan (20T)	افغانستان		Gott sei Dank! (14T)	! الحمد لله
veranstalten(14T)	اقام		Khartum (18T)	الخرطوم
Aufenthalt (12T)	اقامة		Donnerstag (11G)	الخميس
vorschlagen (19T)	اقترح		Doha (20T)	الدوحة
Wirtschaft (15T)	اقتصاد		(Hauptstadt von Qatar)	
Gebiet (14T)	اقليم		Rabat (20T)	الرباط
Essen, Speise; essen (5T, 7T)	اكل		Riad (20T)	الرياض
Oktober (11G)	اكتوبر		Sadat (17T)	السادات
Bedecken, Abdecken (18T)	اكساء		Samstag (11G)	السبت
Maschine (13T)	آلة		Sudan (18T)	السودان
Sowjetunion (19T)	الاتحاد السوفياتى		Schardja (20T)	الشارقة
Montag (11G)	الاثنين		(Stadt in den Vereinigten	
Sonntag (11G)	الاحد		Arabischen Emiraten)	
al-Ahmar (Name) (18T)	الاحمر		China (17T)	الصين
Mittwoch (11G)	الاربعاء		Dhahran (20T)	الظهران
Jordanien (6G)	الاردن		(Stadt in Saudi-Arabien)	
al-Asad (Name) (18T)	الاسد		Irak (6G)	العراق
al-Ismailija (17T)	الاسماعيلية		Adschma (20T)	العجمى
(Städtename)			(Stadt in Unterägypten)	
Aluminium (17T)	الالومنيوم		tausend (11T)	الف
jetzt (4Ü)	الآن		Kairo (16T)	القاهرة
Englisch (16T)	الانكليزية		Koran (17T)	القرآن
al-Ahram (20T)	الاهرام		al-Kuwatli (Name) (18T)	القوتلى
Bahrain (20T)	البحرين		al-Karnak (18T)	الكرنك
Petra (18T)	البتراء		(Firmenname)	
die Baath(partei) (17T)	البعث		Kongo (18T)	الكنغو
das Sich-Treffen (18T)	التقاء		Latakia (19T)	اللاذقية
sich treffen (19T)	التقى		(Stadt in Syrien)	
at-Tihami (Name) (20T)	التهامى			

Hoch-arabisch (19T)	اللغة العربية الفصحى
Allah segne dich! (14T)	الله يبارك فيك !
Deutschland (2T)	المانيا
Medina (20T)	المدينة المنورة
Marokko, Maghreb (15Ü)	المغرب
al-Mukarrama (20T) (*Beiname von Mekka*)	المكرمة
Österreich (6G)	النمسا
an-Numairi (*Name*) (20T)	النميري
Nil (17T)	النيل
al-Hilal (*Magazinname*) (20T)	الهلال
USA (20T)	الولايات المتحدة الامريكية
nach, zu (5T)	الى
auf Wiedersehen! (9T)	الى اللقاء !
nicht wahr? (14T)	أليس كذلك؟
heute (3T)	اليوم
Mutter (8T)	ام
Nation (18T)	امة
vor (3T)	امام
sich auszeichnen (17T)	امتاز
sich erstrecken, ausdehnen (20T)	امتد
Sache, Angelegenheit (13T)	امر
gestern (7T)	امس
Amsterdam (20T)	امستردام
möglich sein (14T)	امكن
hoffen (17T)	امل
Sicherheit (15T)	امن
Emir, Fürst (18T)	امير

amtlich, offiziell (20T)	اميري
treu (17T)	امين
daß (14T)	ان
ich (1T)	انا
sollen, wünschenswert sein (15T)	انبغى
du (1T, 2T)	انت
aufpassen (12T)	انتبه
herstellen(11T)	انتج
sich verbreiten, verteilen (19T)	انتشر
Sieg (18T)	انتصار
Parken; Warten (17T)	انتظار
Auswählen, Auswahl (18T)	انتقاء
ihr (3G)	انتم
ihr beide (9T)	انتما
ihr (*f*) (3G)	انتن
zu Ende gehen (16T)	انتهى
Paktgebundenheit (20T)	انحياز
Mensch (18T)	انسان
Fräulein, junge Dame (4T)	آنسة
wenn Allah will! (14T)	ان شاء الله !
Ankara (20T)	انقرة
Abbrechen *intr.* (19T)	انقطاع
England (6G)	انكلترا
ausbilden; sich eignen (20T)	اهل
Willkommen! (14T)	اهلا وسهلا !
national (18T)	اهلي
Bedeutung (19T)	اهمية
oder (3Ü)	او
Mittel-, mittlerer (18T)	اوسط

Oslo (20T)	او سلو	Telegramm (13T)	برقية
nahe daran,	اوشك	Segen (20T)	بركة
im Begriff sein zu (20T)		Programm (17T)	برنامج
welcher?; irgendein (15T)	اى	Post (6T)	بريد
Mai (18T)	ايار	Teppich (13T)	بساط
iranisch (17T)	ايرانى	einfach (8T)	بسيط
auch (13T)	ايضا	frohe Nachricht (6G)	بشرى
Italien (6G)	ايطاليا	sehend (6T)	بصير
September (18T)	ايلول	Ware (10T)	بضاعة
wo? (1T)	اين؟	Kartoffeln (13T)	بطاطا
Anredeteilchen (20T)	ايها	Karte, Postkarte (18T)	بطاقة
		Held (17T)	بطل
ب		langsam (6T)	بطىء
mit; in (6T)	بِ	nach *zeitl.*; Entferntsein	بعد
Brunnen (6G)	بئر	(9T, 19T)	
Tür (2T)	باب	einige (14T)	بعض
Dampfer, Schiff (16T)	باخرة	weit, fern von (5T)	بعيد
syrische Wüste (19T)	بادية الشام	Bagdad (6G)	بغداد
kalt (2T)	بارد	Lebensmittelhändler (14T)	بقال
Paris (20T)	باريس	sehr gern! (12T)	بكل سرور!
verkaufen (14T)	باع	wieviel kostet ...? (11T)	بكم؟
entscheiden (20T)	بت	sondern, vielmehr (14T)	بل
erörtern (18T)	بحث	Plastik (18T)	بلاستيك
Meer (5T)	بحر	Land, Ort (3T)	بلد
Buchara (*Teppichsorte*) (20T)	بخارة	Stadtverwaltung (15T)	بلدية
gut (3T)	بخير	erreichen (11T)	بلغ
beginnen (8T)	بدأ	Bombay (20T)	بمباى
Anzug (6T)	بدلة	kraft, gemäß; mit (20T)	بموجب
ohne (4T)	بدون	Tochter, Mädchen (6Ü)	بنت
aufwenden, verrichten (18T)	بذل	bauen, erbauen (17T)	بنى
(Fest-)Land (18T)	بر	Benghazi (19T)	بنى غازى
Kälte (10T)	برد	Port Sudan (18T)	بور سودان

Erklärung, Kommuniqué (18T)	بيان	Praktikum, Übung, Ausbildung (13T)	تدريب
Haus (2T)	بيت	Palmyra (18T)	تدمر
Beirut (3T)	بيروت	Eintrittskarte (10T)	تذكرة
Verkauf (10T)	بيع	Staub (20T)	تراب
zwischen (10Ü)	بين	übersetzen (15T)	ترجم
		verlassen, zurücklassen (14T)	ترك
ت		Türkei (19T)	تركيا
		neun (10T)	تسعة
gehörend zu (18T), fortsetzen (19T)	تابع	neunzig (11T)	تسعون
		Absatz (18T)	تسويق
Aufschieben, Verzögern (18T)	تأجيل	sich beehren (16T)	تشرف
Datum, Geschichte (11T)	تاريخ	Oktober (18T)	تشرين الاول
neunter (9T)	تاسع	November (18T)	تشرين الثانى
Visum (16T)	تأشيرة	Fotografieren (18T)	تصوير
vollständig (17T)	تام	Entwicklung intr. (18T)	تطور
betrachten (19T)	تأمل	komm her! (16T)	تعال !
austauschen (18T)	تبادل	Zusammenarbeit (18T)	تعاون
Tabak (17T)	تبغ	müde (16T)	تعبان
Tabuk (20T) (*Stadt in Saudi-Arabien*)	تبوك	sich bekanntmachen mit; forschen nach (18T)	تعرف
Handel (13T)	تجارة	Verstärkung, Festigung (18T)	تعزيز
Handels-, Geschäfts- mann (14T)	تجارى	defekt werden (20T)	تعطل
		lernen (16T)	تعلم
Überholen (17T)	تجاوز	Äpfel (6T)	تفاح
unter (4T)	تحت	Einzelheit (19T)	تفصيل
sich unterhalten mit, reden (11T)	تحدث	bitte! (9T)	تفضل !
		besichtigen (20T); Inspektion	تفقد
Gruß (10T)	تحية		
Ausbildungsabschluß (20T)	تخريج	das Sich-Wenden an; Voranschreiten, Fortschritt (20T)	تقدم
sich spezialisieren auf (19T)	تخصص		
Rauchen (17T)	تدخين		

Würdigung, Hoch-	تقدير	zweiter (2T)	ثان
schätzung (17T)		Reichtum (18T)	ثروة
ungefähr (10T)	تقريبا	Bildung, Kultur (15T)	ثقافة
Tradition (19T)	تقليد	schwer (4T)	ثقيل
reden, sprechen (9T)	تكلم	drei (10T)	ثلاثة
Technologie (20T)	تكنولوجيا	dreißig (11T)	ثلاثون
diese *f* (14T)	تلك	Drittel (11Ü)	ثلث
Tlemcen (19T)	تلمسان	achtzig (11T)	ثمانون
(*Stadt in Algerien*)		acht (10T)	ثمانية
Schüler (1T)	تلميذ	dann (8T)	ثم
Fernsehen (11T)	تليفزيون	Preis (10T)	ثمن
vollständig, genau (14T)	تماما	wertvoll, edel (13T)	ثمين
Festigung (18T)	تمتين	Kleid (5T)	ثوب
sich üben (14T)	تمرن	Revolution (18T)	ثورة
Übung (1T)	تمرين		
wünschen jmd. (15T)	تمنى	**ج**	
Vorbereitung,	تمهيد	kommen (14T)	جاء
Einleitung (19T)		Nachbar (9T)	جار
Juli (18T)	تموز	möglich, wahrscheinlich,	جاز
nehmen (18T)	تناول	gestattet sein (15T)	
aufmerksam werden auf (20T)	تنبه	trocken (13T)	جاف
sich befinden (20T)	تواجد	hungern (12T)	جاع
Lieferung (20T)	توريد	Satz Bettwäsche (20T)	جالية مفارش
Hinbringen (20T)	توصيلة	Universität (15T)	جامعة
reichliches Vorhanden-	توفر	Seite (14T)	جانب
sein (18T)		fertig, bereit (11T)	جاهز
Tunis (6G)	تونس	hungernd (14T)	جائع
		Berg (8T)	جبل
ث		Käse (13T)	جبن
Aufständischer (17T)	ثائر	Dschoha (*Name*) (18T)	جحا
dritter (3T)	ثالث	sehr (3T)	جدا
achter (8T)	ثامن	Dschidda (20T)	جدة

Buchstabe (5T)	حرف	**خ**	
Bewegung (20T)	حركة	benachrichtigen,	خابر
Freiheit (18T)	حرية	telefonieren (9T)	
Bündel (18T)	حزمة	außerhalb von; Ausland (7T)	خارج
Juni (18T)	حزيران	Außen-, äußerlich (14T)	خارجى
Suppe (13T)	حساء	besonders; privat (11T)	خاص
Rechnung, Rechnen (10T)	حساب	sich stürzen in (17T)	خاض
gut, schön; Hasan (16T)	حسن	fünfter (5T)	خامس
gut!, ist schon recht! (16T)	حسنا	Bäcker (14T)	خباز
Bekommen, Erhalten (20T)	حصول	Nachricht (14T);	خبر
anwesend sein (17T)	حضر	Chobar (20T)	
Feier (20T)	حفلة	Erfahrung (18T)	خبرة
wirklich (17T)	حقا	Brot (4T)	خبز
Koffer (4T)	حقيبة	erfahren; Experte,	خبير
armselig (7T)	حقير	Fachmann (2T)	
Erzählung (20T)	حكاية	Khaddam (*Name*) (18T)	خدام
Regierung (15T)	حكومة	Dienst, Dienstleistung (15T)	خدمة
Aleppo (19T)	حلب	hinausgehen, verlassen (7T)	خرج
Halfa (18T)	حلفا	Wein (13T)	خمر
(*Stadt im Sudan*)		Landkarte (19T)	خريطة
süß (15T)	حلو	Herbst (12T)	خريف
Milch (5T)	حليب	Schrank (4T)	خزانة
Schwiegervater (9T)	حم	verlieren,	خسر
Esel (18T)	حمار	Verlust haben (18T)	
Bad (5T)	حمام	Holz (13T)	خشب
Homs (18T)	حمص	Gemüse (6T)	خضار
(*Stadt in Syrien*)		Linie, Strecke,	خط
tragen, besitzen (18T)	حمل	Route; Schrift (13T)	
Scheck (20T)	حوالة	Rede (13T)	خطاب
um – herum, über (17T)	حول	Gefahr; gefährlich (13T, 17T)	خطر
Leben (17T)	حياة	Senke die	خفف السرعة !
wo *rel.* (20T)	حيث	Geschwindigkeit! (17T)	

leicht (7T)	خفيف	Staat (18T)	دولة
Zusammenfassung,	خلاصة	international (18T)	دولي
Kurzfassung (19T)		Dezember (11G)	ديسمبر
während (14T)	خلال	Religion (17T)	دين
Golf (19T)	خليج		
Wein (13T)	خمر		
fünf (10T)	خمسة	**ذ**	
fünfzig (11T)	خمسون	Atom- (20T)	ذرى
		erwähnen, nennen (15T)	ذكر
د		Jahrestag; Gedenken,	ذكرى
		Erinnerung (6G)	
innerhalb, auf innere	داخل	intelligent (8T)	ذكى
Angelegenheiten bezogen (14T)		dieser (14T)	ذلك
warm (9T)	دافء	gehen; Gold (14T, 18T)	ذهب
immer (14T)	دائما	Einbahn- (17T)	ذو اتجاه واحد
Huhn (6T)	دجاجة		
eintreten, hineingehen (7T)	دخل	**ر**	
Grad (20T)	درجة		
Lektion; lernen,	درس	vierter (4T)	رابع
studieren (1T, 7T)		Gehalt (10T)	راتب
fett (13T)	دسم	Kapitalismus (6T)	رأسمالية
unterstützen (17T)	دعم	wünschend (18T)	راغب
Heft (1T)	دفتر	Meinung; sehen (15T, 16T)	رأى
Bezahlen, bezahlen (14T, 20T)	دفع	Geruch (13T)	رائحة
Minute (10T)	دقيقة	Viertel (11Ü)	ربع
Dr. (20T)	الدكتور	Frühjahr (12T)	ربيع
Wegweiser, Führer;	دليل	anordnen, ordnen (18T)	رتب
Beweis (18T)		wünschen, mögen (18T)	رجا
Damaskus (6G)	دمشق	Mann; Fuß (1T, 5T)	رجل
Welt (17T)	دنيا	Reise (15T)	رحلة
Arznei (11T)	دواء	Gnade (20T)	رحمة
Kurs (20T)	دورة	Schein, Genehmigung (20T)	رخصة
Toilette (17T)	دورة المياه	billig (7T)	رخيص

das Abhalten von,	ردع	Ehemann (4T)	زوج
Zurückhalten (18T)		Besuch (10T)	زيارة
schlecht (15T)	ردىء	Zainab (*Name*) (6G)	زينب
Brief; Botschaft *fig.* (4T)	رسالة		
offiziell (14T)	رسمى	**س**	
feucht (13T)	رطب	siebenter (7G)	سابع
Schirmherrschaft	رعى	Küste (20T)	ساحل
übernehmen (20T)		heiß (2T)	ساخن
wünschen (20T)	رغب	herrschen (19T)	ساد
Wunsch (18T)	رغبة	sechster (6T)	سادس
ablehnen (18T)	رفض	erfreulich (18T)	سار
Nummer (10T)	رقم	Stunde (10T)	ساعة
Folie (18T)	رقيقة	helfen (9T)	ساعد
Haufen (20T)	ركام	reisen (7T)	سافر
einsteigen;	ركب	Schenkel; steuern,	ساق
fahren, reiten (14T)		lenken, fahren (6G, 18T)	
russisch (17T)	روسى	fragen (9T)	سأل
Rom (20T)	روما	unterstützen (17T)	ساند
Wind (13T)	ريح	Tourist (18T)	سائح
Rim (*Name*) (6G)	ريم	Fahrer (9T)	سائق
Leiter, Führer,	رئيس	Ursache (12T)	سبب
Präsident (7T)		September (11G)	سبتمبر
		sieben (10T)	سبعة
ز		siebzig (11T)	سبعون
besuchen (12T)	زار	vorausgehen (19T)	سبق
aufhören zu (20T)	زال	sechs (10T)	ستة
Butter (13T)	زبدة	Vorhang (11T)	ستارة
Flasche (11T)	زجاجة	Jackett (11T)	سترة
Landwirtschaft (13T)	زراعة	sechzig (11T)	ستون
säen (8T)	زرع	Teppiche (20T)	سجاد
ärgerlich, böse (16T)	زعل	Abziehen (18T)	سحب
Blume (11T)	زهرة	Wolke (20T)	سحابة

Bezahlen (20T)	سداد	leicht; leicht sein (3T, 18T)	سهل
erfreuen; Geheimnis (18T, 20T)	سر	Frage (6T)	سؤال
Geschwindigkeit (10T)	سرعة	Syrien (6G)	سوريا
Hose (11T)	سروال	sowjetisch (18T)	سوفياق
Freude, Zufriedenheit (12T)	سرور	Markt (12T)	سوق
Bett (10T)	سرير	Sohag (17T)	سوهاج
schnell (6T)	سريع	(*Stadt in Ägypten*)	
Oberfläche (20T)	سطح	Schweiz (6G)	سويسرا
Zeile (10T)	سطر	Tourismus, Reisewesen (17T)	سياحة
Glück (13T)	سعادة	Automobil (6T)	سيارة
Preis (16T)	سعر	Politik (6T)	سياسة
glücklich, froh (19T)	سعيد	Herr (6T)	سيد
Botschaft (16T)	سفارة		
Reise (9T)	سفر	**ش**	
Dach (13T)	سقف	Straße (6T)	شارع
Eisenbahn (7T)	سكة حديدية	Dichter (20T)	شاعر
Zucker (16T)	سكر	Küste, Ufer (19T)	شاطىء
Messer (14T)	سكين	beschwerlich (19T)	شاق
wohnen, leben (7T)	سكن	umfassend (20T)	شامل
Frieden (6T)	سلام	Sache, Angelegenheit (20T)	شأن
Unversehrtheit,	سلامة	Tee (7T)	شاى
Wohlbehaltensein (17T)		Jugend (13T)	شباب
Kette (19T)	سلسلة	Februar (18T)	شباط
Salwa (*Name*) (6G),	سلوى	Fenster, Schalter (16T)	شباك
Trost		satt sein od. werden (14T)	شبع
Salim (*Name*) (1T)	سليم	Winter (8T)	شتاء
Hören (17T)	سماع	Baum (2T)	شجرة
hören (14T)	سمع	Person (12T)	شخص
Fische (12T)	سمك	Persönlichkeit (20T)	شخصية
Hoheit (20T)	سمو	stark, heftig (15T)	شديد
Samir (*Name*) (3T)	سمير	Kauf (10T)	شراء
Jahr (8T)	سنة	trinken (7T)	شرب

Suppe (2T)	شربة	Guten Morgen! (6T)	صباح النور!
Bedingung (20T)	شرط	(*Antwort*)	
Polizei (13T)	شرطة	Geduld (13T)	صبر
Osten (12T)	شرق	Gesundheit (14T)	صحة
Firma (17T)	شركة	Presse (17T)	صحافة
Ader (19T)	شريان	begleiten (17T)	صحب
Hälfte (19T)	شطر	Wüste (19T)	صحراء
Losung, Schlagwort (18T)	شعار	Schüssel (14T)	صحن
Volk (13T)	شعب	gesund, richtig (6T)	صحيح
fühlen (11T)	شعر	Fels (18T)	صخر
abhalten von (19T)	شغل	erscheinen (18T)	صدر
Bruder- (19T)	شقيق	Zufall; zufällig (19T)	صدفة
Zweifel (19T)	شك	Freund (6T)	صديق
danke! (3T)	شكرا!	Kassierer, Geldwechsler	صراف
Gestalt, Form (12T);	شكل	(16T)	
gestalten, formen (19T)		wechseln (16T)	صرف
Norden (12T)	شمال	schwierig (5T);	صعب
Sonne (6T)	شمس	schwer sein (18T)	
Tasche (14T)	شنطة	Ober- (18T)	صعيد
Monat (5T)	شهر	klein (5G)	صغير
Ratsversammlung (6G)	شورى	Klasse (18T)	صف
Abschnitt, Etappe (19T)	شوط	Seite (10T)	صفحة
Sehnsucht (17T)	شوق	Null (13T)	صفر
Gabel (14T)	شوكة	entwerfen (17T)	صمم
Sache (7T)	شيء	schweigen (20T)	صمت
Kommunismus (6T)	شيوعية	Industrie, Gewerbe (13T)	صناعة
		Kasten, Schachtel (18T)	صندوق
		Stimme (12T)	صوت
	ص	Bild, Foto (9T)	صورة
Besitzer von (18T)	صاحب	Pflege, Unterhaltung (17T)	صيانة
laut, lärmend (15T)	صاخب	Apotheke (11T)	صيدلية
Guten Morgen! (6T)	صباح الخير!	Sommer (8T)	صيف

Ausdruck (13T)	عبارة	einberufen (20T)	عقد
Abdulaziz (*Name*) (20T)	عبد العزيز	Gegenteil (8T)	عكس
Abduh (*Name*) (20T)	عبده	Beziehung (18T)	علاقة
alt (16T)	عتيق	Zeichen (17T)	علامة
persisch (20T)	عجمى	Wissen, Wissenschaft;	علم
zählen (18T)	عد	wissen (15T, 14T);	
einige (19T)	عدة	lehren (20T)	
Zahl (10T)	عدد	auf; Ali (5T)	على
Nichtsein (19T)	عدم	übrigens (12T)	على فكرة
Feind (15T)	عدو	auf jeden Fall (17T)	على كل حال
Araber; arabisch (9T)	عربى	langsam, gemächlich (15T)	على مهل
anbieten, ausstellen (13T);	عرض	Onkel (13T)	عم
Parade (17T)		Amman (6G)	عمان
kennen, erfahren (8T)	عرف	Alter (10T)	عمر
Arafat (*Name*) (18T)	عرفات	arbeiten (7T);	عمل
Braut (17T)	عروس	Arbeit, Tat (8T)	
breit (9T)	عريض	von (her) (5T)	عن
lieb, teuer (17T)	عزيز	bei (5T)	عند
militärisch (17T)	عسكرى	als (20T)	عندما
Abendbrot (6T)	عشاء	Anschrift (5T)	عنوان
zehn (10T)	عشرة	Stab (18T)	عود
zwanzig (11T)	عشرون	Rückkehr (11T)	عودة
Nachmittag;	عصر	Ambulanz (17T)	عهادة
Zeitalter (13T, 18T)		Fest (13T)	عيد
Saft (13T)	عصير	Auge (6T)	عين
Mitglied (19T)	عضو		
dursten (8T)	عطش	**غ**	
Urlaub, Tätigkeits-	عطلة	Wald (9T)	غابة
unterbrechung (12T)		verlassen (9T)	غادر
großartig (7T)	عظيم	teuer (7T)	غال
Verzeihung!,	عفوا !	Staub (20T)	غبار
Keine Ursache! (6T)		morgen (9T)	غدا

Mittagessen (5T)	غداء	Jahreszeit; trennen,	فصل
Westen (12T)	غرب	scheiden (18T, 19T)	
Zimmer (4T)	غرفة	Silber (20T)	فضة
seltsam, eigenartig (17T)	غريب	Frühstück (6T)	فطور
Ghassan (*Name*) (18T)	غسان	machen, tun (7T)	فعل
zornig, böse sein (18T)	غضب	tatsächlich (19T)	فعلا
reich (7T)	غنى	nur (8T)	فقط
Abwesenheit (17T)	غياب	arm (7T)	فقير
etw. anderes als; wechseln,	غير	denken;	فكر
verändern (4T, 9T)		Denken (12T, 20T)	
		Gedanke (14T)	فكرة
ف		Bauer (5T)	فلاح
da; dann, danach (12T)	ف	Film (17T)	فلم
persisch (19T)	فارسى	Mund (13T)	فم
leer, frei (12T)	فارغ	Tasse (3T)	فنجان
Fatima (2T)	فاطمة	Hotel (9T)	فندق
Frucht (6T)	فاكهة	verstehen (7T)	فهم
Februar (11G)	فبراير	in (2T)	فى
öffnen (8T)	فتح	auf Wiedersehen! (3T)	فى امان لله
Zeitspanne (17T)	فترة	Wien (20T)	فيينا
Versuchung;	فتنة		
Auseinandersetzung (20T)		**ق**	
Eroberungen (19T)	فتوحات	treffen, begegnen (11T)	قابل
Franc (16T)	فرانك	führen (17T)	قاد
sich freuen (18T)	فرح	kommend, zukünftig (15T)	قادم
angenehm!,	فرصة سعيدة	Erdteil (19T)	قارة
habe die Ehre! (14T)		Saal (17T)	قاعة
Unterschied (13T)	فرق	sagen, sprechen; fragen;	قال
Frangieh (*Name*) (18T)	فرنجية	antworten (12T)	
Frankreich (6G)	فرنسا	unternehmen etw. (20T)	قام
Rock (5T)	فستان	zwingend (19T)	قاهر
Mißerfolg haben (8T)	فشل	Führer (18T)	قائد

Hut (11T)	قبعة	gewesen sein (12T)	كان
vor *zeitl.*; küssen (9T, 17T)	قبل	Dezember (18T)	كانون الاول
vorlegen, anbieten (18T)	قدم	Januar (18T)	كانون الثانى
alt (19T)	قديم	groß (1T)	كبير
lesen (7T)	قرأ	Buch (1T)	كتاب
Beschluß (17T)	قرار	schreiben (7T)	كتب
Piaster (20T)	قرش	Vielheit, Vielsein (19T)	كثرة
Jahrhundert (15T)	قرن	viel (4T)	كثير
nah; Verwandter (3T)	قريب	Stapel (18T)	كدس
Dorf (7T)	قرية	auch (3T)	كذلك
Abteilung (17T)	قسم	Karatschi (20T)	كراتشى
Fleischer (14T)	قصاب	Kurde (17T)	كردى
Kürze (17T)	قصر	Stuhl, Sessel (1T)	كرسى
kurz (6T)	قصير	Karim (*Name*) (1T);	كريم
Eisenbahnzug (8T)	قطار	großzügig (11T)	
Abschnitt, Sektor (20T)	قطاع	erwerben, gewinnen (18T)	كسب
Landesteil (19T)	قطر	zerbrechen (18T)	كسر
schneiden, überqueren (14T)	قطع	Kassala (18T)	كسلا
wenig sein (19T)	قل	(*Stadt im Sudan*)	
Festung, Zitadelle (19T)	قلعة	jeder; alles, alle (8T)	كل
Bleistift (8T)	قلم	Sprechen, Reden (9T)	كلام
wenig (4T)	قليل	Hund (13T)	كلب
Hemd (11T)	قميص	beauftragen (19T)	كلف
Kanal (17T)	قناة	Wort (12T)	كلمة
Kraft (17T)	قوة	Fakultät (15T)	كلية
stark (6T)	قوى	wieviel (10T)	كم
		Menge (20T)	كمية
		Hinterhalt (17T)	كمين
ك		Elektrizität (18T)	كهرباء
wie (*bei Vergleich*) (20T)	ك	Kopenhagen (20T)	كوبنهاجن
Glas, Becher (19T)	كأس	kubanisch (20T)	كوبى
Kaschan (*Teppichsorte*) (20T)	كاشان	wie (1Ü)	كيف

Kilogramm (10T)	كيلوغرام	Nacht (13T)	ليل
Kenia (18T)	كينيا	Laila (*Name*) (6G)	ليلى

ل

م

für (4T)	ل	was (*Frage u. rel.*) (1T);	ما
nein (1T)	لا	nicht (*Verbverneinung*) (7T)	
nicht übel! (14T)	لا بأس!	Wasser (5T)	ماء
bemerken, feststellen (11T)	لاحظ	sterben (12T)	مات
notwendig (17T)	لازم	Artikel, Stoff (18T)	مادة
Hinweisschild (17T)	لافتة	was (7T)	ماذا
glänzend (18T)	لامع	März (11G)	مارس
weil (14T)	لأن	vergangen (15T)	ماض
anziehen, tragen (11T)	لبس	Geld (7T);	
Milch, Joghurt (2T)	لبن	neigen zu (20T)	مال
Libanon (6G)	لبنان	Tisch (9T)	مائدة
Lubna (*Name*) (6G)	لبنى	Mai (11G)	مايو
Labib (*Name*) (19T)	لبيب	Unterredung,	مباحثة
Kommission (20T)	لجنة	Verhandlung (18T)	
Augenblick (11T)	لحظة	Räuchergefäß (20T)	مبخرة
Fleisch (5T)	لحم	früh (15T)	مبكر
bei (5T)	لدى	Betrag (10T)	مبلغ
deshalb (10T)	لذلك	Gebäude (20T)	مبنى
köstlich, wohlschmeckend (3T)	لذيذ	spät, verspätet (15T)	متأخر
Zunge (13T)	لسان	Meter (20T)	متر
Sprache (4T)	لغة	verheiratet (12T)	متزوج
nett, angenehm (7T)	لطيف	ausgeglichen (19T)	متساو
als (14T); warum (15T)	لما	einander ähnelnd (19T)	متشابه
London (20T)	لندن	zahlreich (18T)	متعدد
Dialekt (19T)	لهجة	verstreut (18T)	متفرق
Farbe (18T)	لون	genießend (19T)	متمتع
Libyen (2T)	ليبيا	Mittel-, mittlerer (19T)	متوسط
ist nicht (10T)	ليس	erwartet (20T)	متوقع

wann (11T)	متى	Mal (14T)	مرة
das Gleiche	مثل	Frau (14T)	مرأة
wie, wie (*Vergleich*) (13T)		Konsultation,	مراجعة
zum Beispiel (9T)	مثلا	Rücksprache (18T)	
erregend (20T)	مثير	Korrespondenz,	مراسلة
Zeitschrift (15T)	مجلة	Anschreiben (19T)	
Rat (20T)	مجلس	Höhe (20T)	مرتفع
Komplex (20T)	مجمع	Willkommen! (6T)	مرحبا !
Gruppe (19T)	مجموعة	Krankheit (15T)	مرض
Gespräch (3T)	محادثة	zusammensetzend (18T)	مركب
Buchhalter (18T)	محاسب	Zentrum (17T)	مركز
Buchhaltung (18T)	محاسبة	Verkehr (17T)	مرور
Gouvernorat (17T)	محافظة	bequem, angenehm (4T)	مريح
geliebt, beliebt (5T)	محبوب	krank (7T)	مريض
Station (17T)	محطة	mehr (an, von) (18T)	مزيد
Ort, Platz; Laden (11T)	محل	guten Abend! (3T)	مساء الخير!
Muhammad (5T)	محمد	guten Abend! (3T)	مساء النور!
Ozean (19T)	محيط	(*Antwort*)	
Ausgang (6T)	مخرج	Wettbewerb (18T)	مسابقة
verschieden (14T)	مختلف	Fläche (19T)	مساحة
Zeitspanne, Weile (14T)	مدة	Entfernung (8T)	مسافة
Eingang (6T)	مدخل	Krankenhaus (13T)	مستشفى
Lehrer (2T)	مدرس	eilig (14T)	مستعجل
Lehrerin; Schule (2T)	مدرسة	bereit (10T)	مستعد
Madrid (20T)	مدريد	Zukunft (17T)	مستقبل
Lehre (6T)	مذهب	Beginn; Resümee (20T)	مستهل
Rundfunkgerät (15T)	مذياع	aufzeichnend (18T)	مسجل
Direktor (14T)	مدير	Vermessen (19T)	مسح
Stadt (7T)	مدينة	versperrt (17T)	مسدود
bitter (13Ü);	مر	erfreut, zufrieden (3T)	مسرور
vorübergehen (19T)		bewaffnet (17T)	مسلح
		Serie (17T)	مسلسل

Muslim (17T)	مسلم	Mehrzahl von (20T)	معظم
verantwortlich (14T)	مسئول	Werk; Werkstatt (6T)	معمل
Beratung (20T)	مشاورة	Bedeutung (10T)	معنى
gemeinsam (18T)	مشترك	Institut (15T)	معهد
Osten (19T)	مشرق	Schlüssel (6T)	مفتاح
(der arabischen Welt)		Wörter, Vokabeln (1T)	مفردات
Getränk (13T)	مشروب	nützlich (17T)	مفيد
beschäftigt (3T)	مشغول	gegenüber; für (20T)	مقابل
bekannt, berühmt (8T)	مشهور	(als Gegenleistung)	
gehen (18T)	مشى	Begegnung (6T)	مقابلة
Lampe (6T)	مصباح	Widerstand (20T)	مقاومة
Ägypten (6G)	مصر	angenommen, akzeptiert (19T)	مقبول
Bank (Geldinstitut) (7T)	مصرف	Schnittpunkt, Kreuzung (19T)	مقتطع
Tod (17T)	مصرع	Auszug (14T)	مقتطف
Fachausdruck (19T)	مصطلح	Sitz (18T)	مقر
Nutzen; Interesse (18T)	مصلحة	festgelegt, beschlossen (17T)	مقرر
Fotograf (18T);	مصور	Sitz (16T)	مقعد
Name einer ägyptischen		Kaffeehaus (19T)	مقهى
Illustrierten (17T)		Mekka (20T)	مكة
Flughafen (15T)	مطار	Ort, Stelle (13T)	مكان
Gummi (18T)	مطاط	Büro (6T)	مكتب
Küche (12T)	مطبخ	Schiffahrt (19T)	ملاحة
Druckerei (18T)	مطبعة	geeignet, dienlich (16T)	ملائم
Regen (13T)	مطر	Löffel (14T)	ملعقة
Gasthaus (6T)	مطعم	Eigentum; König (11T, 20T)	ملك
mit (7T)	مع	Kabarett (16T)	ملهى
Exzellenz (20T)	معال	bunt, farbig (10T)	ملون
auf Wiedersehen (10T)	مع السلامة	voll, angefüllt (12T)	ملء
Metall (14T)	معدن	ausgezeichnet (8T)	ممتاز
Ausstellung, Messe (6T)	معرض	genußreich (19T)	ممتع
Kampf, Schlacht (17T)	معركة	möglich (14T)	ممكن
Mantel (6T)	معطف	Königreich (20T)	مملكة

verboten (17T)	ممنوع
wer (*Frage u. rel.*);	من
von (1T, 2T)	
geeignet, passend (18T)	مناسب
Gelegenheit, Anlaß (19T)	مناسبة
Ausschreibung (20T)	مناقصة
Manal (*Name*) (6G)	منال
Erzeugnis (18T)	منتج
verstreut, verbreitet (17T)	منتشر
verstreut (20T)	منشور
gewähren, schenken (20T)	منح
Vertreter;	مندوب
Zeitungsreporter (18T)	
seit (8T)	منذ
Wohnung (16T)	منزل
Gebiet, Zone (17T)	منطقة
Ansicht, Szene,	منظر
Aussehen (9T)	
Kurve (17T)	منعطف
einzeln, vereinzelt (18T)	منفرد
Munir (*Name*) (19T)	منير
wichtig (8T)	مهم
Aufgabe; wichtige	مهمة
Angelegenheit (19T)	
Beruf (7T)	مهنة
Ingenieur (2T)	مهندس
Lebensmittel (10T)	مواد غذائية
Spezifikation (20T)	مواصفة
Landsmann (13T)	مواطن
Konferenz, Kongreß (20T)	مؤتمر
Wellen (20T)	موج

Organisation,	مؤسسة
Institution (18T)	
Moskau (18T)	موسكو
Thema, Gegenstand (18T)	موضوع
Angestellter, Beamter (7T)	موظف
Termin (17T)	موعد
erfolgreich (15T)	موفق
Haltepunkt; Stand-	موقف
punkt (17T)	
hundert (11T)	مئة
Hafen (18T)	ميناء

ن

Anekdote, Witz (18T)	نادرة
Kellner (19T)	نادل
Nadija (*Name*) (3T)	نادية
Feuer (13T)	نار
Menschen, Leute (10T)	ناس
Fenster (2T)	نافذة
schlafen (14T)	نام
reichen, geben (14T)	ناول
Vertreter (20T)	نائب
Naif (*Name*) (20T)	نائف
Abriß, Kurzfassung (19T)	نبذة
Nabawija (*Name*) (3T)	نبويه
Nabil (*Name*) (1T)	نبيل
Ergebnis (12T)	نتيجة
Erfolg (5T)	نجاح
Erfolg haben (8T)	نجح
Nadschran (20T)	نجران
(*Stadt in Saudi-Arabien*)	

Nadsch Hamadi (17T)	بجع حمادى	Art, Sorte (8T)	نوع
(*Stadt in Ägypten*)		November (11G)	نوفمبر
hauen (*in Stein*) (18T)	نحت	April (18T)	نيسان
wir (3T)	نحن		
aussteigen; herabgehen (14T)	نزل	ه	
Frauen (14T)	نساء	Fernsprecher (7T)	هاتف
Exemplar (20T)	نسخة	ruhig (9T)	هادىء
vergessen (16T)	نسى	Havanna (20T)	هافانا
Veröffentlichung,	نشر	da hast du! (11T)	هاك !
Verlagswesen (18T)		Geschenk (11T)	هدية
Bulletin (15T)	نشرة	dies; das ist (1T)	هذا
lebhaft (20T)	نشط	diese (2T)	هذه
errichten (17T)	نصب	Frageteilchen (1T)	هل
Hälfte (11Ü)	نصف	sie m/*Plur.* (3T)	هم
Kampf (18T)	نضال	sie beide (9T)	هما
Brille (13T)	نظارة	sie f/*Plur.* (3T)	هن
sehen, schauen (7T)	نظر	hier (1T)	هنا
für (*als Gegenleistung*) (20T)	نظير	dort (1T)	هناك
sauber (8T)	نظيف	Hind (*Name*) (6G)	هند
ja (13T)	نعم	indisch (19T)	هندى
Seele; selbst (10T)	نفس	er (1T)	هو
Erdöl (18T)	نفط	Luft (9T)	هواء
Gewerkschaft,	نقابة	diese (14T)	هؤلاء
Berufsverband (17T)		sie (2T)	هى
Punkt (18T)	نقطة	auf! (5T)	هيا بنا !
transportieren (17T)	نقل	Hitchcock (20T)	هيتشكوك
Namule (18T)	نمولى	Behörde (20T)	هيئه
(*Stadt im Sudan*)			
Tag (20T)	نهار	و	
Ende (10T)	نهاية	und (1T)	و
Fluß (8T)	نهر	Tal (19T)	واد
Licht (11T)	نور	eins (10T)	واحد

weit (19T)	واسع	Freizeit (19T)	وقت الفراغ
klar, deutlich (9T)	واضح	fallen (19T)	وقع
zustimmen (19T)	وافق	stehenbleiben, anhalten,	وقف
Ereignis (17T)	واقعة	stehen (14T)	
Vater (18T)	والد	Treibstoff (16T)	وقود
Eltern (9T)	والدان	Kind, Junge; geboren werden;	ولد
notwendig sein,	وجب	erzeugen (1T, 16T, 18T)	
müssen (15T)		aber (14T)	ولكن
finden (14T)	وجد	so soll es sein!,	وهو كذلك
Gesicht (11T)	وجه	einverstanden! (19T)	
mögen, gern (19T)	ودد		
haben etw.		ى	
Aufbewahrungsgut (17T)	وديعة	Anredeteilchen (2T)	يا
hinter (3T)	وراء	oh! (6T)	يا سلام !
Ministerium (14T)	وزاره	(Ausruf des Erstaunens)	
Gewicht (10T)	وزن	Hand (6T)	يد
Minister (20T)	وزير	linke Seite (6T)	يسار
Vermittler (20T)	وسيط	Jamani (Name) (20T)	يمانى
ankommen (14T)	وصل	rechte Seite (6T)	يمين
legen (18T)	وضع	Januar (11T)	يناير
Vaterland, Nation (15T)	وطن	Uganda (18T)	يوغندا
fest, solide (18T)	وطيد	Juli (11G)	يوليو
versprechen (17T)	وعد	Tag (5T)	يوم
Zeit (9T)	وقت	Juni (11G)	يونيو

Sachregister